Mark Zahel

Trentino – Gardasee

Adamello – Brenta – Ortler-Alpen – Dolomiten – Fleimstaler Alpen – Vicentiner Alpen

50 Touren zwischen Sella und Monte Baldo

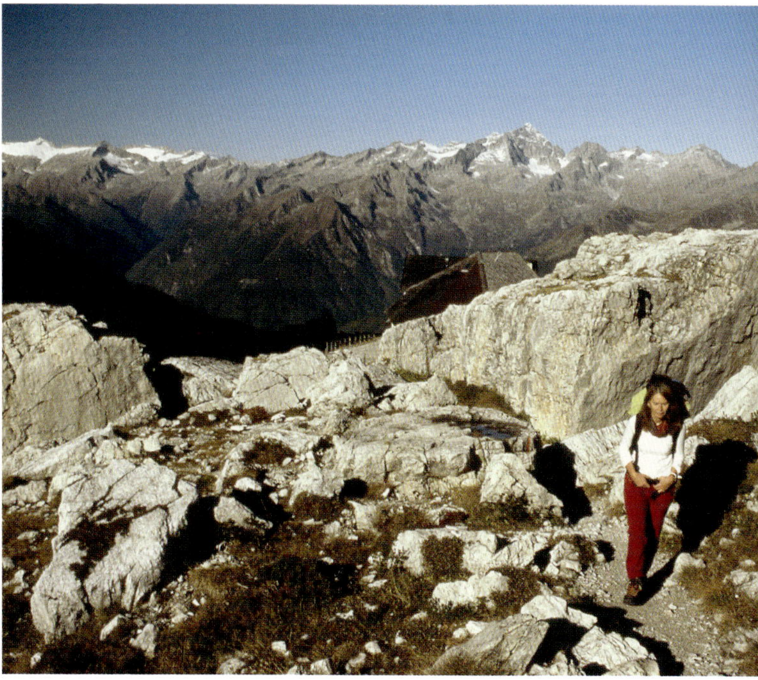

ROTHER
BERGVERLAG

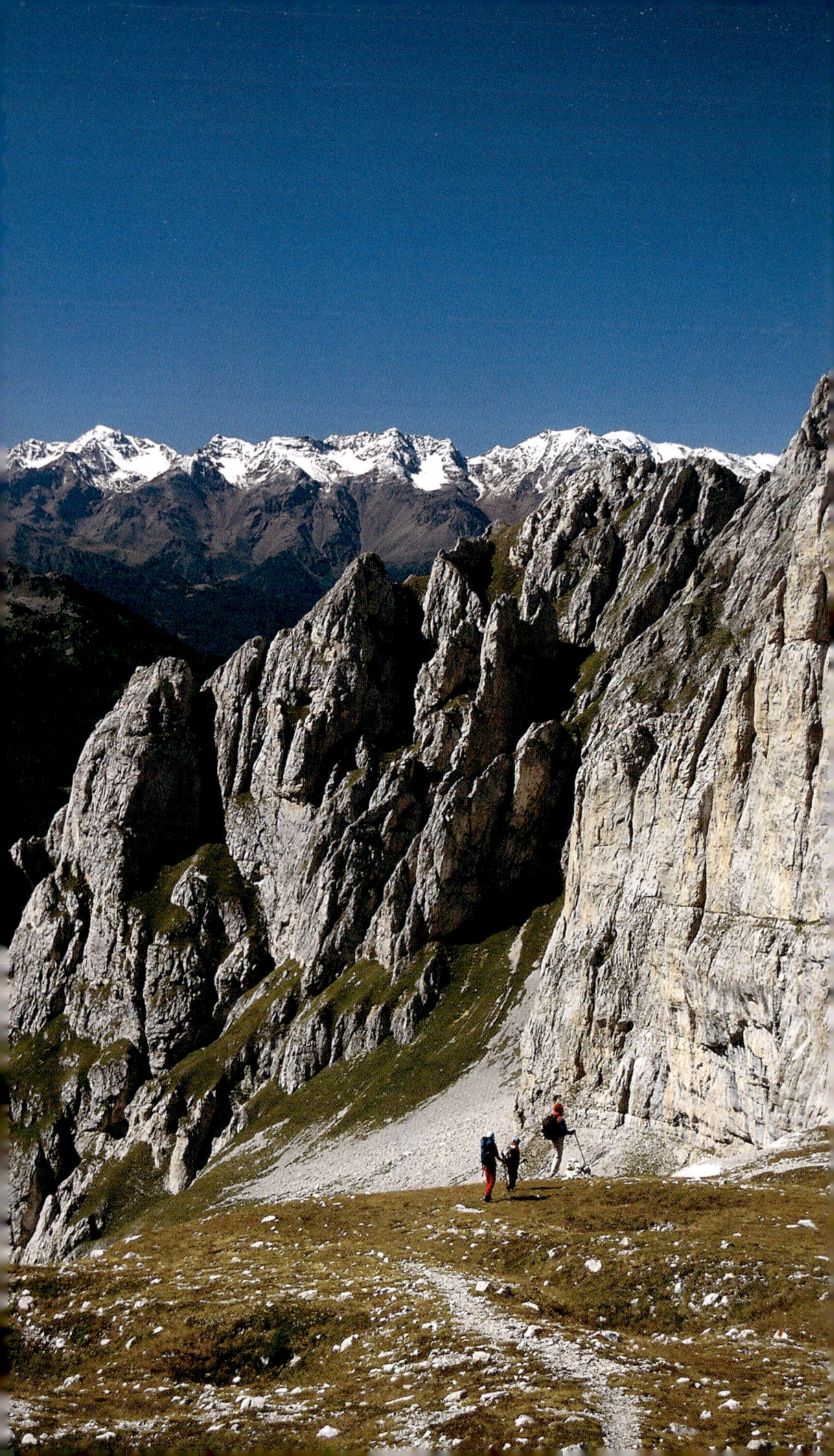

Vorwort

Das Trentino – Bergland unter südlicher Sonne, in dem sich das eindrucksvoll Hochalpine mit spürbar mediterranen Akzenten verbandelt. Von den Eisfeldern des Adamello und den Felsburgen der Dolomiten bis hinunter an die Gestade des Gardasees umfasst dieses Gebiet eine unglaubliche landschaftliche Spannbreite, deren Entdeckung die besondere Faszination des Bergwanderns ausmacht. Schon die geologischen Verhältnisse, die jeder Gebirgsgruppe ihr eigenes Gepräge verleihen, sorgen für eine außergewöhnliche Vielfalt: Kristallingestein in den südlichen Ortler-Alpen, der jeden Bergsteiger geradezu »elektrisierende« Dolomit in der Brenta und den Dolomiten selbst, rötlicher Porphyr in der Lagoraigruppe, kompakter Tonalit im Adamellogebiet, Kalk in den südlichen Gefilden rund um Gardasee und Monti Lessini ... Wer mit offenen Augen durchs Gebirge streift, lernt zunächst einmal das Staunen und dann vielleicht peu à peu auch ein paar dieser erdgeschichtlichen Wunder zu verstehen.
Auf den Spuren der Geschichte ist man im Trentino ohnehin häufiger unterwegs. Gerade in den Bergen treffen wir immer wieder auf ehemalige Militärwege, machen uns die Relikte des Ersten Weltkriegs beklommen. Dieser drückte einer hart umkämpften Frontlinie quer durchs ganze Land – von der Marmolada über Lagorai, Valsugana, Pasubio und Gardaseeberge bis hinüber zum Adamello – vor gut 100 Jahren seinen schwer lastenden Stempel auf. Das vormals zur Habsburgermonarchie gehörende Trentino wurde danach italienische Provinz. Freilich darf und soll heute wieder die Freude und Lebenslust am Berg im Vordergrund stehen, wenn wir uns an abwechslungsreichen Wegverläufen, herrlichen Panoramen, verträumten Bergseen oder einer namentlich in der Gardaseeregion sensationellen Blumenvielfalt begeistern.
Kaum irgendwo gestaltet sich Bergwandern also derartig facettenreich wie hier im Süden der Alpen, worauf die Tourenauswahl dieses Wanderbuchs abgestimmt ist. Die Vorschläge führen in sämtliche Gegenden des Trentino und lassen uns da und dort sogar einen Blick über die politischen Grenzen hinaus werfen, etwa mit der großartigen Alta Via dell'Adamello in die benachbarte Provinz Brescia. Das Spektrum der Touren richtet sich in erster Linie an Wanderer, die bevorzugt den Weg in die aussichtsreiche Höhe suchen, aber auch ein paar kleinere Ziele sind darunter zu finden. Hauptsächlich werden Tagesunternehmungen vorgestellt, wobei vereinzelte Hochgipfel vorteilhaft auch mit einer Hüttennächtigung angegangen werden. In den meisten Fällen sind Rundtouren bzw. Abstiegsvarianten ausgetüftelt worden. Daneben möchte der Verfasser als Highlights eine Hand voll mehrtägiger Streckenwanderungen von Hütte zu Hütte, die sicher ein Maximum an Erlebniswert bieten, ganz besonders ans Herz legen. Alle Touren werden in ihren Besonderheiten gründlich charakterisiert und in den Routenverläufen detailliert beschrieben, damit für eine gute Planung und erfolgreiche Durchführung die Grundlage geschaffen ist.
Bleibt mir, dem Leser vergnügliche Tage am Berg und stets eine gesunde Rückkehr ins Tal zu wünschen.

Mark Zahel

Unterwegs im Val Gelada (nördliche Brenta, Tour 16); im Hintergrund die schneebedeckten Ortler-Alpen.

Inhalt

Morgenstimmung im Felsenreich der Presanella (Tour 18).

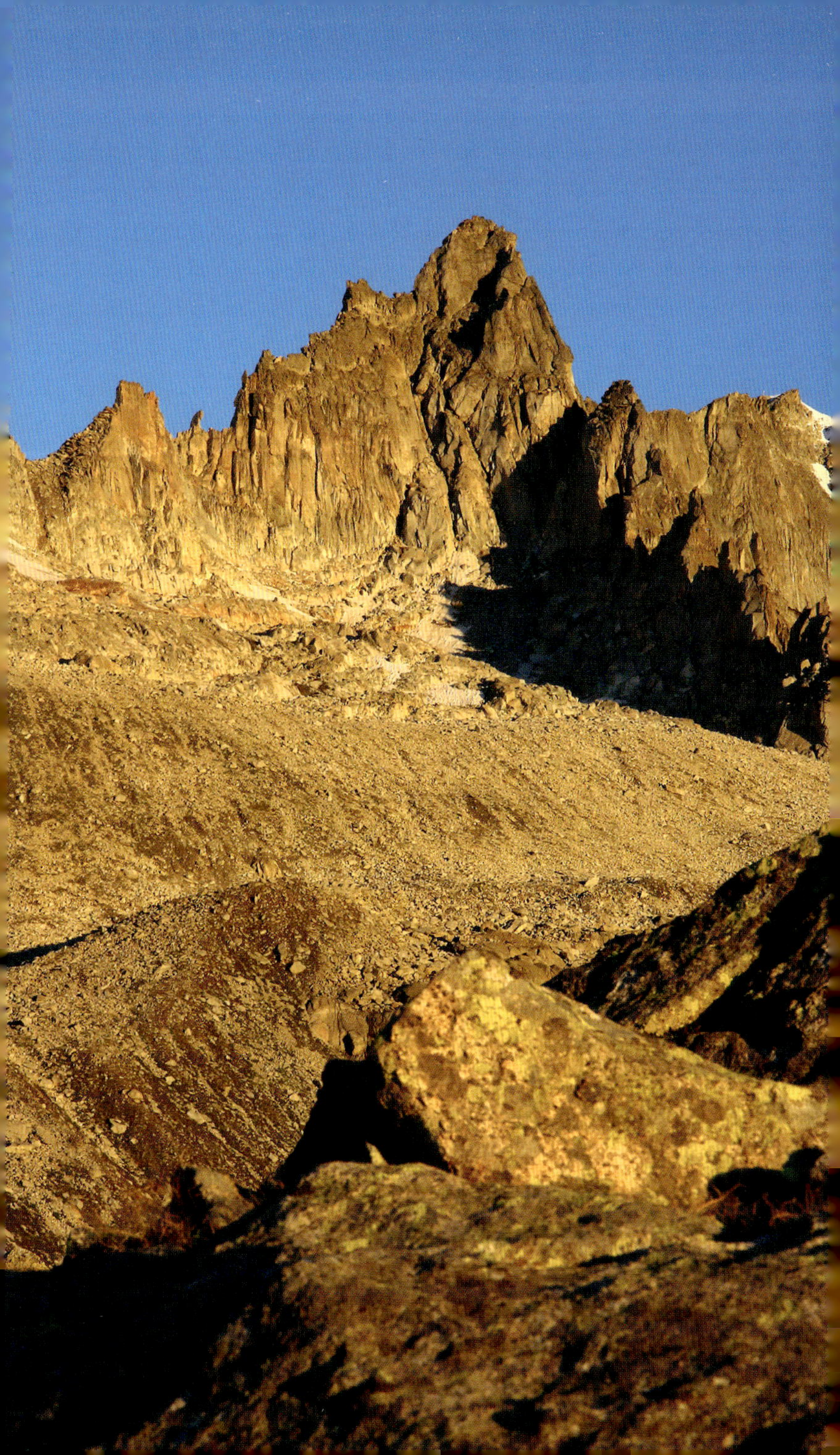

Top-Touren

Monte Cadria
Der höchste Berg der Gardaseeregion erhebt sich im Hinterland des Lago, inmitten eines facettenreichen Reliefs zwischen Ledrotal und Judikarien *(Tour 2, 7.30 Std.)*.

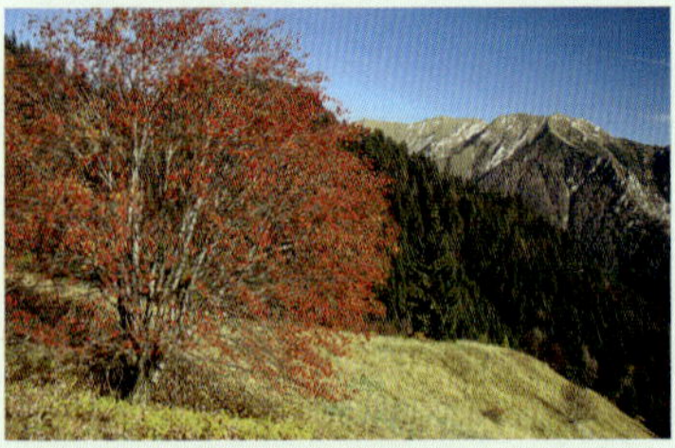

Sentiero Costanzi
Traumpfad durch den einsamen Nordteil der Brenta. Versierte Bergsteiger passieren hier ein halbes Dutzend Gipfel *(Tour 16, 11.00 Std.)*.

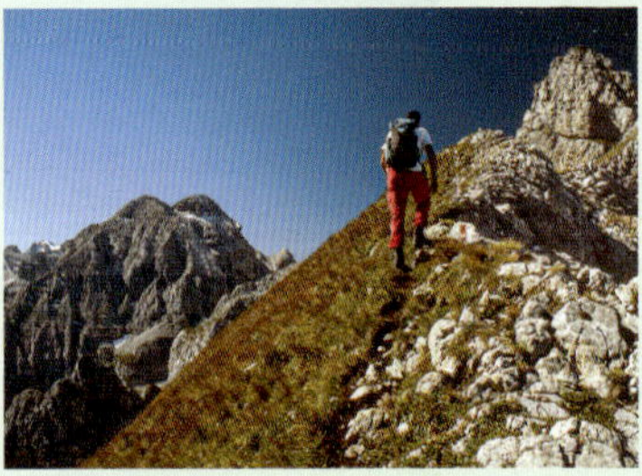

Alta Via del Monte Baldo
An seinem gesamten Ostufer wird der Gardasee vom Monte Baldo flankiert. Eine Überschreitung auf aussichtsreichen Höhenpfaden durchs bekannte Blumenparadies *(Tour 8, 3 Tage)*.

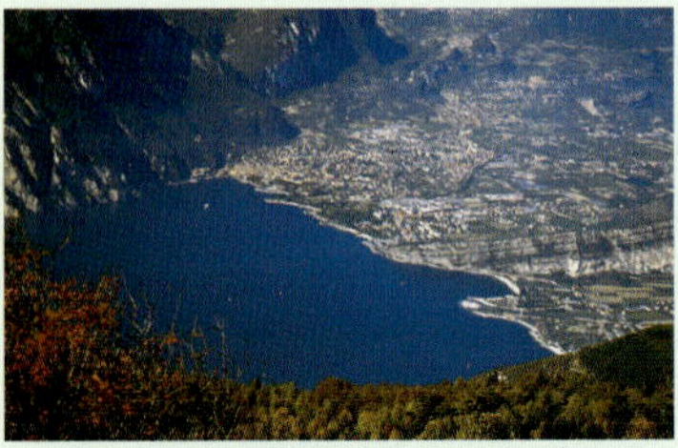

Cima Presanella
Einer der ganz großen Gipfel im Trentino! Anspruchsvolle Besteigung mit Hochtourencharakter und einigen Kletterpassagen *(Tour 18, 10.30 Std.)*.

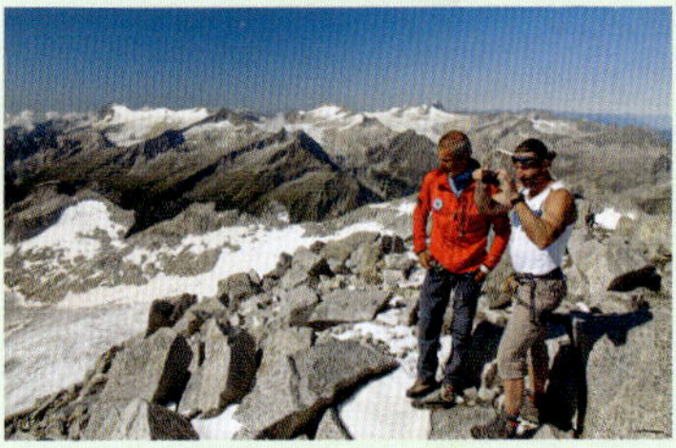

Croz dell'Altissimo
Zusammen mit der Cima dei Lasteri tolles Gipfelduo im Südosten des Brentastocks mit idealem Blick auf die großen Schaustücke *(Tour 13, 6.20 Std.)*.

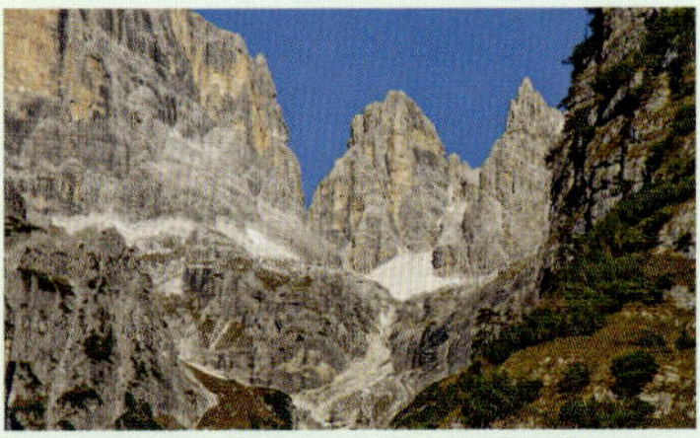

Alta Via dell'Adamello
Trekking von Hütte zu Hütte durch den lombardischen Westteil der Adamellogruppe – die mit Abstand ausschweifendste Unternehmung in diesem Band *(Tour 20, 7 Tage)*.

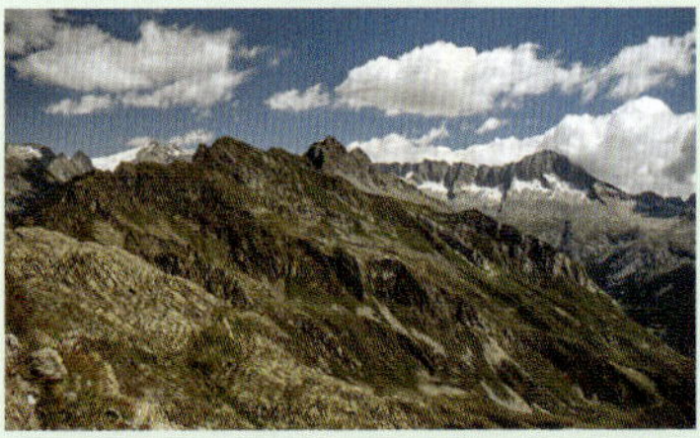

Gleck und Laghetti Sternai
Vielfalt über dem Val di Rabbi: zwei herrliche Seenplatten, zwei gemütliche Hütten, ein Fast-Dreitausender sowie eine lange Flankentraverse zum Abschluss *(Tour 23, 2 Tage)*.

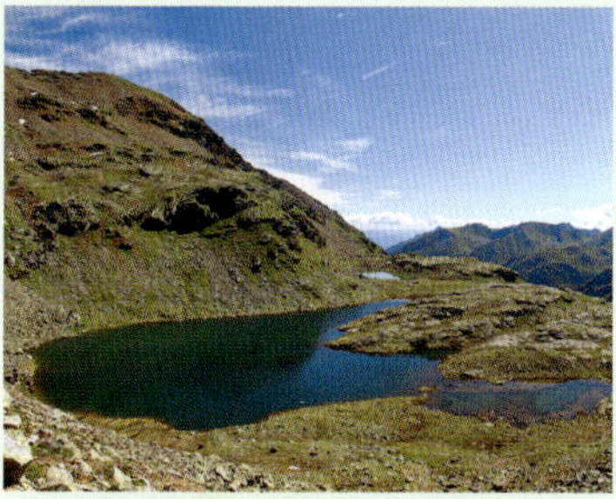

Vom Karerpass zum Sellajoch
Eintauchen in die Fassaner Dolomitenbastionen: auf meist leichten Wegen vom Rosengarten bis unter das Langkofelmassiv *(Tour 34, 3 Tage)*.

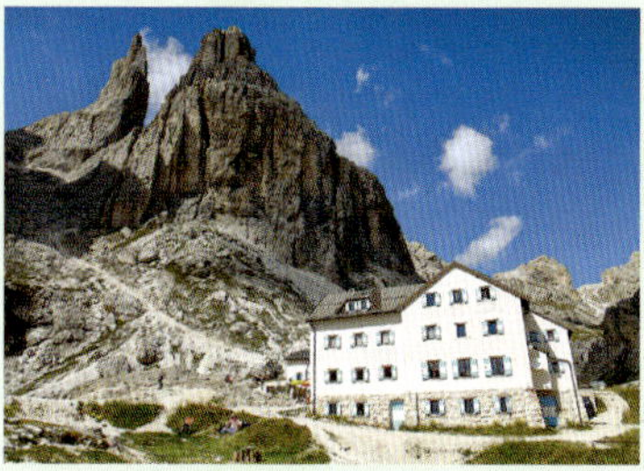

Rund um die Pala di San Martino
Auf Tuchfühlung mit den spektakulären Szenerien der Palagruppe! Massige Wände, filigrane Zinnen und ein herbes Hochplateau *(Tour 40, 5.30 Std.)*.

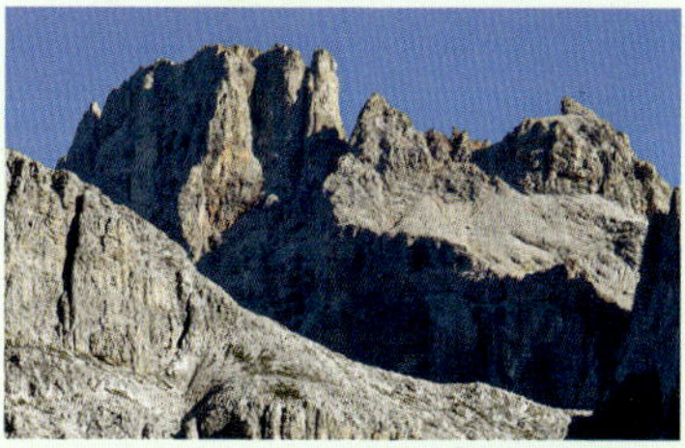

Cima d'Asta
Herausragender Gipfel in der Granitlandschaft der Fleimstaler Alpen und ein Bergsteigerziel von Rang *(Tour 42, 2 Tage)*.

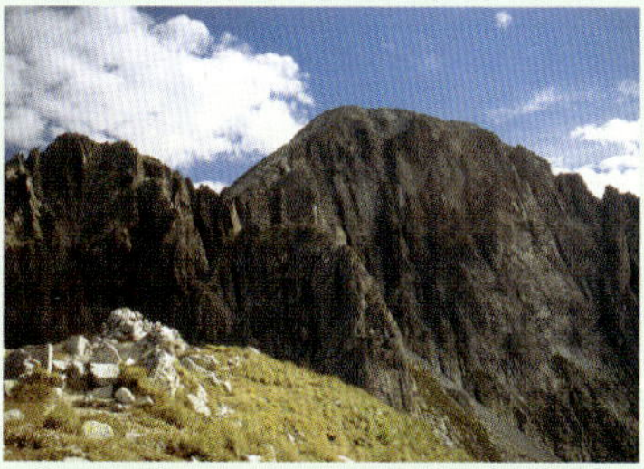

Pasubio
Spannende Tour auf den Spuren des Ersten Weltkriegs: anregend luftiger Gratklettersteig an den Cinque Cime, Gipfelrunde am Palon und eine legendäre Tunnelstraße *(Tour 48, 2 Tage)*.

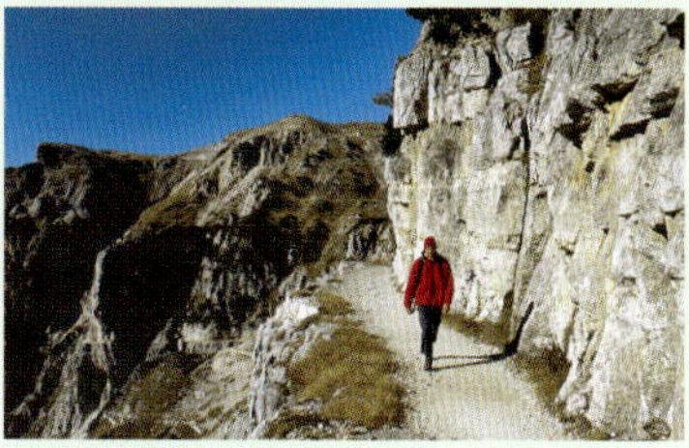

Cima Carega
Dolomitenflair im Herzen der Monti Lessini, auf pfiffigen Pfaden hinauf zu einer gipfelnahen Hütte und zur großen Aussicht *(Tour 50, 6.20 Std.)*.

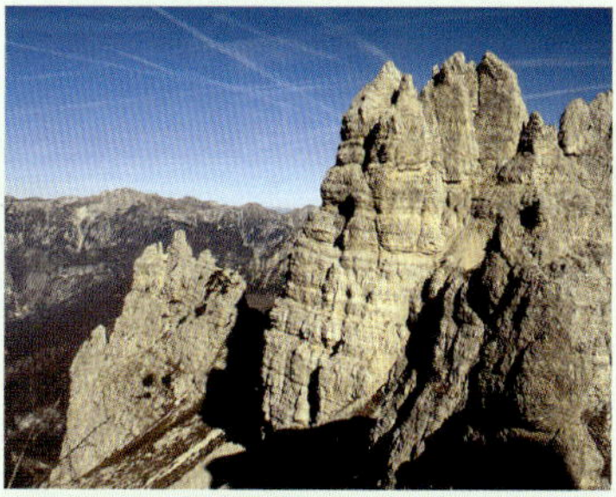

Allgemeine Hinweise

Tourenauswahl und -planung

Die in diesem Buch vorgestellten Touren sind von ganz wenigen Ausnahmen abgesehen als Bergwanderungen zu werten. Sie verlaufen normalerweise auf markierten Steigen, und doch unterscheiden sie sich in ihrem Charakter zum Teil beträchtlich. Diesen Charakter mit dem bergsteigerischen Leistungsvermögen und den persönlichen Vorlieben abzustimmen und so passende Touren herauszufiltern, ist der erste wichtige Schritt bei der Tourenplanung. Dazu bietet das Wanderbuch neben einer einleitenden Würdigung als ideales Werkzeug die Kurzinfo, die in einer Art »Steckbrief« die wichtigsten Informationen zu jeder Tour zusammenfasst. Nachfolgend einige Erläuterungen dazu.

Im wasserreichen Hochtal unterhalb des Monte Bruffione (Tour 1).

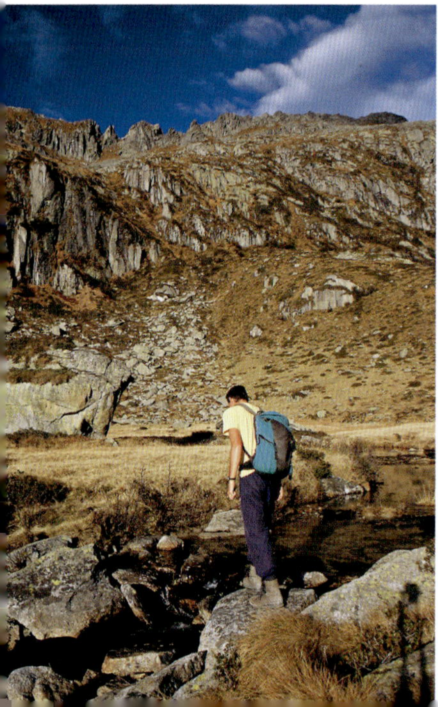

Symbole

Diese sind auf der Umschlagklappe erklärt und geben einige allgemeine Kriterien zur Tourenauswahl.

Ob Familienfreundlichkeit gegeben ist, ist naturgemäß stark von individuellen Voraussetzungen abhängig; ihre Angabe dient daher nur als grober Anhaltspunkt. Als familienfreundlich können Touren gelten, die für Kinder abwechslungsreich, aber nicht zu gefährlich sind. Die Dauer spielt hier eine zweitrangige Rolle, diese muss von den Eltern selbst im Hinblick auf Belastbarkeit und Alter ihrer Kinder eingeschätzt werden.

Angaben zur Begehungshäufigkeit können natürlich ebenfalls nur tendenziell gemacht werden, denn niemand führt auf Bergen »Volkszählungen« durch. Erhebliche Diskrepanzen bestehen ohnehin zwischen Werk- und arbeitsfreien Tagen respektive zwischen Haupt- und Nebensaison.

Falls Aufstiegshilfen (Seilbahnen etc.) genutzt werden sollen, beachte man die Betriebszeiten, die bei den örtlichen Tourismusbüros erfragt werden können. Ähnliches gilt für die Hütten.

Das Klettersteigsymbol taucht auf, wenn es gesicherte Abschnitte gibt, die über vereinzelte kurze Stellen hinausgehen. Reinrassige Klettersteige sind in diesem Buch jedoch nicht vertreten, da sie das typische Wanderniveau in der Regel beträchtlich überschreiten.

Gehzeit

Darunter wird die reine Gehzeit ohne Pausen für die gesamte Tour verstanden. Die Werte sind weder zu üppig noch zu knapp bemessen und orientieren sich an berggewohnten Gehern, die mit den Schwierigkeiten

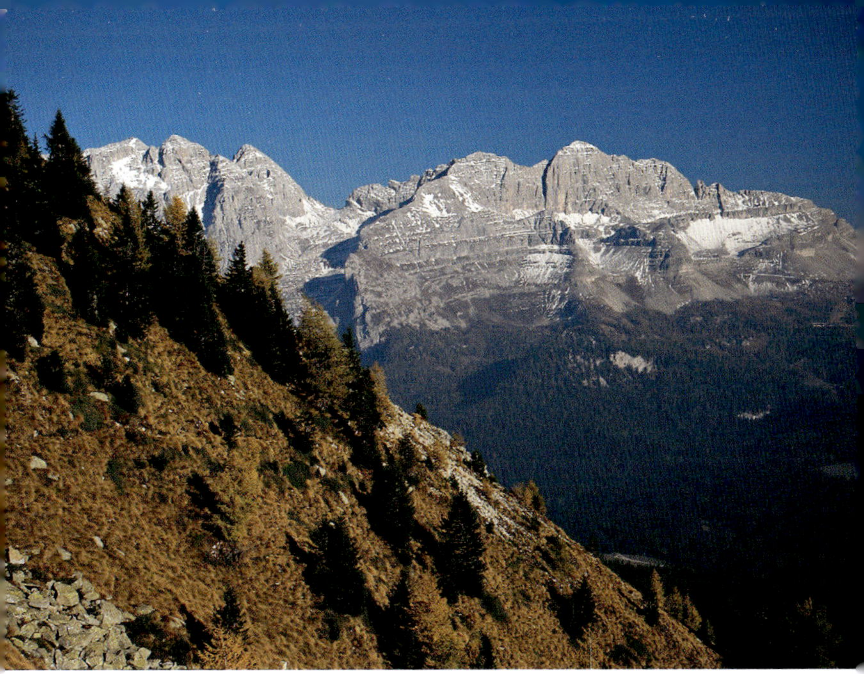

Blick auf die nördliche Brenta mit der Pietra Grande (Tour 17).

zurechtkommen. Als Faustregel werden im Aufstieg je nach Gelände rund 300 bis 400 Höhenmeter pro Stunde zugrunde gelegt, im Abstieg etwa das 1,5-fache. In der Praxis kann es aber erhebliche Abweichungen davon geben, z. B. durch wetter- oder geländebedingte Erschwernisse (Hitze, Nässe etc.), außerdem Rucksackgewicht, Gruppengröße usw. Jeder sollte daher seinen persönlichen »Zeitmaßstab« berücksichtigen. Zwischenzeiten sind im Höhenprofil ersichtlich.

Höhenunterschiede

Hierbei sind Gegenanstiege eingerechnet. Die Werte werden zudem gerundet, zumal es auf den »letzten Meter« ohnehin nicht ankommt.

Ausgangspunkt

Ort mit Höhenangabe, ab dem man zu Fuß geht; ggf. mit Beschreibung der Zufahrt. Bei Streckenwanderungen mit abweichendem Endpunkt wird auch dieser einschließlich der Rückkehrmöglichkeiten per Bus genannt.

Anforderungen

Dieser wichtige Punkt gibt über Beschaffenheit der Wege bzw. des Geländes, über besonders zu berücksichtigende Schwierigkeiten sowie über die an die Begeher gestellten Voraussetzungen hinsichtlich Trittsicherheit, Schwindelfreiheit, Orientierungsvermögen und Ausdauer Auskunft. All dies gründet sich allein auf objektive Kriterien und daher immer auf die Annahme günstiger Bedingungen. Dass beispielsweise schlechtes Wetter die Anforderungen vorübergehend erhöhen kann, muss im Einzelfall berücksichtigt werden.
Die Summe dieser Fakten drückt sich in der Anwendung der »T-Skala« sowie der Farbe der Tourennummer aus. Dabei bezieht sich diese Einstu-

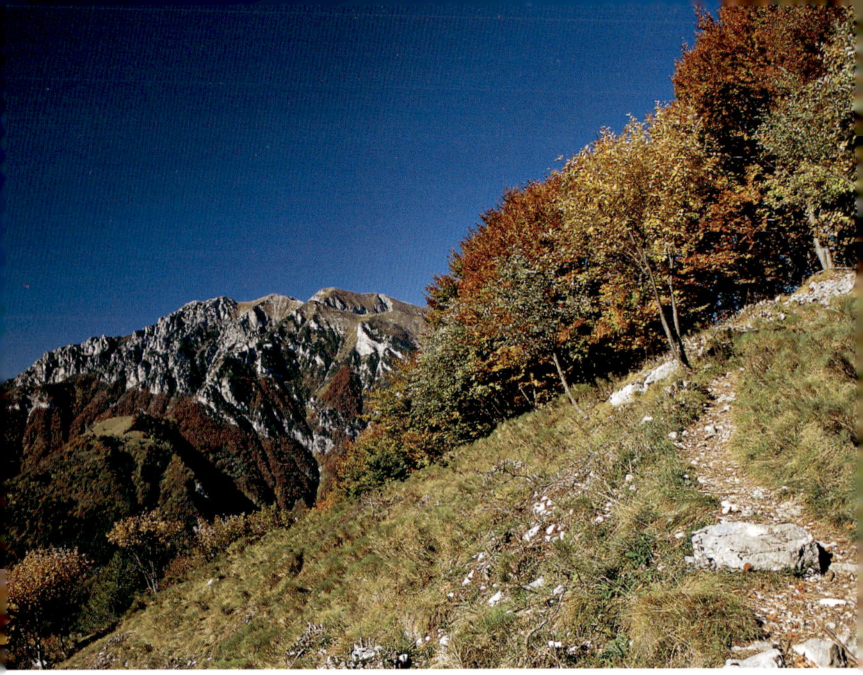

Wegpassage in der Westflanke des Monte Misone (Tour 9).

fung stets auf die vollständige Tour, während Teilstrecken auch leichter sein können (für eine flexible Tourenplanung durchaus von Belang). Grob werden drei Anforderungsniveaus unterschieden:

■ Leicht

Bergwanderungen auf gut ausgebauten und markierten Wegen von meist nur mäßiger Steilheit. Passagen in abschüssigem Gelände sind selten. Besondere Bergerfahrung ist nicht notwendig, allerdings kann manchmal etwas Trittsicherheit angezeigt sein.

■ Mittel

Wege und Bergpfade, die solide Trittsicherheit erfordern, in ausgesetztem Terrain auch Schwindelfreiheit. Sie sind in der Regel ausreichend markiert, weisen aber teilweise schmalen Verlauf auf und können stellenweise gesichert sein. Der Gebrauch der Hände ist aber allenfalls unterstützend notwendig, klettern im eigentlichen Sinn muss man nicht. Kommen weglose oder schlecht markierte Abschnitte vor, ist Orientierungsgabe gefragt. Im alpinen Gelände nimmt die Abhängigkeit von den herrschenden Verhältnissen zu, was alles in allem ein gewisses Maß an Bergerfahrung verlangt.

■ Schwierig

Anspruchsvollere Bergtouren in oft hochalpinem Gelände, die streckenweise weglos und unmarkiert verlaufen können. Mitunter ist Kletterei erforderlich (meist Schwierigkeitsgrad I, in Ausnahmefällen auch II) oder es treten klettersteigartige Passagen auf. Absolute Trittsicherheit und Schwindelfreiheit sind ebenso unerlässlich wie umfassende alpine Erfahrung. Aufgrund der Höhe und/oder Schwierigkeit der Ziele ist hier die Abhängigkeit von Wetter und Verhältnissen besonders zu beachten.

Im Zuge einer differenzierten Bewertungspraxis wird in diesem Wanderbuch zusätzlich auf die ursprünglich vom Schweizer Alpen-Club entworfene »T-Skala« zurückgegriffen. Nachfolgend finden sich die maßgeblichen Definitionen in angepasster Form:

Die Schwierigkeitsskala nach Muster des SAC

Grad	Weg, Gelände	Anforderungen
T1 Wandern	Weg gut gebahnt, Gelände flach oder leicht geneigt, keine Absturzgefahr.	Keine Anforderungen, auch mit Turnschuhen geeignet, Orientierung problemlos.
T2 Bergwandern	Weg mit durchgehender Trasse, Gelände teilweise steil, Absturzgefahr nicht ausgeschlossen (aber selten).	Etwas Trittsicherheit, Trekkingschuhe empfehlenswert, elementares Orientierungsvermögen.
T3 Anspruchsvolles Bergwandern	Weg nicht unbedingt durchgehend, ausgesetzte Stellen evtl. gesichert, ggf. etwas Händeunterstützung, Geröllflächen, einfache Schrofen.	Gute Trittsicherheit, Trekkingschuhe, elementare alpine Erfahrung, durchschnittliches Orientierungsvermögen.
T4 Alpinwandern	Weg nicht zwingend vorhanden, stellenweise leichte Kletterei, Gelände recht exponiert, heikle Grashalden, Schrofen, Firnfelder.	Vertrautheit mit exponiertem Gelände, solide alpine Erfahrung, gutes Orientierungsvermögen.
T5 Anspruchsvolles Alpinwandern	Teils weglos mit Kletterpassagen im I. Grad, evtl. nicht markiert. Häufig exponiertes bzw. heikles Gelände.	Gute alpine Erfahrung und sicheres Beurteilungsvermögen auch im hochalpinen Gelände.
T6 Schwieriges Alpinwandern	Meist weglos und in der Regel nicht markiert. Kletterpassagen bis II bei diffizilen Rahmenbedingungen.	Umfassende alpine Erfahrung inkl. grundlegender Kletterkenntnisse.

Trittsicherheit ist am Sentiero Costanzi unabdingbar (Tour 16).

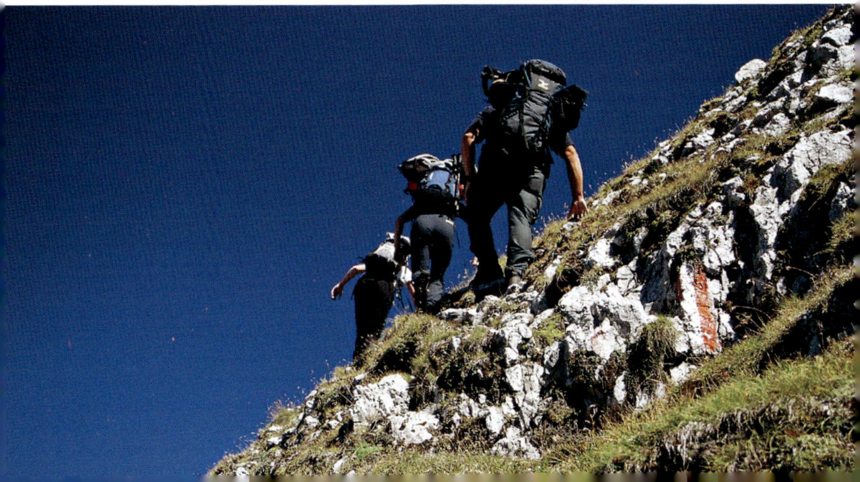

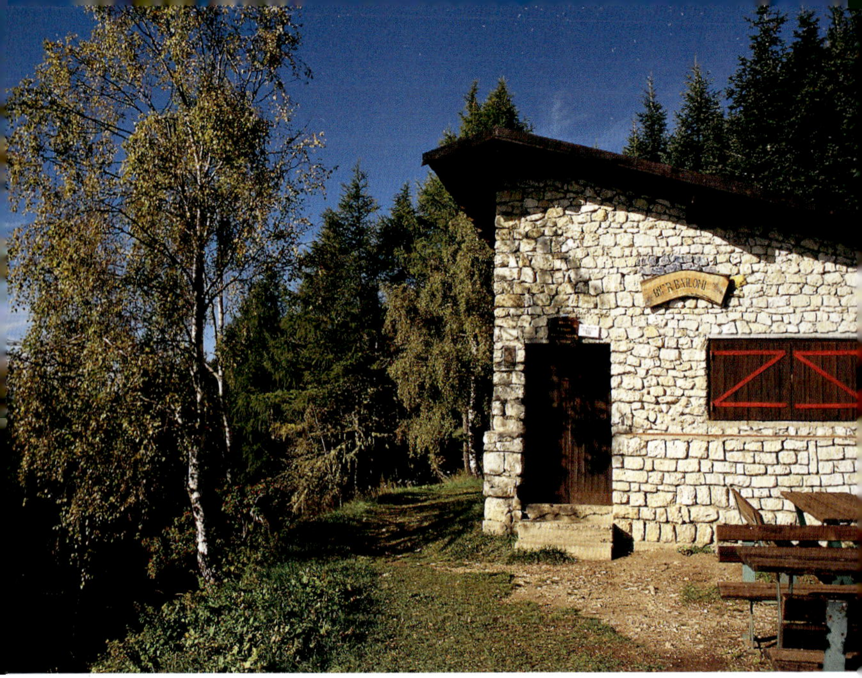

Großzügig: das Bivacco Bailoni (Tour 45).

Einkehr/Übernachtung

Hütten und Jausenstationen, die am Weg liegen (evtl. auch an Ausgangspunkten abseits von Ortschaften). Bei den Stützpunkten sind die Öffnungszeiten unter dem Vorbehalt angegeben, dass diese in der Praxis je nach Wetter- und Schneesituation, nach dem zu erwartenden Besucheraufkommen, manchmal auch einfach nach Gutdünken der Hüttenwirte abweichen können. Bei den Hütten des CAI-SAT (Trentiner Alpenverein) gilt als Regel die Zeit vom 20. Juni bis zum 20. September. Um Erkundigungen einholen und sich ggf. für eine Übernachtung anmelden zu können, sind Telefonnummern aufgeführt.

Varianten

Kompakte Hinweise auf andere Gestaltungsmöglichkeiten der betreffenden Tour. Die Anforderung kann von der Haupttour abweichen.

Karten

Die erste Empfehlung gilt den Wanderkarten von Tabacco, die für das gesamte Trentino im Maßstab 1:25.000 vorliegen. Auch die Karten von Kompass decken das Gebiet ab; neben Einzelblättern wird sogar ein 3-Karten-Set im Maßstab 1:50.000 angeboten. Für die Brenta gibt es eine vorzügliche Alpenvereinskarte. Darüber hinaus können vor Ort Karten von regionalen Herausgebern erworben werden.

Wetter und Klima

Das Trentino unterliegt auf der Alpensüdseite schon spürbar mediterranem Einfluss, vor allem in den tieferen Tallagen. Die Durchschnittstemperaturen liegen über denen der Alpennordseite. Gleichwohl gelten die typischen, höhenabhängigen Merkmale des Hochgebirges. So kann es selbst im Sommer oberhalb der Almen gelegentlich zu Schnee-

GPS-Tracks und Koordinaten der Ausgangspunkte

Zu diesem Wanderbuch stehen auf www.rother.de GPS-Tracks und Koordinaten der Ausgangspunkte zum kostenlosen Download bereit.
3. Auflage, Passwort: **30423mau**
Sämtliche GPS-Daten wurden vom Autor nach Begehung der Touren auf digitalen Karten am PC nachgezeichnet. Verlag und Autor haben die Tracks und Wegpunkte nach bestem Wissen und Gewissen überprüft. Dennoch können wir Fehler oder Abweichungen nicht ausschließen, außerdem können sich die Gegebenheiten vor Ort zwischenzeitlich verändert haben. GPS-Daten sind zwar eine hervorragende Planungs- und Navigationshilfe, erfordern aber nach wie vor sorgfältige Vorbereitung, eigene Orientierungsfähigkeit sowie Sachverstand in der Beurteilung der jeweiligen (Gelände-)Situation. Man sollte sich für die Orientierung auch niemals ausschließlich auf GPS-Gerät und -Daten verlassen.

fällen kommen. Als Wanderer und Bergsteiger muss man wissen, dass Schlechtwetter mit manchmal ergiebigen Stauniederschlägen im Trentino meist aus dem Sektor Süd anrückt. Westlagen prägen tendenziell etwas wechselhafte Bedingungen, wobei Störungsdurchgänge im Vergleich zur Alpennordseite normalerweise in abgeschwächter Form auftreten. Wunderbares Wanderwetter beschert der Region – abgesehen vom zuweilen frischen, böigen Wind – eine Nordföhnlage, wenn die Luft so richtig trocken und klar ist.

Beste Jahreszeit

Im Trentino kann je nach Region und Ambitionen fast das ganze Jahr gewandert werden. Da dieser Führer jedoch im Wesentlichen auf das alpine, zum Teil sogar auf das hochalpine Terrain ausgerichtet ist, verkürzt sich die Zeitspanne entsprechend. Entscheidend für die Wahl der günstigsten Jahreszeit sind die Höhenlage sowie die Exposition (Sonn- oder Schattseite) der jeweiligen Route. Der Hochsommer wird für manche Touren (etwa rund um den Gardasee) eher zu heiß sein, daher sind bis in

Die Malga Stablei ist ein Kleinod an den Hängen des Monte Pin (Tour 24).

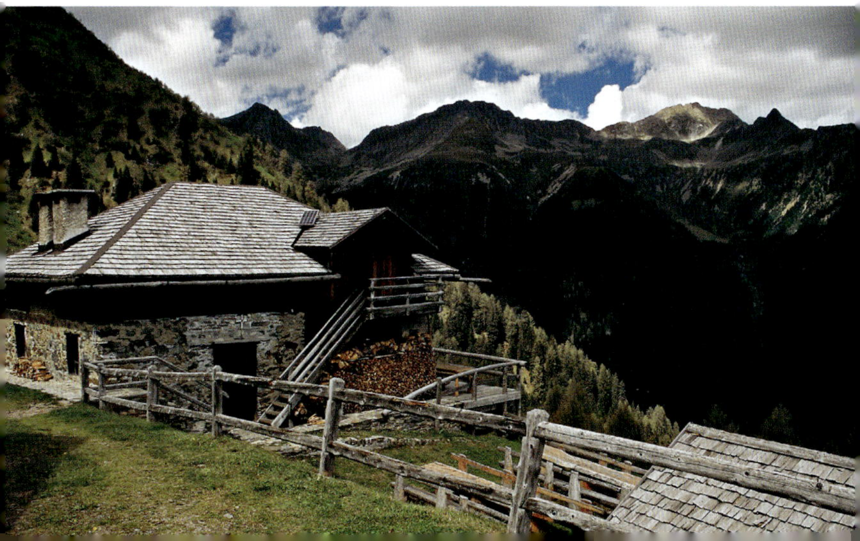

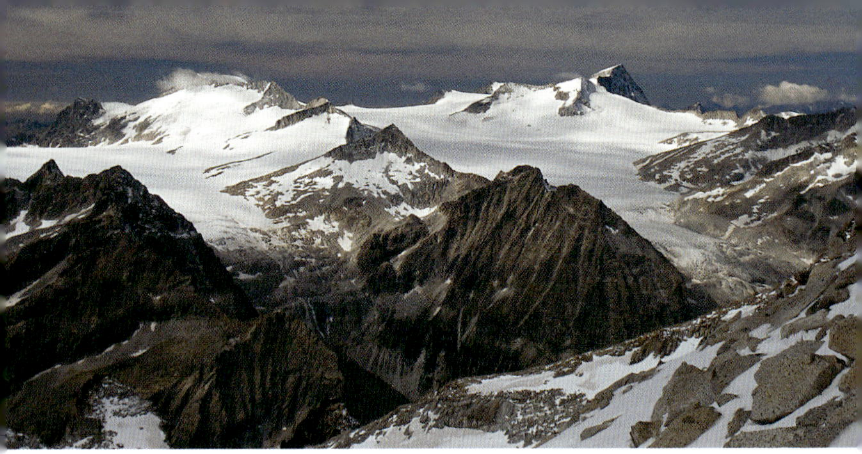

Panorama auf der Cima Presanella Richtung Adamellogruppe (Tour 18).

die mittleren Lagen in der Regel Frühjahr und Herbst am geeignetsten. Speziell der Herbst empfiehlt sich teilweise auch noch bei etwas höheren Zielen mit südseitiger Anstiegsroute. Typische Alpinrouten, wie sie in den Dolomiten, der Brenta, den Ortler-Alpen oder der Adamello-Presanella-Gruppe vorherrschen, beschränken sich allerdings meist auf die Zeit von Mitte/Ende Juni bis gegen Ende September, wenn auch die Hütten geöffnet sind. Bei der Planung ist außerdem ins Kalkül zu ziehen, dass der August der klassische italienische Ferienmonat ist und manche Gegenden dann sehr überlaufen sind.

Gefahren

Das Gebirge birgt vielfältige Gefahren, für die man erst mit reifender Fähigkeit zur Selbsteinschätzung und vertiefter Beschäftigung mit den Naturelementen ein Gespür bekommt. Allgemein wird dies mit dem Begriff »Bergerfahrung« umschrieben. Nachfolgend einige der wichtigsten Gefahrenpotenziale:

- Am offensichtlichsten ist meist die Abrutsch- bzw. Absturzgefahr. Ruhige, konzentrierte Fortbewegung ist daher im ausgesetzten Gelände oberstes Gebot. Wer nicht schwindelfrei ist, hat diesem Punkt schon bei der Tourenauswahl Rechnung zu tragen.
- Leicht zu unterschätzen sind hart gefrorene Schneefelder, die schon bei relativ geringer Neigung zu bösen Unfällen führen können. Gut, wenn man bei der Ausrüstung vorgesorgt hat (z.B. Grödel oder Pickel). Kommt es zum Ausgleiten, sofort reagieren und in die bremsende Liegestützhaltung gehen, bevor der Körper Beschleunigung aufnimmt. Bei Nässe werden Schrofen und steile Grashänge besonders gefährlich.
- Steinschlaggefährdete Passagen sollten, falls nicht vermeidbar, rasch, aber konzentriert begangen werden. Auf Klettersteigen ist ein Helm üblich.
- Wegmarkierungen bilden normalerweise die sichere Leitlinie durchs Gebirge, auf die Bergwanderer vertrauen. Sie können aber mitunter spärlich oder im Extremfall plötzlich gar nicht mehr vorhanden sein. Ebenso kann man sie aus Unachtsamkeit oder aufgrund schlechter Sichtbedingungen schon mal verlieren. Im Zweifel sollte man nicht blindlings durchs Gelände tapsen, sondern wieder zum letzten bekannten Punkt zurückgehen. Weg-

lose Touren sind allenfalls vertretbar, sofern man das Gelände überblickt und weiß, dass keinerlei Unwägbarkeiten auf einen zukommen.

■ Unter den Wettergefahren stehen Gewitter an oberster Stelle, zumal sie im Gebirge ausgesprochen häufig sind. Neben Blitzschlägen drohen auch die durch den Starkregen verursachten mittelbaren Gefahren wie Murabgänge etc. Durch gutes Timing (in der Regel früher Aufbruch!) und aufmerksame Wetterbeobachtung sollte man gewährleisten, vor den meist in der zweiten Tageshälfte auftretenden Gewittern wieder im Tal oder in der Hütte zu sein.

■ Die häufigsten Probleme bei Bergwanderungen treten wohl durch konditionelle Selbstüberschätzung auf. Vor allem Hitze kann vielen arg zu schaffen machen. Man sollte seine Leistungsfähigkeit kritisch hinterfragen und sich nicht überfordern. Wichtig ist, viel zu trinken. Unter Umständen sollte man sich lieber mit einem kleineren Zwischenziel begnügen, als die Tour unter Qualen fortzusetzen.

Notfall/Bergrettung

Falls man trotz aller Vorsicht in eine Notsituation gerät, gilt es nicht in Panik zu verfallen, sondern ruhig und überlegt zu handeln. Verletzten ist zunächst Erste Hilfe zu leisten. Mit einem Mobiltelefon lässt sich am einfachsten direkt die Bergrettung verständigen.

Die Notrufnummer in Italien lautet 118. Die allgemeine europäische Notrufnummer lautet 112.

Falls kein Handy zur Verfügung steht (oder man kein »Netz« bekommt), dient das internationale alpine Notsignal dazu, auf sich aufmerksam zu machen. Es besteht aus einem optischen oder akustischen Zeichen, das sechsmal in der Minute in regelmäßigen Abständen gegeben und mit jeweils einer Minute Pause dazwischen wiederholt wird, bis Antwort kommt. Diese besteht aus dreimaligem Zeichen innerhalb einer Minute.

Im steinigen Val Pradidali (Tour 40).

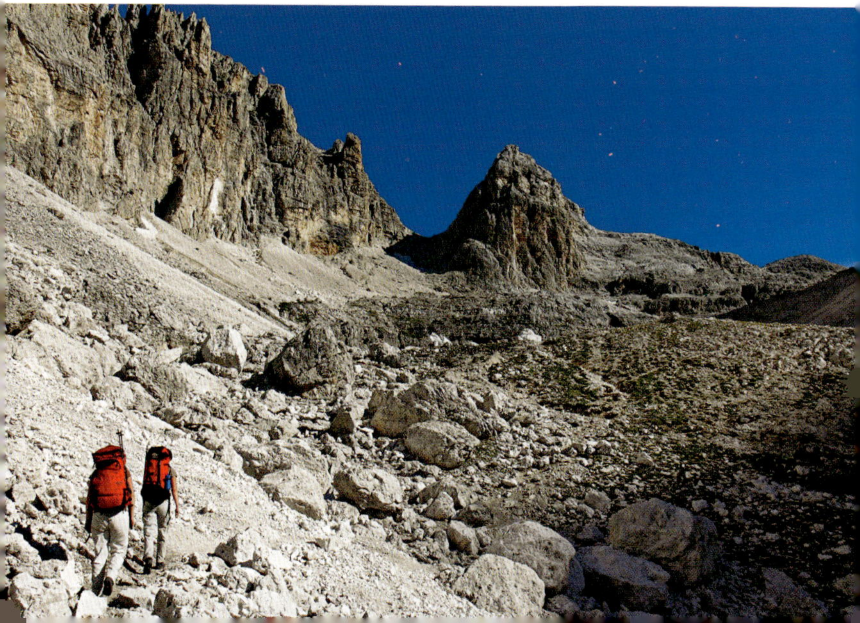

Touristische Informationen

Anreise

Der übliche Weg von Norden ins Trentino führt über den Brennerpass (mautpflichtige Autobahn, alternativ Bundesstraße) und via Bozen Richtung Trento. Im Raum Bozen zweigen die Straßen über den Karerpass ins Val di Fassa sowie über den Mendelpass ins Val di Non und Val di Sole ab. Die Weiterführung leitet von dort über den Passo Tonale in die Provinz Brescia. Von Auer geht es ins Val di Fiemme sowie weiter Richtung Passo Rolle, von St. Michele all'Adige wiederum ins Val di Non. Bei Trento verzweigen sich die Zufahrten Richtung Valsugana im Osten und Gardasee/Valli Giudicarie im Westen. Und von Rovereto aus werden schließlich nochmals der Gardasee und zur anderen Seite die Gebiete um den Pian delle Fugazze in den Vicentiner Alpen erreicht. Alternative Anreiserouten führen via Reschen- oder Ofenpass (aus der Schweiz) und weiter durch den Vinschgau oder durch das Pustertal Richtung Bozen.

Öffentliche Verkehrsmittel

Das Bahnnetz im Trentino ist ziemlich spärlich; neben der Hauptstrecke durchs Etschtal gibt es nur noch eine Linie von Trento durchs Nonstal ins Val di Sole sowie eine Linie Richtung Valsugana. Gut ausgebaut ist hingegen der Busverkehr, der alle wichtigen Täler und Orte der Region bedient. Man beachte aber, dass viele Tourenausgangspunkte abseits der Ortschaften liegen (manchmal sogar an höher hinaufführenden Bergstraßen), die nur mit eigenem Pkw (bzw. mit Taxi) erreicht werden können. Wer solche Touren trotzdem mit öffentlichen Verkehrsmitteln durchführen möchte, muss zum Teil erheblich längere Marschzeiten in Kauf nehmen.

Orientierungshilfe.

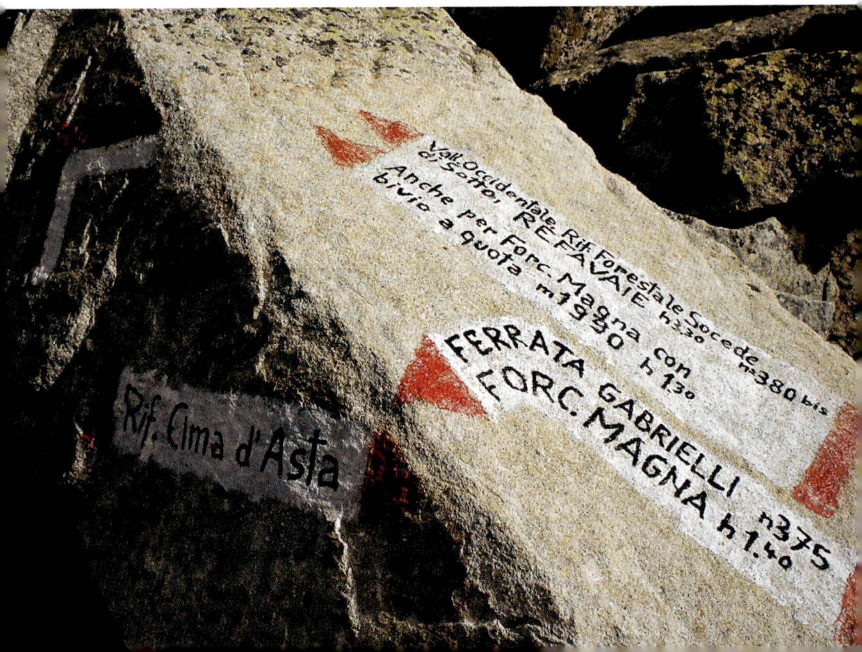

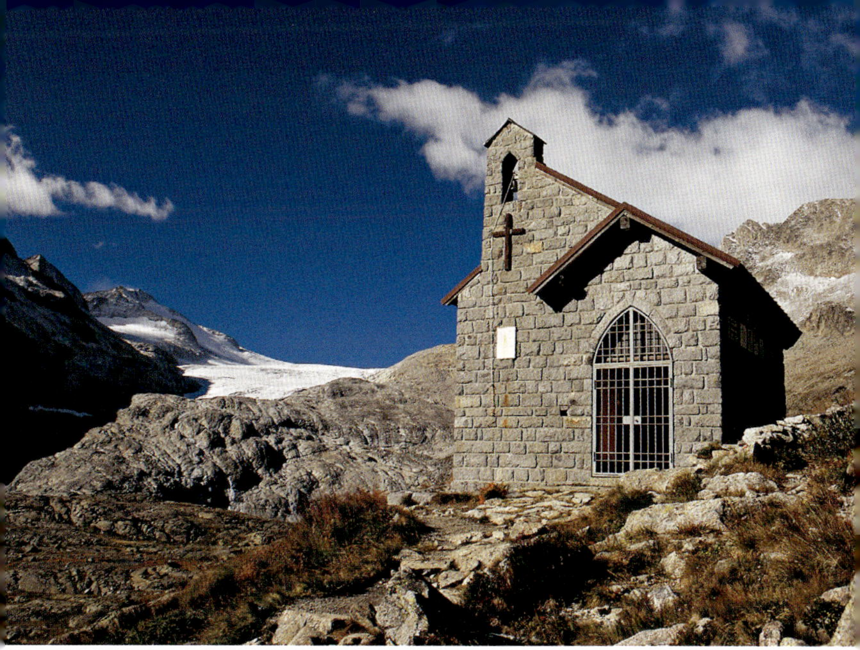

Unweit des Rifugio Mandron steht eine Kapelle (Tour 19).

Bergbahnen

Vor allem in den touristisch stark erschlossenen Gebieten gibt es etliche Aufstiegshilfen, die auch im Sommer in Betrieb sind. Die genauen Betriebszeiten sind bei den örtlichen Tourismusstellen zu erfahren.

Tourismusämter

Zum Trentino allgemein:
Trentino Marketing
Via Romagnosi 11, 38122 Trento
www.visittrentino.info

- APT Alpe Cimbra, Folgaria Lavarone Luserna Vigolana, Via Roma 67, I-38064 Folgaria, Tel. +39 0464 724100, www.alpecimbra.it
- APT Altopiano di Pinè e Valle di Cembra, Via Battisti 110, I-38042 Baselga di Pinè, Tel. +39 0461 557028, www.visitpinecembra.it
- APT Dolomiti Paganella, Piazza Dolomiti 1, I-38010 Andalo, Tel. +39 0461 585836, www.visitdolomitipaganella.it
- APT Garda Trentino, Largo Medaglie d'Oro al Valor Militare 5, I-38066 Riva del Garda, Tel. +39 0465 554444, www.gardatrentino.it
- APT Madonna di Campiglio, Via Pradalago 4, I-38086 Madonna di Campiglio, Tel. +39 0465 447501, www.campigliodolomiti.it
- APT Rovereto e Vallagarina, Corso Rosmini 21, I-38068 Rovereto, Tel. +39 0464 430363, www.visitrovereto.it
- APT San Martino di Castrozza, Passo Rolle, Primiero e Vanoi, Via Passo Rolle 165, I-38058 San Martino di Castrozza, Tel. +39 0439 768867, www.sanmartino.com
- APT Terme di Comano – Dolomiti di Brenta, Via Battisti 38/D, I-38070 Ponte Arche, Tel. +39 0465 702626, www.comanodolomiti.it
- APT Trento – Monte Bondone, Piazza Dante 24, I-38122 Trento, Tel. +39 0461 216000, www.discovertrento.it
- APT Val di Fassa, Strèda Roma 36, I-38032 Canazei, Tel. +39 0462 609500, www.fassa.com

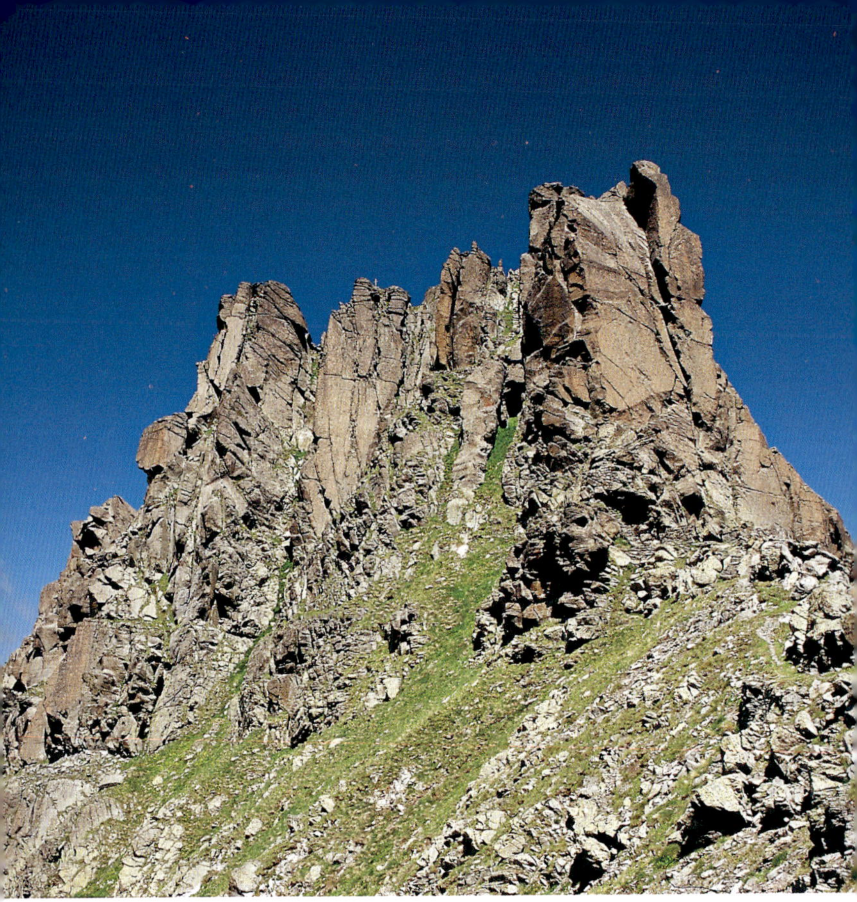

Die markanten Gipfelfelsen der Cima Litegòsa (Tour 31).

- APT Val di Fiemme, Via Fratelli Bronzetti 60, I-38033 Cavalese, Tel. +39 0462 341419, www.visitfiemme.it
- APT Val di Non, Via Roma 21, I-38013 Fondo, Tel. +39 0463 830133, www.visitvaldinon.it
- APT delle Valli di Sole, Peio e Rabbi, Viale Marconi 7, I-38027 Malè, Tel. +39 0463 901280, www.visitvaldisole.it
- APT Valsugana Lagorai, Viale Vittorio Emanuele III 3, I-38056 Levico Terme, Tel. +39 0461 727700, www.visitvalsugana.it
- APT Valle di Ledro, Via Nuova 7, I-38060 Ledro (Pieve), Tel. +39 0464 591222, www.vallediledro.com

Telefonieren

Ländervorwahl bei Gesprächen nach Italien: +39. Bei der Gebietsvorwahl auch aus dem Ausland immer die »0« mitwählen (gilt nicht für Handynummern). Gebietsvorwahl auch im Ort mitwählen.

Wetterbericht

Ein regionaler Wetterbericht für das Trentino hängt gewöhnlich bei den Tourismusbüros aus. Er wird täglich außer sonntags gegen 13 Uhr aktualisiert.

- www.meteotrentino.it
- www.arpa.veneto.it (vor allem für die Dolomiten)

Der Umwelt zuliebe …

Auch beim Wandern hinterlassen wir einen ökologischen Fußabdruck, aber im Einklang mit der Natur unterwegs zu sein, ist gar nicht so schwer!

VORBEREITUNG UND ANFAHRT

- Sich vorab informieren, worauf in Bezug auf Natur und Umwelt in der jeweiligen Wanderregion besonders zu achten ist.
- Soweit möglich mit Bahn und Bus anreisen, Wander- und Rufbusse nutzen.
- Ist eine Anfahrt mit dem Auto nötig, Fahrgemeinschaften bilden.
- Bei weiten Anfahrten Mehrtagestouren planen oder von einem Quartier vor Ort aus mehrere Touren absolvieren.
- Flugreisen möglichst reduzieren und durch Beiträge zu Klimaschutzprojekten kompensieren.

KLEIDUNG UND AUSRÜSTUNG

- Beim Kauf von Outdoor-Kleidung auf umweltfreundliche und faire Herstellung achten und Kleidungsstücke möglichst viele Jahre nutzen.
- Ausrüstung kann man eventuell auch gebraucht kaufen oder ausleihen.
- Reparieren statt neu kaufen.

VERPFLEGUNG

- Beim Einkauf Bio-Ware, regionale und saisonale Erzeugnisse bevorzugen.
- Hütten und Gasthäuser auswählen, die regionale Produkte verwenden.
- Auf Einwegflaschen und Plastikverpackungen verzichten, stattdessen wiederverwendbare Trinkflaschen und Brotzeitboxen benutzen.

ÜBERNACHTUNG

- Bei lokalen Anbietern buchen, damit Menschen vor Ort profitieren.
- Auf Hütten und in anderen Unterkünften Strom und Wasser sparen.

UNTERWEGS

- Wege benutzen und Abkürzer vermeiden.
- Sperrungen von Wegen und Schutzgebieten respektieren.
- Keine Blumen pflücken und keine Pflanzen entnehmen.
- Waldbrandgefahr beachten.
- Müll wieder mit nach Hause nehmen und dort entsorgen.
- Toilettengänge in freier Natur möglichst vermeiden.
- Lärm vermeiden.
- Hunde an die Leine nehmen.

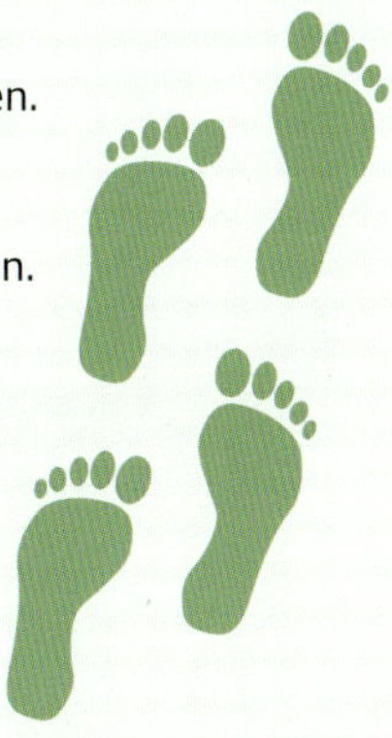

ROTHER
BERGVERLAG

Die Berggebiete im Überblick

Die folgende Kurzvorstellung soll einen ersten Überblick über die verschiedenen Gebirgsgruppen des Trentino, ihren Charakter und die Bedeutung für den Wanderer vermitteln. Auf Einzelheiten wird im Rahmen der jeweiligen Touren eingegangen.

Gardaseeberge

Das Land, »wo die Zitronen blühen«, ist mit der gewaltigen Gardaseefurche in seinem Kern ein Mekka sonnen- und erlebnishungriger Menschen aus nördlichen Gefilden, die nach sportlichen Aktivitäten gern auch mal dem »Dolce vita« frönen. Die meisten, auch Bergwanderer, tummeln sich dort, wo der »Lago« nah ist, rund um die Rocchetta zum Beispiel und vor allem am legendären Monte Baldo. Dabei ist der geografische Begriff der Gardaseeberge viel weiter gefasst als nur auf die unmittelbare Seeumrahmung: Das Gebiet reicht von den Valli Giudicarie im Westen bis zur Etsch (hier Ádige geheißen) im Osten, grenzt nordwärts mit dem Tal der Sarca an die Brenta und läuft gen Süden in den sanften Moränenrücken zur Poebene aus. Nur der nördlichste Teil gehört übrigens zum Trentino, den größeren Rest teilen sich die Provinzen Brescia (Westufer) und Verona (Ostufer). Ein vielgestaltiges Relief verleiht dem Gardasee und seinem Hinterland eine durchaus alpine Note, auch wenn die Gipfel hier mit maximal 2254 Metern (am Monte Cadria) nicht in höchste Höhen aufragen. Alles ist schließlich relativ, und vom Seespiegel bis zum Kamm des Monte Baldo sind es immerhin mehr als 2000 Meter! Zünftige Bergtouren gibt es also zuhauf, neben vielen beschaulichen Wanderungen mit Ausflugscharakter natürlich, die oft das ganze Jahr über möglich sind.

Unterwegs am Südgrat des Monte Cadria (Tour 2).

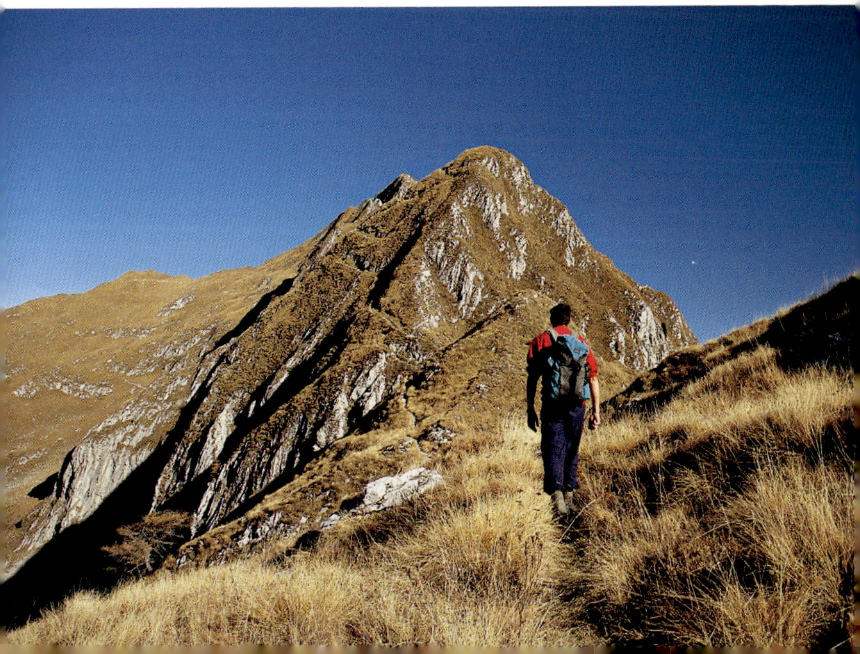

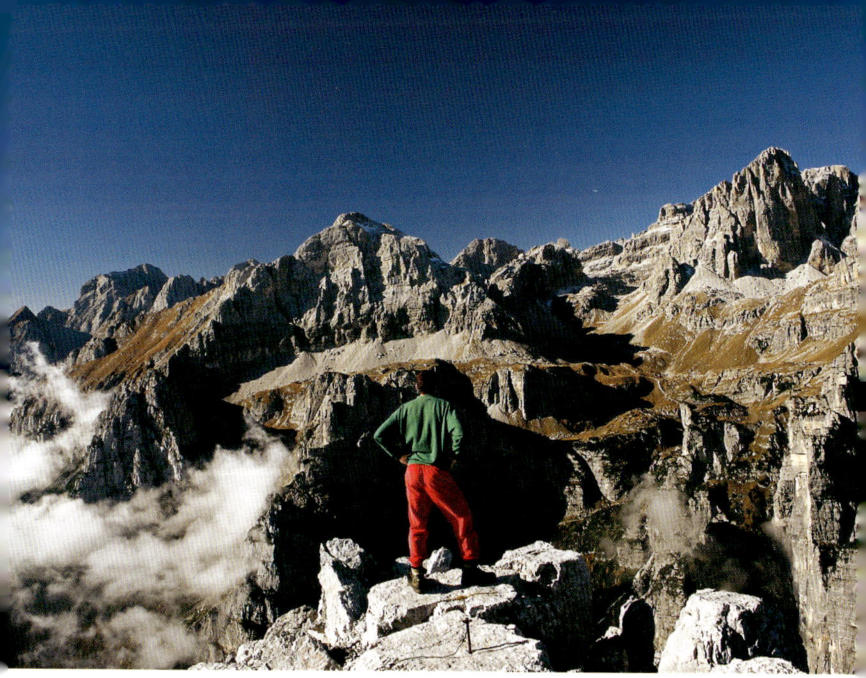

Am Croz dell'Altissimo, einem prächtigen Aussichtspunkt in der südlichen Brenta (Tour 13).

Brentagruppe

Diese aus mustergültigem Dolomit aufgebaute Gruppe gilt als das Trentiner Gebirge schlechthin, vielleicht, weil es sich vollumfänglich innerhalb der Provinzgrenzen erhebt, vielleicht aber auch, weil es eine Paradekulisse darstellt, die uns schon aus der Ferne in ihren Bann zieht. Taucht man in das bizarre Felsenreich ein, glaubt man sich beinahe in einem Labyrinth zu verlieren, so eng stehen hier schlanke Türme und wuchtige Felsmassen ineinander verkeilt, zudem zerschnitten von tiefen Scharten, die dem berühmten Bocchetteweg den Namen gaben. Die Brenta, eingefasst von Val di Non, Val di Sole und Val Meledrio im Nordbogen, von Valle Rendena, Valli Giudicarie (Sarca) sowie der Etsch hinter dem Paganella-Ausläufer im Südbogen, scheint auf den flüchtigen Blick ein (zu?) großes Kaliber für die Wanderer zu sein. Und doch finden sich zwischen den meist schwierigen Kletterbergen hervorragende Wanderpfade, Wege zu und zwischen den Hütten, hier und da auch ein markierter Gipfelanstieg. Das Hauptinteresse konzentriert sich auf einen stark erschlossenen Zentralbereich zwischen Passo del Grostè und dem überragenden Tosa-Massiv, was weiten Arealen der Peripherie ungeahnte Einsamkeit bewahrt. Die Brenta ist mit einem Wort: großartig!

Adamello-Presanella-Gruppe

Der Kontrast zur benachbarten Brenta könnte schärfer kaum ausfallen, geologisch ein Unterschied wie Tag und Nacht: Dort der Dolomit, hier hingegen Tonalit, ein junges Tiefengestein (»jung« meint in diesem Zusammenhang rund 30 Millionen Jahre), das zu kantigen Blöcken zerfällt und allgemein sehr widerstandsfähig

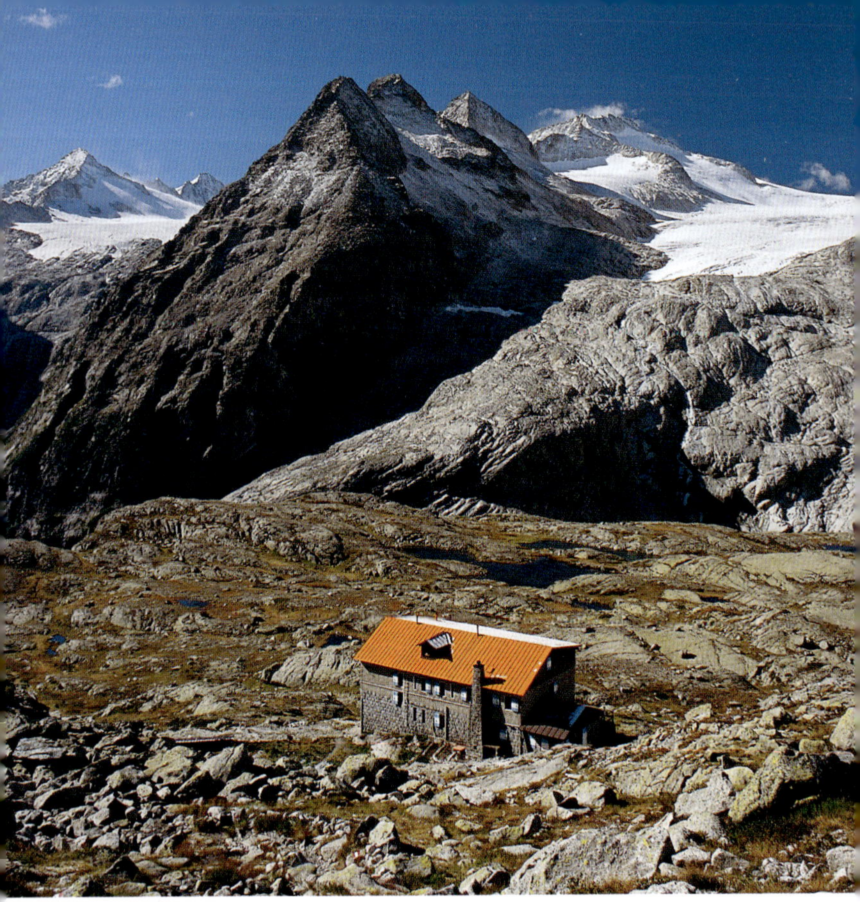

Das Rifugio Mandron in den Adamellobergen (Tour 19).

ist. Doch stechen im Landschaftsbild der Adamellogruppe zunächst einmal die riesigen Plateaugletscher ins Auge, deren Ausmaße man so weit im Süden kaum begreifen kann: arktische Impressionen. Freilich liegt das Gebirge sehr hoch (bis über 3500 Meter) und ist auch durchaus nicht selten feuchten Strömungen aus dem Mittelmeerraum ausgesetzt, was die entsprechenden Niederschläge bewirkt.

Die Untergruppe um die Presanella ist nur zweitrangig abgegrenzt und wird daher meist in einem Atemzug genannt, obgleich diesem Areal bei bescheidenerer Gletscherbildung eher ein noch schrofferes Gepräge zukommt. Die mitsamt ihren südlichen Ausläufern sehr ausgedehnte Adamello-Presanella-Gruppe teilt sich das Trentino wiederum mit der Provinz Brescia. Im Osten grenzen Brenta und Gardaseeberge an, während gegen Westen das lange Valcamonica als Nahtstelle zu den Bergamasker Alpen fungiert.

Aufgrund des rauen Charakters ist das Gebiet vor allem für hochalpin erprobte Wanderer und Bergsteiger ein Dorado von zum Teil bestechender Urweltlichkeit. Diese Vorzüge wurden aber bisher noch verhältnismäßig selten erkannt.

Ortler-Alpen und Mendelkamm

Die Ortler-Alpen bringt man geografisch eher mit Südtirol in Verbindung, doch gehört auch ein guter Teil davon – und zwar der südliche, zum Val di Sole orientierte und in weiten Bereichen ziemlich vernachlässigte – zum Trentino. Die Seitentäler von Pejo, Rabbi und Bresimo greifen von dort aus in die vornehmlich aus Gneisen und kristallinen Schiefern gebildete Gebirgsmasse, die insgesamt zu den mächtigsten Aufwerfungen der Ostalpen zählt. Namentlich die über dem Val di Pejo aufragenden Gipfel mit ihren überaus stattlichen Dreitausendermarken belegen dies eindrucksvoll, während der hochalpine Anspruch gen Osten Stufe um Stufe abnimmt. Über dem Val di Non ist das Erscheinungsbild schon wesentlich unspektakulärer. Hier gliedert sich östlich der topografisch eigenständige Mendelkamm an. Er bildet einen auf Trentiner Seite ziemlich sanften, waldreichen Bergzug, der gegen das Etschtal (zum südlichsten Zipfel Südtirols) jedoch recht schroff abfällt. Mit meist nicht einmal 2000 Metern nehmen sich die Gipfelhöhen freilich bescheiden aus.

Dolomiten

Die Dolomiten sind wohl jedem passionierten Bergfreund ein Begriff, gehören sie doch zu den touristisch bedeutendsten Gebieten der gesamten Alpen. Verwaltungspolitisch besteht eine Dreiteilung auf die Provinzen Südtirol, Trentino und Belluno. In den Trentiner Dolomiten ist das Val di Fassa (als unmittelbare Verlängerung des Val di Fiemme) die Haupttalschaft. Ringsherum reihen sich Latemar, Rosengarten, Langkofelgruppe, Sella sowie die weit verzweigte Marmoladagruppe aneinander. Allein diese Namen versprechen Wander-Highlights vor packender Felskulisse, was die enorme Beliebtheit unterstreicht. Kein Wunder, dass damit auch ein ausgesprochen hoher Erschließungsgrad einhergeht, der da und dort sicher schon übers Ziel hinausgeschossen ist. Südlich der Marmoladagruppe gehört die wenig bekannte Kette der Bocche mit ihrem Quarzporphyr zu den geologisch untypischen »Einsprengseln«, bevor sich mit der Pala nochmals ein echtes Prachtstück dolomitischer Felsarchitektur aufbaut. Sie ist vielleicht die wildeste und formenreichste Untergruppe der »Bleichen Berge« überhaupt. Noch weiter südlich führen die Feltriner Dolomiten eher ein Schattendasein, versprechen aber ein interessantes Revier für Entdeckungslustige zwischen der Talschaft des Primiero und dem Alpenrand bei Feltre.

Wie versteinerte Flammen ragen die Vajolettürme über der Gartlmulde empor (Tour 35).

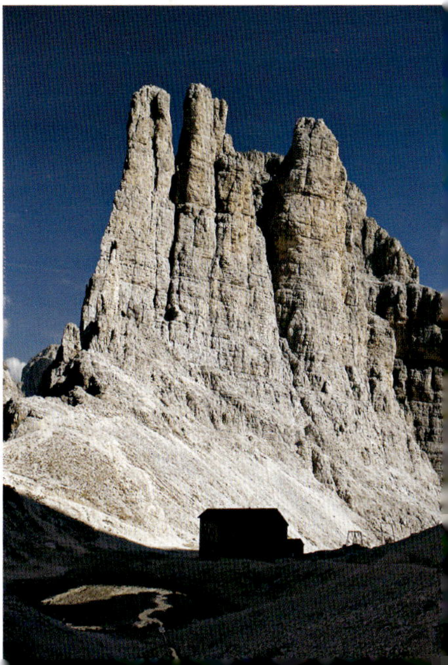

Fleimstaler Alpen

Diese nur im deutschsprachigen Raum gebräuchliche geografische Bezeichnung der Gruppe gründet sich auf die nördlich begrenzende Talschaft. Zwischen Val di Fiemme (Fleimstal), Valsugana und Val Cismon liegt zur Hauptsache die Lagoraikette, ein ausgedehntes Areal besonderer geologischer Eigenart, welches der Bozner Porphyrplatte zugeordnet wird. Es handelt sich um Gesteine vulkanischen Ursprungs, gebildet vor rund 270 Millionen Jahren. Rund um die Cima d'Asta, den höchsten Berg der Fleimstaler Alpen, der allerdings nicht zum Lagorai gehört, herrschen Granite vor. Auf den Wanderer warten hier ursprüngliche, oft recht spröde Bedingungen, wenngleich die lieblichen Flecken nicht fehlen. Besonders erwähnenswert ist der Reichtum an Bergseen. Auch die marginale touristische Erschließung, die kaum irgendwo tiefer ins Gebirge vordringt, trägt zu diesem Gesamtcharakter bei. Daher kann man in den Fleimstaler Alpen noch tagelang echte Bergeinsamkeit erleben und mit etwas Gewandtheit zahlreichen Gipfeln aufs Haupt steigen. Ein besonderes Schmankerl ist sicher eine Durchquerung auf dem Trans-Lagorai.

Vicentiner Alpen

Unter diesem Begriff sind jene Berge zusammengefasst, die sich südlich des Valsugana und östlich des Val Lagarina (Etschtal südlich von Rovereto) bis gegen den Alpensüdrand erstrecken. Die Bezeichnung deutet schon darauf hin, dass wir damit ins Übergangsgebiet vom Trentino zur Provinz Vicenza gelangen; auch die Provinz Verona grenzt unmittelbar an. Topografisch bilden der Vigolanastock, die das Valsugana in West-

Zackengespickt gibt sich der Gipfelkamm des Becco di Filadonna (Tour 46).

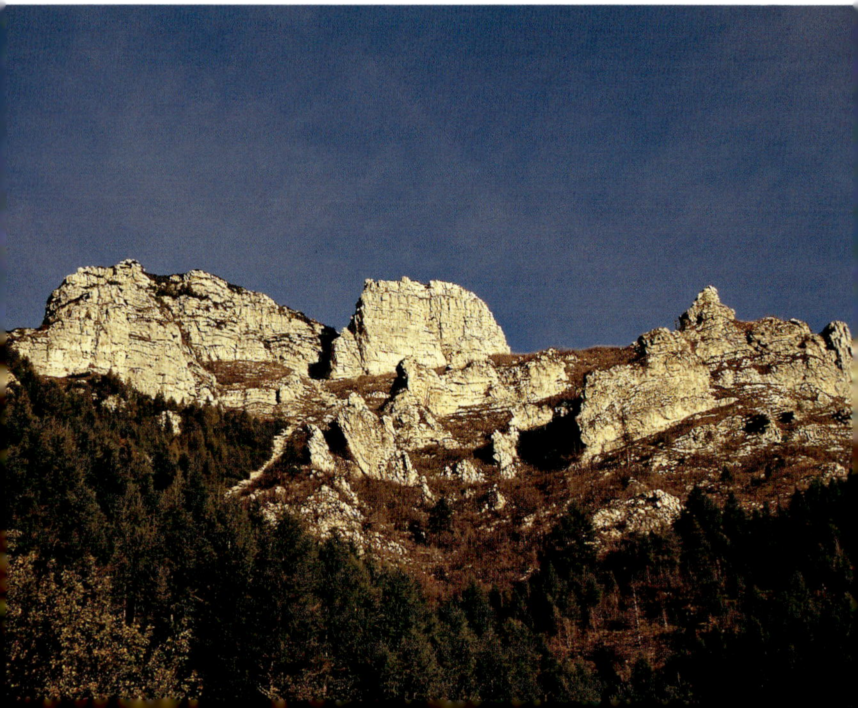

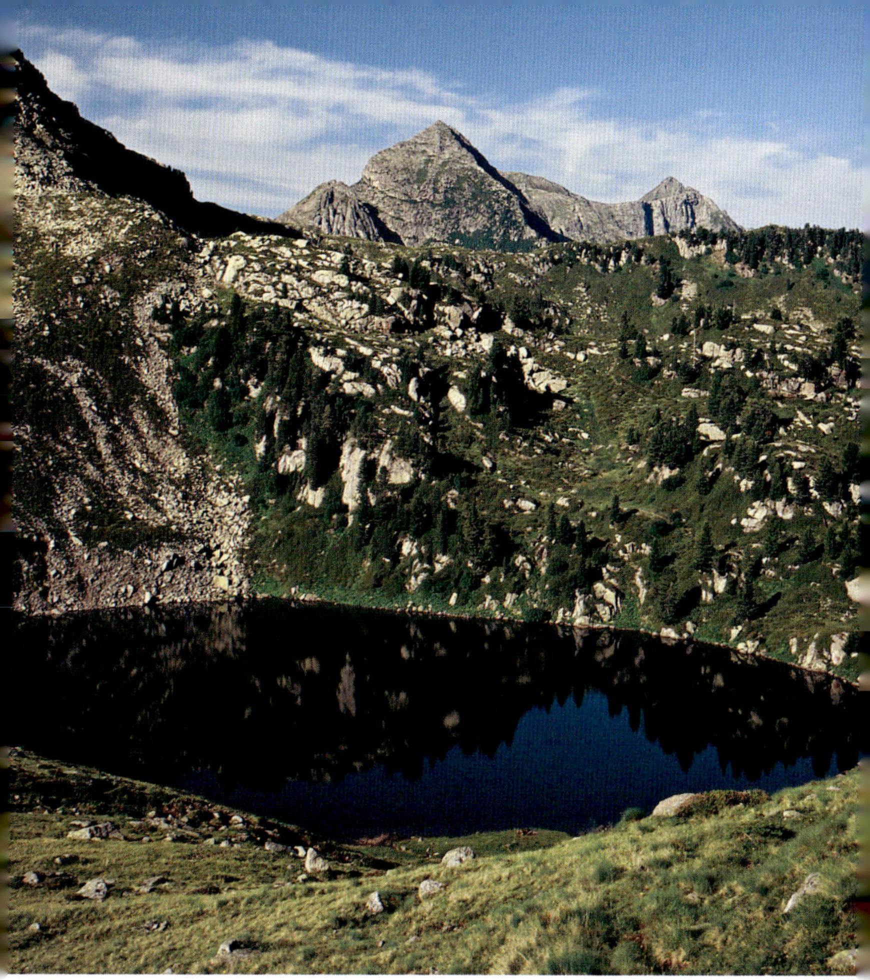

Der Lago delle Stellune, ein Landschaftsjuwel in den Lagoraibergen (Tour 29).

Ost-Richtung begleitende Cima-Dodici-Kette, der Pasubio sowie die Monti Lessini mit dem Massiv der Cima Carega die bedeutendsten Aufwerfungen. Geologisch dominieren Kalk und Dolomit, weshalb auch der Begriff der »Piccole Dolomiti« geprägt wurde. Für Besucher von der Alpennordseite scheinen die Vicentiner Alpen zu weit abgelegen, obwohl es kaum weiter als bis zum Gardasee ist. Doch keine berühmten Namen – und das Interesse hält sich in Grenzen … Traurige Berühmtheit schaffte nur die »Grande Guerra« in den Jahren 1915–18, der die Berge – hier und anderswo im Trentino – zum irrsinnigen Schlachtfeld degradierte. Touren am Pasubio oder über dem Valsugana etwa verlaufen häufig auf diesen unheiligen Spuren und bieten damit eine Kombination aus Naturerlebnis und denkwürdiger Geschichtslektion.

Seite 28/29: Rifugio Brentèi mit Crozzon di Brenta und Cima Tosa (Tour 14).

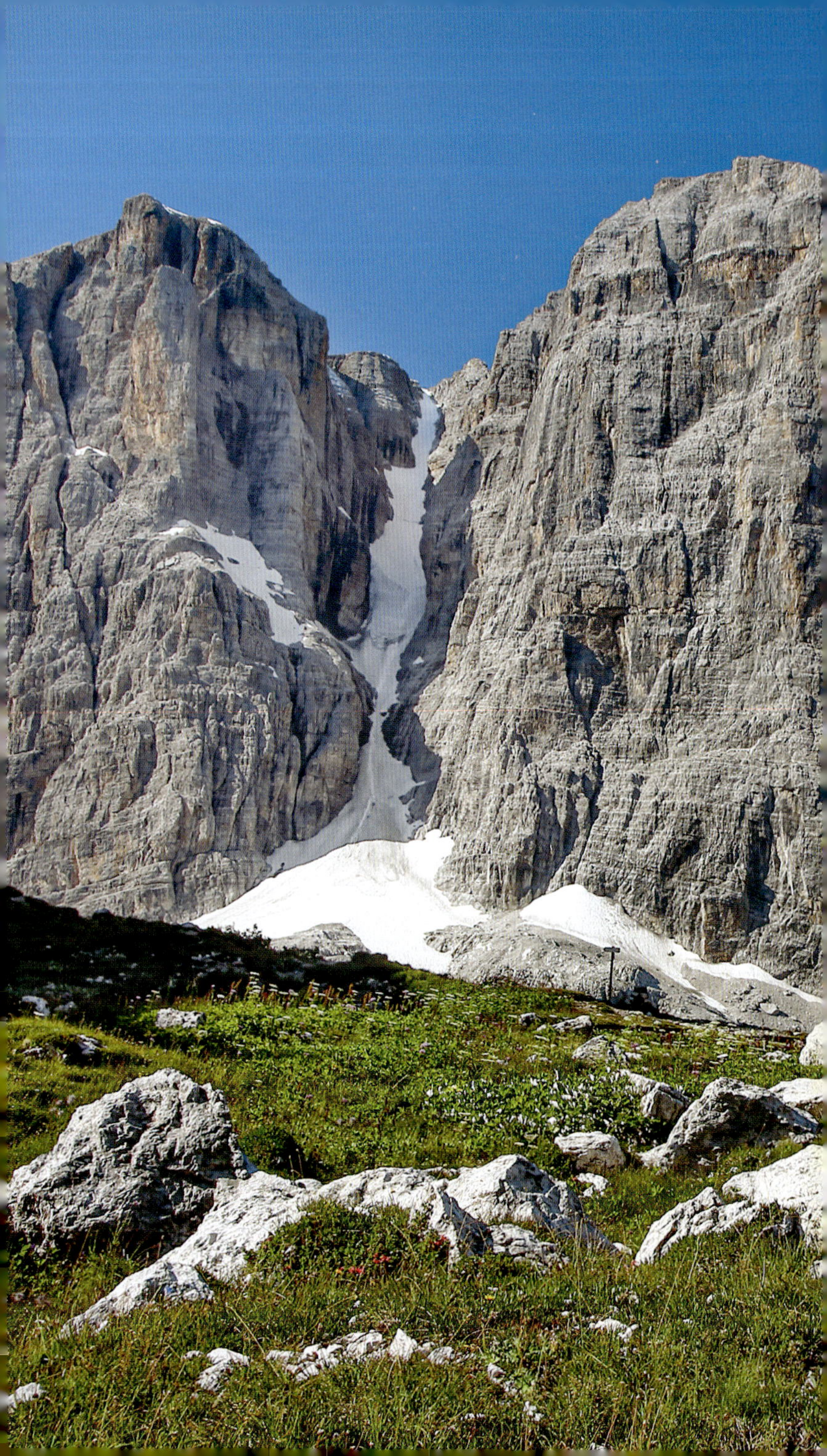

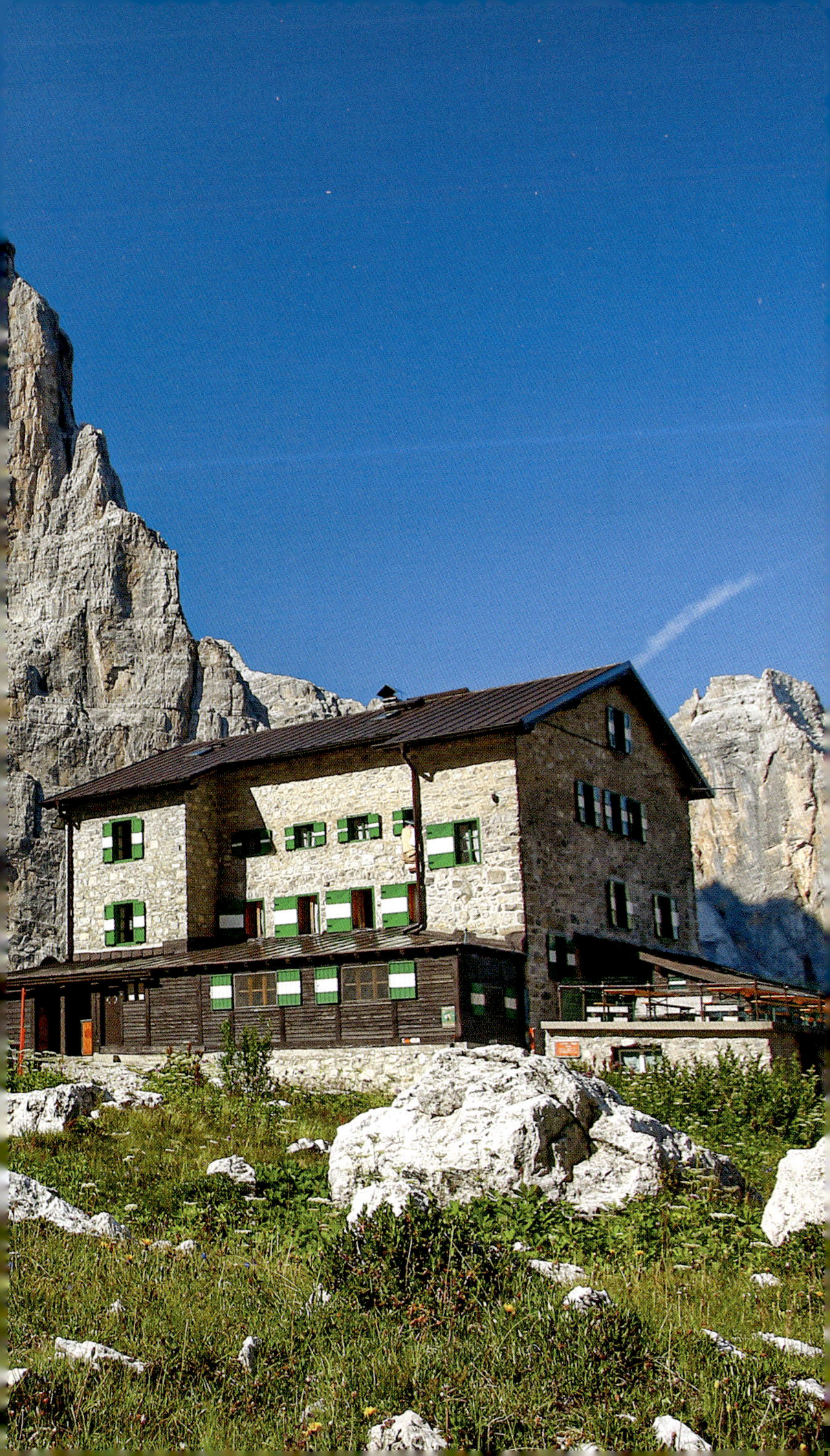

1 Monte Bruffione, 2664 m

Aus dem Val Aperta über die Malga Bondolo

6.20 Std. | 14,7 km | ↗ 1130 m | ↘ 1130 m

Aussichtsgipfel in der südlichen Adamellogruppe

Der Monte Bruffione erhebt sich genau auf der Grenze zwischen dem Trentino und der Provinz Brescia und lässt sich von beiden Seiten von halbwegs erfahrenen Berggehern auf spärlich markierten Alpinpfaden besteigen. Dabei bekommt man es stets mit dem typisch rauen Gelände der Adamelloberge zu tun, in dem sich die Spuren auch mal zwischen Gras und Blockwerk verlieren können. Unsere Route aus dem versteckten Val Aperta lässt sich mit einer netten Abstiegsvariante bereichern, die nur geringfügig länger, allerdings sogar etwas bequemer als der direkte Weg ist. Im Gipfelpanorama beeindrucken die hohen Berge der Adamellogruppe in ihrer Südansicht (vor allem der Carè Alto), während in der anderen Richtung die Brescianer Voralpen und Gardaseeberge ein weiträumiges, detailreiches Bergrelief bis zum Südsaum der Alpen bilden.

Ausgangspunkt: Malga Val Aperta, 1537 m; schmale Zufahrt von Condino (in den Valli Giudicarie, an der SS 237 von Trento Richtung Brescia) über das Bergdorf Brione.
Anforderungen: T3–4. Ziemlich anspruchsvolle Bergwanderung auf zwar durchgängig markierten, aber teilweise beschwerlichen Pfaden, die nicht überall gut erkennbar sind; daher bei Nebel etwas problematisch. Auf steilen Grasmatten und Blockfeldern ausgeprägte Trittsicherheit erforderlich; ab und zu werden auch die Hände gebraucht (mehr zum Gleichgewichthalten als zum Klettern).
Einkehr/Übernachtung: Keine.
Karte: Tabacco 1:25.000, Blatt 071, Prealpi Gardesane – Tremalzo – Valle di Ledro – Lago d'Idro.

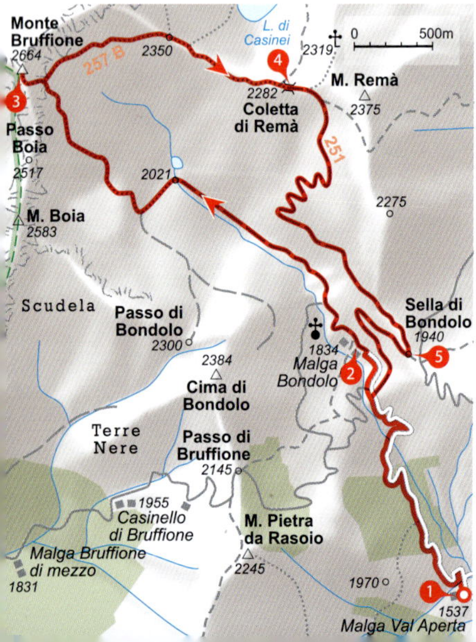

Von der **Malga Val Aperta ❶**, 1537 m, wandern wir zuerst auf einem breiten Karrenweg in einigen Serpentinen hinauf zu einer Geländeschwelle, wo sich ein flacher Almboden mit der **Malga Bondolo ❷**, 1834 m, öffnet. Man achte hinter den Ställen gut auf die Weiterführung des Weges. Jenseits der nächsten Geländeschwelle befindet sich ein weiterer malerischer Hochtalboden, der von mäandrierenden Bächen durchzogen ist. Wir begeben uns an den rechten Rand und wandern taleinwärts in den Bergkessel hinein, wobei der Pfad bald undeutlich wird (stets aufmerksam die rot-weißen Markierungen verfolgen!). Nachdem

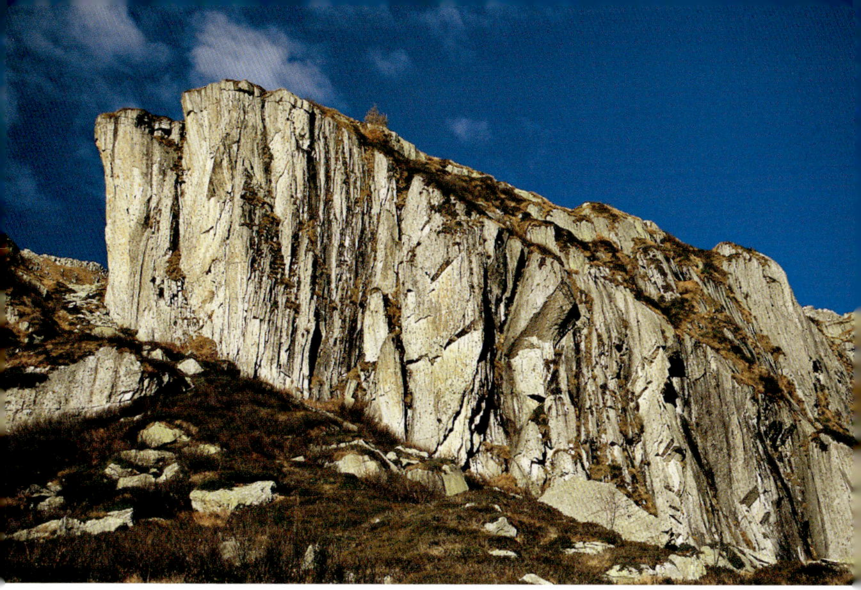

Eine markante Tonalitformation entragt den Berghängen.

der Bach nach links überschritten ist, leitet die Route unter ein auffälliges, aus den Hängen herausragendes Felsgebilde mit senkrechter Tonalitwand. Direkt unter der Wand durch eine Rinne steil hinauf. Nach einer kurzen Flachpassage wird es in zunehmend steinigem Gelände wiederum steiler – immer wieder über Blockgelände steigend gewinnt man in der Ostflanke mehr und mehr an Höhe und erreicht schließlich den Südgrat. Auf ihm in wenigen Minuten zum Gipfel des **Monte Bruffione** ❸, 2664 m.

Der Abstieg führt anfangs auf derselben Route zurück in die Flanke. Dort folgt man allerdings jener Markierung, die nordostwärts wechselweise über Blockfelder und Matten auf den zum Monte Remà ziehenden Kammrücken zuhält. Man erreicht eine weite Kammsenke, wirft einen Blick auf die Nordseite mit dem Lago di Casinei und tangiert etwas später auch die **Coletta di Remà** ❹, 2282 m, wo der Weg in die südliche Flanke abdreht. Nach einigen Kehren quert man noch ein gutes Stück oberhalb des Talbodens und kommt über die **Sella di Bondolo** ❺, 1940 m, wieder in die Nähe der Malga Bondolo zurück. Schließlich auf dem Karrenweg zur **Malga Val Aperta** ❶.

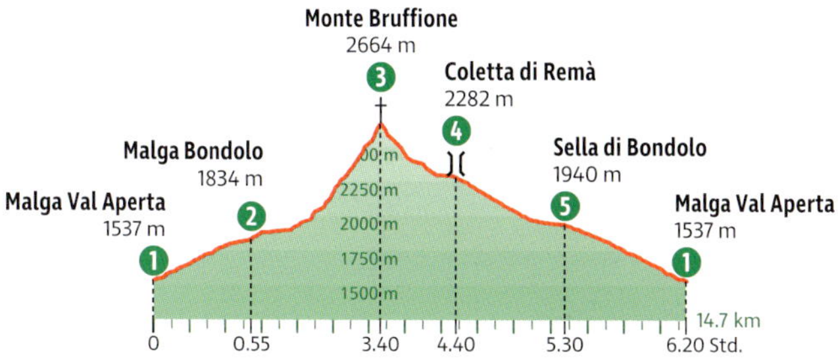

2 Monte Cadria, 2254 m

Rundtour über dem Valle dei Concei

TOP | 7.30 Std. | 13,7 km | ↗1500 m | ↘1500 m

Auf den höchsten Punkt der Gardaseeberge

Dass dem Monte Cadria die Krone als höchstem Berg der Gardaseeregion gebührt, ist vielen vielleicht gar nicht bekannt. Schließlich zählt er auch nicht unmittelbar zur Umrahmung des großen »Lago«, auf die sich das Interesse in der Regel fokussiert, sondern ragt gewissermaßen im Hinterland hinüber nach Judikarien auf. Auch wenn man den Gardasee hier also nicht zu Gesicht bekommt, eine Tour auf den Monte Cadria ist auf jeden Fall eine reizvolle Sache. Insbesondere wenn man sie zu einer Überschreitung ausbaut, die teilweise alten, kühn angelegten Kriegssteigen aus dem Ersten Weltkrieg folgt. Die vorgestellte Abstiegsoption ist dabei zwar in der Orientierung etwas knifflig, aber technisch nicht allzu viel schwieriger als der Normalweg. Das ganz große Erlebnis wäre indes die vollständige Umrundung des Valle dei Concei über alle Gipfel – ein veritabler Bergmarathon, den nur Konditionstiger ohne Biwak schaffen.

Ausgangspunkt: Val dei Molini, ca. 900 m, Abzweig der Zufahrtsstraße 1 km hinter Lenzumo (im Valle dei Concei, einem Seitental des Val di Ledro), Parkplatz beim Fahrverbot.
Anforderungen: T4. Auf der Anstiegsroute recht langer, aber weitgehend unschwieriger Wanderanstieg; am schrofigen Südgrat gute Trittsicherheit erforderlich (auch etwas leichtere Variante möglich). Die Überschreitung verlangt größere Erfahrung mit absoluter Trittsicherheit und Orientierungsvermögen, zudem gute Sicht sowie trockene Verhältnisse; abschüssiger Pfad am Gratkamm und anschließend weglose Grashänge ohne Markierung. Wer auf dem Hinweg wieder absteigt, beschränkt das Gesamtniveau auf T3, »rot«.
Einkehr/Übernachtung: Keine.
Karte: Tabacco 1:25.000, Blatt 071, Prealpi Gardesane – Tremalzo – Valle di Ledro – Lago d'Idro.

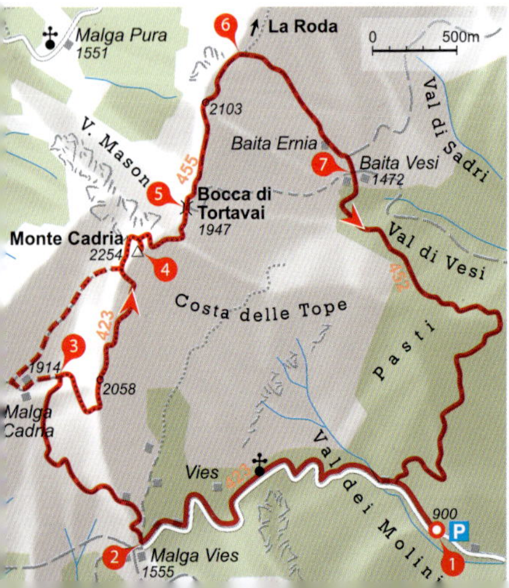

Ab dem Fahrverbot im »Mühlental«, dem **Val dei Molini** ❶, beginnt die Tour auf einem ziemlich steilen Wirtschaftsweg (Nr. 423) zunächst ein wenig eintönig. Ab und zu lässt der Monte Cadria schon seine unwegsamen Ostabstürze durchblitzen. Wir erreichen die auf einem Geländesattel gelegene **Malga Vies** ❷, 1555 m, und folgen dort einem holprigen Karrenweg. Dieser zieht mit einem Rechtsbogen in ein Wiesenhochtal hinauf, wo sich linker Hand die **Malga Cadria** ❸, 1914 m, hinter einem kleinen Buckel versteckt. Man hat

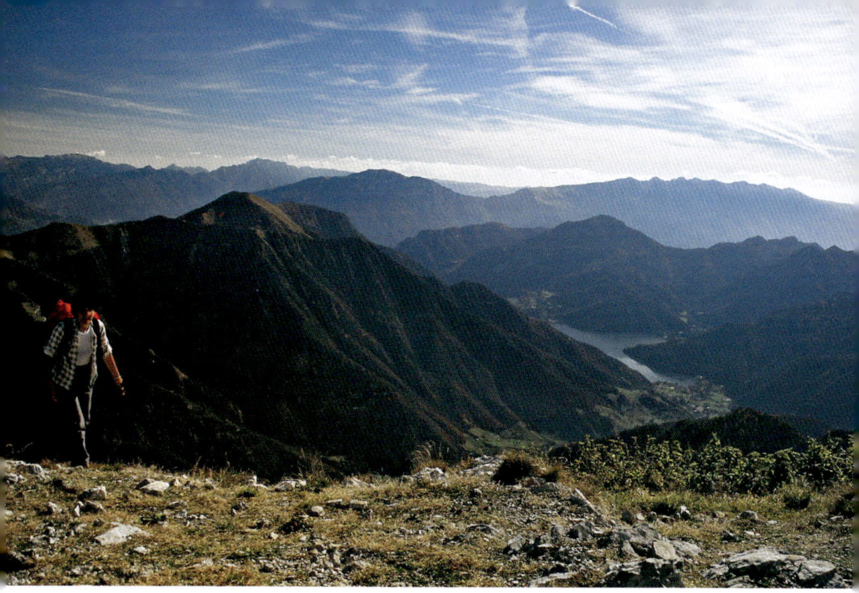

Gipfelankunft am Monte Cadria. Im Hintergrund die Ketten des Ledrogebirges und der Monte Baldo.

nun die Möglichkeit, gemeinsam mit einem von Deserta kommenden Zugang der Eintalung weiter zu folgen und zuletzt über die Westflanke zum Gipfel aufzusteigen. Wesentlich spannender ist jedoch die unweit der Malga Cadria nach rechts abzweigende Kammvariante über den Südgrat. Dort windet sich ein ehemaliger Militärsteig geschickt um einige schrofige Graterhebungen herum, wechselt dabei mehrfach die Seite, quert am Ende auch noch unter dem steilen Gipfelkopf des **Monte Cadria** ❹, 2254 m, hindurch, um ihn letztlich von hinten zu erreichen.

Für die anspruchsvollere Abstiegsroute wenden wir uns kurz zurück zum ersten Wegweiser und folgen dort der Bezeichnung Nr. 455 nach Norden. Der schmale Pfad führt – teils am Grat, teils rechts ausweichend – durch abschüssiges, von Rinnen durchzogenes Geschröf tiefer und tangiert mit der **Bocca di Tortavai** ❺, 1947 m, die erste Scharte. Dann erwartet uns ein Gegenanstieg über den nächsten Gratkopf, 2103 m. Im Bereich der dahinter liegenden Senke – noch bevor der Weg wieder Richtung La Roda, 2169 m, ansteigt – sollten wir die Kammhöhe

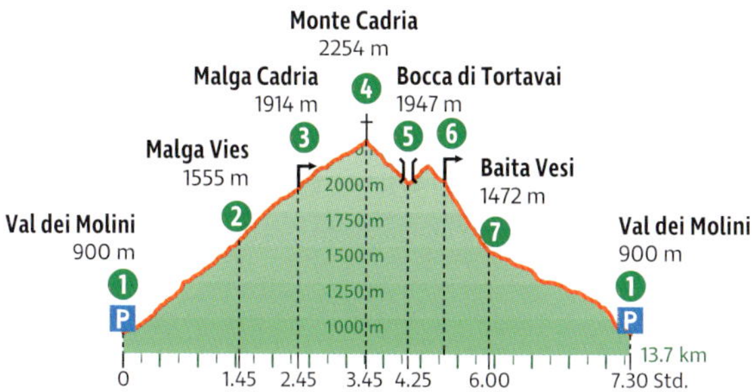

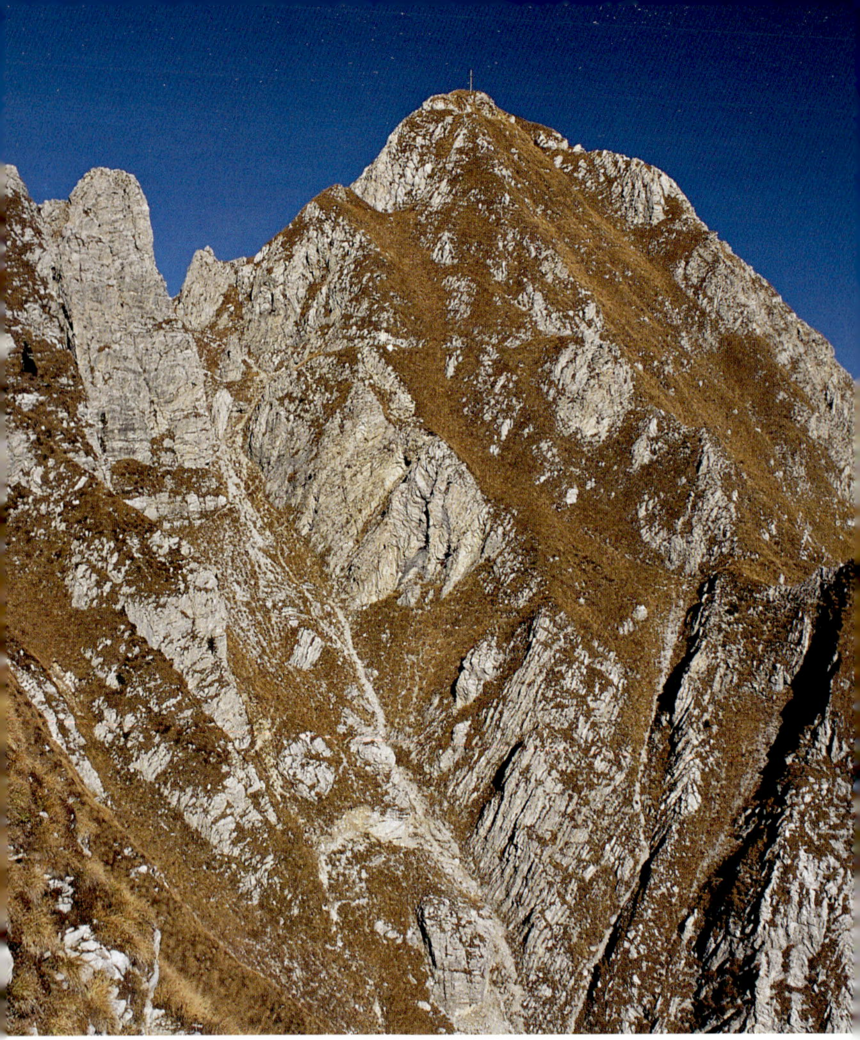

Am Gipfelaufbau wird es nochmals steil.

verlassen und uns mit einer Portion Courage pfadlos rechts **6**, 1970 m, in die grasige Ostflanke hinabbegeben. Wirklich steil ist nur das erste Stück. Eine ausgeprägte Hangmulde gibt die Richtung vor, weiter unten prägt sich zudem ein Graben aus, auf dessen linker Seite wir tiefer gelangen. Unter Umständen stößt man auf ganz spärliche Spuren oder niedergetretenes Gras. Schließlich quert man den Graben an einer günstigen Stelle nach rechts und trifft jetzt tatsächlich auf einen Pfad zur nahen, verwahrlosten **Baita Vesi** **7**, 1472 m, die schon von weit oben als Zielpunkt zu erkennen war. Hier lässt sich in den bezeichneten Hirtensteig (Sentiero delle Baite, Nr. 452) einfädeln. Auf ihm in ziemlich ruppigem Verlauf mehrere bewaldete Geländerunsen und Rücken ausgehend und zuletzt in steilem Abstieg zurück ins **Val dei Molini** **1**.

Corno, 1731 m

Mit Überschreitung der Cima Casèt

7.00 Std. | 15,1 km | ↗ 1200 m | ↘ 1200 m

Auf Abenteuerpfaden hoch über dem Ledrosee

Etwas abseits vom lauten Gardasee-Rummel befindet sich das Val di Ledro mit einem ebenfalls sehr schmucken See – weitaus bescheidener natürlich als sein großer Bruder, aber immer noch durchaus stattlich. Der Ledrosee, an dem übrigens prähistorische Pfahlbausiedlungen entdeckt wurden, bettet sich zwischen die Cima Pari und den Monte Corno. Und von Letzterem genießt man den wohl packendsten Tiefblick sowie eine Aussicht, die von den Gletschern des Adamello über die Umrahmung des Valle dei Concei und den Monte Baldo bis zu den fernen Dolomiten reicht. Ganz einfach ist der schroffe Corno allerdings nicht zu haben, denn zerklüftete Felspartien und mit dichtem Buschwerk besetzte Flanken nötigen den verschlungenen Pfad immer wieder zu Umwegen. Verzwicktes Gelände bleibt uns auch während der Überschreitung zur etwas höheren Cima Casèt erhalten, bevor der Rückweg in weitaus zahmerer Weise ausklingt. Dabei können wir noch ausgiebig in eine zauberhafte, bewaldete Südalpen-Natur eintauchen.

Ausgangspunkt: Bei den Wochenendhäusern von Roccolo Mazzotti, ca. 800 m, an der Bergstraße von Pieve di Ledro Richtung San Martino (Wanderroute Nr. 456); geringer Parkraum beim Fahrverbot. Busverbindung von Riva del Garda nach Pieve di Ledro.

Anforderungen: T3–4. Schmale, ordentlich markierte Wege in oft abschüssigem, mit Latschen und Gras bewachsenem Gelände sowohl beim Anstieg zum Corno als auch besonders auf der Überschreitung zur Cima Casèt (hier zwei kurze gesicherte Rinnenpassagen). Absolute Trittsicherheit wichtig, bei Nässe abzuraten. Der Rückweg ist leicht (meist Waldwege).

Einkehr/Übernachtung: Unterwegs keine.

Karte: Tabacco 1:25.000, Blatt 071, Prealpi Gardesane – Tremalzo – Valle di Ledro – Lago d'Idro.

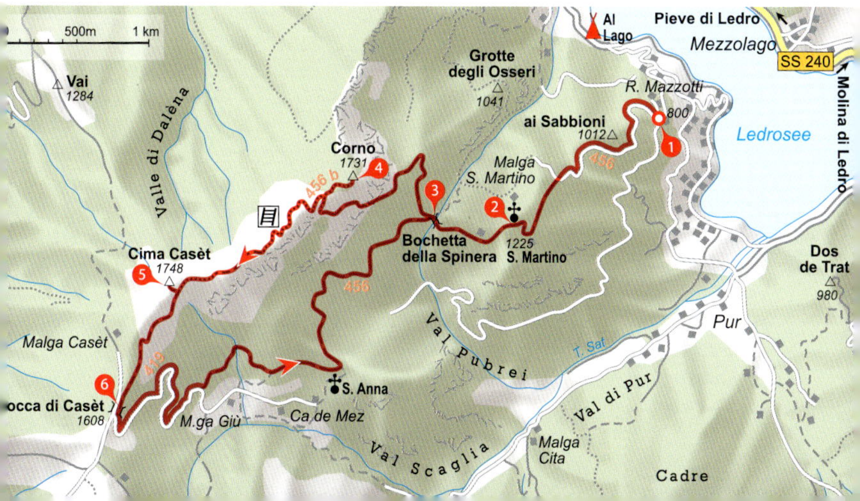

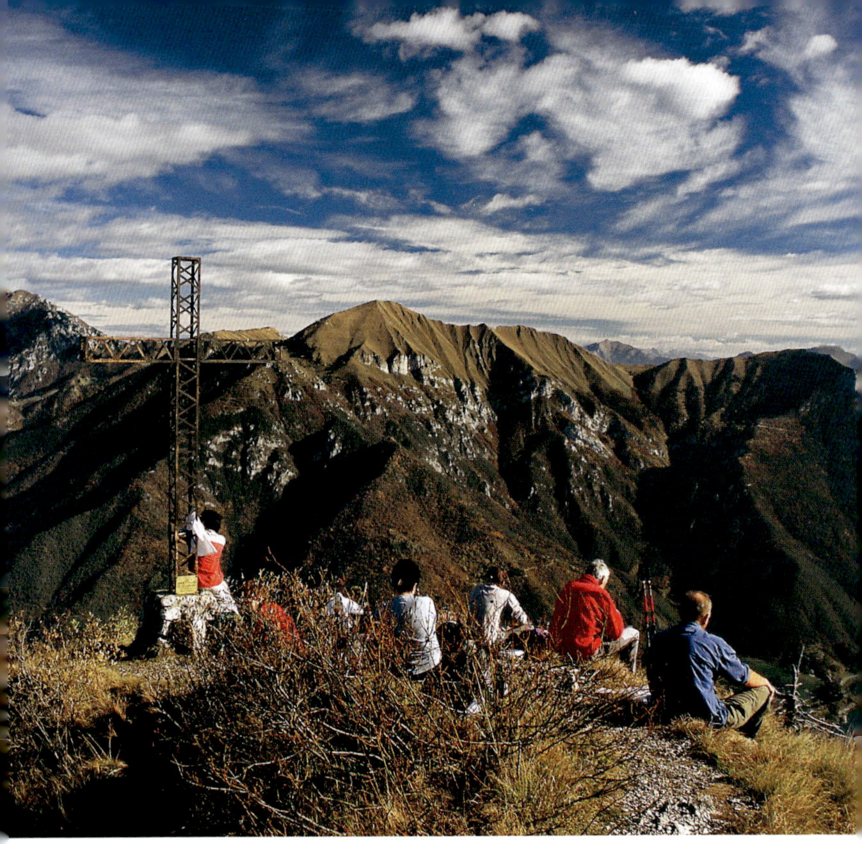

Gipfelschau vom Corno über den Ledrosee zur Cima Pari.

Von den obersten Anwesen in **Roccolo Mazzotti** ❶ geht es auf der für den öffentlichen Verkehr gesperrten Straße im Wald steil aufwärts. Dann zweigt man links auf einen Wanderweg ab (Nr. 456 weiterhin ausgewiesen) und gelangt zur **Kapelle San Martino** ❷, 1225 m, auf einem schönen Wiesenfleck mit Blick auf die Berge rund ums Valle dei Concei gelegen. Gut 15 Gehminuten darauf folgt die wichtige Wegverzweigung an der **Bocchetta della Spinera** ❸, 1320 m. Während der »456er« links weiterführt (hier werden wir später zurückkommen), ist der Gipfelanstieg zum Corno mit »456bis« ausgeschildert. Nach einer Traverse geht es an einem Waldrücken steil bergauf, bevor Felsgelände den Auftrieb ausbremst. Der Weg wird zu mehrmaligem Queren nach links gezwungen, teils sogar mit leichtem Höhenverlust, bis eine breite Grasrinne endlich den Durchstieg nach oben ermöglicht. In der Nähe der Kammhöhe leitet die Markierung links weiter zur Cima Casèt, doch werden wir uns den kurzen Abstecher auf dem Latschenpfad nach rechts zum Gipfel des **Corno** ❹, 1731 m, nicht entgehen lassen. Der Tiefblick auf den Ledrosee ist das optische Highlight des Tages!

Anschließend wieder zurück und auf der Gratroute weiter. Nach Überwindung einer versicherten erdigen Rinne windet sich der Pfad zu ei-

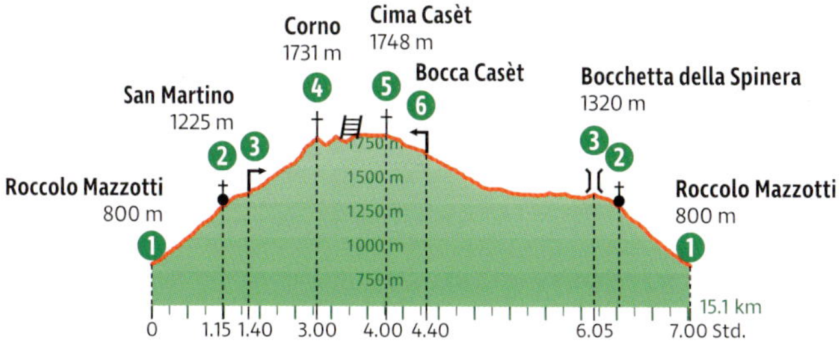

ner namenlosen Erhebung hinauf. Jenseits wieder steil abwärts, teils durch enge Durchschlüpfe am felsgespickten und stets mit Krummholz bewachsenen Kamm. Beim Weiterweg Richtung **Cima Casèt** ❺, 1748 m, ist eine weitere kurze Rinne im Bergauf gesichert, ehe es knapp unter einigen unbedeutenden Gratköpfen entlang und schließlich nach rechts hinüber zum höchsten Punkt der Überschreitung geht. Die Fortsetzung nach Südwesten zur **Bocca Casèt** ❻, 1608 m, wird bald deutlich leichter, denn der Weg schmiegt sich hier an sanftere Hänge und mündet später sogar in eine Fahrtrasse. Am Sattel nehmen wir die Abzweigung nach links (Nr. 419 zur Malga Giù), verlassen den breiten Fahrweg aber noch oberhalb der Almmulde, um mit Nr. 456 nahezu horizontal die südostseitigen Waldhänge über dem Val Pubrei zu durchschneiden. Die Trasse quert dabei mehrere Geländerunsen und trifft an der **Bocchetta della Spinera** ❸ schließlich wieder auf den Anstiegsweg, dem wir zurück zum Ausgangspunkt in **Roccolo Mazzotti** ❶ folgen.

Die Kapelle San Martino steht aussichtsreich auf einer Lichtung.

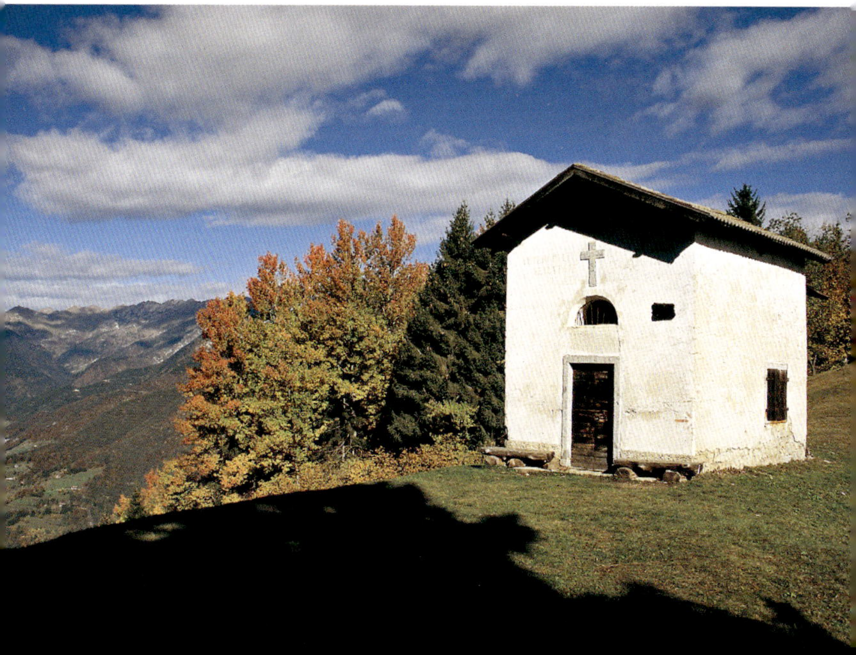

4 Monte Pizzocolo, 1581 m

Überschreitung von Sanico

6.00 Std. | 14,0 km | ↗ 1250 m | ↘ 1250 m

Herrlicher Luginsland über dem Westufer des Gardasees

Nach Süden zu werden die Berge über dem Gardasee peu à peu niedriger, um schließlich vollends sanft in die Tiefebene auszulaufen. Gleichwohl gibt es hier einige auffällige Gestalten wie den Pizzocolo hoch über der Halbinsel von Toscolano. Der »Abendberg« (Monte Serà), wie er auch genannt wird, ist vor allem für seinen Blumenreichtum bekannt und schenkt uns – namentlich im Herbst bei klarer Luft – ein grandioses Panorama der Gardasee-Umrahmung. So lässt sich der Monte-Baldo-Zug gegenüber praktisch in seiner gesamten Ausdehnung erfassen. Da der Normalweg durch das bewaldete Valle della Prera nicht übermäßig spannend ist, sollten sich geübte Bergwanderer bevorzugt über den reizvollen, aber wenig frequentierten Südgrat hermachen, der mit einigen unterhaltsamen Kraxeleinlagen und deutlich mehr Aussicht aufwartet. Am Gipfel befinden sich übrigens eine Biwakhütte und eine kleine Kapelle – vielleicht etwas für Romantiker, die Nacht am Berg zu verbringen!?

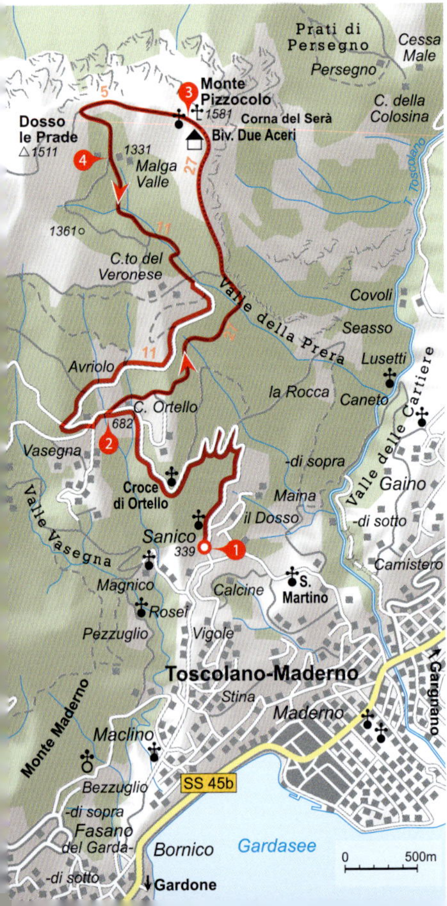

Ausgangspunkt: Sanico, 339 m, kleiner Weiler oberhalb von Toscolano (Bus von Riva del Garda). Alternativ in der Nähe der Case Ortello ❷ an der Schotterstraße von Sanico nach Sant'Urbano (Abzweig des Weges Nr. 27); in diesem Fall reduziert sich der zu bewältigende Höhenunterschied auf 900 Hm und die Gehzeit auf 4.10 Std.

Anforderungen: T4. Durchwegs markierte Routen, am Südgrat allerdings vielfach felsig mit einigen leichten, wenig ausgesetzten Kletterstellen (höchstens I); Trittsicherheit obligatorisch. Der Abstieg über den Normalweg führt überwiegend durch Wald und ist leicht (T2, »blau«).

Hinweis: Die Route über den Südgrat ist, obwohl ordentlich markiert, in den Karten meist nicht dargestellt.

Einkehr/Übernachtung: Biwakhütte wenige Meter unterhalb des Gipfels, Einkehr in Sanico.

Karte: Tabacco 1:25.000, Blatt 078, Garda Occidentale – Salò – Val Sabbia – Lago d'Idro.

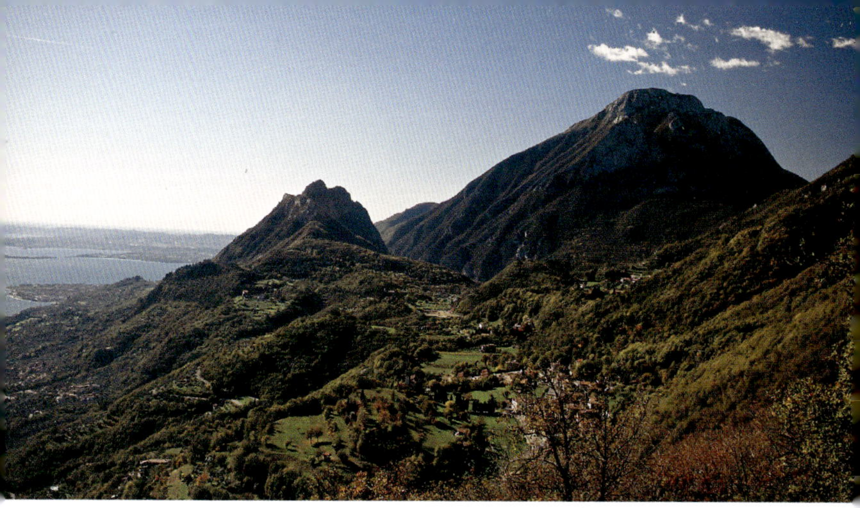

Der Pizzocolo (hier von Norden gesehen) erhebt sich markant über dem Gardasee-Westufer.

Von **Sanico ❶**, 339 m, folgt man der Forststraße Richtung Sant'Urbano, deren Befahrung eventuell geduldet wird. Nach knapp 3 km kommt man an die Abzweigung der Route Nr. 27 zur »Cresta Sud« bei den **Case Ortello ❷**, 682 m; Hinweisschild. Hier zunächst weiter auf Forstwegen, dann auf Steig in Querung der Flanken hoch über der Mündung des Valle Toscolano in den Gardasee. Nach einiger Zeit weist ein Schild bergwärts zum Ansatz des Südgrates, der nun das Kernstück des Aufstiegs bildet. Wir folgen den Markierungen durch das von lichtem, niedrigem Gehölz bestandene Kalkterrain und haben ab und zu die Hände zur Unterstützung zu nehmen, wenn es einige unkomplizierte Felsstufen zu bewältigen gilt. Der Pfad findet aber stets geschickt die leichtesten Durchschlüpfe und erreicht schließlich den abflachenden Gipfelgrat hinüber zu Kreuz und Kapelle auf dem **Monte Pizzocolo ❸**, 1581 m. Die Biwakhütte ist wenige Meter unterhalb mit der Rückseite in den Berg gebaut.

Im Abstieg halten wir uns zuerst westwärts Richtung Dos le Prade und wenden uns im trennenden Sattel nach links abwärts zur **Malga Valle ❹**, 1331 m. Weiter auf Weg Nr. 11 in den Einschnitt des Valle della Prera, wo bald ein – phasenweise ziemlich steiler – Fahrweg die Führung übernimmt. Auf ihm ohne weitere Besonderheiten bis auf die Sant'Urbano-Straße und links zurück Richtung **Case Ortello ❷** bzw. **Sanico ❶**.

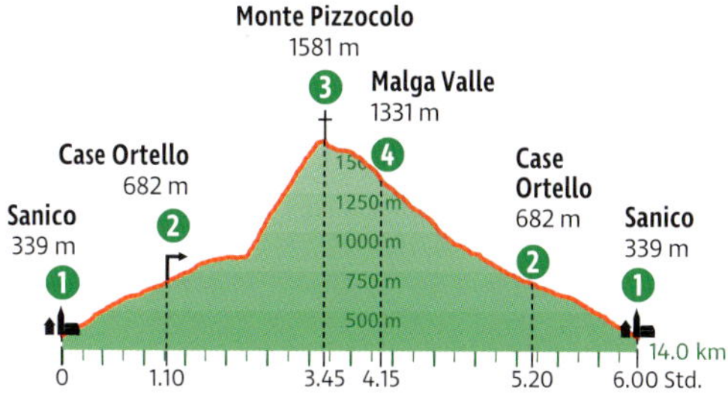

5 Cima Comèr, 1279 m

Von Sasso über die Eremitage San Valentino

3.50 Std. | 8,2 km | ↗780 m | ↘780 m

1200 Meter über dem Gardasee

Die Cima Comèr ist eine der besten leicht erreichbaren Aussichtslogen unmittelbar über dem Westufer des Gardasees. Ihre Besteigung kann zudem ideal mit einem Besuch der fotogen an einer Steilwand klebenden Einsiedelei San Valentino verbunden werden. Immer wieder tangiert man die ostseitigen Steilabbrüche und erhascht dabei fulminante Tiefblicke auf den kräftig blau schimmernden See mit dem Kammzug des Monte Baldo im Hintergrund. Am Gipfel weitet sich auch die Aussicht ins Hinterland der Brescianer Voralpen.

Ausgangspunkt: Sasso, 546 m, Weiler oberhalb von Gargnano an der Westuferstraße des Gardasees (Gardesana Occidentale).

Anforderungen: T2. Leichte Bergwanderwege durch bewaldetes Terrain, trotzdem manchmal etwas steinig. Lediglich eine Passage oberhalb der Einsiedelei ist sehr steil und gesichert (T3–4), jedoch vermeidbar, wenn man ein Stück zurückgeht und dem Normalweg folgt.

Einkehr/Übernachtung: Rifugio Gargnano, 985 m, Unterkunftshütte für Selbstversorger.

Karte: Tabacco 1:25.000, Blatt 078, Garda Occidentale – Salò – Val Sabbia – Lago d'Idro.

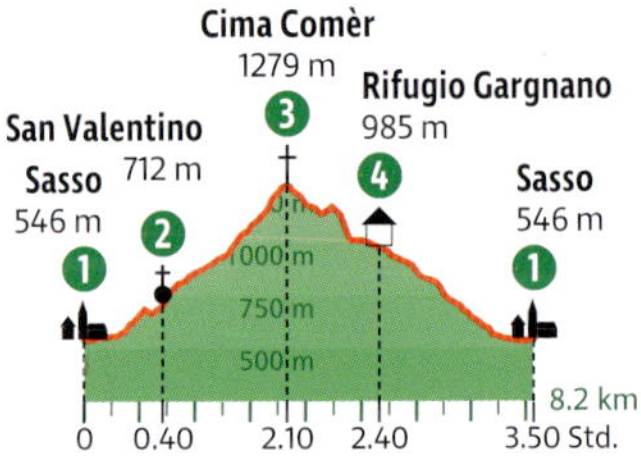

Steil fallen die Flanken der Cima Comèr zum Gardasee ab.

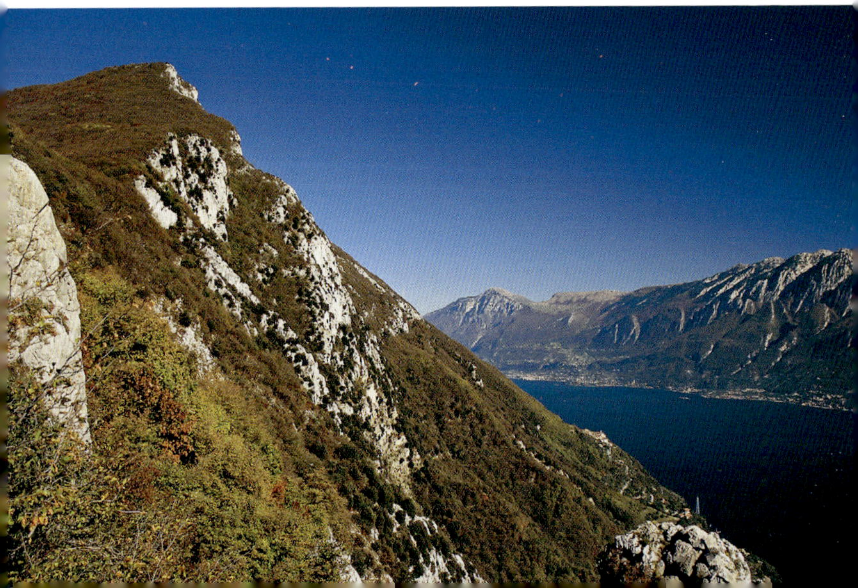

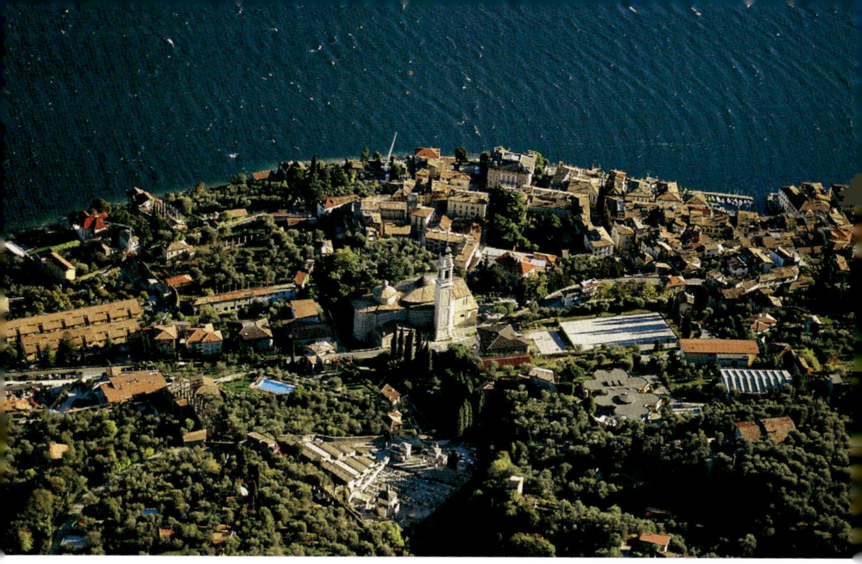

Gargnano erlebt man wie aus der Vogelperspektive.

In **Sasso** ❶, 546 m, geht es mit Markierung 31 zunächst durch die Gassen des Ortes und anschließend nach einem horizontalen Stück steiler bergauf. Nach einer Weile trennt sich die Direktroute zur Cima Comèr von der Schleife über die sehenswerte Eremitage **San Valentino** ❷. Dorthin muss kurz in eine Rinne abgestiegen und durch einen Steilhang gequert werden (gut ausgebaute Steiganlage). Wer ausreichend trittsicher ist, kann anschließend gleich mithilfe von Drahtseilen durch einen steilen, rinnenartigen Einschnitt auf die großartige Felskanzel des Sasso San Valentino gelangen, in dessen unmittelbarer Nähe auch die deutlich leichtere Umgehungsroute vorbeizieht. Gemeinsam folgt man dem baumbestandenen Bergrücken weiter gegen die Cima Comèr hinauf, wobei man sich nie weit von der Abbruchkante zum Gardasee entfernt, diese sogar immer wieder mal berührt. Abzweigungen nach Briano und Muslone bleiben derweil unbeachtet. Zuletzt treten wir aus dem Gehölz heraus und gewinnen die aussichtsreiche Gipfelkuppe der **Cima Comèr** ❸, 1279 m.

Der Abstieg leitet zuerst nordwärts in den bewaldeten Sattel vor dem Monte Denervo, dort links und mit etlichen Serpentinen zum **Rifugio Gargnano** ❹, 985 m, im Hochtal von Briano. Hier trifft man auf eine Fahrstraße, der man aber nur kurz zu folgen braucht. Nach wenigen Metern links in den Wald, wo man bald wieder auf die Anstiegsroute stößt. Ihr folgt man (ohne einen weiteren Besuch von San Valentino) direkt nach **Sasso** ❶.

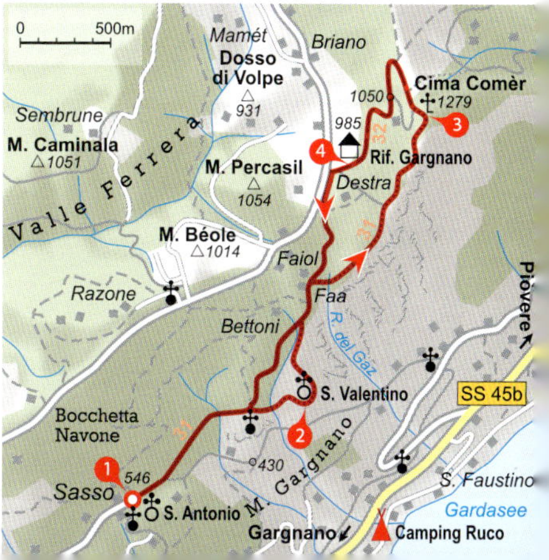

6 Monte Carone, 1621 m

Von Pregàsina via Passo Rocchetta und Guil

6.45 Std. | 17,0 km | ↗ 1170 m | ↘ 1170 m

Verwinkelte Höhenwege am Ausläufer des Ledrogebirges

Auf manchen Abschnitten dieser Tour werden uns womöglich mehr Mountainbiker als Wanderer begegnen, denn die Singletrails und alten Militärstraßen über dem Gardasee sind sehr beliebt. Das erklärte Gipfelziel, der Monte Carone, will sich zwar durch relativ weite Wege »erarbeitet« werden, die Impressionen lohnen jedoch jeden Schweißtropfen, zumal Varianten weithin getrennten Auf- und Abstieg erlauben. Knotenpunkte sind nur die Pässe Rocchetta und Guil. Vom Gipfel blickt man dann nicht nur zum wiederholten Male auf den großen »Lago« mit dem Monte Baldo als Hintergrundkulisse, sondern auch auf den kleinen (Lago di Ledro) und über das kompliziert gebaute Bergrelief der Brescianer Voralpen.

Ausgangspunkt: Pregàsina, 532 m, kleiner Ort auf einer Hangterrasse hoch über dem Gardasee-Westufer nahe der Mündung des Ledrotals; Anfahrt von Riva über die SS 240 Richtung Val di Ledro und kurz vor Biacesa links abzweigen.
Anforderungen: T3. Überwiegend leichte Bergwanderwege, teils auch alte Militärstraßen; nur beim Abstieg über den Sentiero Tosi eine Steilpassage mit kühner Wegführung (Trittsicherheit notwendig). Im Gipfelbereich etwas dürftig markiert, ansonsten ausreichende Beschilderung. Wegen der Länge der Tour ist eine solide Kondition erforderlich.
Einkehr/Übernachtung: Die Baita Segala ist eine unbewirtschaftete Selbstversorgerunterkunft.
Karten: Tabacco 1:25.000, Blatt 061, Alto Garda – Ledro – Monte Baldo Nord und Blatt 071, Prealpi Gardesane – Tremalzo – Valle di Ledro – Lago d'Idro.

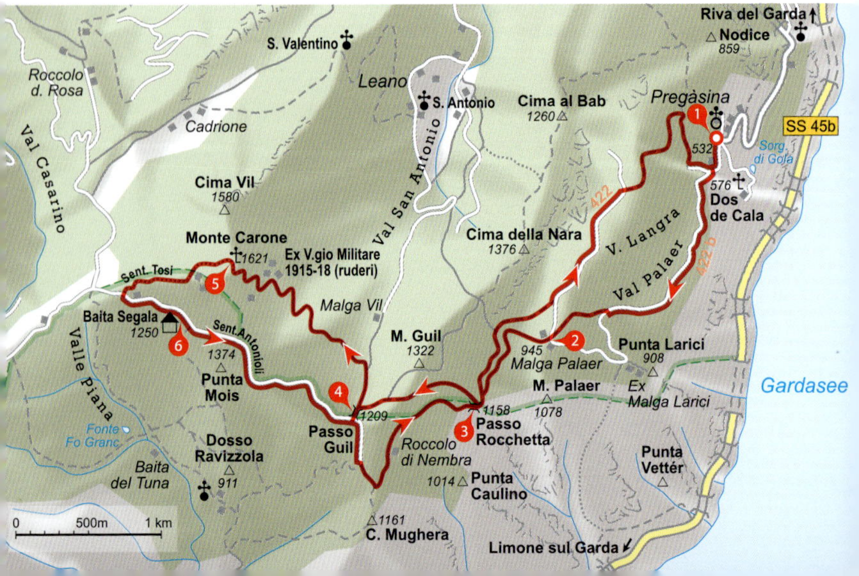

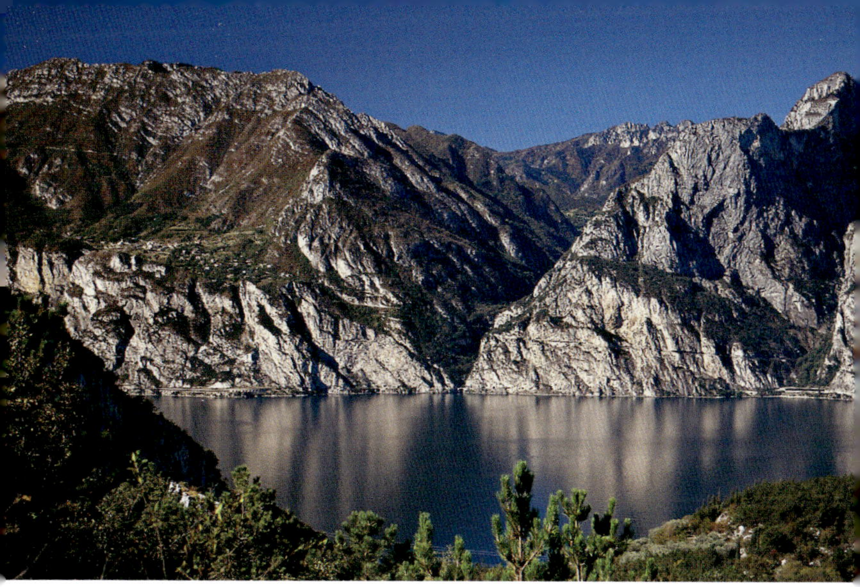

Die Ponaleschlucht mündet aus dem Ledrogebirge ins Gardaseebecken. Links davon der Ort Pregàsina auf einer Geländeterrasse unterhalb der Cima della Nara.

Bereits einige Minuten hinter der Kirche von **Pregàsina ①**, 532 m, kommen wir an eine Gabelung, wo wir den Weg Nr. 422b wählen, der zuerst auf einer Fahrtrasse mit einigen Tiefblicken, dann auf einem Waldweg durchs Val Palaer zur **Malga Palaer ②**, 945 m, führt. Von dort weiter zum **Passo Rocchetta ③**, 1158 m. Für den Weiterweg gehen wir durch die Flanken zum Kammrücken des Monte Guil und wieder kurz hinab in den Wiesensattel und erreichen so den **Passo Guil ④**, 1209 m.

Nun haben wir den Gipfelhang des Monte Carone vor uns und gehen ihn von der Südostseite an. Der alte Militärweg ist schlecht markiert, aber weitgehend unproblematisch zu verfolgen. Er gewinnt mit seinen vielen Windungen nur langsam an Höhe und kommt im oberen Bereich aus dem niederen Wald heraus. Zwar ist der höchste Punkt des **Monte Carone ⑤**, 1621 m, zwischen herausspitzenden Felsen ebenfalls baumbestanden, doch schränkt dies insgesamt die Aussicht nur unwesentlich ein.

Für den Abstieg wenden wir uns am Gipfelkamm in die entgegengesetzte Richtung und damit zum Sen-

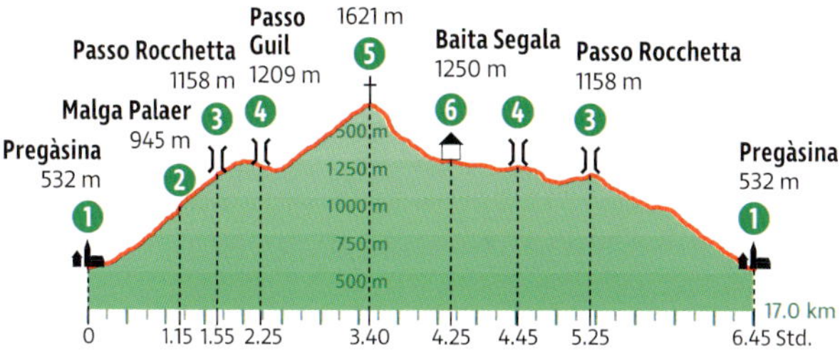

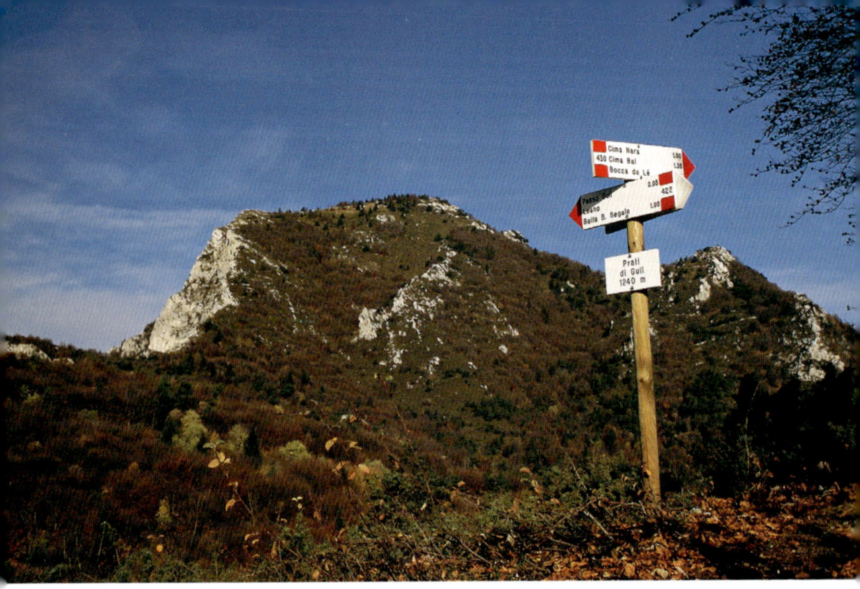

Auf den Prati di Guil mit Blick in die Südostflanke des Carone.

Das Gipfelkreuz auf dem Carone.

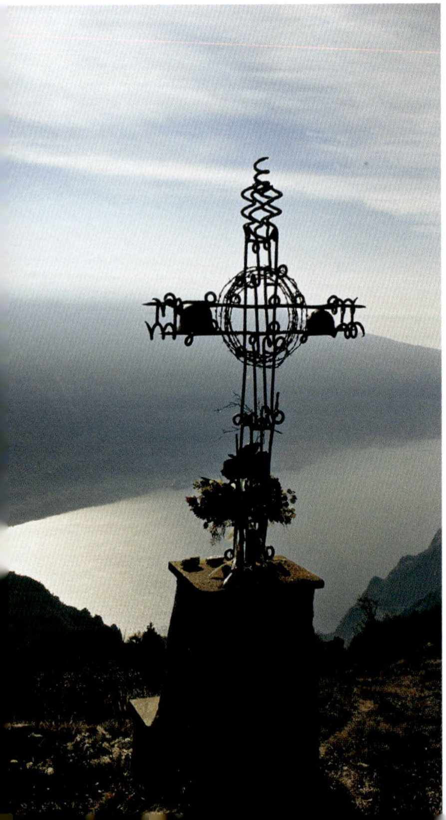

tiero Tosi (am Wegweiser nicht mit vermerkt, aber deutlich erkennbare Wegspur). Schon bald gelangen wir zur anspruchsvollsten Passage, einer steilen Rinne, die jedoch mit Stufen hervorragend gangbar gemacht und zudem mit Drahtseilen versichert ist. Im Zickzack bergab, bis man auf die Querstraße trifft, die in Kürze zur **Baita Segala ❻**, 1250 m, führt. Mit herrlichen Ausblicken über den Gardasee geht es auf der in den Karten als Sentiero Antonioli bezeichneten ehemaligen Kriegstrasse horizontal durch die Bergflanke und zum **Passo Guil ❹**. Weiter gehen wir auf einer knapp unterhalb des Passes verlaufenden breiten Militärstraße um einen Geländerücken herum und erreichen wieder den **Passo Rocchetta ❸**. Für den letzten Teil des Abstiegs wenden wir uns nun auf den Weg Nr. 422, der durch die lichten Waldhänge unter der Cima della Nara und der Cima al Bab hinunter nach **Pregàsina ❶** leitet. Dank dieser Alternative ist man schlussendlich nur wenige Meter der ganzen Tour doppelt gegangen.

Rocchetta, 1540 m

Von Riva über die Cima SAT

7.00 Std. | 12,5 km | ↗ 1480 m | ↘ 1480 m

Hoch über den Dächern von Riva

Mächtig und felsbewehrt bäumt sich das Rocchetta-Massiv unmittelbar über dem lebhaften Gardasee-Städtchen Riva auf – immerhin fast 1500 Meter Höhenunterschied zwischen dem Ufer des Sees und dem Gipfel bei nicht einmal zwei Kilometer Horizontaldistanz. Das ergibt natürlich eine echte Vogelperspektive, wobei mit der Cima SAT ein topografisch gesehen eher unbedeutender, vorgelagerter Zacken die Hauptrolle im Publikumsverkehr spielt. Zu ihm zieht nämlich die äußerst populäre Via dell'Amicizia hinauf, die das Motto eines Wanderführers allerdings schon ein wenig überreizt (siehe Variante). Doch hat die Rocchetta, einschließlich ihrer Ausläufer gegen die Ponale-Schlucht, ja ein weit verzweigtes Routennetz zu bieten. Wer sich auf steileren Pfaden wohlfühlt, kommt in den Genuss einer interessanten Überschreitung, die gebietstypisch zwar oft im lichten Berglaubwald verläuft, aber keineswegs mit packenden Ausblicken geizt.

Ausgangspunkt: Riva del Garda, 66 m, am Nordende des Gardasees; Busverbindung u. a. von Trento. Direkt an der Hauptstraße in Riva Richtung Limone befindet sich eine Parkmöglichkeit (oft stark frequentiert!).

Anforderungen: T3–4. Wanderwege in teils sehr steilem, meist von lichtem Laubgehölz und Buschwerk bestandenem Gelände. Oft schmale, aber sehr gut dem Gelände angepasste Trassen, ein paar gesicherte Passagen. Solide Trittsicherheit wichtig, wegen der beachtlichen Höhenunterschiede auch gute Kondition. Im Sommer, wie oft am Gardasee, sehr schweißtreibend (ostseitiger Anstieg).

Einkehr: Capanna Santa Barbara, 560 m, an Wochenenden bewirtschaftet, aber keine Nächtigung.

Variante: Klettersteig über die Via dell' Amicizia zur Cima SAT, technisch mittelschwierig (auf Ferrata-Niveau!), aber mit den berüchtigt langen Leitern sehr exponiert (»schwarz«). Von Riva fast 4 Std.

Karten: Tabacco 1:25.000, Blatt 061, Alto Garda – Ledro – Monte Baldo Nord und Blatt 071, Prealpi Gardesane – Tremalzo – Valle di Ledro – Lago d'Idro.

Felsgespickt und mit niederem Laubgehölz überzogen zeigt sich die Landschaft an der Rocchetta.

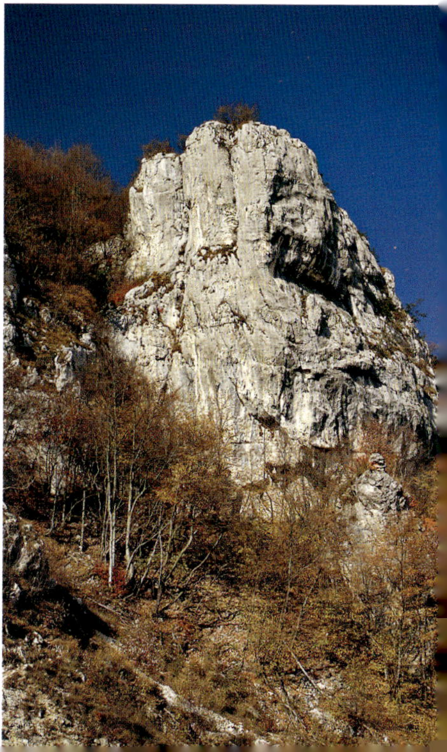

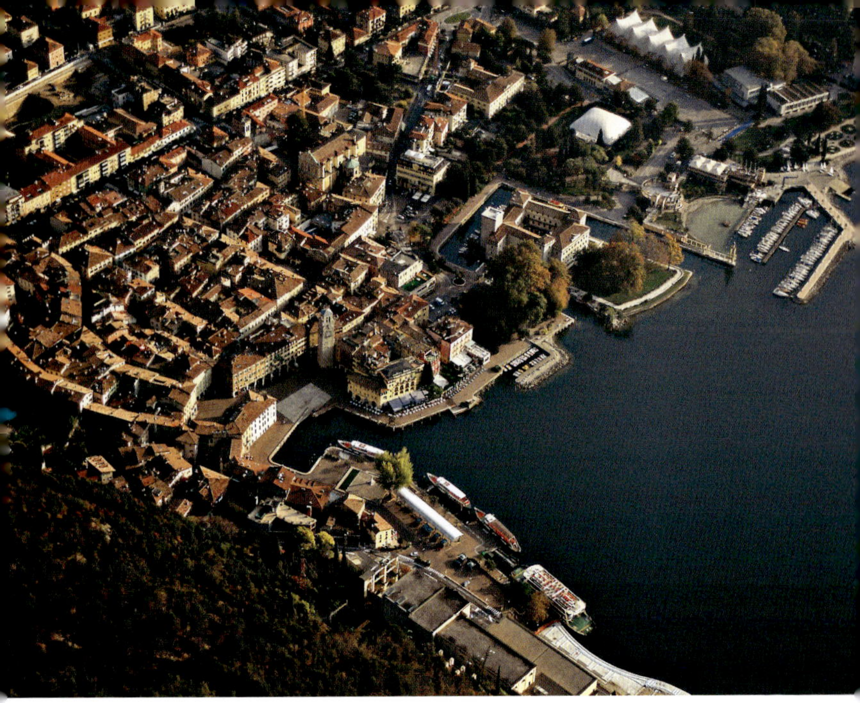

Tiefblick zum Hafenbecken von Riva.

Direkt am Straßenrand in **Riva ①** beginnt der Anstieg auf Weg Nr. 404, anfangs gepflastert in vielen angenehmen Serpentinen hinauf zur berühmten Festung des **Bastione ②**, 210 m. Der Weg wird nun steiniger, setzt sich aber immer noch breit geführt in ähnlicher Weise bis zur **Capanna Santa Barbara ③**, 560 m, fort. Wenige Minuten oberhalb trennen sich die Routen: Wer sich nach rechts wendet, landet auf der Via dell'Amicizia (Nr. 404b), der Ferrata-Direttissima zur Cima SAT. Wir halten uns hingegen links und steigen zur weithin sichtbaren Chiesa Santa Barbara auf, hinter der sich der Steig deutlich verschmälert. Er windet sich nun geschickt durchs bewaldete Steilgelände, zwischendurch immer wieder herrliche Aussichtskanzeln tangierend. Eine Steilstufe ist mittels Leiter gangbar gemacht, etwas später gibt es noch eine drahtseilgesicherte Passage. Nachdem die Abzweigung zur Cima Capi links liegen gelassen ist, zieht die Route in den Vallone dei Concoli hinauf, wo bald eine Verbindung zur Cima SAT ausgewiesen ist. Unser 404er leitet indes weiter in die **Bocchetta dei Concoli ④**, 1207 m, um von dort auf dem kammnahen »Sentiero Rino Zanotti« den Gipfel der Rocchetta anzusteuern. Der höchste Punkt wird auch als **Cima Giochello ⑤**, 1540 m, bezeichnet.

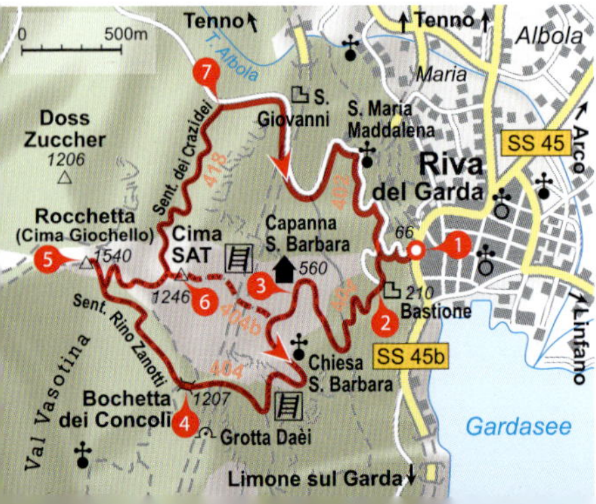

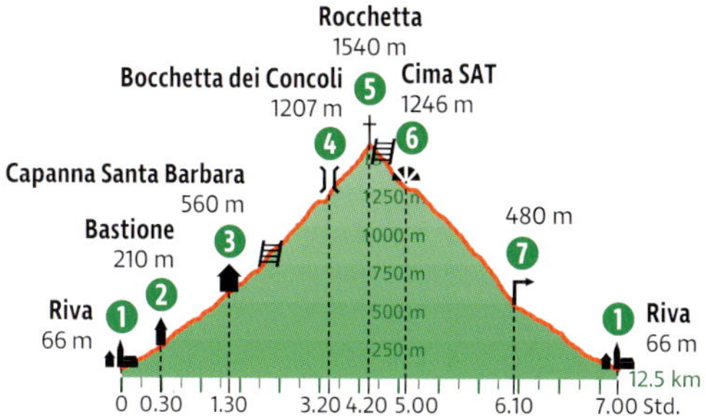

Im Abstieg folgen wir den Kehren des Waldsteiges bis zur Abzweigung des Sentiero dei Crazidei (Nr. 418) im Rücken der **Cima SAT** ❻, 1246 m. Wer schwindelfrei ist und eine kurze exponierte Klettersteigpassage nicht scheut, sollte den Abstecher auf die felsige Kanzel keinesfalls versäumen. Der Tiefblick auf Riva und den Gardasee ist atemberaubend! Anschließend zurück und auf der Weiterführung des Sentiero dei Crazidei in den steilen, bewaldeten Nordhang hinein. Hier führt der Steig in lang anhaltendem Zickzack abwärts und mündet in eine **Fahrstraße** ❼, ca. 480 m, mit der Wegbezeichnung 402. Wir folgen ihr rechts über Santa Maria Maddalena bergab und stoßen knapp unterhalb des Bastione auf den Anstiegsweg, der uns zurück nach **Riva** ❶ führt.

Das Rocchetta-Massiv über dem Gardasee.

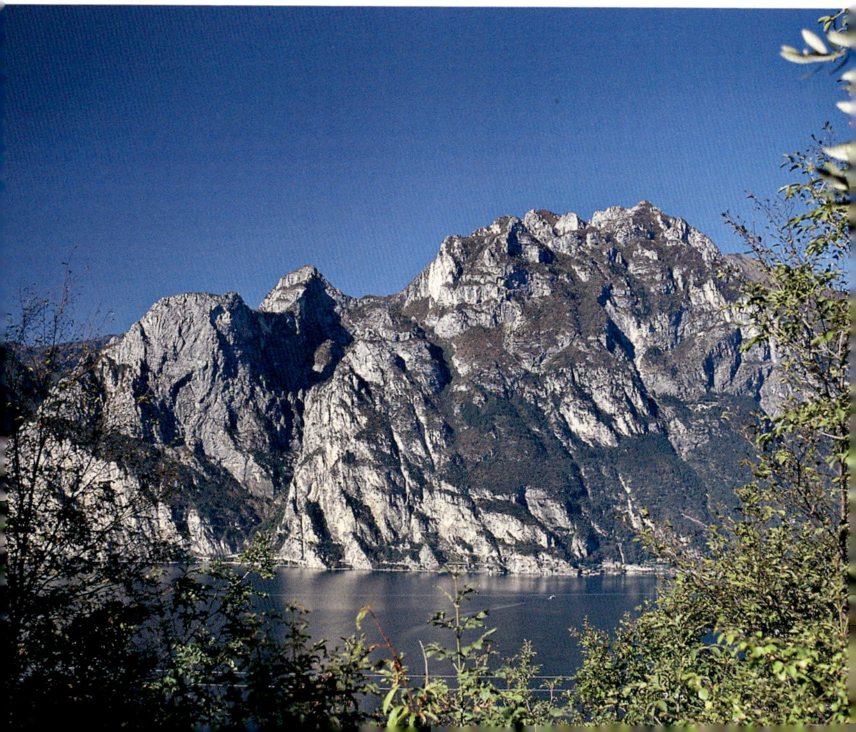

8

Alta Via del Monte Baldo, 2218 m
Über den Monte Altissimo zur Cima Valdritta

TOP

3 Tage | 35,4 km | ↗ 3320 m | ↘ 2500 m

Dreitägige Überschreitung über dem Fjord des Südens

Wohl kein anderer Berg der Gardaseeregion ist so tief im Bewusstsein der Menschen verankert wie der Monte Baldo. Dabei ist es ja eigentlich kein einzelner Berg, sondern ein ganzer Gebirgszug, der den »Benacus« auf der Ostseite über 30 Kilometer lang begleitet, allenfalls durch raue Kare, aber nirgends durch echte Täler zerschnitten und mit seinen wilden, von Wald und Latschenmacchia bestandenen Flanken mehr als 2000 Meter hoch über dem Seespiegel aufragend. Besonderen Ruhm heimst der Monte Baldo als legendärer »giardino botanico« ein, mit einer Artenvielfalt sondergleichen und zahlreichen Endemiten, die nur hier vorkommen. Die Ursache für dieses Phänomen ist in der Erdgeschichte zu suchen: Als während der Eiszeiten fast der ganze Alpenraum unter einem mächtigen Eispanzer verborgen lag, waren auch Etschtal- und Gardaseefurche von riesigen Gletscherströmen ausgefüllt. Lediglich einige »Inseln« ragten heraus, unter ihnen der Kamm des Monte Baldo, der damit Lebewesen als Rückzugsraum, gleichsam als »Arche Noah« dienen konnte. Etliche voreiszeitliche Pflanzenarten blieben somit von den alles überfahrenden Eismassen verschont und konnten sich bis in unsere Warmzeit hinüberretten.

Eine Längsüberschreitung des Monte Baldo gehört fraglos zu den absoluten Paradetouren über dem Gardasee. Meist wird sie von Malcèsine aus per Seilbahn begonnen, doch kann sie erlebnisreicher noch mit dem Auftakt am nördlichen Eckposten des Monte Altissimo di Nago gestaltet werden. Auf den 2000 Höhenmetern von den Gestaden des Sees bis hinauf zum Gipfel durchwandert man praktisch alle südalpinen Vegetationsstufen von den Olivenhainen und Steineichenbeständen der tiefen Lagen über die herrlichen Buchenwälder und die Legföhrenstufe bis in die Zone der alpinen Matten. Ein langer, anstrengender Anstieg fürwahr, der aber durch tolle Ausblicke und bei entsprechendem Wetterglück mit einzigartigen Stimmungen belohnt wird: Denn am Monte Altissimo steht eine Gipfelhütte! Und auch an der Punta Telegrafo, 13 Kilometer Luftlinie entfernt im Süden, erwartet uns knapp unter dem höchsten Punkt ein Domizil für die zweite Nacht am Berg. Dazwischen liegt die Kernetappe der Alta Via del Monte Baldo, die einen fantastischen Gang zwischen Himmel und Erde verspricht. Fragt sich bloß, wann diesen Traumpfad unter die Füße nehmen? Im frühen Sommer, wenn das Blumenparadies in voller Blüte steht oder im Herbst, wenn bei glasklarer Luft der Blick vom Alpenhauptkamm bis zur Poebene reicht …

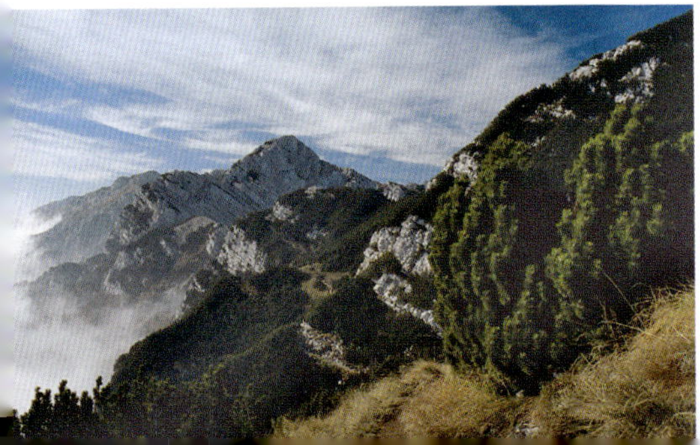

Auf der Alta Via geht es streckenweise sehr urwüchsig zu.

Ausgangspunkt: Torbole, 82 m, am Nordufer des Gardasees; Busverbindungen an der Ostuferstraße sowie mit Rovereto, Riva und weiteren Orten.

Endpunkt: Prada, 1058 m, auf einer Höhenterrasse zwischen dem südlichen Monte-Baldo-Kamm und dem Gardasee, Station des Costabella-Sessellifts. Oder Castelletto di Brenzone, 67 m, am Seeufer; Busverbindung zurück nach Torbole.

Anforderungen: Maximal T3. Lange Überschreitung mit enormen Höhenunterschieden (namentlich auf der ersten Etappe), die gute Kondition verlangt. Wechsel von leichteren Bergwanderwegen und Trittsicherheit erfordernden Abschnitten, Letztere hauptsächlich zwischen Cima delle Pozzette und Cima Valdritta. Am besten als dreitägige Tour planen.

Etappen: Gesamtgehzeit 15.10 Std.,
1. Tag: 2000 Hm Aufstieg, 6.00 Std.,
2. Tag: 1200 Hm Aufstieg, 1100 Hm Abstieg, 6.10 Std.,
3. Tag: 120 Hm Aufstieg, 1400 Hm Abstieg, 3.00 Std.

Einkehr/Übernachtung: Rifugio Altissimo Chiesa, 2060 m, CAI, bewirtschaftet von Mitte Juni bis September, ansonsten evtl. an Wochenenden, Tel. +39 0464 867130. Rifugio Barana al Telegrafo, 2147 m, CAI, bewirtschaftet von Juni bis September, Mai und Oktober an Wochenenden, Tel. +39 045 7731797. Rifugio Chièrego, 1911 m, Tel. +39 045 2457599. Rifugio Fiori del Baldo, 1815 m, Tel. +39 045 6862477, jeweils ganzjährig bewirtschaftet. Weitere Einkehrmöglichkeiten an der Bocca di Navene und der Bergstation der Seilbahn.

Variante: Tagestour: Auffahrt mit der Monte-Baldo-Seilbahn von Malcèsine (im Sommer von 8:15 bis 17:45 Uhr in Betrieb, funiviedelbaldo.it) zur Bergstation 7 an der Bocca di Tratto Spino und Weiterweg wie beschrieben; damit Auslassung des Monte Altissimo (Gehzeit reduziert sich auf 7 Std.).

Karten: Tabacco 1:25.000, Blatt 061, Alto Garda – Ledro – Monte Baldo Nord und Blatt 063, Monte Baldo – Malcesine – Garda.

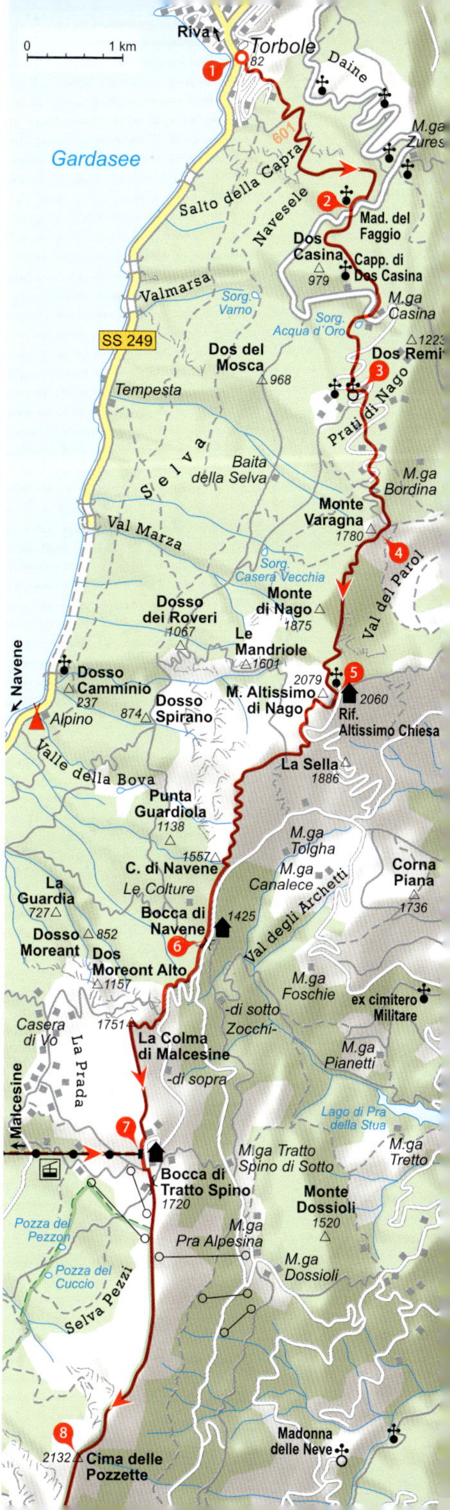

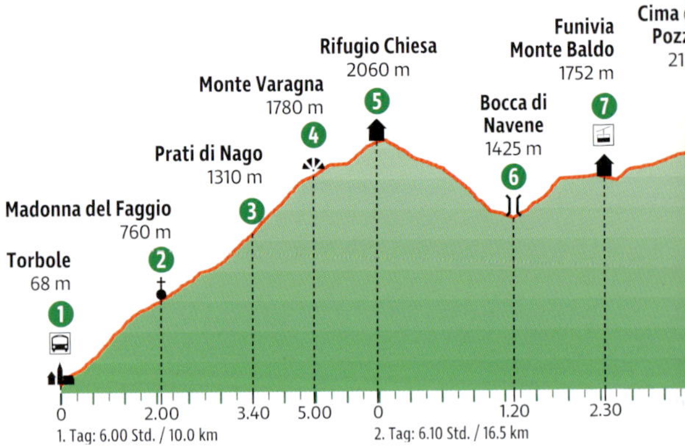

1. Tag: Von **Torbole** ❶ zunächst zum Sportpark Le Busatte, dann bringt uns Weg Nr. 601 in den Hängen südöstlich des Ortes durch Bergsturzgelände und lichtes Gehölz rasch höher. Via Spiaz de Navesele kreuzt man nach rund zwei Stunden bei der **Madonna del Faggio** ❷, 760 m, die Bergstraße Richtung Prati di Nago, deren Schleifen wir durch schönen Buchenwald abkürzen. Häufig geht es hier in Hohlwegen aufwärts. Man passiert den Dos Remit sowie die Ferienhaussiedlung auf den **Prati di Nago** ❸ und steigt weiter gegen den **Monte Varagna** ❹, 1780 m, an. Etwas links ausholend auf die freie Bergschulter mit herrlichem Gardasee-Tiefblick. Der gute Steig leitet oberhalb der Almmulde des Val del Parol weiter in die Höhe und gewinnt schließlich das ausgedehnte Gipfelplateau des Monte Altissimo di Nago, 2079 m, mit seiner Kapelle, alten Kriegsrelikten, einem Panoramarondell und dem **Rifugio Chiesa** ❺, 2060 m, wo nach sattem 2000-Meter-Anstieg übernachtet wird.

Die Westflanke des Baldozuges über dem Gardasee.

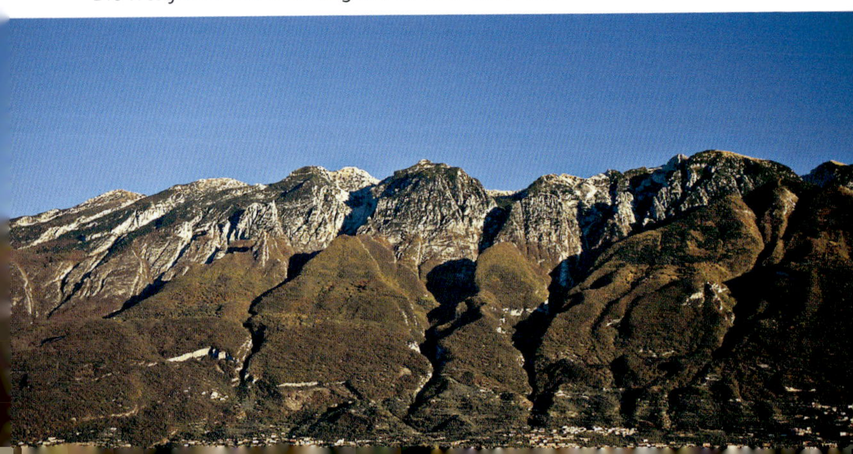

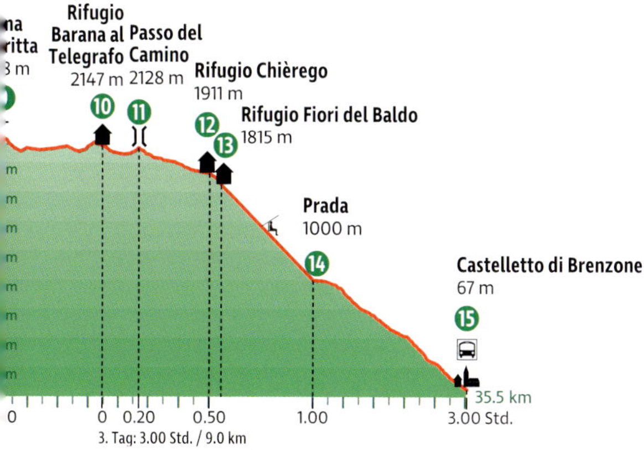

2. Tag: Der Weiterweg hält sich nach kurzem Stück auf dem Militärweg an den schmaleren Pfad entlang der Cresta di Navene, die links von den Grashängen der Lastè di Tolghe flankiert wird, nach rechts aber ziemlich abrupt abfällt. Nach einer Stunde Abstieg kommt man auf die Monte-Baldo-Höhenstraße und hier in Kürze zur **Bocca di Navene** ❻, 1425 m, dem tiefsten Punkt zwischen Monte Altissimo und dem Baldo-Hauptzug. Wenige Schritte weiter begeben wir uns mit Wegnummer 651 rechts hinauf und erreichen im Gegenanstieg die Kammhöhe der Colma und dann die **Bergstation der Monte-Baldo-Seilbahn** ❼ von Malcèsine, 1752 m (siehe Variante). Meist wird die Monte-Baldo-Überschreitung hier begonnen, zumal jetzt das eigentliche Kernstück der Route unmittelbar bevorsteht. Nach kurzem Abstieg in die nahe Bocca di Tratto Spino folgen wir dem breiten, gras- und latschenbewachsenen Kammrücken immer in südlicher Richtung und nähern uns der **Cima delle Pozzette** ❽,

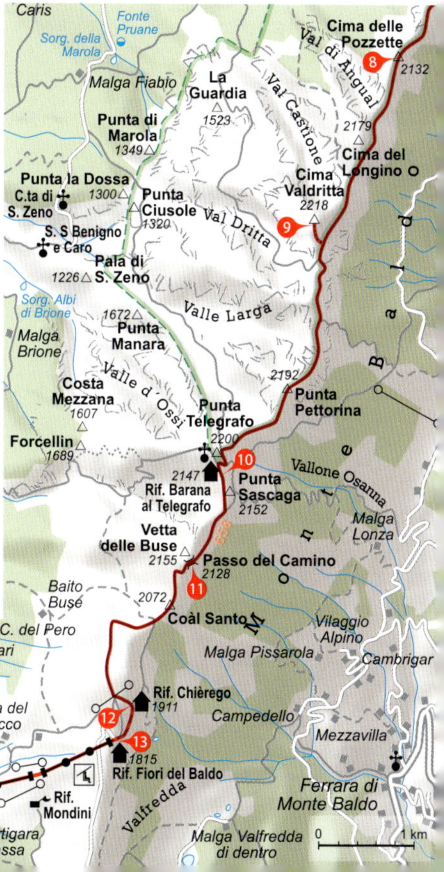
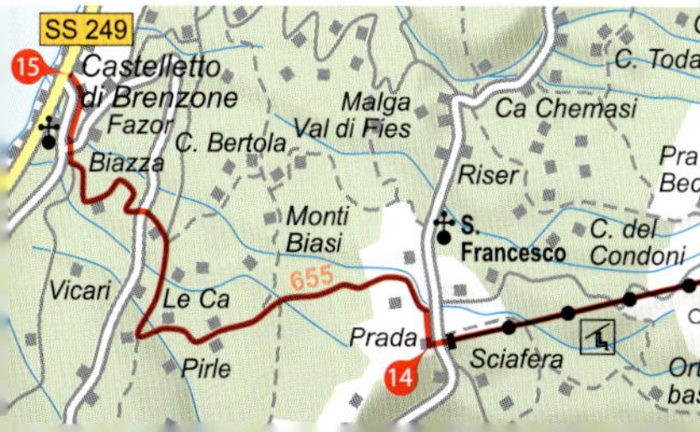

2132 m, an der sich der Steig schließlich etwas steiler und felsiger hinaufschlängelt. Dahinter abwärts in die nächste Einsattelung und links (also östlich) um die Cima del Longino herum. In felsig-schuttigem Terrain, oft über Latschenwurzeln, verbleibt man jetzt überwiegend hoch in der abschüssigen Ostflanke, bis ein aus dem Fels gehauener Stichweg nach rechts zur **Cima Valdritta ⑨**, 2218 m, leitet. Diesen höchsten Punkt des gesamten Monte Baldo wollen wir natürlich keinesfalls auslassen. Anschließend zurück zur Scharte, 2107 m, südlich des Gipfels und entlang der bequemen Trasse eines ehemaligen Militärweges um die Punta Pettorina herum. Wer die Punta Telegrafo, 2200 m, ursprünglich Monte Maggiore geheißen, überschreiten möchte, begibt sich am besten gleich über den Nordostrücken aufwärts, ansonsten zieht der breite Weg um die Gipfelkuppe herum zum stattlichen **Rifugio Barana al Telegrafo ⑩**, 2147 m.

3. Tag: Der dritte und letzte Teil der Überschreitung beginnt mit einer

Während des Aufstiegs zum Monte Altissimo genießt man herrliche Panoramablicke

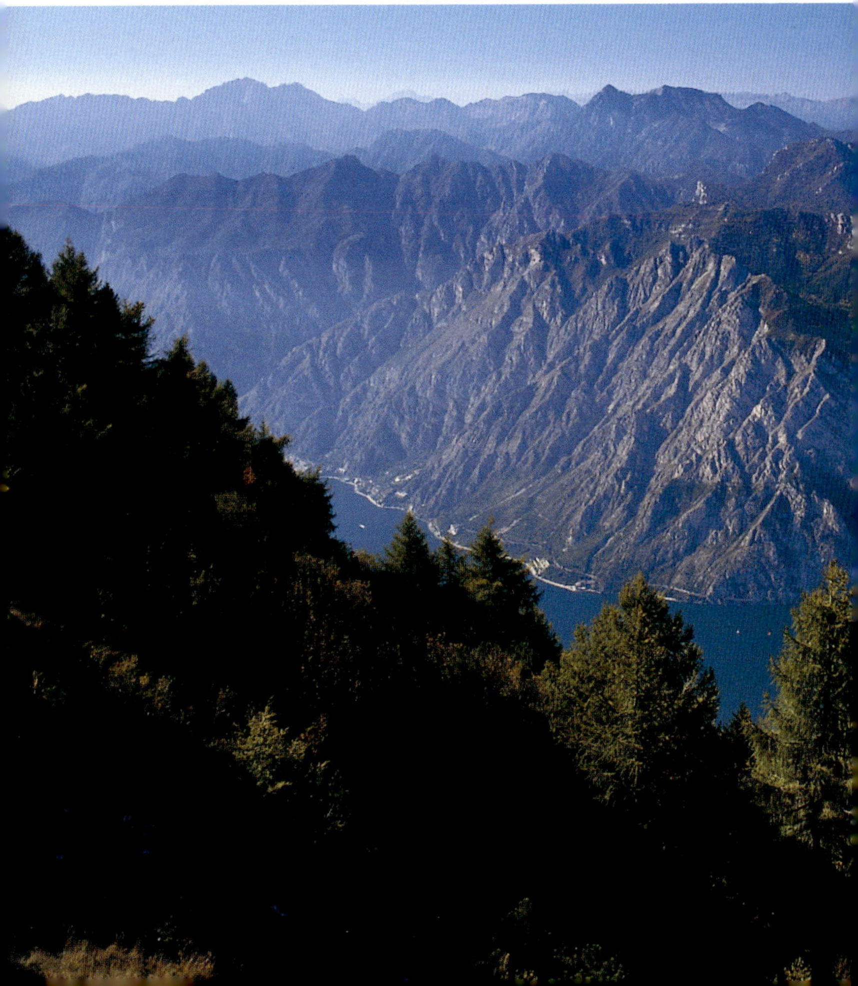

Querung an der Punta Sascaga vorbei. Mit Wegnummer 658 durchmessen wir eine bizarre Felslandschaft im Bereich der Vetta delle Buse, steigen zum **Passo del Camino** ⑪, 2128 m, etwas an und kommen über weitläufige Hänge in die Bocchetta di Coàl Santo, 1993 m. Nach Umgehung einer weiteren Kammerhebung treffen wir beim **Rifugio Chièrego** ⑫, 1911 m, und wenig später bei der Bergstation des Costabella-Sessellifts, 1804 m, von Prada ein. Hier befindet sich auch das **Rifugio Fiori del Baldo** ⑬, 1815 m. Falls der Lift in Betrieb ist, können wir nach **Prada** ⑭, 1000 m, hinabschweben und dort eventuell in den Bus umsteigen. Ansonsten lohnt sich durchaus auch ein Abstieg über den unteren Teil der Bergflanke: auf steilen, gepflasterten Wegen via Le Ca und Biazza noch rund 1000 Höhenmeter bis hinunter in die Gassen von **Castelletto di Brenzone** ⑮, 67 m, am Gardasee-Ostufer. Der Abzweig dieser Route (Nr. 655) befindet sich in Prada einige Gehminuten nördlich der Liftstation.

Gardasee bis in die Adamellogruppe und die Brescianer Voralpen.

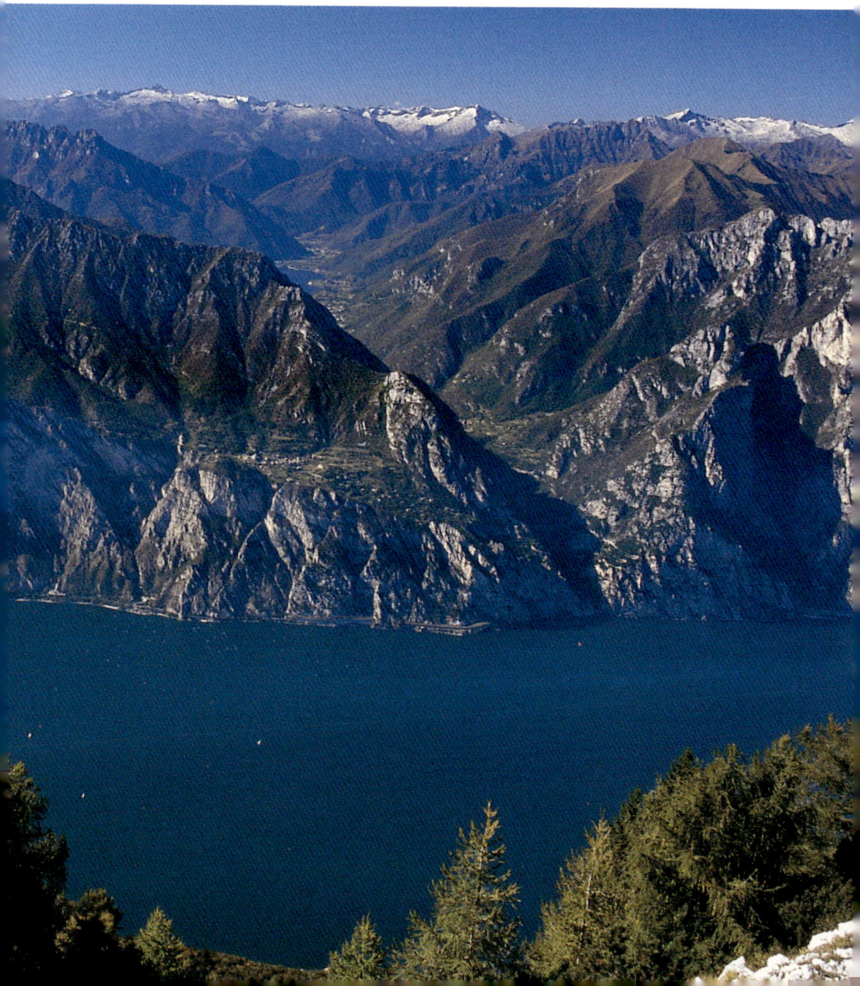

9 Monte Misone, 1803 m
Von der Sella di Calino

4.10 Std. | 8,4 km | ↗ 850 m | ↘ 850 m

Leicht erreichbarer Inselberg über dem Lago di Tenno

Die Gipfel der nördlichen Gardaseeberge zeichnen sich fast allesamt durch eine fantastische Rundschau aus, stehen doch weder die Hochalpen um Brenta, Adamello und Co. noch die heiter-mediterranen Gefilde um den »Benacus« (Gardasee) weit entfernt. Das schafft jene Kontraste, die den einzigartigen Reiz dieser Landschaft ausmachen. Glücklicherweise reichen dem Monte Misone seine 1800 Meter Höhe gerade, um aus dem üppigen Kleid der Mischwälder herauszugucken. Besonders reizvoll ist die Wanderung daher im Herbst, wenn diese ihre schönste Farbenpracht zeigen und die Fernsicht oft ideal ist. Da die Tour auch vom Zeitaufwand her nicht sehr anspruchsvoll ist, steht einem genussvollen Wandervergnügen zum Jahresausklang kaum etwas entgegen.

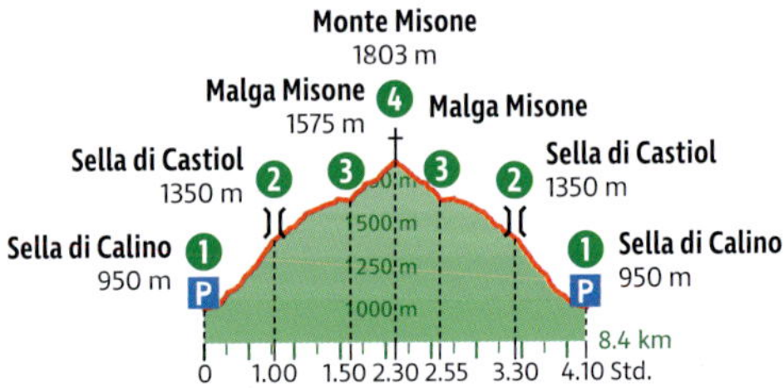

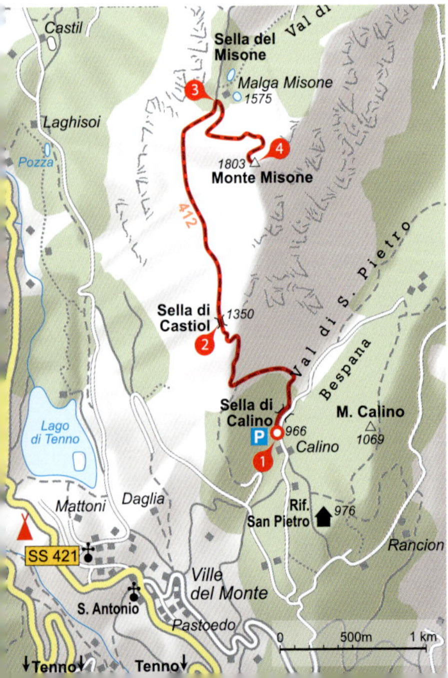

Ausgangspunkt: Bei der Sella di Calino, 966 m, Zufahrt von Ville del Monte (an der SS 421 von Riva Richtung Fiavè) über Calvola Richtung Rifugio San Pietro und bis zum Parkplatz kurz vor dem Fahrverbot.

Anforderungen: T2. Verhältnismäßig leichte Bergwanderung auf markierten Wegen, lediglich unter der Sella di Castiol etwas steinig, ansonsten sehr angenehm trassiert. Dank des moderaten Pensums für jeden Wanderer ohne Schwierigkeiten zu bewältigen.

Einkehr/Übernachtung: In der Nähe des Ausgangspunktes steht das Rifugio San Pietro, 976 m, CAI, Tel. +39 0464 500647.

Karten: Tabacco, 1:25.000, Blatt 055, Valle del Sarca – Arco – Riva del Garda und Blatt 061, Alto Garda – Ledro – Monte Baldo Nord. Kompass, 1:25.000, Blatt 096, Alto Garda – Ledro – Valle del Sarca.

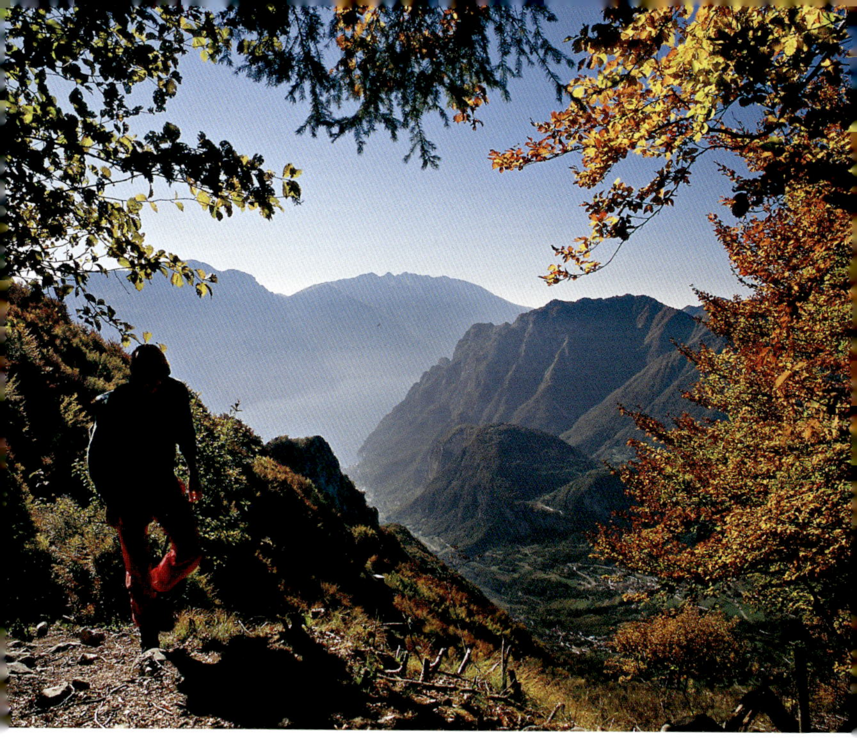

In den Herbstwäldern am Misone.

Vom Parkplatz bei der **Sella di Calino** ❶ gehen wir kurz am Forstweg weiter, dann links mit Nr. 412 durch lichten Laubwald in zunächst weiten, später engeren Serpentinen zur **Sella di Castiol** ❷, 1350 m. Von dort führt die Trasse in leichter Steigung quer durch die Westseite des Berges, wobei der Wald ab und zu schöne Ausblicke auf die Gruppe um den Dosso della Torta und den Corno di Pichea freigibt. Auch der malerische Lago di Tenno taucht unten auf. Nach längerer Aufwärtstraverse gelangt man auf eine kleine Kanzel mit tollem Brenta-Blick. Hier nun rechts einschwenkend in nahezu horizontaler Querung zur **Malga Misone** ❸, 1575 m, in manchen Karten auch Malga di Tenno genannt, wo sich der Zugang vom Passo del Ballino dazugesellt. Noch vor der Almhütte geht es rechts aufwärts und mit einigen Schleifen durch die nordseitigen Gipfelhänge, zuletzt endgültig aus dem Wald hinaustretend, zum höchsten Punkt des **Monte Misone** ❹, 1803 m. Der Abstieg verläuft auf demselben Weg.

Der Monte Misone erweist sich als schöner Aussichtsberg.

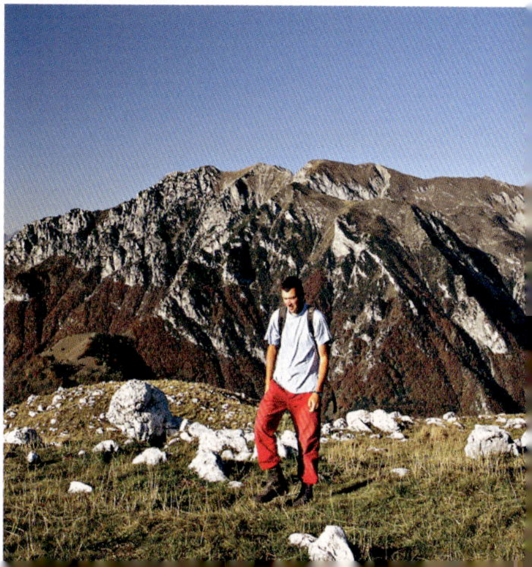

10 Monte Stivo, 2059 m

Überschreitung von Santa Barbara

5.00 Std. | 13,1 km | ↗900 m | ↘900 m

Tolle Aussichtsloge zwischen Etschtal und Garda-Sarca-Furche

In der Bergwelt nördlich des Gardasees ist der Monte Stivo aufgrund seiner beachtlichen Masse und der Gipfelhöhe von immerhin knapp über 2000 Metern eine der auffälligsten Erscheinungen. In Relation zu Sarca und Etsch kommt diese Höhe nämlich voll zur Geltung, muss von uns Wanderern aber zum Glück nicht zur Gänze bewältigt werden. Die Passstraße via Santa Barbara reduziert die Anstiegsmühen auf ein erträgliches Pensum, und falls man damit nicht ausgelastet ist, kann man ja die Überschreitung über die Bassa Madonnina unternehmen. Der große Clou am Monte Stivo ist allerdings die bombastische Aussicht, die uns in einem kleinen Panoramarondell detailliert erklärt wird. Wer sich in den südlichen Alpen also (noch) nicht so gut auskennt, darf sich auf eine besondere Lektion in Sachen Geografie freuen. An dieser Stelle nur die Highlights, grob umrissen: Im Süden zunächst einmal der allgegenwärtige Gardasee, flankiert vom Monte-Baldo-Zug links sowie den Trentiner und Brescianer Voralpen rechts. Gen Westen schließt sich die Adamello-Presanella-Gruppe an, im Norden dann die Brenta (mit dem Alpenhauptkamm im Hintergrund, wenn man Glück hat). Über die Dolomiten, die Lagoraikette und die Vicentiner Alpen wird der Bogen von Ost nach Süd vollzogen; im tiefen Etschtal davor liegt Rovereto.

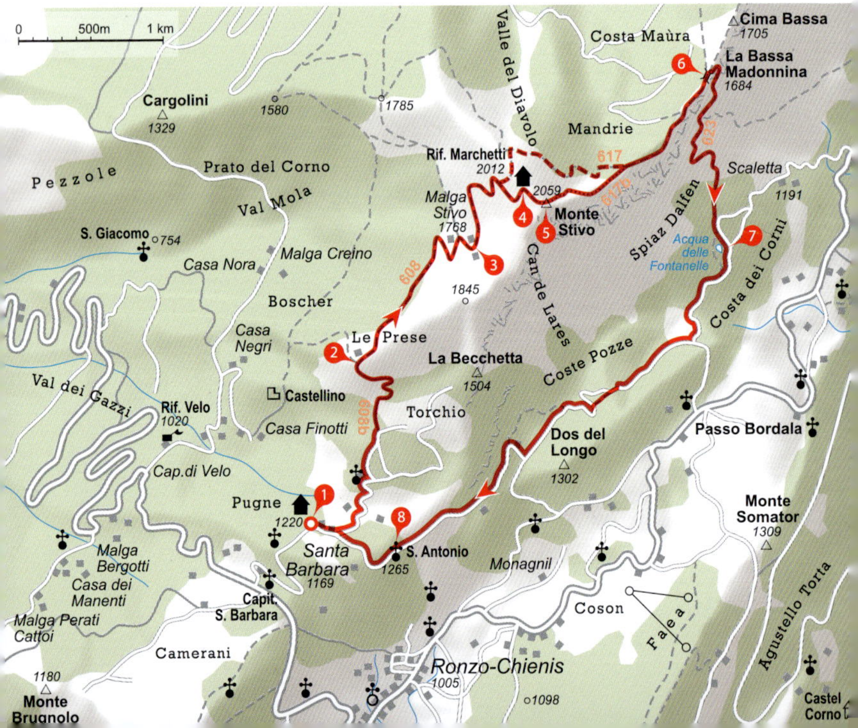

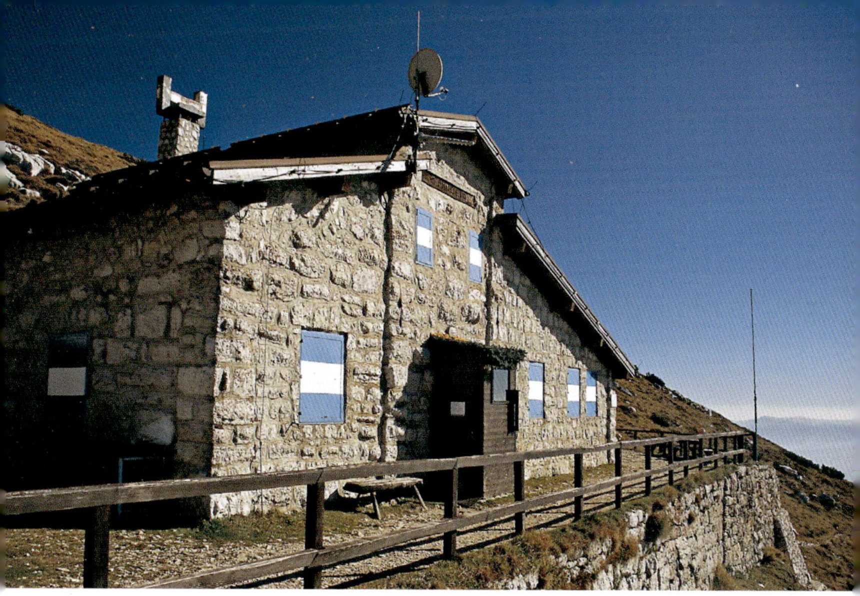

Beinahe eine Gipfelhütte: das Rifugio Marchetti.

Ausgangspunkt: Santa Barbara, 1169 m, an der Passhöhe der Straße von Arco/Bolognano nach Ronzo-Chienis; von dort auf der bergwärts führenden Straße bis zur K2 Mountain Bar, 1220 m.
Anforderungen: T2. Weitgehend unschwierige Bergwanderung, auf der Abstiegsroute hier und da etwas Trittsicherheit angezeigt. Der Rückweg ist schlecht bezeichnet, daher Orientierungsgabe hilfreich.
Einkehr/Übernachtung: K2 Mountain Bar am Ausgangspunkt. Rifugio Marchetti (Stivo), 2012 m, CAI, Juni bis September voll bewirtschaftet, April und Mai sowie Oktober und November an Wochenenden, Tel. +39 0464 520664 oder +39 349 3380173.
Karte: Tabacco, 1:25.000, Blatt 055, Valle del Sarca – Arco – Riva del Garda.

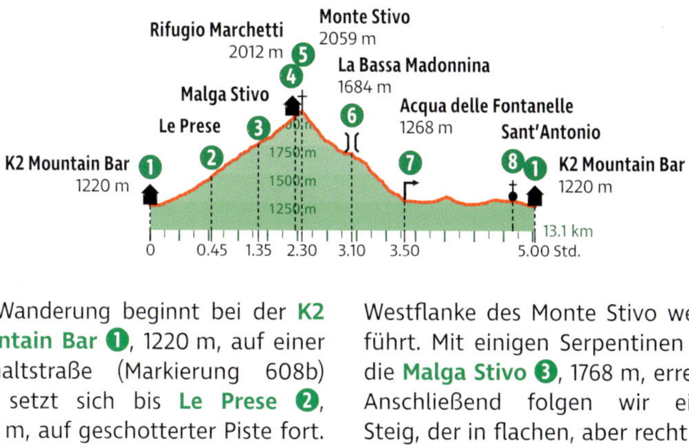

Die Wanderung beginnt bei der **K2 Mountain Bar ❶**, 1220 m, auf einer Asphaltstraße (Markierung 608b) und setzt sich bis **Le Prese ❷**, 1480 m, auf geschotterter Piste fort. Hier fädeln wir in den von Bolognano kommenden 608er ein, der als breiter Karrenweg in die gewaltige Westflanke des Monte Stivo weiterführt. Mit einigen Serpentinen wird die **Malga Stivo ❸**, 1768 m, erreicht. Anschließend folgen wir einem Steig, der in flachen, aber recht weit ausholenden Kehren durch die grasige Flanke zum gipfelnahen **Rifugio Marchetti ❹**, 2012 m, emporzieht;

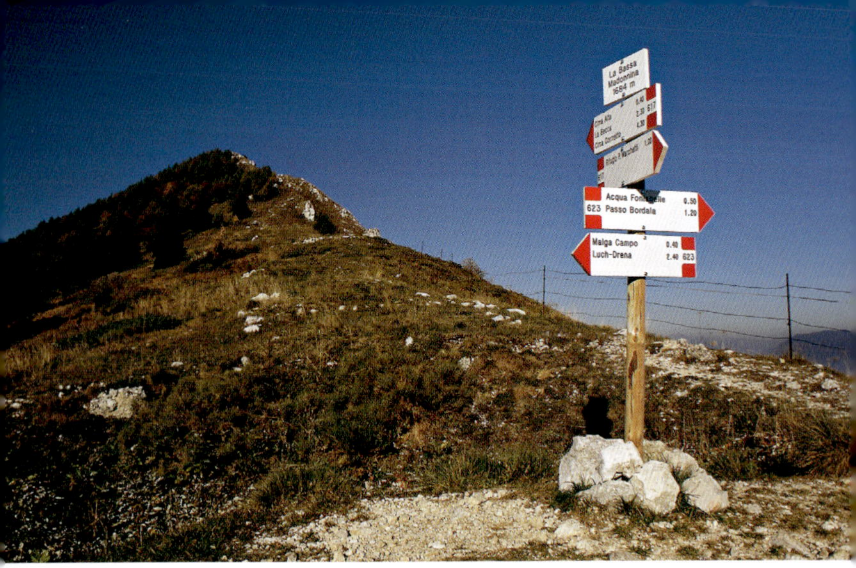

In der Kammsenke der Bassa Madonnina.

Abkürzer sollten wegen Erosionsschäden vermieden werden. Von der Hütte sind es bis zum höchsten Punkt des **Monte Stivo** ❺, 2059 m, nur noch wenige Minuten.

Die Abstiegsroute führt direkt vom Gipfel – mit Nr. 617b markiert – auf gut aus den Latschen geschlagenem Pfad hart am Rand der Südostabbrüche entlang. (Alternativ kehrt man zurück zum Rifugio Marchetti und dann auf Weg Nr. 617 schräg durch die Nordflanke abwärts und erreicht wieder die Hauptroute.) Nun leitet der Weg zum Sattel mit dem Namen **La Bassa Madonnina** ❻, 1684 m. Hier mit dem kreuzenden Weg Nr. 623 auf die rechte Seite, wo wir bis **Acqua delle Fontanelle** ❼, 1268 m, stetig an Höhe verlieren (zumeist im Wald). Der Ausklang der Tour zieht sich nun auf breiten, überwiegend flachen Forstwegen ein wenig in die Länge: Zunächst ein Stück Richtung Passo Bordala, dann nach rechts abzweigend, wo nur eine Mountainbike-Route als »Percorso B« ausgeschildert ist. Mit zwei Gegensteigungen gelangt man an der bewaldeten Kuppe des Roccolo sowie einer großen Freifläche mit Feldern vorbei (hier bei Gombino auf Rechtsabzweig achten!) zur Kirche **Sant'Antonio** ❽, 1265 m, und schließlich zum Ausgangspunkt an der **K2 Mountain Bar** ❶ zurück.

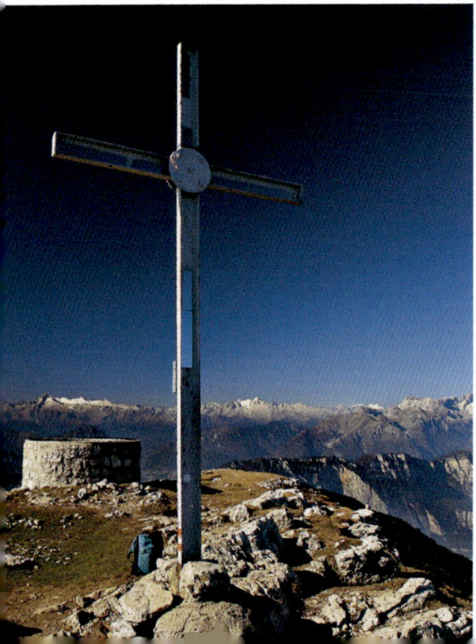

Der Monte Stivo – eine der besten Aussichtslogen der Gardaseeregion.

Dos d'Abramo, 2140 m

Sentiero Corazza und Sentiero Sparavei

11

7.30 Std. | 13,2 km | ↗1400 m | ↘1400 m

Auf den Monte Bondone über Trient

Das Bondone-Massiv im Südwesten der Provinzhauptstadt ist der Hausberg schlechthin von Trient. Hier gibt es auf engstem Raum vieles, was die Alpen auszeichnet: Ein Skigebiet im Bereich des Palon, viel Ursprünglichkeit hingegen rund um die Tre Cime del Bondone, selbst ein Naturreservat (auf der Nordseite), für den Wanderer Wege von leicht bis anspruchsvoll und mit der Ferrata Segata sogar einen kurzen, extremen Klettersteig. Über eine Höhenstraße kann man sich den Gipfeln ziemlich weit annähern, das intensivste Erlebnis verspricht allerdings der Aufstieg durch den wild und abweisend wirkenden Ostabbruch mit seinem unübersichtlichen Geflecht aus Felspfeilern und tiefen Furchen. Genau dort verläuft anhaltend steil, aber letztlich doch ohne allzu happige Hürden, der Sentiero Corazza. In Kombination mit dem gemäßigteren Sentiero Sparavei am Ostausläufer der Cima Verde wird die große, abwechslungsreiche Bondone-Tour perfekt gemacht.

Ausgangspunkt: Spagnolli, 798 m, oberhalb von Pietra (Fraktion von Cimone); sehr beschränkter Parkraum und winzige Zufahrt. Man kann auch in Pietra, 708 m, starten.

Anforderungen: T4. Am Sentiero Corazza über weite Strecken sehr steiler und anstrengender Wegverlauf, überwiegend schmale Trasse mit kurzen Kletterstellen und einigen Sicherungen, aber kein Klettersteig im üblichen Sinn. Der Sentiero Sparavei (T3) ist deutlich leichter und gutmütiger, mit nur einer etwas anspruchsvolleren Passage zwischendurch (Drahtseil-Versicherung). Insgesamt sehr gute Trittsicherheit, allgemeine Bergerfahrung und Ausdauer notwendig (von Pietra 30 Min. länger!). Bei großer Hitze im Sommer ebenso wenig empfehlenswert wie bei Nässe.

Einkehr/Übernachtung: Derzeit keine. Die Malga Albi wurde 2018 durch Brand zerstört, ein Wiederaufbau ist geplant.

Variante: Leichtere und erheblich kürzere Wanderrunde vom Endpunkt der Bondone-Höhenstraße, 1550 m, aus. Dabei wird mit dem Cornetto, 2180 m, auch der höchste Punkt des Massivs eingebunden. Gehzeit etwa 4 Std.

Karte: Tabacco 1:25.000, Blatt 055, Valle del Sarca – Arco – Riva del Garda.

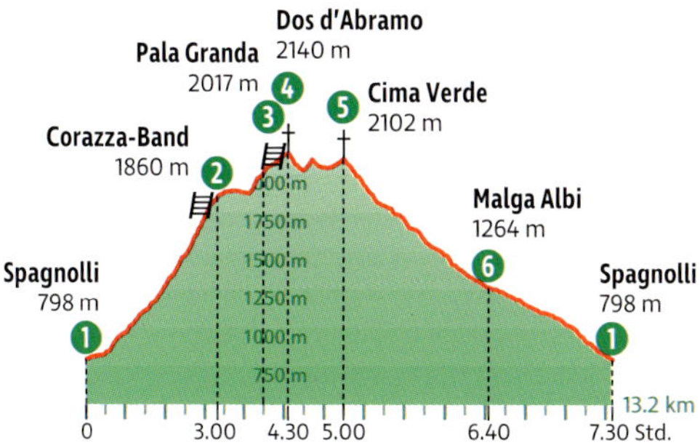

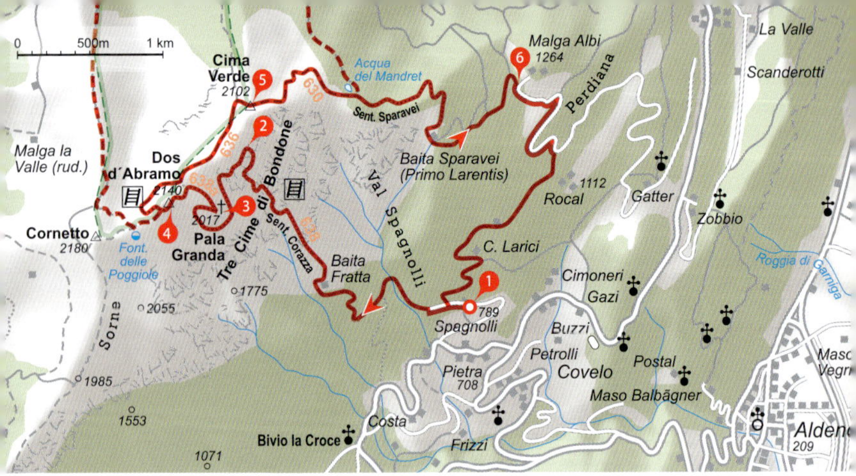

Von **Spagnolli** ❶, 798 m, folgen wir der Markierung 638 und den Hinweisen »Sentiero Corazza«. Der vollkommen überwachsene Fahrweg endet bald im Einschnitt des Val Spagnolli, wo ein Steig die Führung übernimmt. Dieser gewinnt aufgrund seiner Steilheit rasch an Höhe, passiert die vergammelte Baita Fratta und hält sich später an einen kleinen Geländerücken. Man nähert sich der Runse zur Linken, die schließlich gequert wird, ehe es im latschendurchsetzten Schrofenterrain wieder steil hochgeht. Nach einer Rinne steigen wir rechts hinaus zu einem Quergang unter Felsen und gelangen damit in die nächs-

Wilde Felsszenerie am Sentiero Corazza.

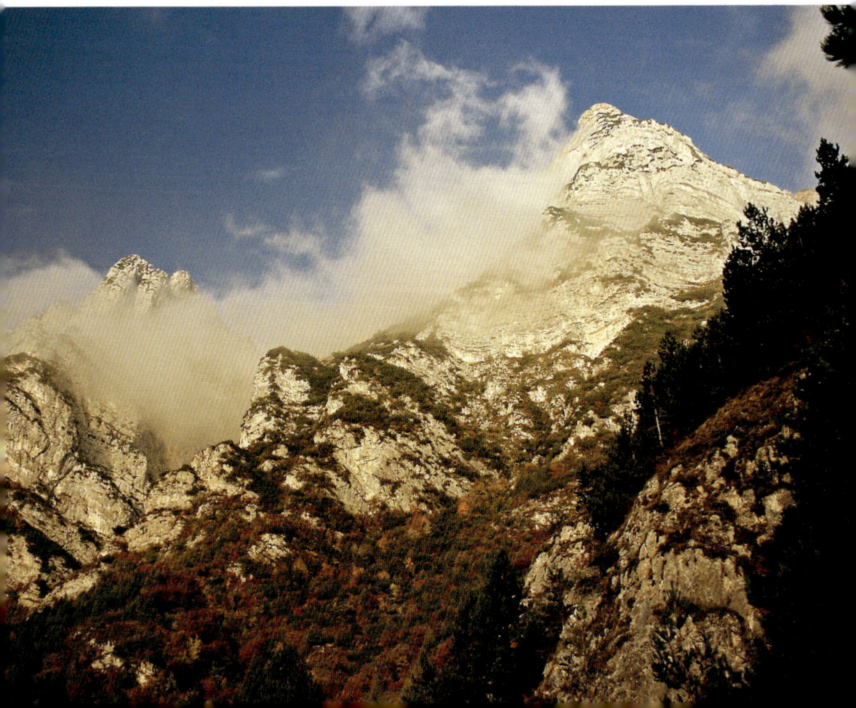

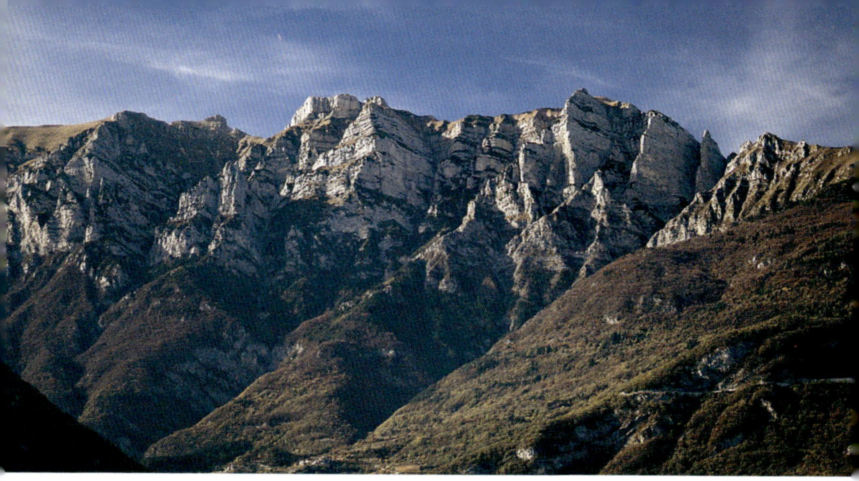

Die Tre Cime del Bondone mit ihrer schroffen Ostseite.

te Steilrinne, wo Drahtseile an den linken Begrenzungsfelsen aufwärtsleiten. Etwas höher, auf ca. 1900 m, setzt das wichtige **Corazza-Band ❷**, ca. 1860 m, an. Hier führen wir eine längere Traverse nach links aus, queren dabei eine versicherte Rinne und büßen ungefähr 50 Höhenmeter ein. In einer weiteren schrofigen Rinne weisen die Markierungen wieder steil in die Höhe. Nochmals ist ein wenig Händeeinsatz gefordert, bevor rechts haltend das Kreuz auf der **Pala Granda ❸**, 2017 m, erreicht wird.

Von dort folgen wir dem Kammrücken zu einem Sattel mit Wegverzweigung. Der kürzeste Anstieg zum **Dos d'Abramo ❹**, 2140 m, führt nun mit Nr. 638a über ein horizontales Band bis unter eine klettersteigartig ausgebaute Felsrinne, die zum gras- und latschenbewachsenen Gipfelplateau durchstiegen wird. Rechts geht es zum Kreuz, links zur etwas höheren Südkuppe.

An Letzterer setzt auch der Weiterweg an, zunächst über einen Schrofenpfad mit gesicherter Kaminpassage in die Scharte zwischen Dos d'Abramo und Cornetto. Dort scharf rechts und mit etwas Gegenanstieg zurück in den erwähnten Sattel. Hier bleiben wir der Markierung Nr. 636 treu und folgen im Wesentlichen der Kammlinie hinüber zur **Cima Verde ❺**, 2102 m, wo sich die Wege abermals verzweigen.

Wir wählen den 630er und damit den Sentiero Sparavei, der entlang dem Ostrücken abwärtsführt. Immer wieder bieten sich Einblicke in den wilden Trichter des Val Spagnolli. Der ordentliche Pfad nähert sich einer Felsbarriere, die mithilfe von Sicherungen gemeistert wird (schwierigste Stelle in einer Rinne). Dann wieder auf »normalem« Wanderweg weiter. Nach einem Quergang unter einer niedrigen Felswand gelangt man zur Baita Sparavei (»Primo Larentis«, 1502 m) und etwas unterhalb auf eine Forststraße, die jedoch Richtung **Malga Albi ❻**, 1264 m, nochmals abgekürzt wird. Auf dem Weiterweg heißt es nun besonders aufpassen, damit man den unbeschilderten Abzweig von der Almstraße nicht verpasst. Bei den Häusern von Rocal, 1112 m, halten wir uns rechts auf einen Karrenweg, der schließlich direkt zurück nach **Spagnolli ❶** führt (weiter unten bei Richtungswechseln stets der Kennzeichnung »Giro dei Masi« folgen).

12 Rifugio Pedrotti, 2491 m
Von Molveno durchs Massodikar

7.30 Std. | 20,1 km | ↗1190 m | ↘1670 m

Lange Hüttenwanderung mitten ins Felsenreich der Brenta
Das Rifugio Pedrotti, nahe der Bocca di Brenta gelegen, ist ein wichtiger Stützpunkt im Wegenetz der Via delle Bocchette, jener Traumroute, die Klettersteig-Enthusiasten von weit her in die Brenta zieht. Wer als reiner Bergwanderer weniger große Ambitionen hegt, kann die Hütte an sich zum Ziel erklären und von Molveno aus in die faszinierende Welt dieser Dolomit- (nicht Dolomiten-) Gruppe eintauchen. Der Anstieg ist jedoch selbst mit Unterstützung der Seilbahn nicht gerade kurz, was allerdings durch mehrere Einkehrstationen versüßt und durch wahrhaft packende Landschaftsbilder mehr als aufgewogen wird. Über der Busa dei Massodi ragen die prachtvollsten Felsbauten in den Himmel, unter ihnen der schlanke Campanile Basso, die legendäre »Guglia di Brenta« der Kletterer.

Eintauchen in die steinerne Wunderwelt der Brenta.

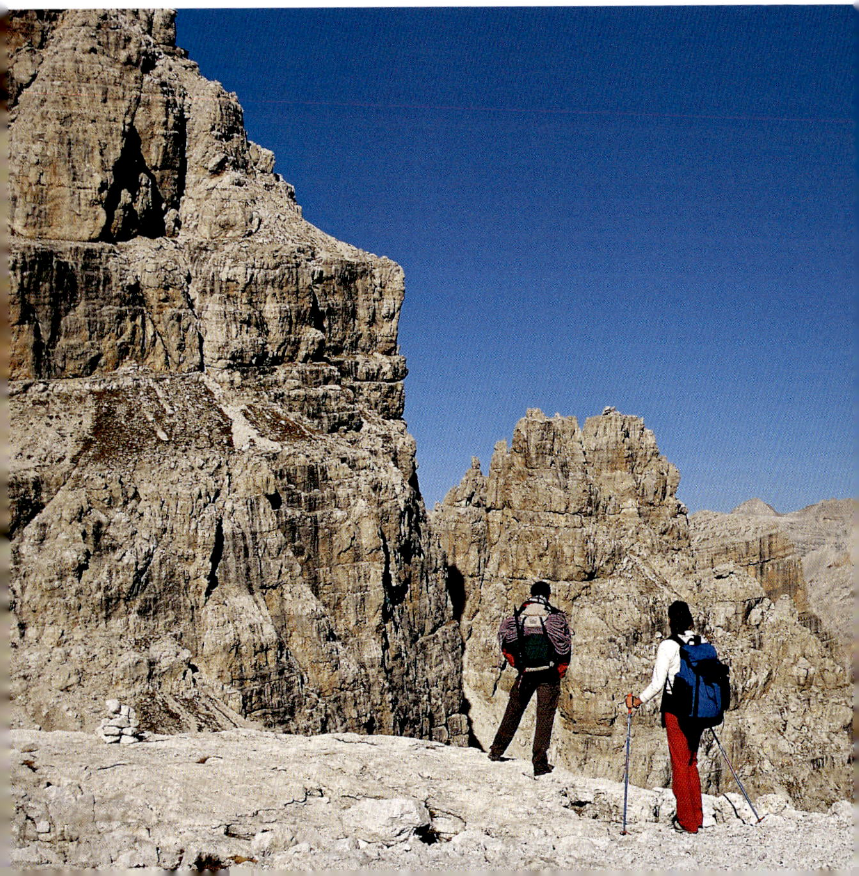

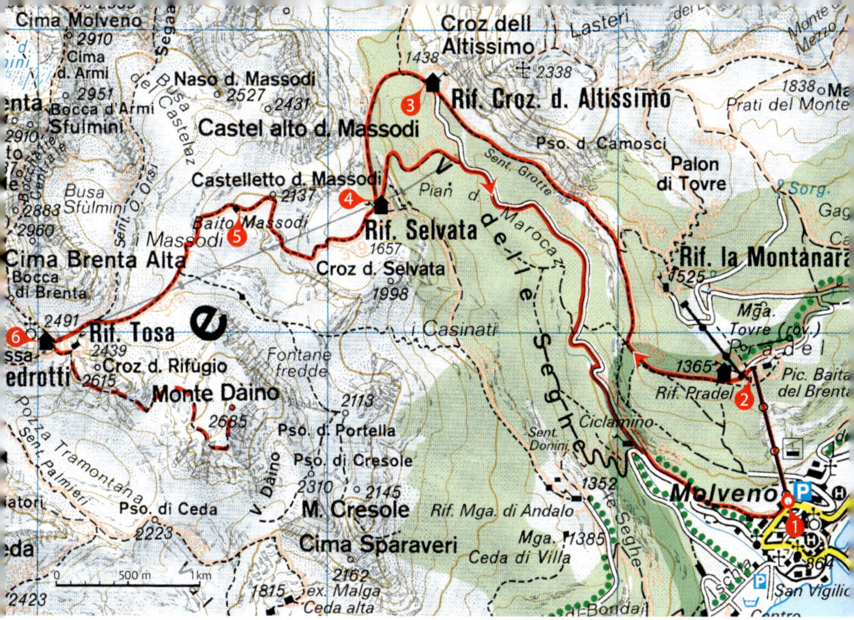

Ausgangspunkt: Molveno, 889 m, am gleichnamigen See im Süden der Brenta. Talstation der Seilbahn (Ende Mai bis Mitte Oktober, täglich ab 8.30 Uhr). Außerhalb der Betriebszeiten startet man am besten nahe der Bar Ciclamino, 950 m, an der Straße ins Val delle Seghe.
Anforderungen: T2–3. Markierter Bergsteig ohne besondere Schwierigkeiten, im oberen Teil recht felsig, daher elementare Trittsicherheit obligatorisch. Aufgrund der Länge und des Höhenunterschieds ist Ausdauer gefragt.
Einkehr/Übernachtung: Rifugio Pedrotti, 2491 m, CAI, bewirtschaftet 20. Juni bis 20. September, Tel. +39 0461 948115 (das Rifugio Tosa, 2439 m, dient als Winterraum). Rifugio Selvata, 1657 m, privat, bewirtschaftet 20. Juni bis 20. September, Tel. +39 0461 1862900 oder +39 340 3908323. Rifugio Croz dell'Altissimo, 1438 m, bewirtschaftet Juni bis September, Tel. +39 347 1184459 oder +39 339 7982922.
Variante: Ein Gipfel, der sich vom Rifugio Pedrotti ❻ mit relativ wenig Kletterei besteigen lässt, ist der Monte Daino, 2685 m. Nach Umgehung des Croz del Rifugio in die Busa del Daino und steil zum Grat, schließlich links zum Nordostgipfel; 1.30 Std. Gesamtbewertung eher T4, »schwarz«.
Karten: Tabacco, 1:25.000, Blatt 053, Dolomiti di Brenta. Alpenvereinskarte 1:25.000, Blatt 51, Brentagruppe.

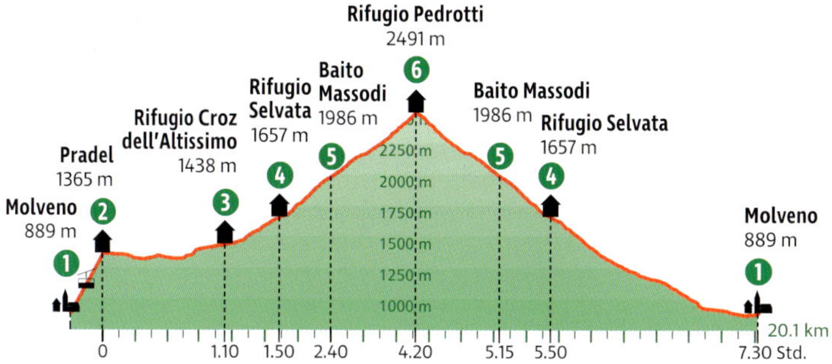

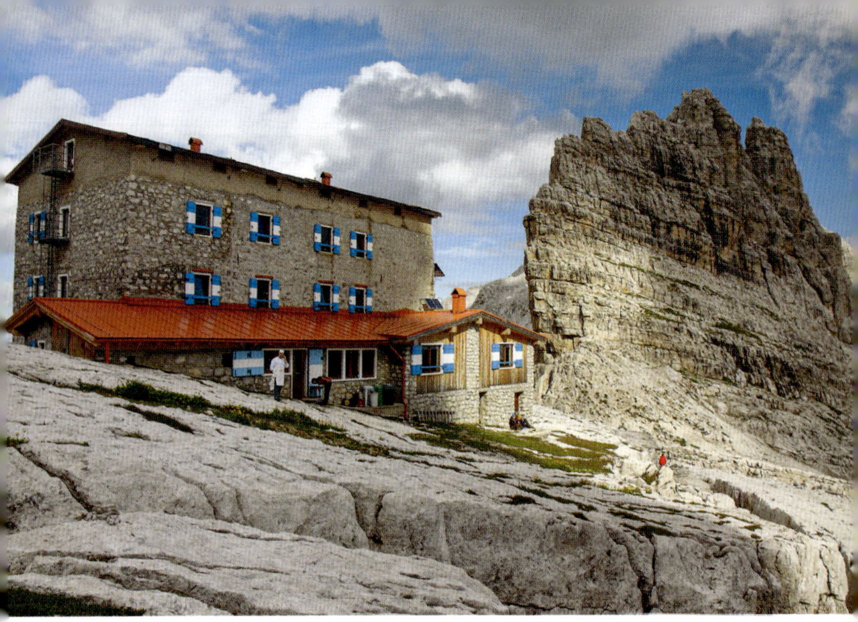

Die Pedrottihütte hat einen der schönsten Hüttenstandorte der Brenta.

Von **Molveno ❶** geht es mit der Seilbahn hinauf zur Bergstation **Pradel ❷**, 1365 m. Dann folgen wir dem Höhenweg mit der Nr. 340, der ein gutes Stück über dem Val delle Seghe in leichtem Auf und Ab die Flanken durchschneidet. Anfangs ist das Terrain noch bewaldet, doch erhascht man am Sockel des gewaltigen Croz dell'Altissimo bereits die ersten tollen Ausblicke in das verheißungsvolle Brentareich. Einige etwas luftige Stellen verlangen Obacht.

Wir passieren das **Rifugio Croz dell'Altissimo ❸**, 1438 m, und gehen im Bogen den Bacheinschnitt aus dem Val Perse aus. Am Gegenhang auf schön angelegter Trasse aufwärts bis in die Mulde des Pian della Selvata und kurz darauf zum **Rifugio Selvata ❹**, 1657 m, mit grandiosem Blick auf die fast 900 Meter hohe Südwestwand des Croz dell'Altissimo. Nun mit Nr. 319 serpentinenreich weiter in den Kessel hinein, wo man sich unter den Steilwänden rechts hält, um den Durchschlupf zum **Baito Massodi ❺**, 1986 m, zu vollziehen. Es öffnet sich die Busa dei Massodi mit ihrer Felsumrahmung, in der vor allem die Brenta Alta sehr wuchtig wirkt. In dem Kar gewinnen wir weiter an Höhe, unterbrochen nur durch einen kleinen ebenen Boden, und gelangen allmählich hinauf in felsig-schuttiges Terrain. Einer Klippe wird links ausgewichen, bevor wir am Rifugio Tosa, 2439 m, vorbei das 50 Meter höher am Sattel zwischen Brenta Bassa und Croz del Rifugio gelegene **Rifugio Pedrotti ❻** 2491 m, erreichen.

Das Bergab verläuft bis zum **Rifugio Selvata ❹** auf derselben Route. Dort kann man direkt ins Val delle Seghe absteigen und schließlich der Sandstraße hinaus nach **Molveno ❶** folgen (nur wenig länger als nach Pradel und zudem vom Lift unabhängig).

Eindrucksvoll präsentieren sich die Felsgipfel über der Busa dei Massodi.

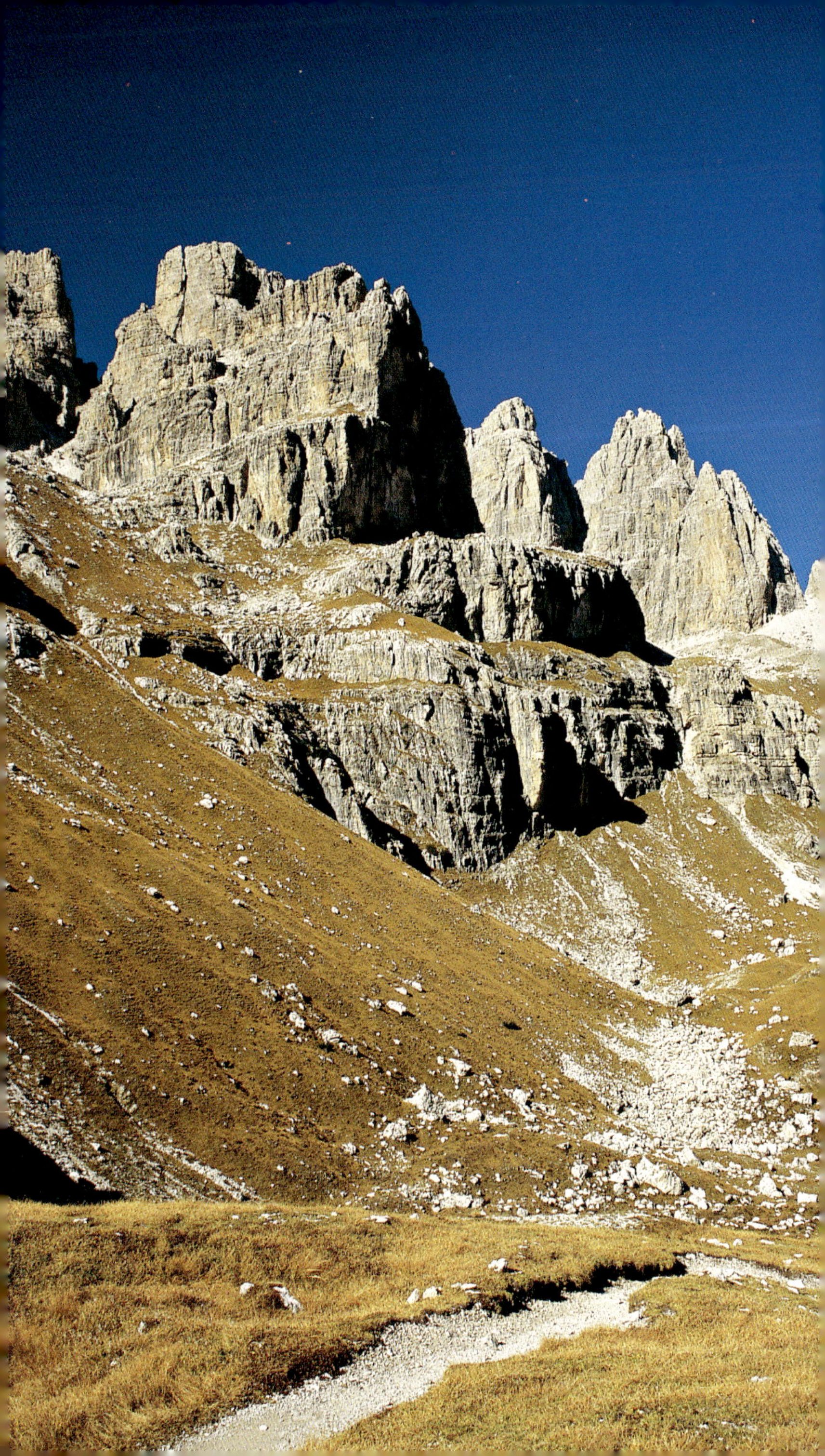

13 Croz dell'Altissimo, 2338 m

Mit Überschreitung zur Cima dei Lasteri

TOP | 6.20 Std. | 12,4 km | ↗1080 m | ↘1240 m

Stille Aussichtsgipfel in der südöstlichen Brenta

Das Interesse an der Brenta ist zweifellos groß, doch konzentriert es sich meist auf bestimmte Punkte – respektive Linien, wenn man an die Via delle Bocchette denkt. Im Zentrum der Gruppe ist daher nicht selten der Teufel los, während die Berge im Norden, Süden und Osten menschenleer sind. Dieses Attribut wäre im Falle des Croz dell'Altissimo und seiner etwas höheren Nachbarin, der Cima dei Lasteri, zwar etwas zu drastisch formuliert, aber relative Einsamkeit ist dort sicher noch zu finden. Und das, obwohl man von diesen Bergen als Aussichtslogen nur schwärmen kann. Die gesamte zentrale Brentakette liegt wie auf dem Präsentierteller, mächtig herausragend die Cima Brenta mit ihrem senkrechten Ostabbruch, umgeben von filigranen Türmen und Nadeln, an denen wir den Verlauf des berühmten Bocchetteweges mehr ahnen als wirklich erkennen. Im Rücken geht die Schau derweil bis zu den Dolomiten, und von tief unten schimmert der Molvenosee herauf. Am Gipfel des Croz dell'Altissimo stehen wir übrigens über einer der höchsten und bedeutendsten Brentawände, unter der wir beim Rückweg dann unmittelbar entlangqueren. Und die Cima dei Lasteri ist nicht nur ein nettes Zugabeziel, sondern bietet laut Luca Visentini nach der Tosa den vielleicht besten Überblick über die gesamte Gruppe. Fazit: Eine tolle Tour abseits des großen Brenta-Rummels, so recht geeignet, um die Vorstellung von diesem Trentiner Paradegebirge um einige Facetten zu erweitern.

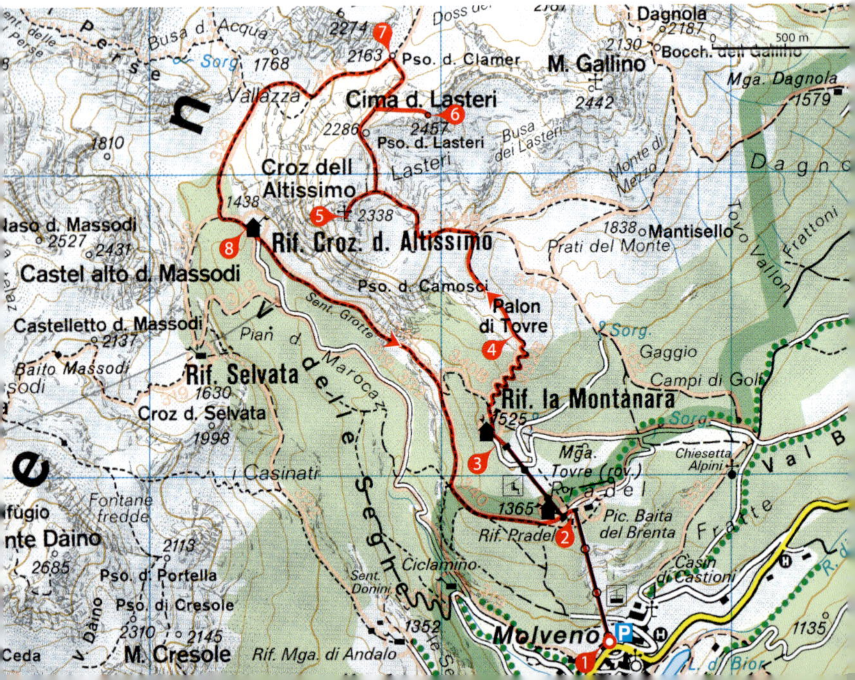

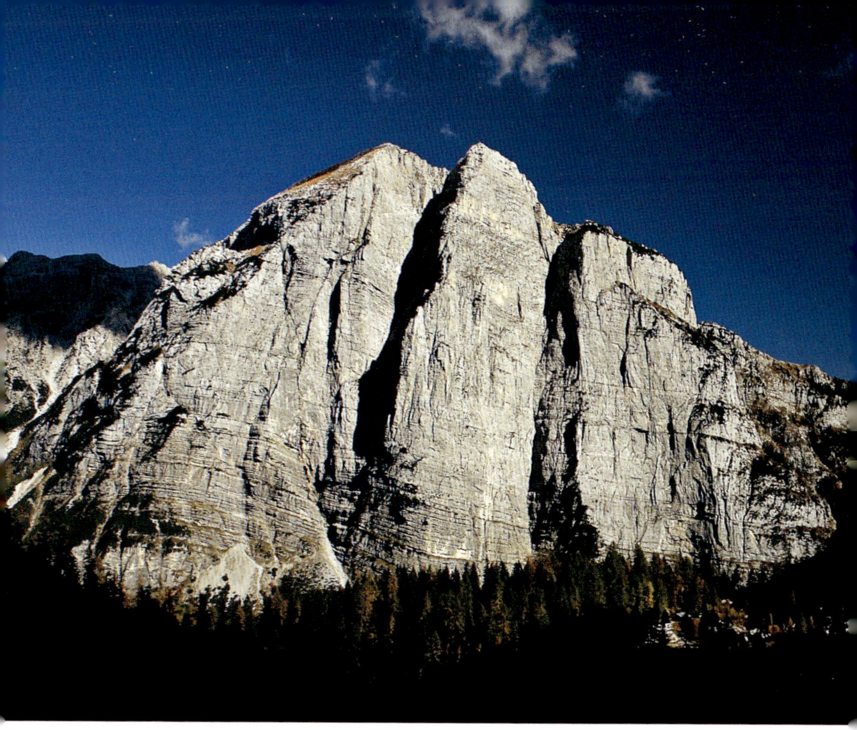

Croz dell'Altissimo – ein reizvolles Tourenziel nicht nur für Kletterer.

Ausgangspunkt: Talstation der Seilbahn in Molveno, 889 m (Betriebszeiten: Ende Mai bis Mitte Oktober, täglich ab 8.30 Uhr). Außerhalb der Betriebszeiten empfiehlt sich die Anfahrt von Andalo durchs Val Biole bis zum Fahrverbot, 1295 m.

Anforderungen: T3–4. Ziemlich anspruchsvolle Bergwanderung auf markierten, allerdings oftmals schmalen und holprigen Pfaden; vereinzelt leichte Kletterstellen. Gute Trittsicherheit ist unbedingt notwendig. Für Berggewohnte durchschnittliches Tagespensum.

Einkehr/Übernachtung: Rifugio La Montanara, 1525 m, privat, Tel. +39 0461 1851538. Rifugio Croz dell'Altissimo, 1438 m, privat, Tel. +39 347 1184459 oder +39 339 7982922; beide im Sommer bewirtschaftet.

Karten: Tabacco, 1:25.000, Blatt 053, Dolomiti di Brenta. Alpenvereinskarte 1:25.000, Blatt 51, Brentagruppe.

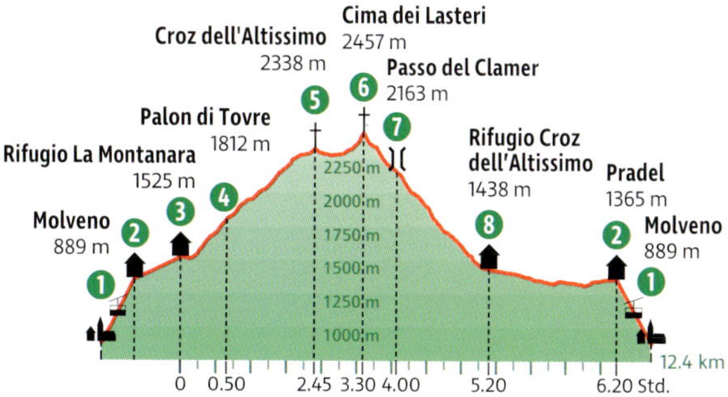

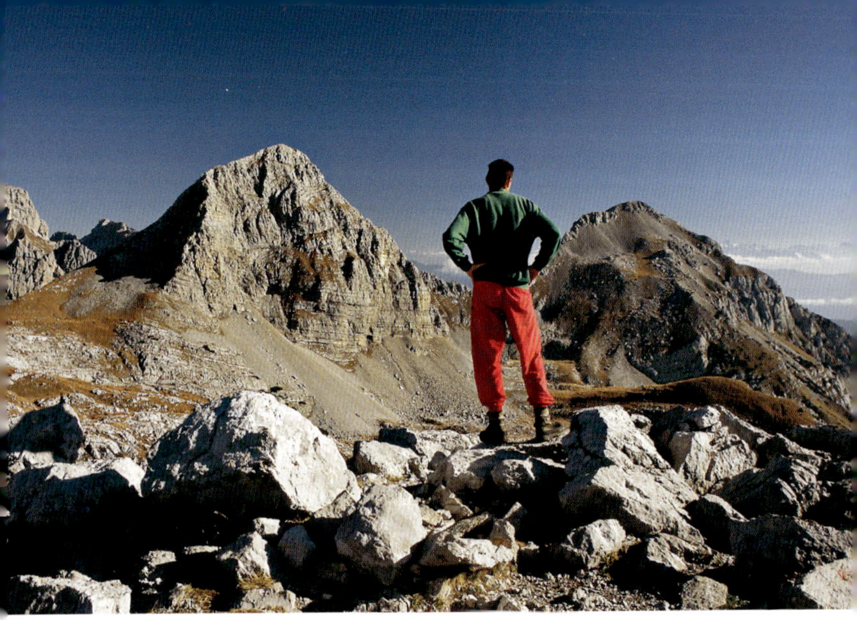

Blick Richtung Cima dei Lasteri (links) und Monte Gallino.

Von **Molveno** ❶ geht es über die Station **Pradel** ❷, 1365 m, in zwei Sektionen mit der Seilbahn und dem Lift hinauf zum **Rifugio La Montanara** ❸, 1525 m. Nordwärts rasch bis zu einer Gabelung. Hier folgen wir halbrechts dem passablen Waldsteig, der gegen den **Palon di Tovre** ❹, 1812 m, hochzieht. Man gelangt auf einen latschenbewachsenen Schrofenkamm mit schönen Ausblicken sowohl in die zentrale Brenta als auch auf das Gipfelduo Monte Gallino – Cima dei Lasteri und weicht vor einem schroff abbrechenden Zacken rechts aus. Die folgende Traverse, bei der man in felsdurchsetztem Latschenterrain ein paar Höhenmeter verliert, ist recht ruppig, aber zum Glück bald überstanden. Angenehmer sind die anschließenden, von schütterem Gras und ausgewitterten Karrenstrukturen geprägten Hänge zu begehen. Um einem steileren Flankenaufbau auszuweichen, muss jetzt in großem Bogen nach rechts ausgeholt werden. Oberhalb erreichen wir die Conca dei Mandrini, drehen südwestwärts ein und gelangen schließlich nach einem annähernd horizontalen Wegstück an die Gipfelfelsen des **Croz dell'Altissimo** ❺, 2338 m, die rasch und leicht erklommen sind. Damit wird der kreuzgeschmückte Südgipfel gewonnen, während rund 200 Meter weiter nördlich eine ebenfalls leicht zu besteigende Schrofenkuppe noch etwas höher aufragt.

Ohnehin steht uns mit der Cima dei Lasteri der Sinn noch nach Höherem. Dafür gehen wir kurz zurück und achten während der Flachpassage auf die nach links abzweigende Markierung zum Passo del Clamer (Hinweis auf einem Stein). Sie leitet über den Passo dei Lasteri, 2286 m, und dann ein Stück in den Gipfelhängen bergauf, ehe sie sich wieder absenkt. Hier an geeigneter Stelle abzweigen und auf Steigspuren in Schutt und Schrofen (einzelne rote Punkte) ohne Kletterhürden zum Gipfel der **Cima dei Lasteri** ❻, 2457 m.

Im Abstieg folgen wir der Trasse weiter zum **Passo del Clamer** ❼, 2163 m, wobei dem unteren Felsabbruch mit einer Schleife ausgewichen wird. Anschließend westwärts ziemlich steil und rau in die karartige Vallazza hinab. Weiter unten wird der Steig aus dem Val Perse (Bocca di Tuckett) aufgenommen und mit ihm rechts eines vermurten Grabens zum **Rifugio Croz dell'Altissimo** ❽, 1438 m, abgestiegen. Zuletzt erwartet uns noch der rund einstündige Höhenweg, der unter der Südwestwand stellenweise aus dem Fels gesprengt ist und schließlich bei der Station **Pradel** ❷, 1365 m, ausläuft. Von dort kehrt man mit der Seilbahn zurück zum Ausgangspunkt an der Talstation in **Molveno** ❶.

Die Brenta-Hauptkette – vom Croz dell'Altissimo besonders imposant.

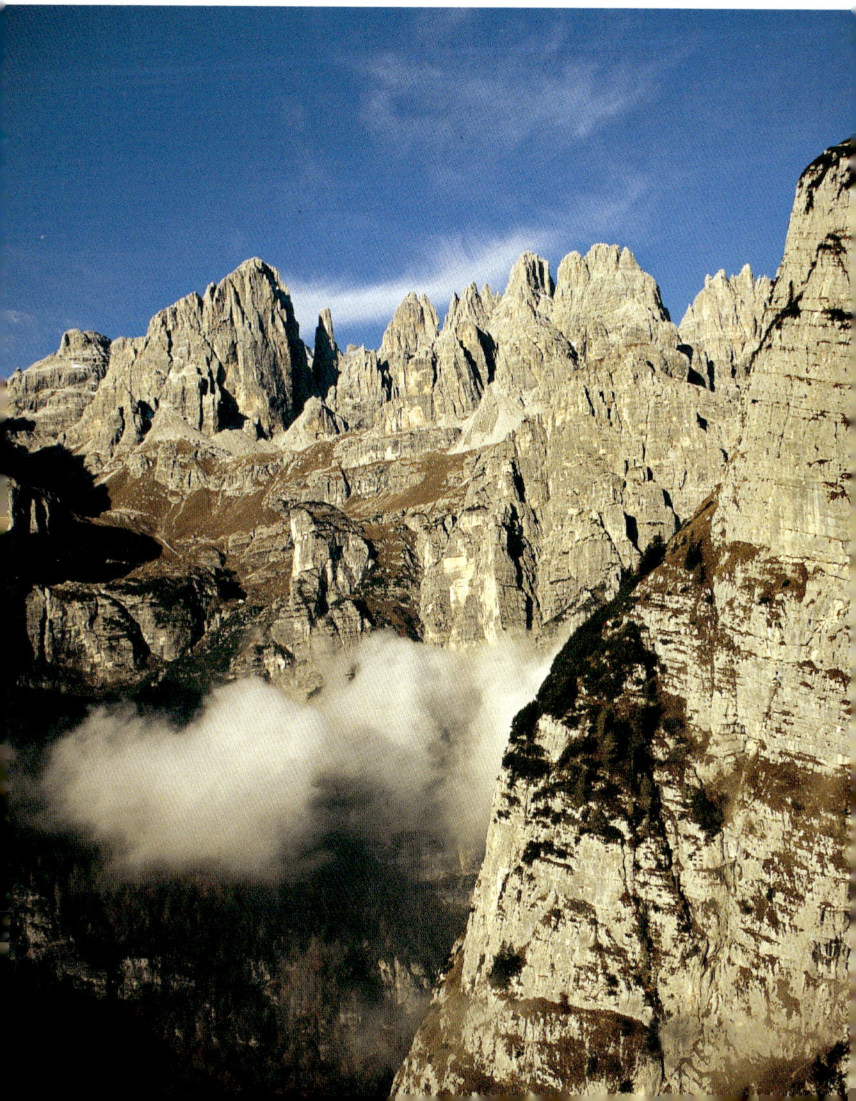

14 Hüttenrunde durch die Brenta

Die Sentieri Orsi, Palmieri, Ideale und Martinazzi

2 Tage | 27,7 km | ↗ 2420 m | ↘ 2420 m

In großem Bogen um Cima Brenta und Cima Tosa

Im Herzen der Brenta präsentiert das Trentino zweifellos eine seiner mitreißendsten Landschaften, geprägt von profilierten, hoch aufschießenden Dolomitfelsen, die – mal massig, mal filigran – Bergfreunde jeder Couleur in Bann ziehen. Dabei ist die Brenta keineswegs nur das Dorado der extremen Kletterer sowie der Ferratisti, die mit der Via delle Bocchette ihren unvergleichlichen Traumpfad finden. Auch der gemäßigtere Wanderer kommt hier auf seine Kosten und kann sich in dem dichten Wegenetz eine Tour nach Gusto zusammenstellen. Die hier entworfene beschreibt eine überaus eindrucksvolle Runde um die stolzesten und berühmtesten Gipfel der Brenta; sie berührt vier Berghütten (zählt man das als Stützpunkt weniger bedeutende Rifugio Casinei dazu, sogar fünf) und reiht verschieden anspruchsvolle Teilstücke aneinander. Den Auftakt macht der Zustieg zur Tucketthütte und weiter zur gleichnamigen Bocca im Hauptgrat, wo man auf den ostseitigen Sentiero Orsi gelangt. Mitunter etwas despektierlich »Unterer Radlweg« genannt, führt er vielleicht nicht ganz so spektakulär wie der höher oben durch die Felswuchten verlaufende Bocchetteweg, landschaftlich jedoch allemal bestechend bis zur Pedrottihütte. Von dort kann man die kleinere Schleife über die Bocca di Brenta wählen oder die Fortsetzung über den beschaulichen Sentiero Palmieri, der allerhand von der südlichen Brenta erzählt. Zwischen Agostini- und Brentèihütte steht dann mit der Kombination des Sentiero dell'Ideale (über die vergletscherte Bocca d'Ambiez) und des Sentiero Martinazzi das alpinste Teilstück auf dem Programm, ehe man sich nach zwei bis drei Tagen »Brenta total« vom Lieblingsgebirge der Trentiner verabschiedet.

Ausgangspunkt: Rifugio Vallesinella, 1513 m; Straßenzufahrt von Madonna di Campiglio (zeitweilig beschränkt, in der Hauptsaison verkehrt auch ein Shuttlebus). Großer, oft stark frequentierter Parkplatz.

Etappen: Gesamtgehzeit 14.15 Std. (auch als 3-Tage-Tour möglich);
1. Tag: 1460 Hm Aufstieg, 480 Hm Abstieg, 6.15 Std.,
2. Tag: 960 Hm Aufstieg, 1940 Hm Abstieg, 8.00 Std.

Anforderungen: T4–5. Wechsel zwischen unschwierigen Wanderwegen und teilweise ausgesetzten gesicherten Steigen in hochalpinem Terrain. Eisberührung bei den Übergängen an der Bocca di Tuckett und Bocca d'Ambiez (Letztere ist meist die Schlüsselstelle), je nach Verhältnissen Steigeisen erforderlich. Hochgebirgstauglichkeit mit entsprechender Trittsicherheit und Schwindelfreiheit unerlässlich, auch wenn das Niveau unter dem des Bocchetteweges bleibt. Bei großzügiger Etappeneinteilung konditionell relativ moderat.

Einkehr/Übernachtung: Rifugio Tuckett, 2271 m, CAI, Tel. +39 0465 441226. Rifugio Pedrotti, 2491 m, CAI, Tel. +39 0461 948115. Rifugio Agostini, 2410 m, CAI, Tel. +39 0465 734138. Rifugio Brentèi, 2182 m, CAI, Tel. +39 0465 441244. Rifugio Casinei, 1825 m, privat, Tel. +39 0465 442708. Alle Hütten sind etwa vom 20. Juni bis 20. September bewirtschaftet.

Variante: Eine Abkürzung bei gleichzeitiger Verringerung der Anforderungen auf »rot« (T3–4) ist mit dem Übergang von der Pedrottihütte ❻ zur Brentèihütte ❿ über die Bocca di Brenta, 2552 m, möglich. Kurze Steilstufen und eventuell Schneefelder jenseits der Scharte, dann auf gutem Steig am Rande des Val Brenta Alta hinaus, ca. 1.30 Std.

Karten: Tabacco, 1:25.000, Blatt 053, Dolomiti di Brenta. Alpenvereinskarte 1:25.000, Blatt 51, Brentagruppe.

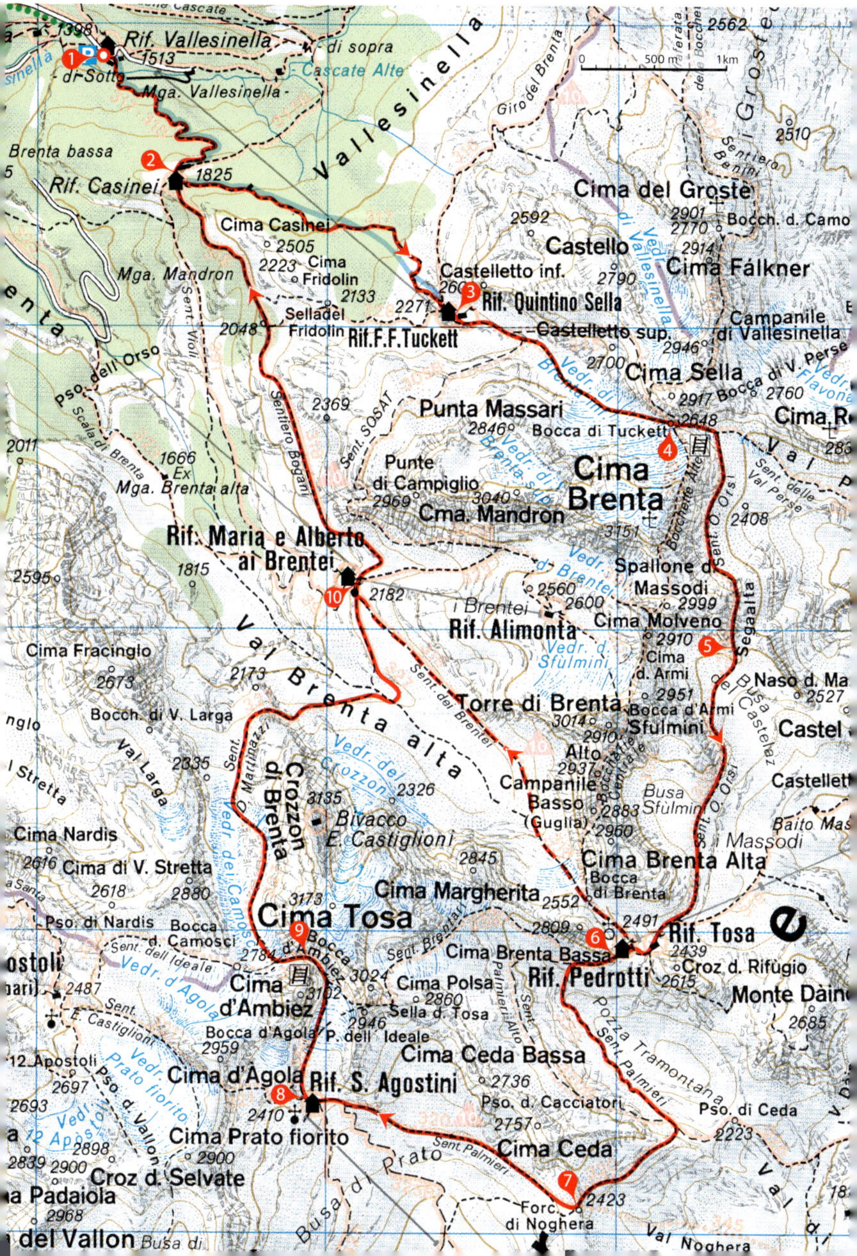

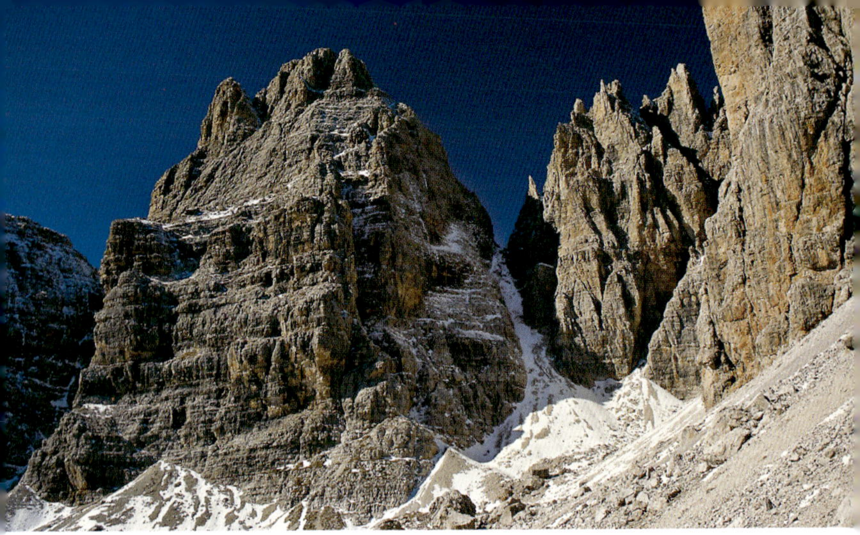

Die Cima dei Armi über dem Sentiero Orsi.

1. Tag: Vom **Rifugio Vallesinella ❶**, 1513 m, über den nahen Bach und mit Nr. 317 im Wald bergan zum **Rifugio Casinei ❷**, 1825 m, wo sich mehrere Wege verzweigen. Wir folgen den Hinweisen zum **Rifugio Tuckett ❸**, 2271 m, und erreichen allmählich offenere Hänge, die teilweise von Bergsturztrümmern überzogen sind. Hoch oben zwischen der markanten Cima Sella und dem mächtigen Massiv der Cima Brenta erkennen wir die Bocca di Tuckett als nächsten Meilenstein. Wir steigen ihr auf der linken Seite der Eintalung entgegen und gelangen nach einer Weile aufs Eis der Vedretta di Brenta inferiore. Diese präsentiert sich zwar über weite Strecken geröllbedeckt und ohne Spalten, kann allerdings bei Blankeis ihre Tücken haben (gegebenenfalls Steigeisen verwenden). An der **Bocca di Tuckett ❹**, 2648 m, geht es links zum Sentiero Benini, rechts zum sehr anspruchsvollen Sentiero Bocchette Alte und jenseits zum Sentiero Orsi. Dieser vermittelt unseren Weiterweg Richtung Pedrottihütte. Man hält sich an die linksseitigen Sicherungen und steigt steil auf die Schuttreisen im oberen Val Perse ab. Dort scharf rechts und am Ostwandsockel der Cima Brenta entlang im Bogen zu einem gestuften Felshang, der auf

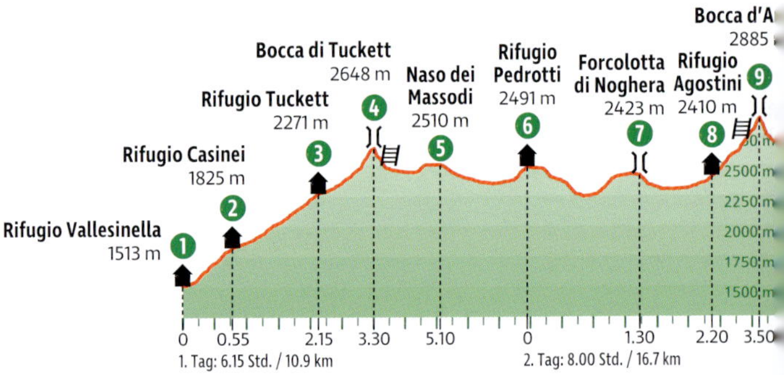

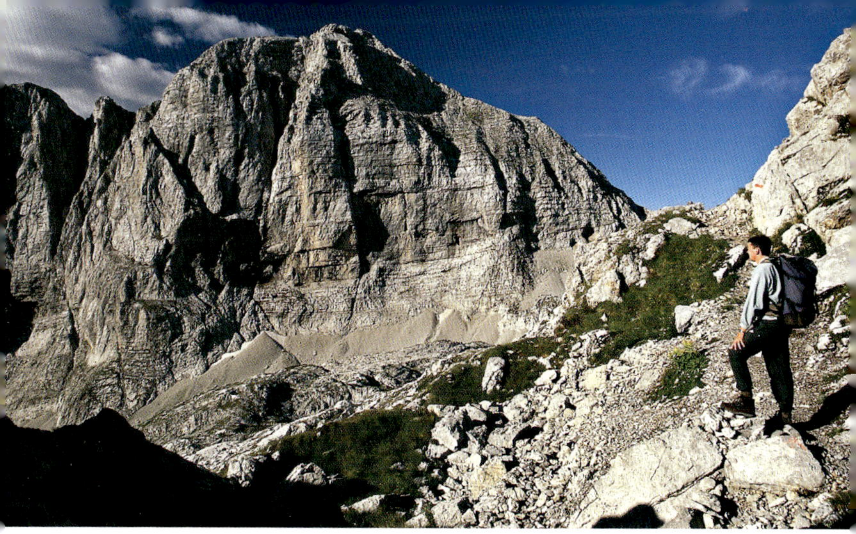

Blick vom Sentiero Palmieri auf den Doss di Dalun.

das Band der Sega Alta leitet. Dieses bildet nun den anregendsten Teil des Sentiero Orsi. Es führt sehr aussichtsreich durch die verwinkelte Ostwand zum Vorsprung des **Naso dei Massodi ❺**, 2510 m. Von dort in die Karbucht der Busa dei Armi hinab und unter einem Felssporn hindurch in die benachbarte Busa dei Sfúlmini. Oberhalb stellt sich die sagenhafte Felskulisse von Brenta Alta, Campanile Basso und Alto sowie der Sfúlmini-Zacken zur Schau. Nachdem auch der Felssockel der Brenta Alta passiert ist, steigt man nochmals etwa 200 Höhenmeter zum **Rifugio Pedrotti ❻**, 2491 m, an.

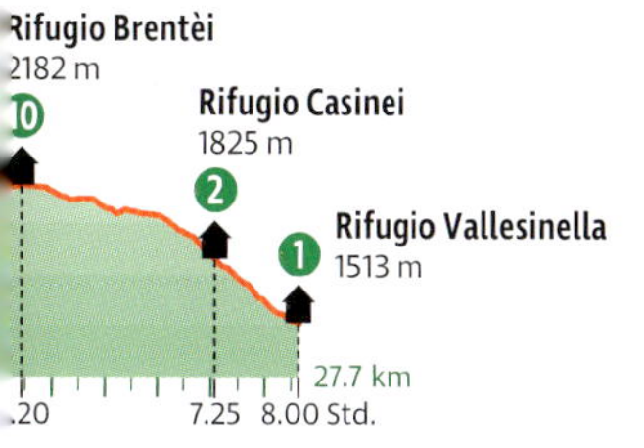

2. Tag: Das nächste Teilstück vollzieht sich zwischen Pedrotti- und Agostinihütte auf dem Sentiero Palmieri, der weder lang noch schwierig ist und interessante Einblicke in die etwas vernachlässigte südliche Brenta gewährt.

Wir halten uns zuerst an den Südsockel der Brenta Bassa und verabschieden uns bald einmal vom Sentiero Brentari, der einen alpineren Übergang via Bocca di Tosa benutzt. Der Palmieriweg geht hingegen in großem Bogen den urtümlichen Karsttrichter der Pozza Tramontana aus, wobei rund 200 Höhenmeter verloren werden. Anschließend rechts haltend an steiler Böschung wieder aufwärts, über eine von den Cime di Ceda abstreichende Gratrippe hinweg und fast horizontal hinüber zur **Forcolotta di Noghera ❼** 2423 m, wo sich erstmals der Blick ins Val d'Ambiez auftut. In dessen innersten Bereich queren wir nun hinein, indem wir am Fuß der Cime di Ceda entlangwandern und in der weiten Busa di Prato schließlich wieder etwas zum **Rifugio Agostini ❽**, 2410 m, ansteigen.

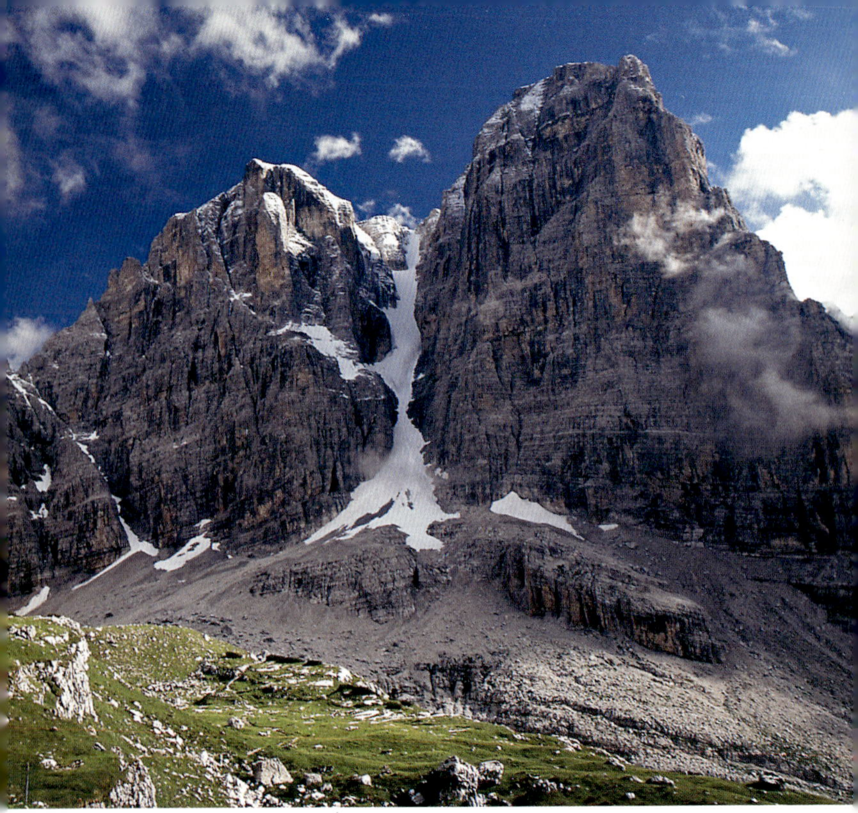

Ein Parademotiv des Trentino: Crozzon di Brenta (rechts) und Cima Tosa.

Mit der **Bocca d'Ambiez** ⑨, 2885 m, steht in der Regel der prekärste Übergang der Tour bevor. Wir begeben uns in das enge Hochkar zwischen der Cima d'Ambiez und den Torri di Tosa und gelangen nach einiger Zeit auf das Eis des Gletschers, der gegen die Scharte oben links deutlich aufsteilt. Sie war früher einmal komplett überfirnt und konnte bei guten Bedingungen direkt überstiegen werden, doch weicht man jetzt mit Vorteil in die versicherten Begrenzungsfelsen aus, auch im jenseitigen Abstieg. Nach dem steilsten Stück kommen wir in das Hochbecken der Vedretta dei Camosci und auf der rechten Seite verbleibend bald in die Geröllzonen am Rande des Gletschers. Hier steigen wir tiefer, bis sich die gewaltige Nordkante des Crozzon di Brenta umkurven lässt. Dahinter geht es noch ein Stück weiter bergab bis in den Grund des Val Brenta alta und schließlich im Gegenanstieg zum viel besuchten **Rifugio Brentèi** ⑩, 2182 m.

Der Ausklang unserer Brenta-Runde vollzieht sich auf dem klassischen Hüttenweg zurück ins Vallesinella. Wir folgen, nicht ohne uns immer wieder zum Tosa-Crozzon-Massiv umzudrehen, dem Sentiero Bogani durch die westseitigen Flanken, passieren leicht absteigend eine Abzweigung zum Rifugio Tuckett und gelangen schließlich in den Wald eintauchend über das **Rifugio Casinei** ② zurück zum Ausgangspunkt am **Rifugio Vallesinella** ①.

Cima del Grostè, 2901 m

Von der Bergstation am Passo del Grostè

15

3.15 Std. | 5,5 km | ↗ 500 m | ↘ 500 m

Spritztour auf einen stattlichen Brentagipfel

Die Hauptkette der Brentagruppe beginnt im Norden mit der wuchtig und gedrungen wirkenden Cima del Grostè, die sich durch ihre Stellung über dem weiten Passeinschnitt gleichen Namens gut behaupten kann. Aufgrund der Nähe zur Seilbahn dürfte es sich um einen der meistbestiegenen höheren Gipfel des Gebietes handeln, auch wenn dies keineswegs ein triviales Unterfangen bedeutet. Vertrautheit mit alpinem Felsterrain ist allemal angezeigt, hier und da muss auch ein wenig zugepackt werden. Nichtsdestotrotz sei festgehalten: In Relation zum typischen Anforderungsniveau in der Brenta (wo die Messlatte ziemlich hoch liegt!) ist die Cima del Grostè ein leicht erreichbares Gipfelziel und sicherlich ideal zum »Reinschnuppern« in Sachen Fels. Um das Unternehmen so abwechslungsreich wie möglich zu gestalten, wollen wir sie von Nord nach Süd überschreiten, um über den Sentiero Benini rasch wieder zum Passo del Grostè zurückzukehren.

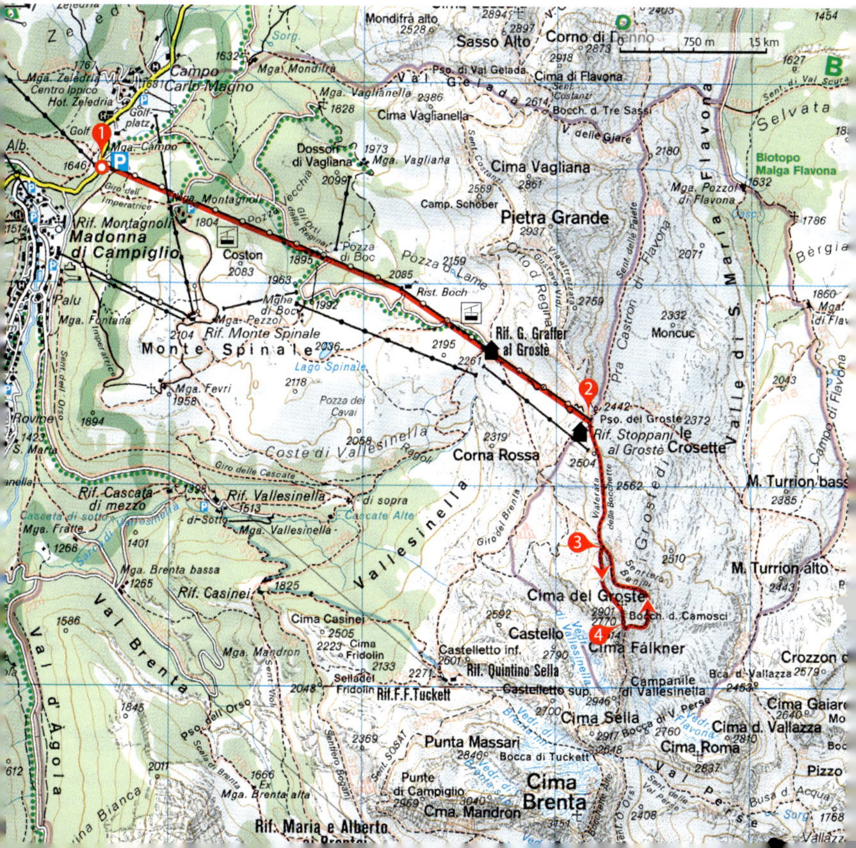

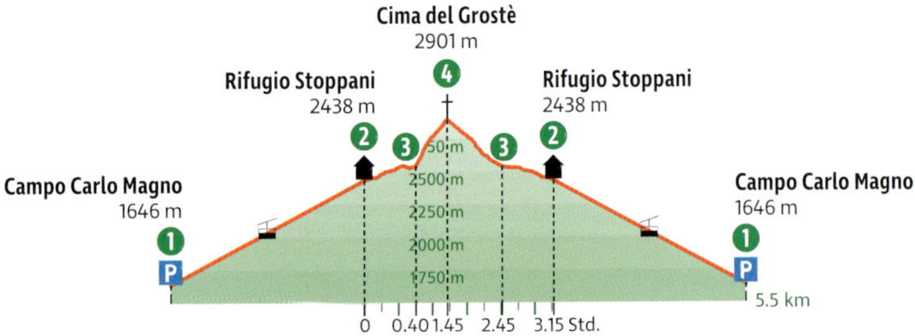

Ausgangspunkt: Campo Carlo Magno, 1646 m, Talstation der Grostè-Seilbahn nördlich knapp oberhalb des Ortsgebiets von Madonna di Campiglio.
Anforderungen: T4–5. Kurze Felstour mit einigen Kletterpassagen im I. Grad, also durchaus kein typisches Wanderterrain mehr. Entsprechende Gewandtheit, Trittsicherheit und Schwindelfreiheit notwendig, konditionell dagegen ziemlich harmlos.
Einkehr/Übernachtung: Einkehr im Rifugio Stoppani an der Bergstation. Übernachtungsmöglichkeit bietet das Rifugio Graffer, 2261 m, knapp unterhalb des Passo del Grostè (Tel. +39 348 4105877, www.graffer.com).
Karten: Tabacco, 1:25.000, Blatt 053, Dolomiti di Brenta. Alpenvereinskarte 1:25.000, Blatt 51, Brentagruppe.

An der Cima del Grostè muss etwas geklettert werden.

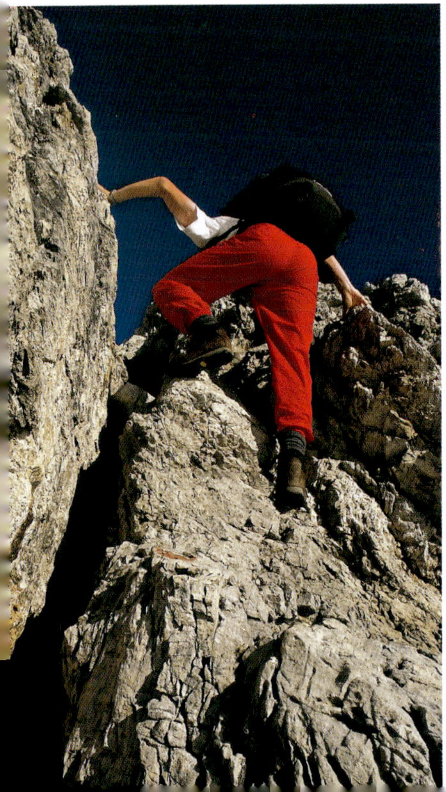

Imposanter Blick aus einer Kaminpassage.

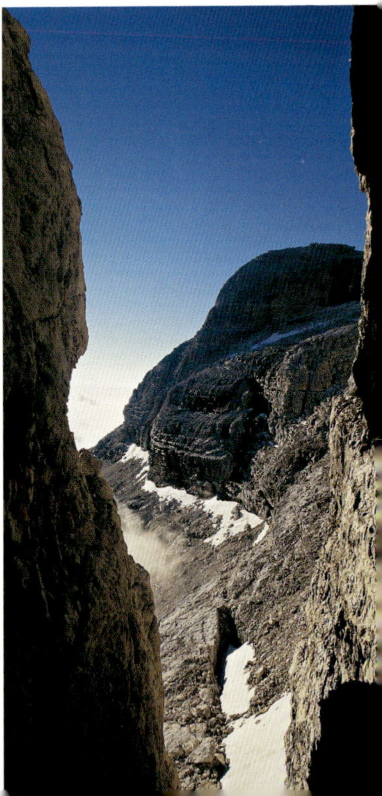

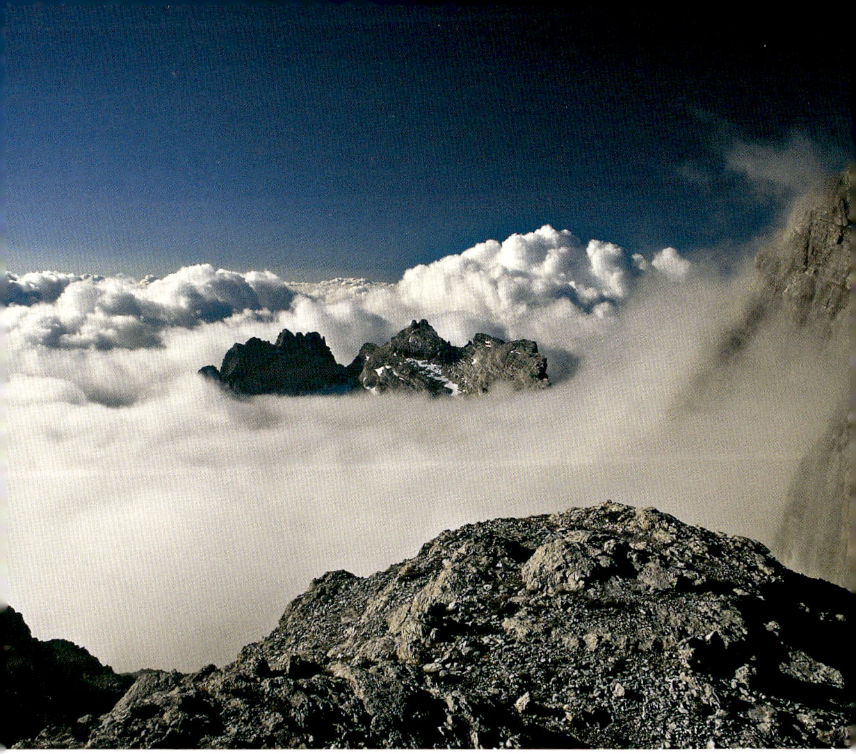

Typisches Wolkengebräu an den Brentagipfeln.

Vom **Campo Carlo Magno ❶** fahren wir mit der Grostè-Seilbahn hinauf zur Bergstation beim **Rifugio Stoppani ❷**, 2438 m. Dort wenden wir uns mit der Wegnummer 305 südwärts und steigen über die nackten Steinbänke und Karrenfelder des weiten Passo del Grostè leicht bergan. Im Blick voraus haben wir bereits den mächtigen Felsaufbau der Cima del Grostè. Nach einer Weile trennen sich der Sentiero Benini (Nr. 305) und die **Gipfelroute ❸**, der wir jetzt weiter über terrassenartige Absätze, Bänder und einige steilere Felsstufen folgen. Die schwierigste Stelle ist in einem engen Kamin zu bewältigen. Nach einem letzten kleinen Felsaufschwung gelangt man bereits auf die geröllbedeckte Gipfelabdachung und steht kurz darauf am Kreuz der **Cima del Grostè ❹**, 2901 m.

Für den Abstieg geht es kurz zurück, dann orientiert man sich bei einem nahen Steinmännchen auf die Südseite und klettert an einem schrägen, kaminartigen Einriss ab. Man kommt in eine Einschartung vor einem Nebengipfel und begibt sich in die dort ansetzende breite Schuttrinne. Vorsicht: keinen Steinschlag auslösen, der die Begeher des Beniniweges gefährden könnte! Wenig später sind wir selbst auf dem Höhenweg nahe der Bocchetta dei Camosci angelangt.

Nun umgehen wir auf überwiegend bequemen Bändern den ganzen Berg auf seiner Ostseite und schwenken damit wieder auf die **Zustiegsroute ❸** und das weitläufige Gelände des Passo del Grostè ein. Schlussendlich bringt uns die Seilbahn zurück zum **Campo Carlo Magno ❶**.

16 Sentiero Costanzi

Zwischen Pra Castron und Bocchetta dei Tre Sassi

TOP | 11.00 Std. | 20,8 km | ↗ 2000 m | ↘ 2000 m

Das große Höhenwegabenteuer in der nördlichen Brenta
Was viele Brentafreunde geflissentlich übersehen, ist, dass diese Berggruppe einen sehr ausgedehnten Nordteil besitzt, in dem ebenfalls sehr reizvolle Tourenmöglichkeiten zu finden sind. Zweifellos ist der Erschließungsgrad gleich um ein paar Stufen geringer, womit Kolonnenverkehr und ein Sich-gegenseitig-auf-die-Füße-Treten jedoch quasi ausgeschlossen sind. Zwischen der Pellerhütte ganz im Norden und der Grafferhütte unterhalb des Passo del Grostè stehen lediglich zwei Biwakhütten zur Verfügung, Stützpunkte auf dem in seiner wilden Urtümlichkeit vielleicht großartigsten Höhenweg des gesamten Trentino. Die Rede ist vom Sentiero Costanzi, der seine verwickelte Linie eng an und über die höchsten Gipfel des Nordzuges legt – eine Idealroute für das ganz intensive Bergerlebnis in einem »vergessenen« Teil der Brenta.
Häufig wird der Sentiero Costanzi unter der Rubrik »Klettersteig« gehandelt, was angesichts etlicher gesicherter Passagen nicht völlig verkehrt ist, jedoch am Kern der Sache vorbeizielt. Gemessen an der Gesamtstrecke sind diese nämlich eher eine Marginalie. Zumindest sind noch weiter reichende Tugenden als die der typischen Ferratisti gefragt, besonders ein routiniert-sicheres Steigen in abschüssigem Schrofengelände. Von der Gesamtstrecke zwischen Peller- und Grafferhütte greifen wir hier mit dem besonders anspruchsvollen Teil zwischen dem Passo di Pra Castron und der Bocchetta dei Tre Sassi das Filetstück des Sentiero Costanzi heraus, das wir uns freilich durch einen happigen Zustieg erst einmal verdienen müssen. Eine Nächtigung in einer der beiden Biwakschachteln sei empfohlen, falls man nicht zu den alpinen Marathonläufern gehört. Bei Schönwetter (und nur dann sollte man hier unterwegs sein!) steht uns ein Marsch der Superlative bevor, zumeist hoch oben am Grat, in völliger Bergeinsamkeit und mit einer Aussicht garniert, die von der Ortler- und Adamellogruppe bis zum Alpenhauptkamm und in die Dolomiten reicht. Und dann die Szenerien links und rechts des Pfades: In den Grashängen blüht das Edelweiß, Gämsen springen durch die Kare und die Welt ist voller Wunder …

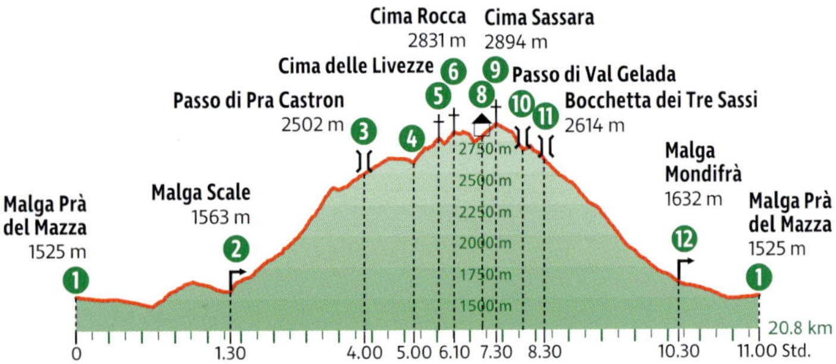

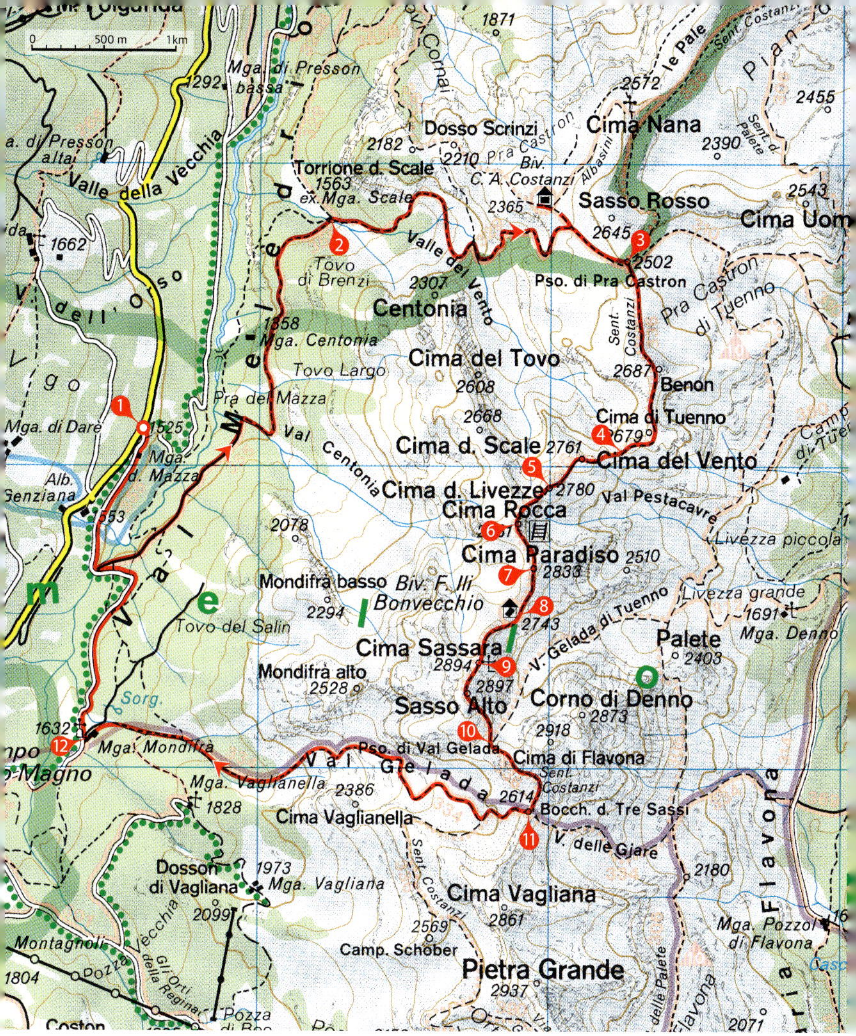

Ausgangspunkt: Malga Prà del Mazza, 1525 m, bzw. der Beginn der Markierung 355 an der SS 239 von Dimaro nach Madonna di Campiglio; Buslinie mit nächstem Haltepunkt am Albergo Genzianella.

Anforderungen: T5. Große Überschreitung in Gratnähe mit etlichen Klettersteigpassagen, vor allem aber reichlich ungesichertem Schrofenterrain in teilweise beachtlicher Ausgesetztheit (wiederholt Stellen I). Stabiles Wetter und trockene Bodenverhältnisse Grundbedingung. Anwärter müssen unbedingt hochalpin erfahren sein und absolute Trittsicherheit, Schwindelfreiheit sowie Top-Kondition mitbringen. Zu- und Abstieg sind zwar unschwierig, aber lang.

Einkehr/Übernachtung: Nur zwei offene Biwakschachteln unterwegs: Bivacco Costanzi, 2365 m, am Pra Castron und Bivacco Bonvecchio, 2790 m, nahe der Cima Sassara.

Karten: Tabacco, 1:25.000, Blatt 053, Dolomiti di Brenta. Kompass, 1:25.000, Blatt 073, Dolomiti di Brenta. Alpenvereinskarte 1:25.000, Blatt 51, Brentagruppe.

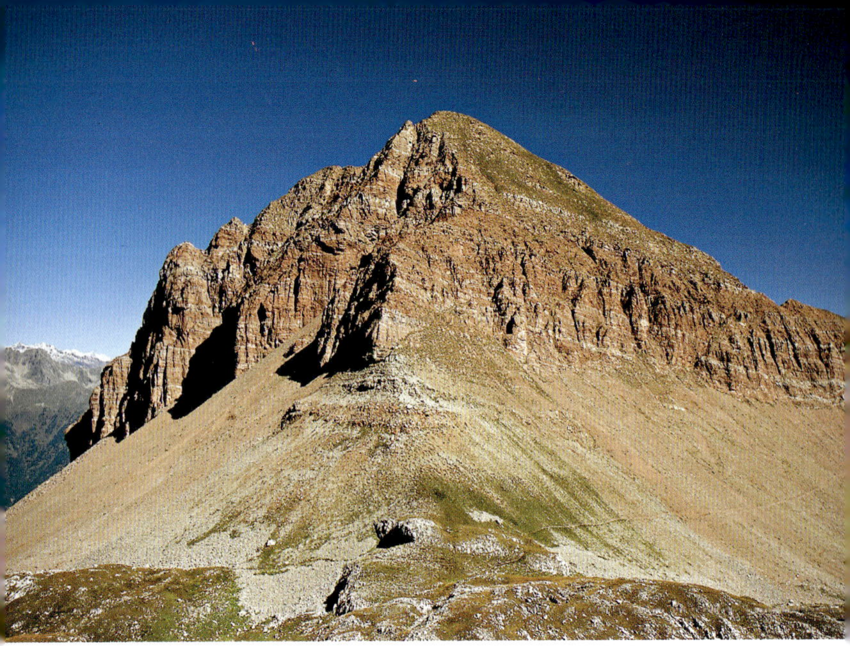

Über dem Passo di Pra Castron steht der Sasso Rosso Parade.

Vor dem »Höhenrausch« am Sentiero Costanzi muss zunächst ein anfänglicher Zustieg bewältigt werden, der seinerseits mit einem langwierigen Vorspiel ohne wesentlichen Höhengewinn beginnt. Ab der **Malga Prà del Mazza ❶**, 1525 m, folgen wir der Forststraße (Markierung 355) anfangs nach Süden und schwenken nach Überschreitung des Torrente Meledrio auf der unteren Trasse nach Nordosten ein. Parallel zum Talverlauf zieht sie leicht fallend dahin, bis der 355er rechts auf einen Fußweg abzweigt. Ein Stück im Vallone del Centonia aufwärts, dann links haltend weiter bis auf eine Höhe von ca. 1700 Metern, um oberhalb eines Felsabbruchs traversieren zu können. Dahinter geht es aber leider erst einmal wieder abwärts und – den Tovo dei Brenzi kreuzend – zur aufgelassenen **Malga Scale ❷**, 1563 m. Hier fädeln wir in den Weg Nr. 329 ein und fangen jetzt endlich damit an, effektiv Höhenmeter zu sammeln – immerhin fast 1000 am Stück bis zum Passo di Pra Castron! Auf der linken Seite des Taleinschnitts bewegen wir uns vorerst noch im bewaldeten Terrain, vollziehen bald eine ausgeprägte Rechtstraverse über einem Felsriegel entlang (hier trifft man auf die Tartari-Quelle) und gelangen in weiteren Schleifen stetig bergauf. Das Val del Vento bleibt rechts, während wir linker Hand an einem Felssporn vorbei eine schuttreiche Karmulde ansteuern. Sie bringt uns zu einer steileren Hangpartie, die im Bereich einer Serie von Rinnen durchstiegen wird (einmal Drahtseilsicherung). Oberhalb erfolgt eine Querung nach links bis zur Abzweigung zum Bivacco Costanzi, 2365 m, das gut sichtbar zehn Minuten entfernt auf dem Balkon von Pra Castron thront. Schließlich das letzte Stück über karrendurchzogene Wiesen hinauf zum **Passo di Pra Castron ❸**, 2502 m, wo der Höhenweg vom Rifugio Peller kommend vorbeizieht.

Nun ist Bezeichnung 336 für uns maßgebend, und zwar südwärts. Mit dem auffälligen Sasso Rosso im Rücken steigen wir gegen den Felsgupf der Cima Benon an und umgehen ihn letztlich auf der rechten Seite. Dann folgt der atemberaubend schmale First der Schiena de l'Asen, der zu beiden Seiten steil abbricht. Die Passage leitet an den Aufbau der Cima Tuena heran und hier nach rechts auf ein Band, womit auch dieser Gipfel umgangen wird. An einem steilen Grashang ein Stück abwärts, über die folgende unbedeutende Zwischenerhebung hinweg und nochmals über Grasschrofen absteigend in die **Bocchetta del Vento ❹**, 2582 m.

In der Folge helfen öfters Drahtseile über steile Schrofen gegen die Cima del Vento empor. Unter den Wänden quert man nach links entlang abschüssiger Hänge, übersteigt in kurzweiligem Auf und Ab mehrere kleine Rippen des reich strukturierten Geländes und passiert den Gipfelaufbau der Cima del Vento, 2755 m, damit auf der Südseite. In der Scharte zwischen ihr und der folgenden **Cima delle Livezze ❺**, 2780 m, endet die verwinkelte Traverse. Der markierte Steig führt jetzt gratnah empor und nur wenige Meter an ihrem höchsten Punkt vorbei, den man sicher aufsuchen wird.

Anschließend in extrem steilem, teilweise gesichertem Abstieg in die enge Bocchetta delle Livezze hinab und aus ihr heraus mit einer der schwierigsten Einzelstellen in einem Riss (gesichert) über einen Schrofenbuckel in die nächste Scharte. In leichterem Gegenanstieg bis auf die **Cima Rocca ❻**, 2831 m, wo die markierte Spur ebenfalls lediglich eine Gehminute unter dem Gipfel vorbeiführt.

Wir folgen weiter dem Grat, weichen kurzfristig auf ein nahes ostseitiges Band aus und stehen wenig später schon auf der **Cima Paradiso ❼**,

Das Bivacco Bonvecchio mit Cima Paradiso und Cima Rocca im Hintergrund.

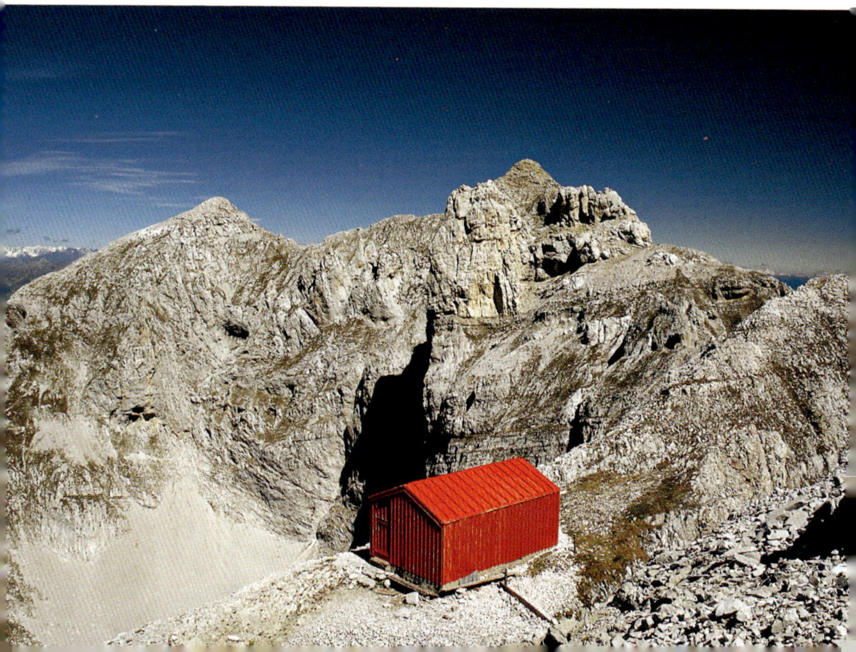

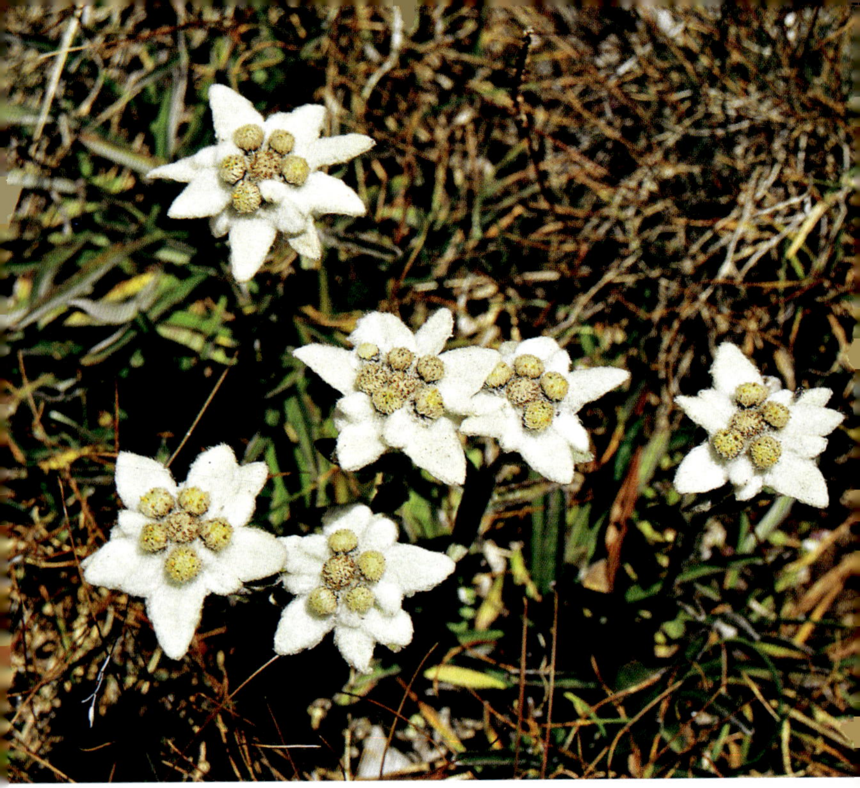

Üppig blüht das Edelweiß.

2833 m. In ihrem Rücken wird durch eine schrofige Rinne an Sicherungen abgestiegen, bevor man einige Gratzacken passiert und über ein Band zum **Bivacco Bonvecchio ⑧**, 2790 m quert. Es steht auf einem Schuttabsatz nördlich der **Cima Sassara ⑨**, 2894 m.

Deren Gipfel kann in der Folge wahlweise längs des Nordgrates überschritten (lohnend!) oder in der geröllbedeckten Westflanke umgangen werden. Beide Varianten kommen in Kürze wieder zusammen, führen schräg hinunter in die Scharte vor dem massigen Sasso Alto und anschließend über Klettersteigpassagen leicht aufwärts zu einem Band, das von der West- auf die Südseite des Sasso Alto, 2897 m, leitet. Von seinem Ende wäre mit etwas Kletterei ein unbezeichneter Abstecher zum Gipfel möglich. Ansonsten kraxeln wir über den gesicherten Südgrat abwärts und gelangen von einer Schulter über die einzige Leiter des gesamten Steiges auf den Geröllhang zum **Passo di Val Gelada ⑩**, 2687 m. Da ein Direktabstieg ins Kar nicht möglich ist, muss mit einem letzten kleinen Gegenanstieg jetzt noch die Schutt- und Schrofenflanke des Corno di Flavona durchquert werden, bevor der anspruchsvolle Teil des Sentiero Costanzi bei der **Bocchetta dei Tre Sassi ⑪**, 2614 m, endet.

Wir wenden uns auf die Westseite ins Val Gelada di Campiglio, wo der 336er aus einer Karmulde bald links zur ausgeprägten Schulter der Cima Vagliana zieht (zweistündige Fortsetzung auf der Westseite der Pietra Grande durch die beiden Karbuchten der »Orti« bis zum Rifugio Graffer). Wir steigen hingegen mit dem gut angelegten Weg Nr. 334 weiter ab, gelangen aus dem oberen Karbereich über eine ausgeprägte Geländeschwelle hinweg und in etlichen Serpentinen in den unteren, zunehmend bewachsenen Bereich des Val Gelada. Hier stets den Markierungen folgend zur **Malga Mondifrà ⓬**, 1632 m, und am Schluss über eine Forststraße zurück zur Brücke über den Torrente Meledrio und zur **Malga Prà del Mazza ❶**.

Ausgesetztes Schrofenband vor der Kulisse von Corno di Denno und Corno di Flavona.

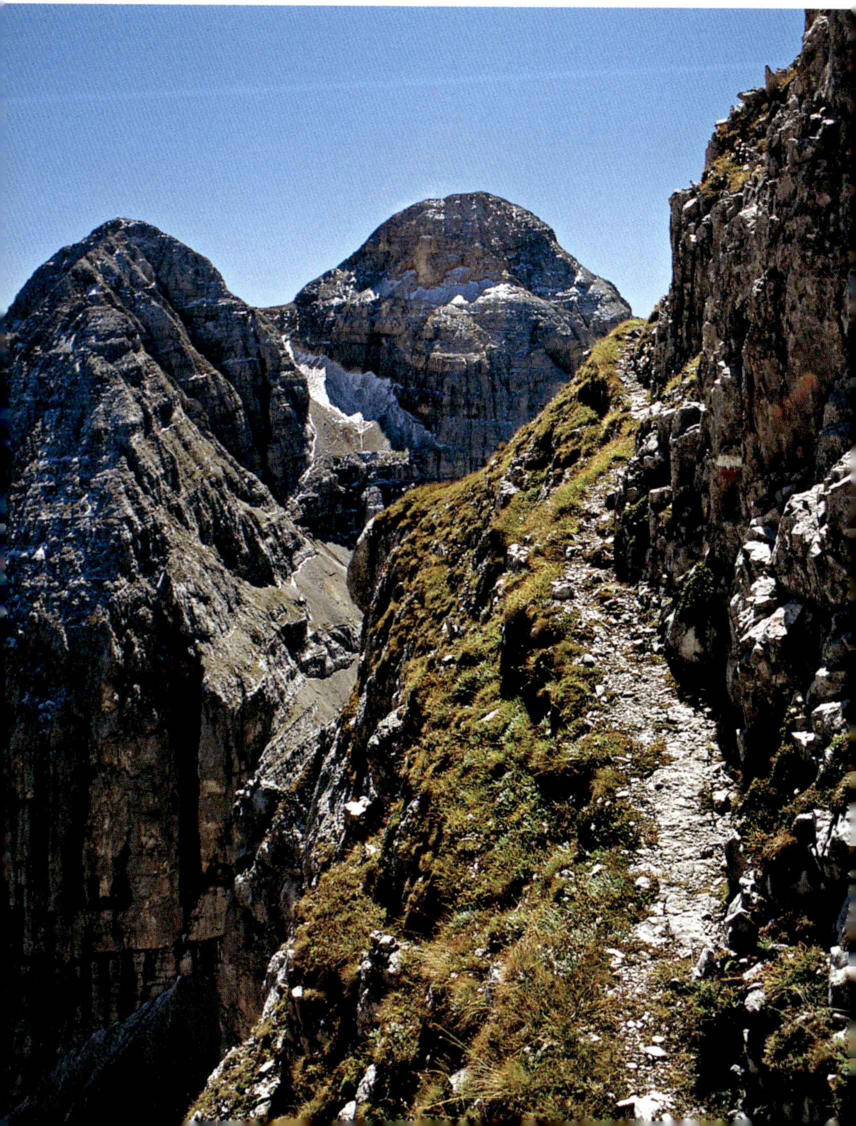

17 Giro dei Cinque Laghi

Rund um das Val Nambino

3.30 Std. | 7,7 km | ↗ 550 m | ↘ 500 m

Zauberhafte Seen- und Panoramawanderung vis-à-vis der Brenta

Starke landschaftliche Kontraste prägen die Gegend um Madonna di Campiglio: auf der einen Seite die aus Dolomit aufgebaute Brenta, gegenüber die Presanellagruppe mit ihrem magmatischen Gestein (Tonalit). Naturgemäß zieht es das Gros der Bergfreunde in die Brenta, doch wer dieses wie eine riesenhafte zerschartete Burgruine anmutende Felsmonument einmal aus einer gewissen Distanz, gleichsam als »Gesamtkunstwerk«, begutachten will, findet am Giro dei Cinque Laghi fantastische Logenplätze. Wie ein aufgeschlagenes Buch haben wir die Kette fast in ihrer ganzen Nord-Süd-Ausdehnung vor uns, am schönsten natürlich im Abendlicht, wenn die tief stehende Sonne traumhafte Stimmungen zaubert. Freilich sind es nicht nur die Brenta-Blicke, die diesen Höhenweg im Halbrund um das Val Nambino so interessant machen. Denn die östliche Presanellagruppe ist voll von herrlichen, tiefblauen Bergseen, die meist in Mulden und Wannen eiszeitlichen Ursprungs verborgen liegen und die romantischsten Plätze beherbergen. Mit doppeltem Seilbahnanschluss von Madonna di Campiglio avanciert unser Fünf-Seen-Weg zu einer Genusswanderung par excellence.

Die Kare der Presanellagruppe sind oft mit Seen geschmückt.

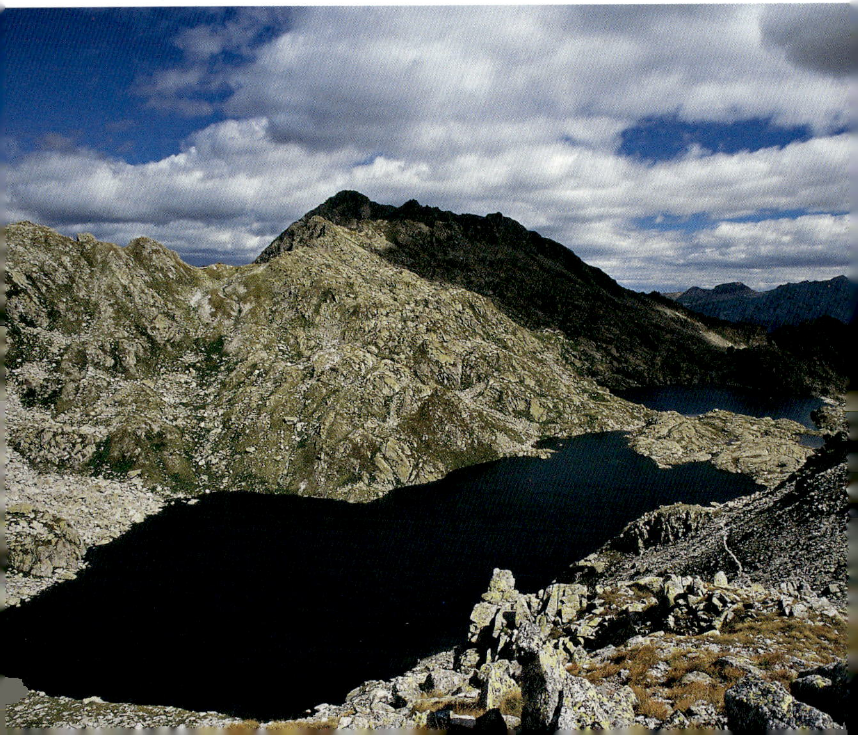

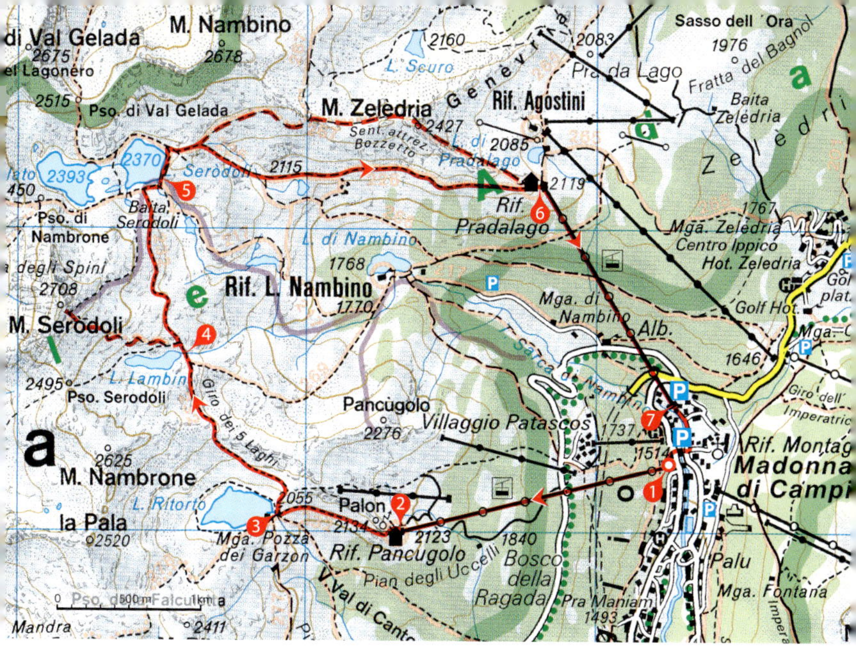

Ausgangspunkt: Talstation der Funivia Cinque Laghi, 1514 m, in Madonna di Campiglio.
Endpunkt: Talstation der Funivia Pradalago, 1514 m. Die beiden Talstationen sind nur einen kurzen Fußmarsch voneinander entfernt.
Hinweis: Die Seilbahnen verkehren nur in der Hauptsaison (Juli bis Mitte September) von 8.30 bis 17.20 Uhr. Sonst wird ein zusätzlicher Zu- und Abstieg nötig, am besten ab Malga di Nambino (Straßenanschluss von Madonna di Campiglio).
Anforderungen: T3. Im Wesentlichen unschwierige, gut markierte Bergwanderwege, doch ist für das steinige, manchmal abschüssige Gelände etwas Trittsicherheit nötig. Mit Seilbahnunterstützung konditionell sehr gemäßigt.
Einkehr/Übernachtung: Einkehrmöglichkeiten bei den Bergstationen.
Variante: 1. Als zusätzliches Gipfelziel bietet sich der Monte Seròdoli, 2708 m, an: spärlich markierte Pfadspuren, teilweise wegloser Charakter im Blockgelände; Abzweig oberhalb des Lago Lambin ❹, ca. 1.30 Std. zusätzlich.
2. Im letzten Abschnitt kann man auch den Sentiero attrezzato Bozzetto über den Monte Zelèdria begehen; 0.40 Std. länger, Trittsicherheit und Schwindelfreiheit unerlässlich.
Karten: Tabacco, 1:25.000, Blatt 053, Dolomiti di Brenta. Kompass, 1:25.000, Blatt 073, Dolomiti di Brenta. Alpenvereinskarte 1:25.000, Blatt 51, Brentagruppe.

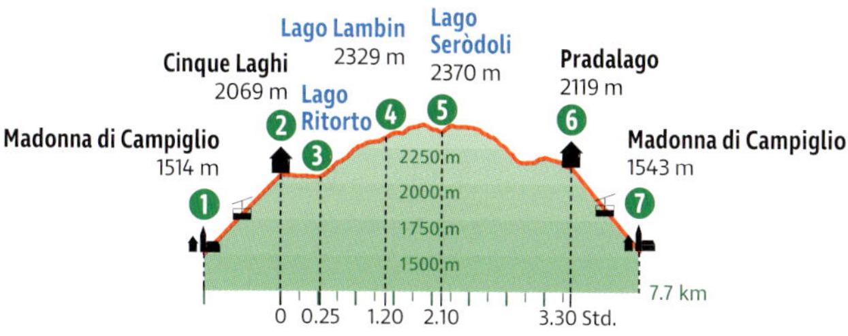

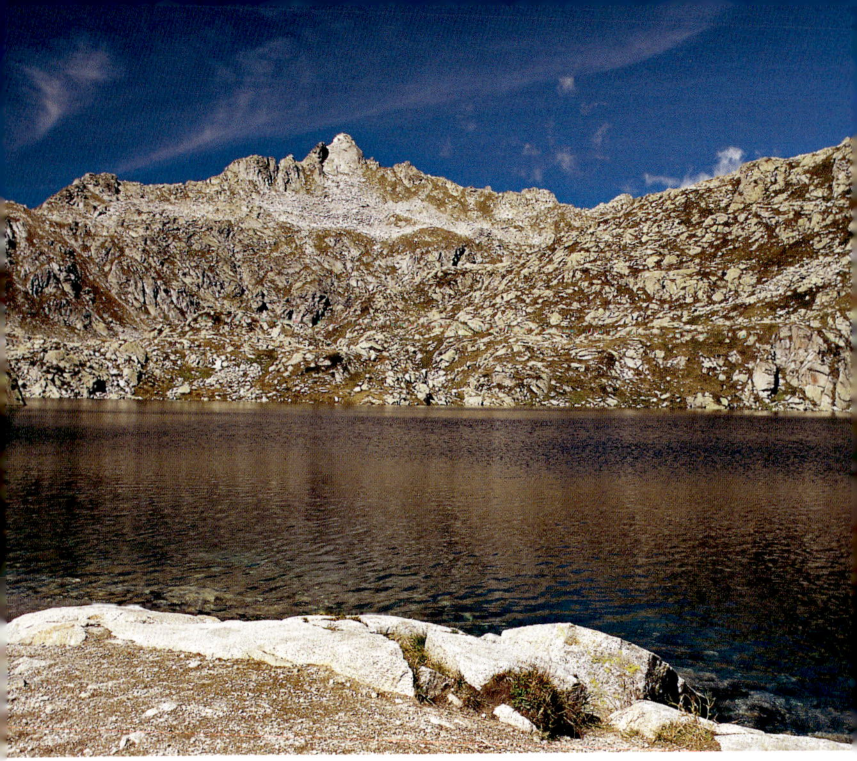

Am stattlichen Lago Seròdoli.

Von der Talstation der Funivia Cinque Laghi in **Madonna di Campiglio ①** geht es hinauf zur Bergstation **Cinque Laghi ②**, 2069 m. Von dort zunächst wenige Meter abwärts, dann horizontal durch die Hänge des Palon nach Westen zum **Lago Ritorto ③**, 2055 m.

Gleich vorn am Seeufer halten wir uns rechts und steigen hinauf zur Einsattelung des Passo Ritorto, 2275 m, in der zum Pancùgolo ausstreichenden Rippe. Jenseits ohne Höhenverlust querend bzw. leicht ansteigend zum **Lago Lambin ④**, 2329 m. Kurz davor mündet ein steiler Weg vom Lago Nambino, der tief unten im Kessel liegt. Mit etwas Auf und Ab geht es weiter nordwärts durch die Ostflanke des Monte Seròdoli zum dritten und größten See, dem **Lago Seròdoli ⑤**, 2370 m. Ein Stück weit westlich grenzt zudem der Lago Gelato an, zu dem wir je nach Belieben einen Abstecher unternehmen können.

Wir ignorieren die Abstiegsmöglichkeit zum Lago Nambino und gelangen nach einem kurzen Aufwärtsstück über plattiges Terrain zur Abzweigung des Sentiero Bozzetto (siehe Variante), bleiben jedoch auf dem unteren Weg und queren mit allmählichem Höhenverlust durch die Südflanke des Monte Zelèdria Richtung Osten. Grobe Blockfelder und einige abschüssige Passagen verlangen etwas Vorsicht. Schlussendlich erreichen wir die Bergstation **Pradalago ⑥**, 2119 m. Mit der Funivia Pradalago geht es hinab zur Talstation in **Madonna di Campiglio ⑦** und von dort in wenigen Minuten zurück zum Parkplatz in **Madonna di Campiglio ①**.

Cima Presanella, 3558 m

Die Ostroute vom Rifugio Segantini

18

10.30 Std. | 13,8 km | ↗1600 m | ↘1600 m

TOP

Auf den höchsten vollständig auf Trentiner Boden liegenden Gipfel

Mehrere Gletscherkessel, eine prachtvolle Eiswand auf der Nordseite sowie kantige Grate aus dem widerstandsfähigen Tonalit prägen das rassige Antlitz der Presanella, die als Hauptgipfel und Namensgeber einer ganzen Berggruppe einer der stolzesten Berge weit und breit ist. Innerhalb der Grenzen des Trentino, superlativisch ausgedrückt, sogar der höchste. Und noch eines: Es handelt sich zweifellos um die schwierigste Tour in diesem Buch, für ein Wanderbuch eigentlich schon des Guten zu viel – doch sind die Übergänge zwischen den verschiedenen Spielformen des Bergsteigens ja theoretisch ebenso fließend, wie sie von vielen Aktiven tatsächlich auch ausgeübt werden. Hauptsache, man weiß, was auf einen zukommt! Als Normalroute hat sich der Anstieg vom Rifugio Segantini über die Bocchetta di Monte Nero etabliert – ein Hochtourenklassiker mit spannendem Verlauf in Fels und Firn sowie einer bombastischen Gipfelaussicht als Krönung.

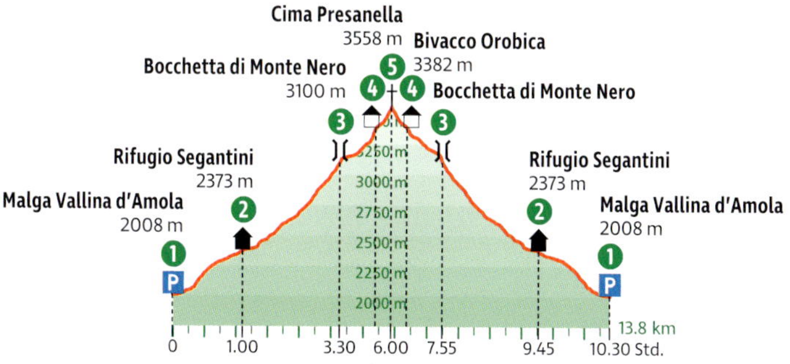

Markant: der Monte Nero von Osten.

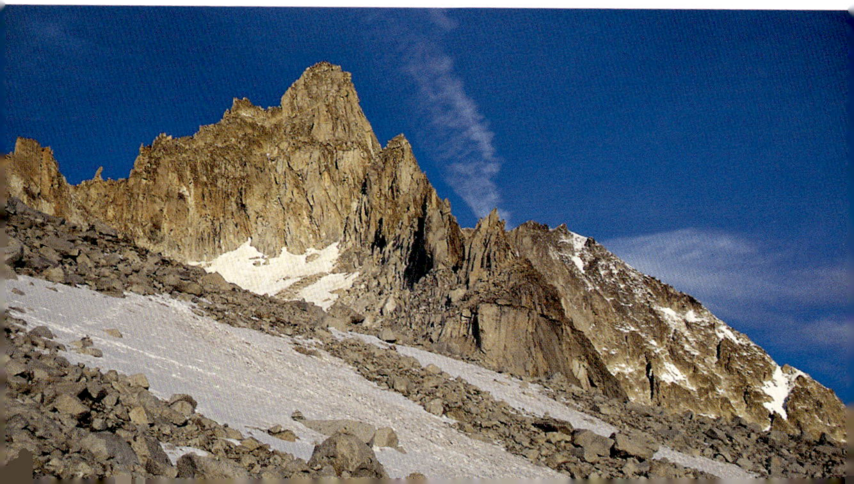

Ausgangspunkt: Malga Vallina d'Amola, 2008 m, Zufahrt über eine kurvenreiche Bergstraße von Sant'Antonio (im Valle Rendena zwischen Madonna di Campiglio und Pinzolo) durchs Valle di Nambrone, zuletzt grob geschottert.

Anforderungen: T5–6. Sehr anspruchsvolle, kombinierte Tour bis in große Höhen. Im Fels leichte Kletterstellen (I), wobei die schwierigsten Passagen klettersteigartig entschärft sind (Grad B, Sicherungsausrüstung empfehlenswert). Sonst oft beschwerliches Blockschuttgelände, im Eis keine Spaltengefahr, aber bei Blankeis Steigeisen nötig. Nur für Bergerfahrene; perfekte Trittsicherheit und lange Konzentrationsfähigkeit, etwas Kletterkönnen, Orientierungsvermögen und gute Kondition erforderlich.

Einkehr/Übernachtung: Rifugio Segantini, 2373 m, CAI, Tel. +39 0465 507357, bewirtschaftet vom 20. Juni bis 20. September. Bivacco Orobica, 3382 m, offener Notunterschlupf.

Varianten: 1. Alternativer Zustieg zum Rifugio Segantini ❷ vom Rifugio Cornisello über die Bocchetta dell'Uomo, 2350 m, möglich, Gehzeit ungefähr 1.30 Std.
2. Als der Klettersteig über die Bocchetta di Monte Nero zwischenzeitlich gesperrt war, ist die Alternativroute vom Rifugio Segantini ❷ über den Passo dei Quattro Cantoni üblich geworden. Sie führt durch sehr steiniges Gelände, ist nur dürftig markiert und noch etwas länger.

Karte: Tabacco, 1:25.000, Blatt 052, Adamello – Presanella.

Vom Parkplatz nahe der **Malga Vallina d'Amola** ❶, 2008 m, sofort über die Brücke (Ponte di Sarca d'Amola) und auf dem Sträßchen in die Nähe der Malga Vallina d'Amola, wo rechts am Hang der eigentliche Steig (Nr. 211) beginnt. Man gelangt auf einen Geländerücken und folgt diesem nach Westen in felsdurchsetztes Gelände, schließlich leicht rechts eindrehend zum **Rifugio Segantini** ❷, 2373 m.
Von der Hütte nordwestwärts zu einem Schwemmboden und jenseits auf einen lang gestreckten Moränenrücken mit vorerst gutem Pfad. Dieser verliert sich in Blockschutt- und Gletscherschliffgelände. Steinmännchen lotsen uns darin weiter aufwärts gegen die Reste des Amola-

Stützpunkt für die Tour zur Cima Presanella: Rifugio Segantini.

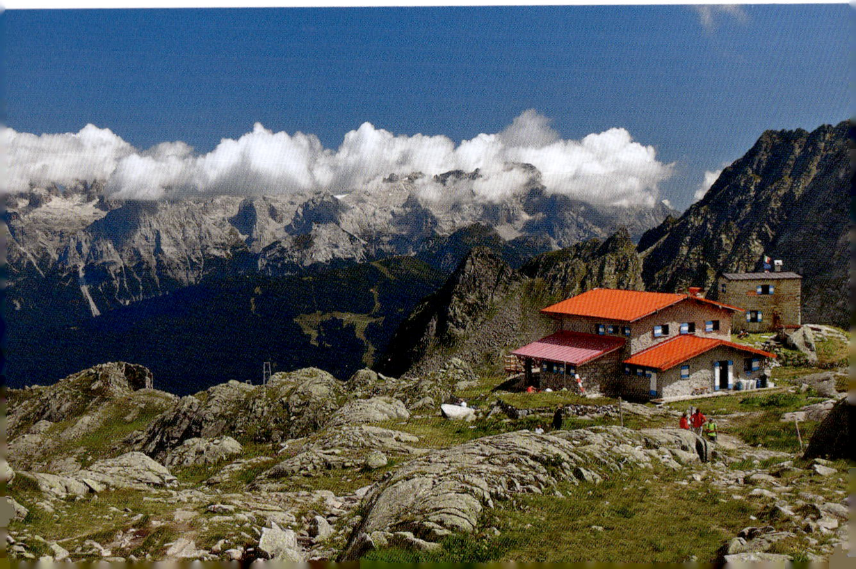

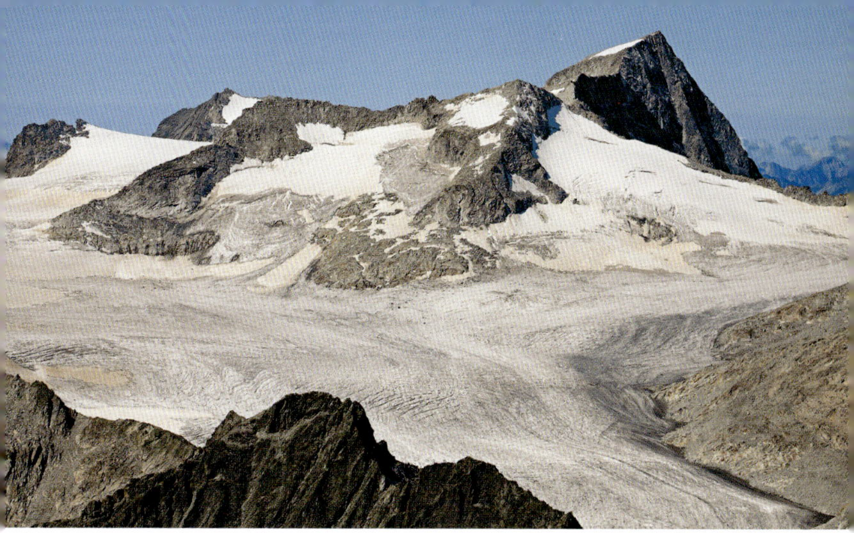

Gipfelschau über weitläufige Gletscher bis zum Adamello.

gletschers, der bei Blankeis Steigeisen erfordert. Am Ansatz der Felsen beginnt ein Klettersteig, der über kompakte Felsstufen, unterbrochen durch eine Schuttpassage, zur **Bocchetta di Monte Nero ❸**, ca. 3100 m, hinaufleitet. Aus der Scharte über ein Gratwandl noch ein paar Meter höher, bevor es westseitig ebenfalls an straffen Drahtseilen und Leitersprossen über Steilstufen und Bänder zum Wandfuß hinabgeht. Es folgt eine etwas heikle Traverse über instabiles Blockwerk und Resteis in den Hintergrund des Kares, um dort in den Felsriegel einzusteigen. Eine schwierige Stelle ist gesichert, bevor das Gelände wieder abflacht. Mit dem Monte Nero nun im Rücken über Blockschutt weiter, bis sich der Gratkamm exponiert zusammenschnürt. Diesem Hindernis wird mit Zwischenabstieg auf ein linksseitiges Band ausgewichen (Sicherungen). Schließlich am Steinbau des **Bivacco Orobica ❹**, 3382 m, vorbei und über den letzten Block- bzw. Schneehang zum Gipfel der **Cima Presanella ❺**, 3558 m.

Der Abstieg erfolgt auf derselben Route.

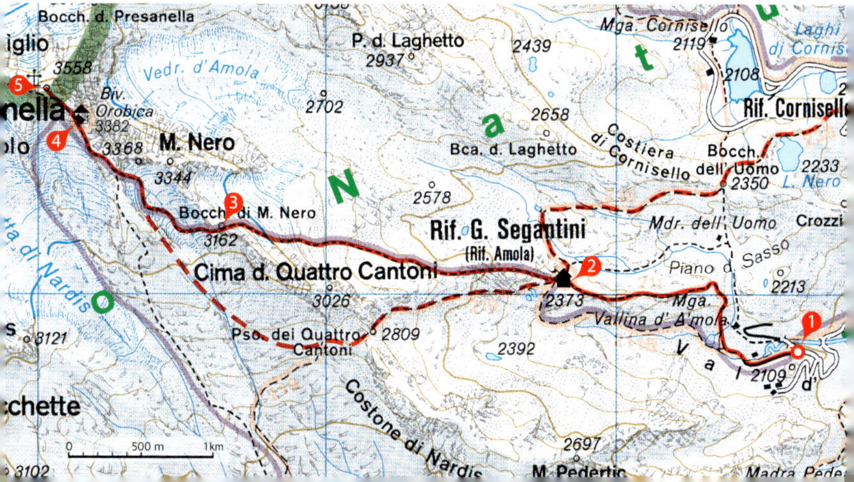

19 Punta di Lago Scuro, 3166 m

Aus dem Val Genova über das Rifugio Mandron

8.45 Std. | 15,8 km | ↗1600 m | ↘1600 m

Dreitausender vor den großen Adamellogletschern

Hoch über dem Passo Tonale, der das Val di Sole mit dem lombardischen Valcamonica verbindet, erhebt sich die Punta di Lago Scuro als Dreitausenderziel für hochgebirgserfahrene Bergwanderer. Sie lässt sich sowohl aus dem nordseitigen Skigebiet am Presenagletscher über den mäßig schwierigen Klettersteig »Sentiero dei Fiori« erreichen als auch auf einer Südroute aus dem Val Genova. Letztere ist sogar die attraktivere, zumal das »Tal der Wasserfälle« (Val Genova) durch grandiose Naturkulissen besticht, die den großen Topografen und touristischen Erschließer dieser Gegend Julius Payer vom »erhabensten und wildesten österreichischen Alpental« berichten ließen (das Trentino gehörte damals ja der Donaumonarchie an). Zumindest bis zum malerischen Balkon von Mandron, wo die gleichnamige Hütte im Angesicht riesiger Gletscher liegt, sollte jeder landschaftshungrige Wanderer einmal aufsteigen; vielleicht auch noch zum stattlichen Lago Scuro, der eine knappe Wegstunde oberhalb plötzlich hinter einer Karschwelle auftaucht. Wer indes Gipfelambitionen hat, muss bis zur Punta di Lago Scuro noch eine Schippe drauflegen, wird die Luft Richtung 3000-Meter-Marke doch schon merklich dünner und grenzt der Anspruch der Tour fast ans hochalpine Bergsteigen. Gewaltig sind die Ausblicke nach Norden in die Ortler-Alpen, nach Osten zur Presanella sowie gen Süden auf die Plateaugletscher am Adamello.

Das Rifugio Mandron, wichtiger Stützpunkt in den Adamellobergen.

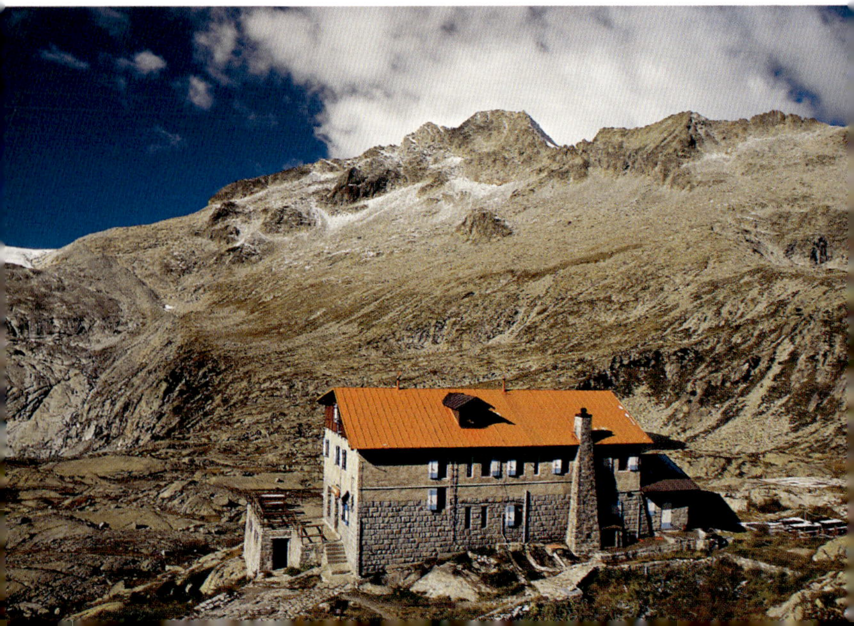

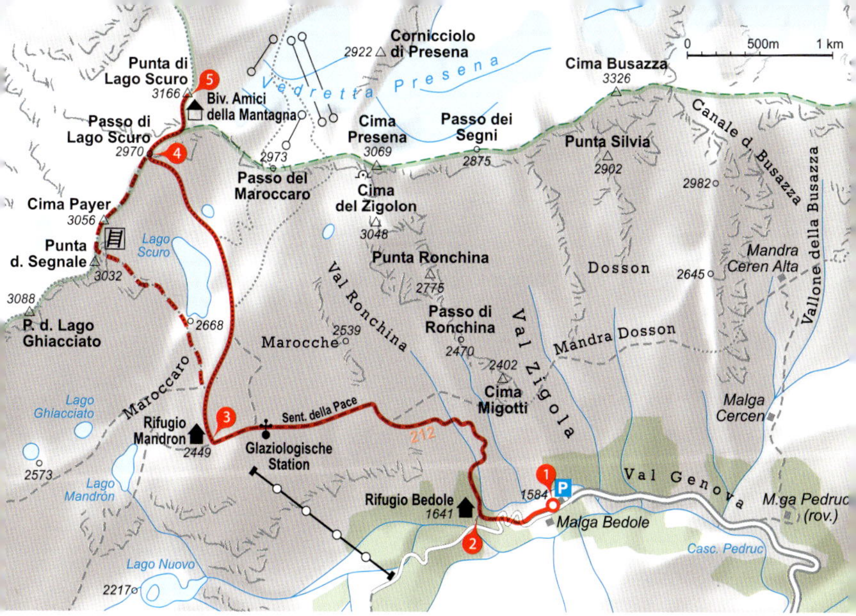

Ausgangspunkt: Malga Bedole, 1584 m, im Talschluss des Val Genova; Zufahrt von Carisolo im Valle Rendena in der Hauptsaison tagsüber nur mit Pendelbus (genaue Zeiten vor Ort erfragen), dann ab Ponte Maria gesperrt. Zu anderen Zeiten (z. B. frühmorgens) gebührenpflichtig mit Privatfahrzeug möglich.

Anforderungen: T4. Hochalpine Tour auf sehr rauen, steinigen Pfaden, teils sogar wegloser Charakter. Markierung manchmal nur dürftig. Gute Trittsicherheit und Schwindelfreiheit sowie Erfahrung im Umgang mit Block- und Felsgelände erforderlich, zudem etwas Orientierungsgabe und solide Ausdauer. Vereinzelte Stellen tangieren den I. Grad, überwiegend jedoch Gehgelände.

Einkehr/Übernachtung: Rifugio Mandron, 2449 m, CAI, bewirtschaftet 20. Juni bis 20. September, Tel. +39 0465 501193. Rifugio Bedole, 1641 m, privat, Tel. +39 0465 501405.

Variante: Mit einem Mehraufwand von knapp 1 Std. lässt sich vom Passo di Lago Scuro ❹ die Cima Payer, 3056 m, besteigen oder sogar überschreiten. Vor allem beim Abstieg über den Südwestgrat zum Passo Payer treten ausgesetzte Klettersteigpassagen auf (T5).

Karte: Tabacco, 1:25.000, Blatt 052, Adamello – Presanella.

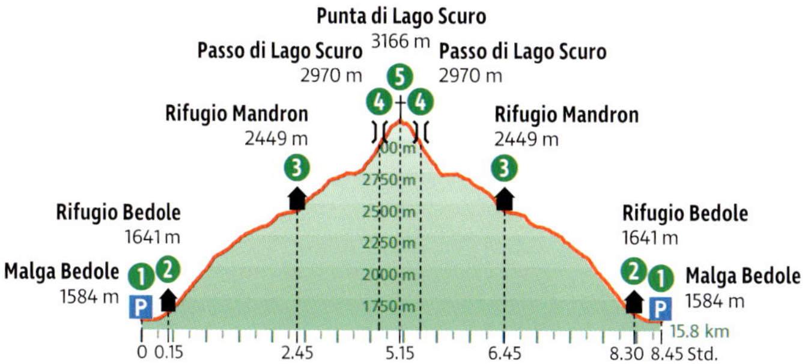

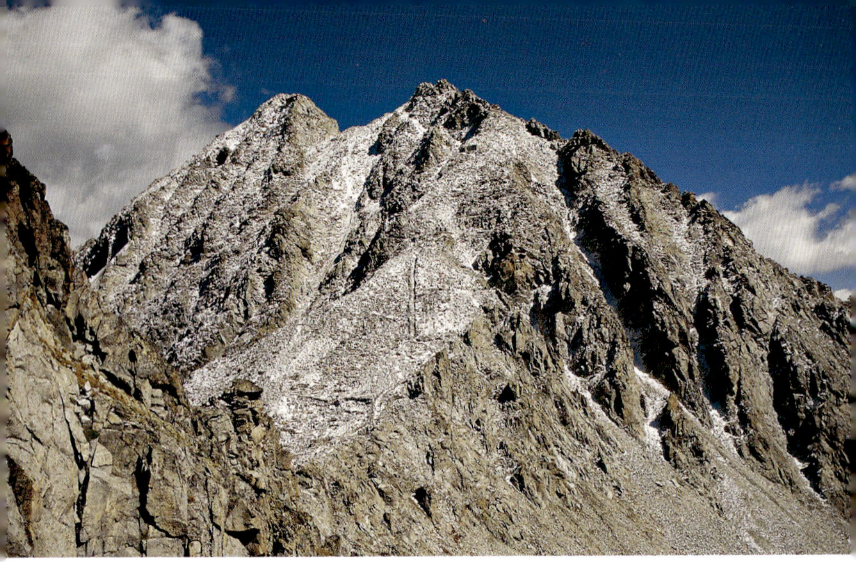

Gipfelaufbau der Punta di Lago Scuro.

Vom Wiesenanger bei der **Malga Bedole ❶**, 1584 m, folgen wir zunächst der Schotterstraße zum **Rifugio Bedole ❷**, 1641 m; die Anfahrt bis dorthin ist nicht mehr gestattet. Nun wendet man sich nordwärts und steigt mit Markierung 212 in zahlreichen Kehren am bewaldeten Troghang bergan. Im weiteren Verlauf biegt der Weg nach Westen um und zieht in sehr aussichtsreicher, fast ständig ansteigender Querung durch die Flanken des innersten Val-Genova-Kessels. Kurz nachdem die Glaziologische Station (interessante Ausstellung zur Erinnerung an Julius Payer und die Gletscherforschung) passiert ist, erreicht man das **Rifugio Mandron ❸**, 2449 m, auf einer herrlichen, seengeschmückten Geländeterrasse ist vis-à-vis der Adamellogletscher zu sehen.

In nördlicher Richtung steigen wir weiter bergan und treffen auf eine Gabelung. Links ist die Cima Payer ausgewiesen, rechts Lago Scuro und Passo del Maroccaro. Wir holen ein Stück rechts aus und gewinnen über Block- und Gletscherschliffterrain die weitläufige Terrasse östlich des überraschend großen Lago Scuro, 2668 m, der einen Großteil des Hochkars ausfüllt. Während die Route zum Passo del Maroccaro rechts abzieht, begeben wir uns in den hinteren Karwinkel, passieren ein kleines Seeauge und steigen anschließend deutlich steiler über Blockschutthänge in den **Passo di Lago Scuro ❹**, 2970 m, an. Man achte gut auf die Markierung, zumal sich die Wegspur teilweise verliert. Am Grat trifft man auf eine ehemalige Militärtrasse (Sentiero dei Fiori), die über die Kammlinie führt. Wir folgen ihr nach rechts (teils treppen- und laufgrabenartig ausgebaut), gelangen in einigen Windungen bis auf ein ostseitiges Band (hier Abzweig Richtung Passo Presena) und durch eine Scharte am Vorgipfel vorbei wieder auf die andere Seite. Durch eine letzte Gratsenke zum Gipfel der **Punta di Lago Scuro ❺**, 3166 m, mit dem Bivacco Amici della Montagna.

Abstieg wie Aufstieg oder anspruchsvoller über die Cima Payer (siehe Variante).

Alta Via dell'Adamello

Eine Trekkingwoche über dem Valcamonica

20

7 Tage | 64,1 km | ↗ 5040 m | ↘ 4780 m

TOP

Die große Durchquerung der lombardischen Adamellogruppe

Mit dieser langen Streckenwanderung werfen wir einen ausgiebigen Blick über die Grenzen des Trentino hinaus nach Westen, wo im lombardischen Teil der Adamellogruppe eine der spannungsreichsten Trekkingtouren überhaupt in den Südalpen verläuft. Der Sentiero Adamello No. 1, auch als Alta Via dell'Adamello bezeichnet, verbindet auf ziemlich strengem Südkurs mehr als ein halbes Dutzend wie an einer Perlenschnur aufgereihter Hütten miteinander und bildet damit eine Klammer zwischen Temù im obersten Valcamonica und der Lokalität Gàver im Valle del Càffaro. In schöner Regelmäßigkeit werden dabei die vom zentralen Gletscherplateau des Adamello ausstreichenden Gratrippen von einem Hochtal in das nächste überschritten. Der Landschaftscharakter kann als ausgesprochen rau und steinig, alles in allem auch sehr ursprünglich bezeichnet werden. Nur, dass beinahe jedes dieser Hochtäler mit der Errichtung von Stauwerksanlagen von der Energiewirtschaft in Beschlag genommen wurde, was das natürliche Gefüge hier und da ein wenig stört. Unsere »Alta Via« ist freilich alles andere als eine Massenpromenade, wofür sich das typisch blockreiche Terrain auch gar nicht eignen würde. Hier kommen hochalpin erprobte, geländegängige Bergwanderer mit Entdeckerfreude und einem Hang zu strengem Flair inmitten einer schon mediterran angehauchten Umgebung auf ihre Kosten. Insgesamt zweifellos eine Trekkingwoche der besonderen Art!

Erstes Etappenziel auf der Alta Via ist das Rifugio Garibaldi.

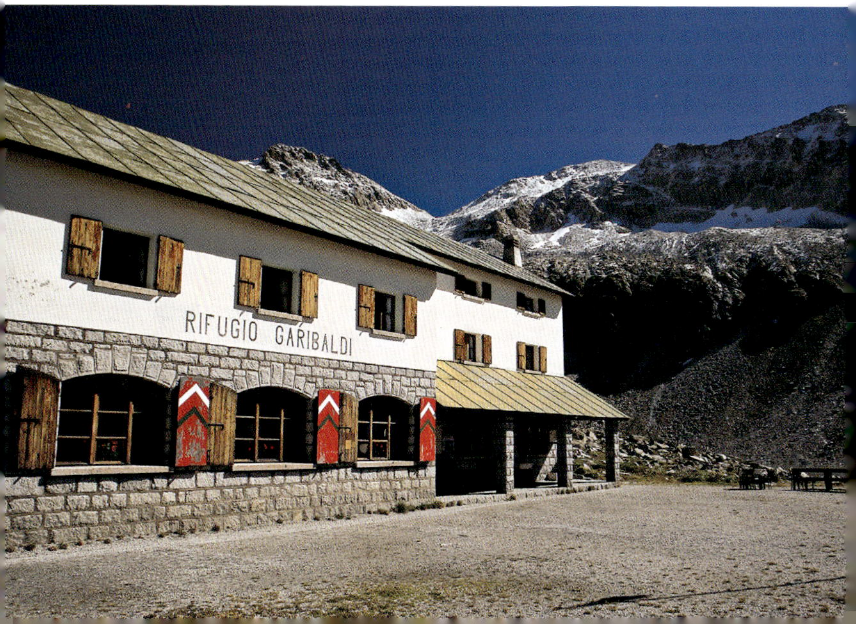

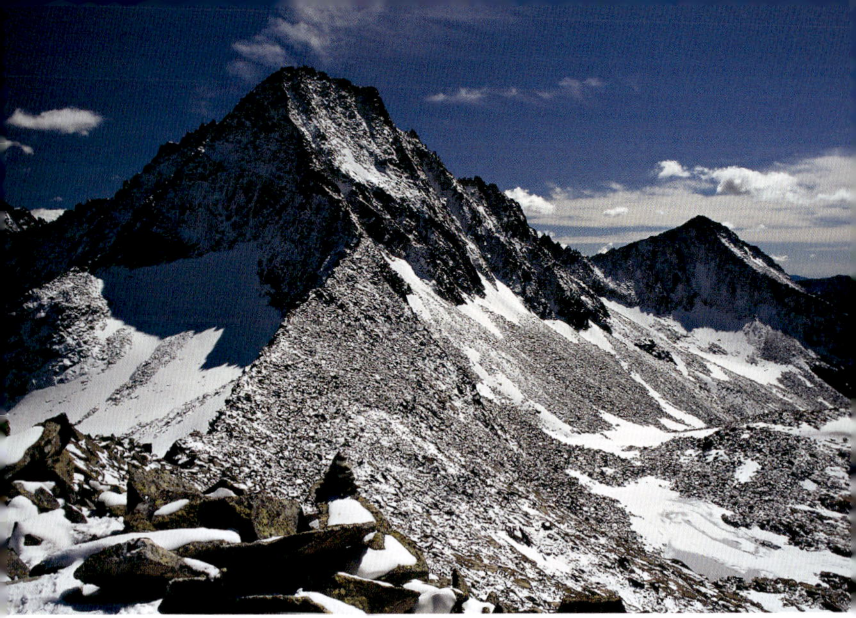

Hochalpines Ambiente bei der Überschreitung des Passo di Premassone.

Ausgangspunkt: Temù, 1155 m, im oberen Valcamonica (Busverbindung). Man kann auch bei entsprechender Organisation von Edolo bis zur Malga Caldea, 1584 m, mit dem Auto fahren.
Endpunkt: Gàver (ehem. Rifugio Nikolajewka), 1505 m, Zufahrt von Bagolino oder über den Passo di Croce Domini. In der Hauptsaison eventuell bis Abzweigung Gàver. Evtl. per Taxi oder per Autostopp nach Breno im Valcamonica (hier Busanschluss).
Etappen: Gesamtgehzeit: 31.30 Std.;
1. Tag: 1450 Hm Aufstieg, 50 Hm Abstieg, 4.30 Std.,
2. Tag: 600 Hm Aufstieg, 700 Hm Abstieg, 5.00 Std.,
3. Tag: 740 Hm Aufstieg, 1050 Hm Abstieg, 5.00 Std.,
4. Tag: 550 Hm Aufstieg, 760 Hm Abstieg, 4.30 Std.,
5. Tag: 970 Hm Aufstieg, 420 Hm Abstieg, 5.30 Std.,
6. Tag: 730 Hm Aufstieg, 940 Hm Abstieg, 5.00 Std.,
7. Tag: 860 Hm Abstieg, 2.00 Std.
Anforderungen: Maximal T4, meist um T3. Meist sorgfältig, aber nicht üppig markierte Höhenroute durch überwiegend sehr steiniges, beschwerliches

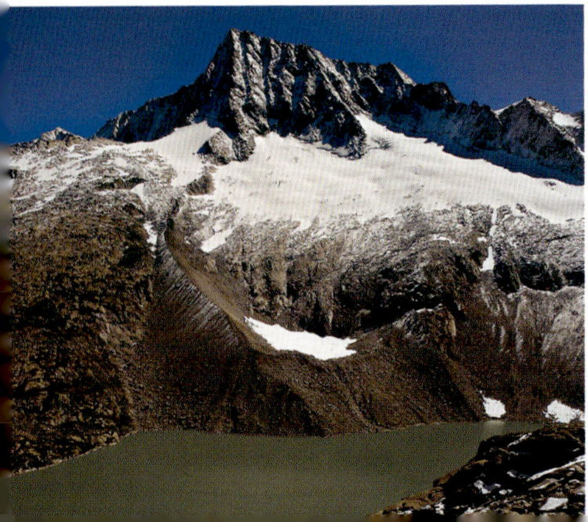

Über dem Lago Pantano dell'Avio sticht der Hauptgipfel des Adamello in den Himmel.

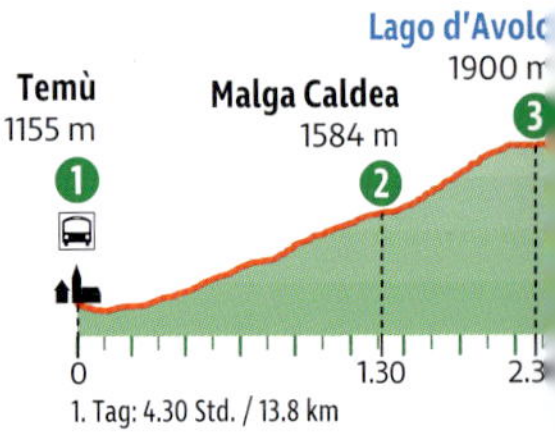

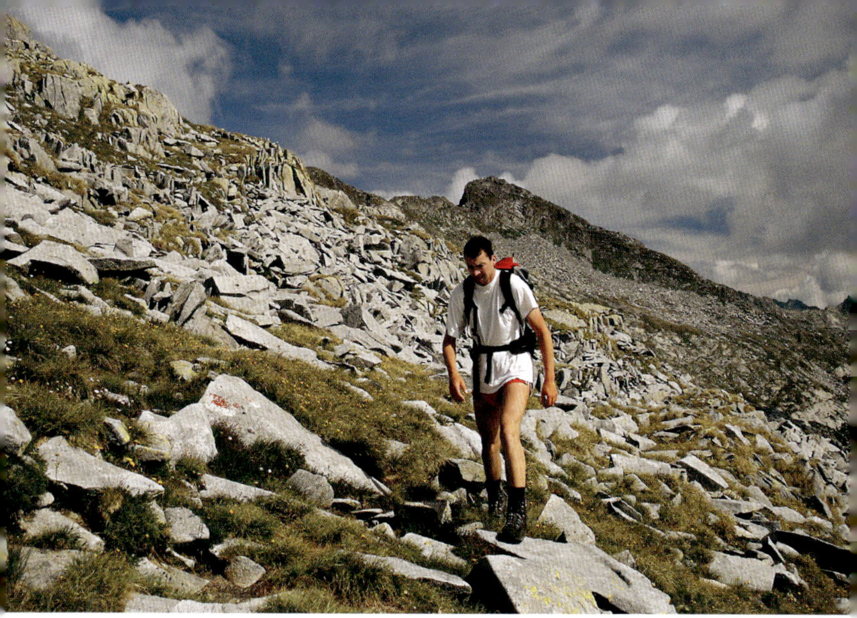

Typische Adamello-Landschaft auf der sechsten Etappe.

Gelände mit Überschreitung von fast 3000 Meter hohen Pässen. Typisch sind ausgedehnte Blockfelder, in denen häufig keine echte Wegtrasse ausgebildet ist. Ganz vereinzelt auch ausgesetzte Passagen mit Sicherungen. Ausgeprägte Trittsicherheit und gutes Gleichgewichtsgefühl, Vertrautheit mit ruppigem Alpinterrain, Orientierungsvermögen und ordentliche Ausdauer für rund 5 Gehstunden täglich notwendig.

Einkehr/Übernachtung: Rifugio Garibaldi, 2550 m, CAI, Tel. +39 0364 906209. Rifugio Tonolini, 2450 m, CAI, Tel. +39 0364 71181. Rifugio Baitone, 2281 m, privat, Tel. +39 335 8166047. Rifugio Gnutti, 2166 m, CAI, Tel. +39 0364 72241. Rifugio Prudenzini, 2235 m, CAI, Tel. +39 0364 634578. Baita Adamè, 2109 m, privat, Tel. +39 333 2039852. Rifugio Lissone, 2020 m, CAI, Tel. +39 0364 638296. Rifugio Maria e Franco, 2574 m, CAI, Tel. +39 0364 634372. Rifugio Secchi, 2362 m, privat, Tel. +39 0365 903001. Alle Hütten von 20. Juni bis 20. September bewirtschaftet (Rifugio Secchi Juni bis Oktober).

Karten: Tabacco 1:25.000, Blatt 052, Adamello – Presanella und Blatt 077, Adamello Sud.

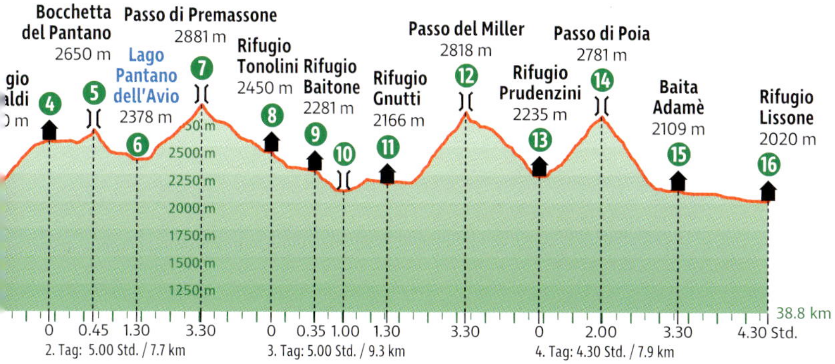

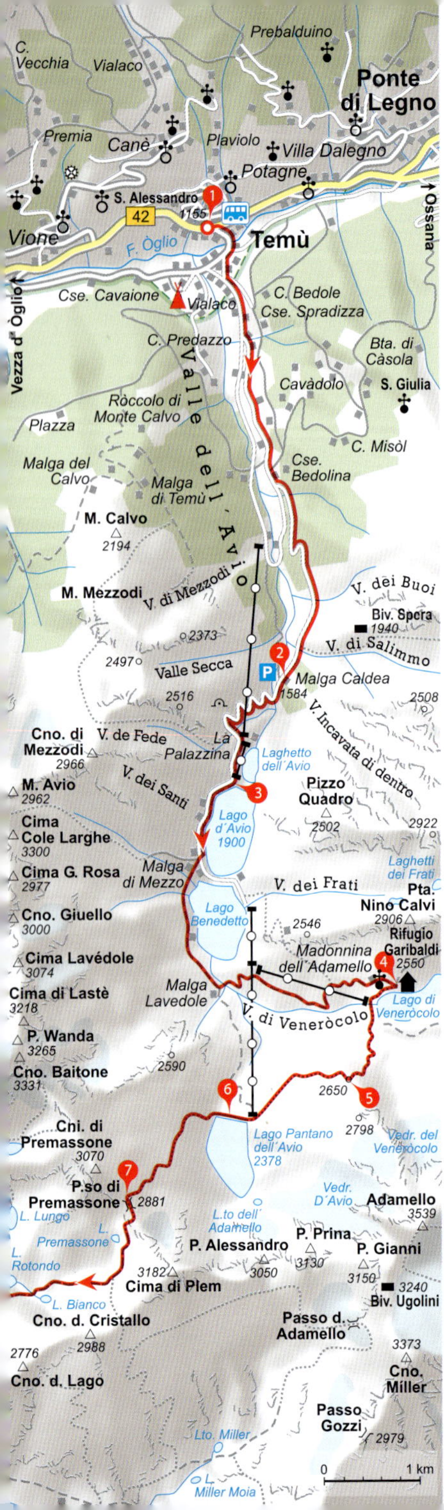

1. Tag: Wer vom Talort **Temù ❶**, 1155 m, aus zu Fuß startet, muss mit etwa 1.30 Std. Gehzeit durchs Valle dell'Avio bis zur **Malga Caldea ❷**, 1584 m, rechnen. Ansonsten gelangt man hierher auch auf schlechter Straße mit dem Auto. Beim Fahrverbot befindet sich ein Parkplatz. Von dort folgen wir weiter der Werkstraße, die sich rechter Hand in einigen Serpentinen über eine Talstufe windet und zu den oberhalb gelegenen Stauseen führt. Hier erschließt sich uns erstmals, welch große Bedeutung die Wasser- und Energiewirtschaft auf lombardischer Seite des Adamellomassivs besitzt. **Lago d'Avio ❸**, 1900 m, und Lago Benedetto, die wir an ihren westseitigen Ufern passieren, sind erst der Anfang. Nach dieser Flachpassage schwenkt der Weiterweg nach links ins Valle di Veneròcolo ein und steigt zum ebenfalls aufgestauten Lago di Veneròcolo empor, an dessen Nordufer sich im Banne der eindrucksvollen Adamello-Nordwand das **Rifugio Garibaldi ❹**, 2550 m, befindet.

2. Tag: Wir überschreiten die Staumauer des Lago di Veneròcolo, queren ein Stück durch das Gletschervorfeld und steigen zur engen **Bocchetta del Pantano ❺**, 2650 m, im nordwestlichen Gratausläufer des Adamello an. Jenseits verliert der Steig wieder stetig an Höhe, bis zur Staumauer des **Lago Pantano dell' Avio ❻**, 2378 m, die ebenfalls passiert wird. Dahinter auf schmalem Pfad sofort steil an den Hängen bergauf. Der Steig bleibt so lange gut begehbar, bis das Grasgelände in Blockwerk übergeht. Damit wird es zunehmend beschwerlicher, weiter oben zudem recht ausgesetzt. Einige Seile helfen schließlich durch Felsgelände in den **Passo di Premassone ❼**, 2881 m. Hier

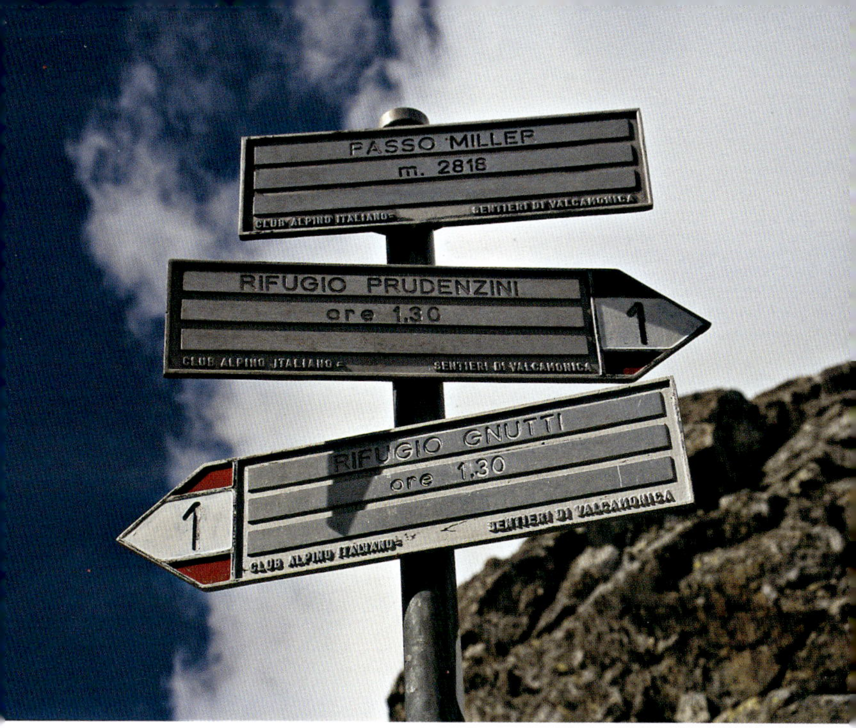

Am Passo Miller.

sollten wir uns nochmals einen ausgiebigen Blick auf die Westabstürze des Adamello gönnen, ehe es auf der Südseite insgesamt etwas leichter bergab geht. Unaufgeräumtes Blockgelände bleibt allerdings auch in der Karmulde mit dem Lago Premassone kennzeichnend. In der Nähe des größeren Lago Rotondo liegt unser Etappenziel, das **Rifugio Tonolini ❽**, 2450 m. Überhaupt ist diese Ecke des Adamellomassivs besonders reich an natürlichen Seen, so beispielsweise auch oberhalb in den Hochkaren der wilden Baitonegruppe.

3. Tag: Vom Rifugio Tonolini führt die Route am aufgestauten See und am **Rifugio Baitone ❾**, 2281 m, vorbei, dann links haltend auf einem gut ausgebauten Steig in die

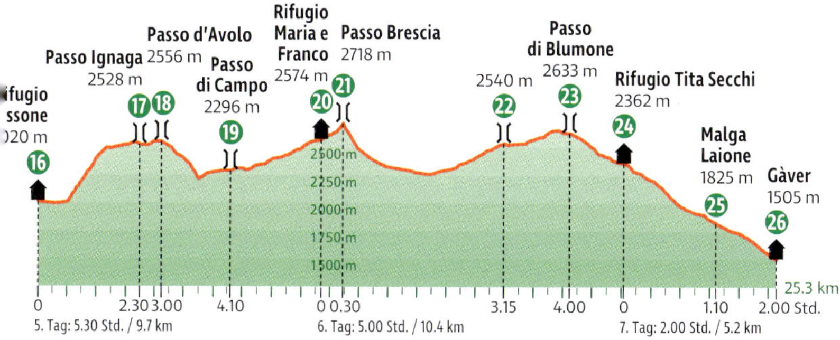

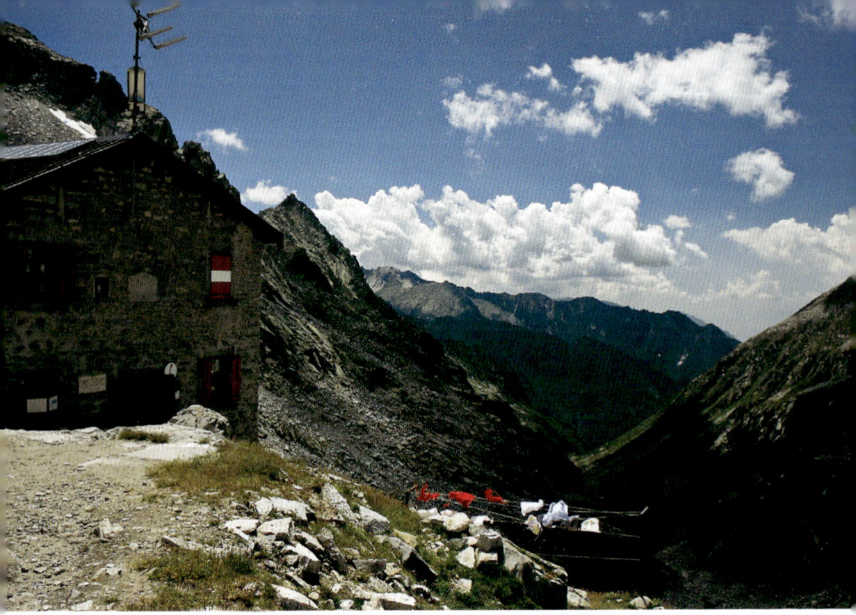

Das Rifugio Maria e Franco am Passo Dernal.

abschüssige Flanke hinein und auf schmalen Bändern zum **Passo del Gatto** ⑩, 2103 m. Anschließend leicht auf- und wieder abwärts zum kleinen **Rifugio Gnutti** ⑪, 2166 m, im Val Miller, wo man die Etappe unterbrechen kann. Auch hier gibt es übrigens einen schönen Hüttensee (Lago Miller). Die Fortsetzung führt hinter dem See südostwärts die Hänge hoch, wobei über weite Strecken ein passabler Pfad ausgeprägt ist; zwischendurch ein paar Blockfelder. Im oberen Teil treten mitunter Firnpassagen auf, ehe zuletzt an Seilen der **Passo del Miller** ⑫, 2818 m, gewonnen wird. Drüben hält man sich zunächst gerade abwärts, dann markant nach links und einmal mehr über ausgedehnte Blockhalden von zum Teil recht grober Natur, die das geschmeidige Steigen stets sehr erschweren. Grasiges Gelände bringt Erholung, bevor es nochmals steil in die Talsohle des Valle Salarno und zum **Rifugio Prudenzini** ⑬, 2235 m, hinabgeht.

4. Tag: Den Übergang vom ernsten, wildromantischen Valle Salarno in das etwas lieblichere Valle di Adamè stellt der Passo di Poia her, wobei wir heute sogar einen recht ansprechenden Steig nutzen können. In einer Rechtsschleife packen wir die nordwestseitigen Hänge an und halten schließlich geradewegs auf den **Passo di Poia** ⑭, 2781 m, zu, den zuoberst oft ein Schneefeld ziert. Jenseits ziemlich steil, aber ebenfalls ohne größere Hürden abwärts. Etwas links haltend gelangt man in den Grund des Valle di Adamè, das mit freundlichen Böden und einem malerischen Bachlauf aufwartet. Aus dem Hintergrund leuchten freilich auch hier die Eisfelder zwischen schroffen Tonalitfelsen herab. An der **Baita Adamè** ⑮, 2109 m, vorbei wandert man noch eine ganze Weile flach talauswärts bis zur Geländeschwelle, wo auf der anderen Bachseite das **Rifugio Lissone** ⑯, 2020 m, unter dem mächtigen Corno di Grevo steht.

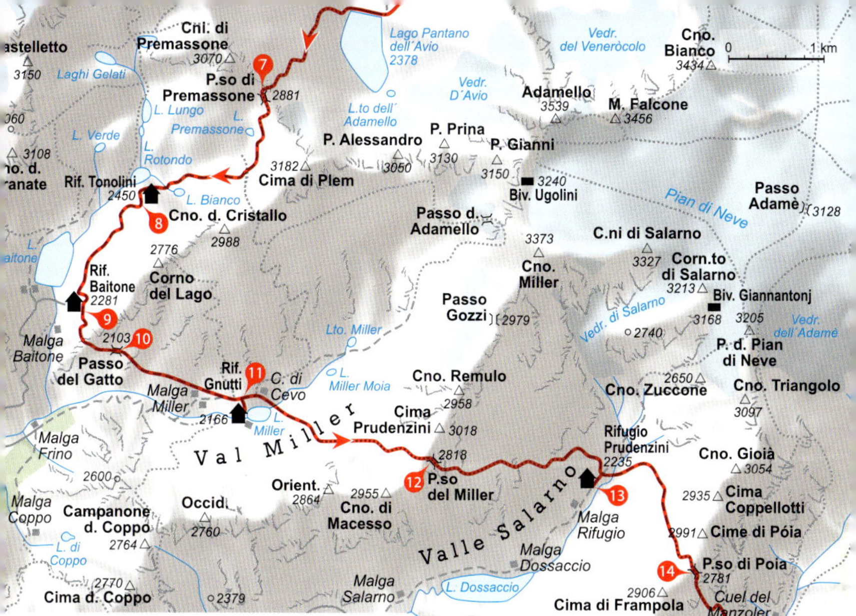

5. Tag: Vom Rifugio Lissone folgen wir weiterhin der Markierung mit der Nummer 1, lassen die Abzweigung zum Passo Forcel Rosso links liegen und queren an Sicherungen einen abschüssigen Tobel. Am Ende der horizontalen Traverse weist die Bezeichnung steil die Hänge hinauf. Man erreicht eine vom Monte Ignaga herabziehende schrofige Rippe, der man ein Stück aufwärtsfolgt, dann rechts haltend auf den Hauptgrat. In dessen Bereich in reizvoller Routenführung weiter, teils etwas in die Flanken ausweichend (meist rechts, einige Sicherungen) und zum **Passo Ignaga** ⑰, 2528 m, der sich als schöner Rastplatz anbietet. Man blickt einerseits ins Valle di Saviore mit seiner alpinen Fortsetzung des Valle di Adamè, das wir ja bereits kennen gelernt haben, auf der anderen Seite über das zum Trentino gehörende Val di Fumo mit dem großen Lago di Malga Bissina in der Sohle und dem stolzen Carè Alto im Talschluss. Nun weiter quer durch eine Blockflanke zum **Passo d'Avolo** ⑱, 2556 m, hin-

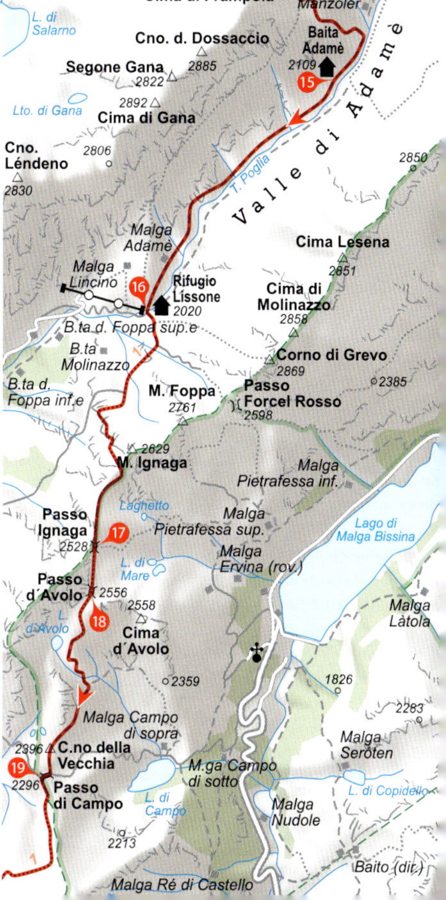

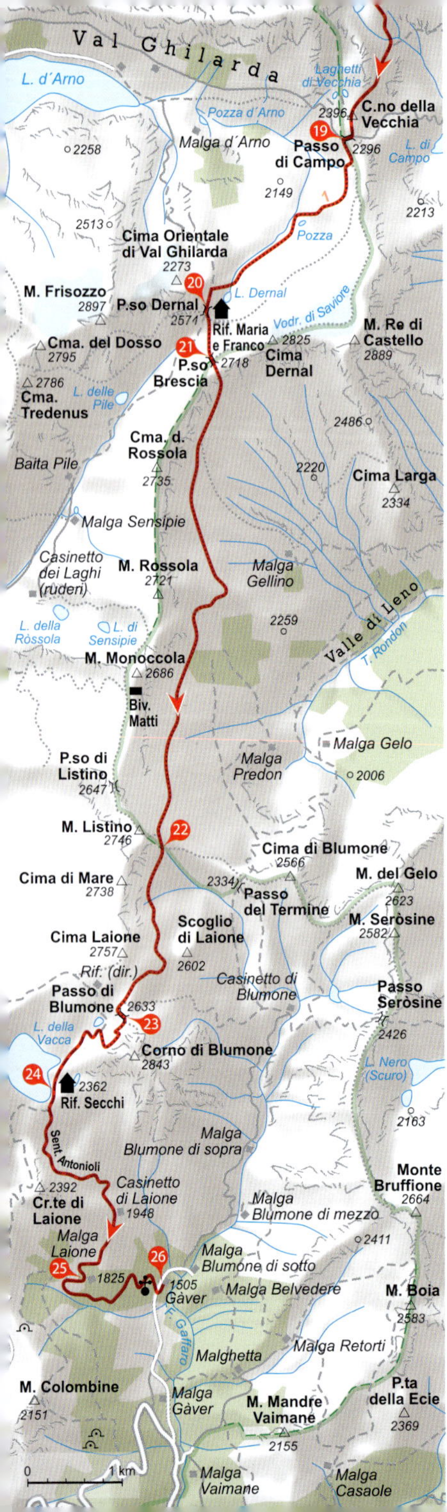

ter dem erst einmal ein gutes Stück abgestiegen wird. Man kommt am Lago d'Avolo vorbei und bewältigt eine gesicherte Steilpassage hart an den Felsen entlang, ehe der Höhenweg Richtung **Passo di Campo ⑲**, 2296 m, wieder geringfügig und weitgehend unbeschwerlich ansteigt. An diesem Wegekreuz wechseln wir erneut die Kammseite und gelangen schräg rechts über geneigte Platten aufsteigend in den weiten Kessel unter dem Monte Re di Castello. Weiter oben am Lago Dernal vorbei und rechts ausholend zum gleichnamigen Passo mit dem **Rifugio Maria e Franco ⑳**, 2574 m, hinauf.

6. Tag: Wir überschreiten als Erstes über typisches, teilweise sehr steiles Blockwerk den nahen **Passo Brescia ㉑**, 2718 m, und halten uns drüben in dem ostseitigen Steinkessel bald streng südwärts. Dabei verliert man langsam etwas an Höhe. Nach einer Weile wird die markante Geländerippe des Monte Rossola überstiegen, um dahinter den Weg in gleicher Richtung leicht auf- und absteigend fortzusetzen. In ähnlicher Weise über den vom Monte Listino abstreichenden Rücken hinweg ㉒, 2540 m (Abzweig über den Passo del Termine zum ehemaligen Rifugio Nikolajewka), und nachfolgend wieder etwas bergauf. Man gewinnt den **Passo di Blumone ㉓**, 2633 m, am Fuß des wuchtig aufstrebenden Corno di Blumone. Hier treffen wir auf eine steinige Militärtrasse, die ein Stück durch Blockhalden quert und in einigen flachen Serpentinen zum **Rifugio Tita Secchi ㉔**, 2362 m, am Lago della Vacca hinableitet.

7. Tag: Vom **Rifugio Tita Secchi ㉔** auf dem Sentiero Antonioli in den südostseitigen Laionekessel hinein, wo man an der rechten Seite abwärtssteigt. Man kommt am verfal-

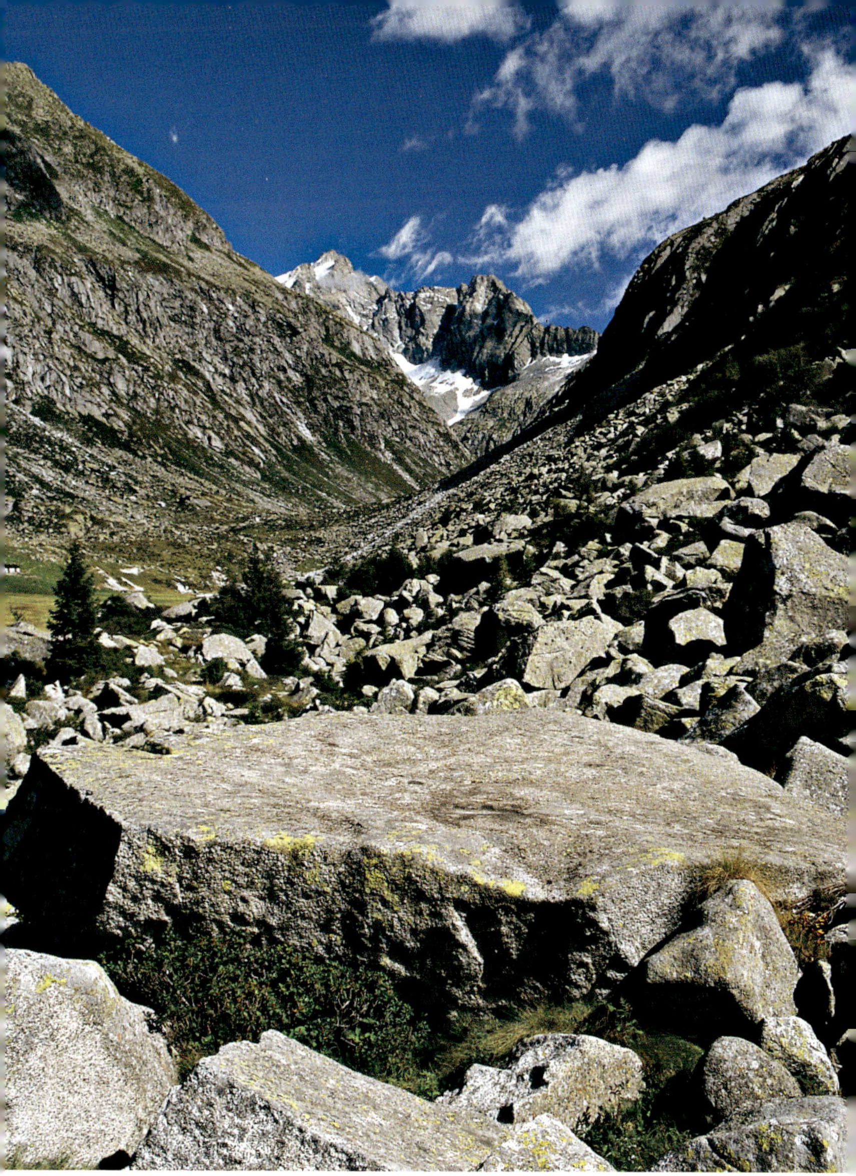

Das Valle di Adamè ist eines der Hochtäler auf lombardischer Seite der Adamellogruppe.

lenen Casinetto di Laione vorbei und dreht nach rechts ab, um weiter in das Almgebiet der **Malga Laione** ㉕, 1825 m, zu wandern. Auf breiteren Ziehwegen schließlich bis in das Hochtal von **Gàver** ㉖, 1505 m, wo Anfahrtmöglichkeit besteht. Zwei Kilometer talauswärts führt die Hauptstraße vorbei (eventuell Busanschluss); bis in den nächsten Talort Bagolino sind es aber noch weitere 12 Kilometer.

21 Monte Vioz, 3645 m

Vom Dos dei Cembri oberhalb Pejo

6.30 Std. | 12,1 km | ↗1330 m | ↘1330 m

Auf den höchsten Wegeberg der Ostalpen

Der Monte Vioz, stattliche 3645 Meter hoch, erhebt sich in der südlichen Ortlergruppe über einem der größten Gletscherareale der Ostalpen. Kaum zu glauben, dass er ohne besondere Hürden quasi mit den Händen in den Hosentaschen zu besteigen ist. Möglich macht es die fast eisfreie Seite über dem Tal von Pejo, wo der Südostgrat die Leitlinie des Aufstiegs bildet. Dabei handelt es sich um ein Musterbeispiel für Wegebau in hochalpinem Terrain, so geschickt laviert die Trasse durchs Gelände, immer wieder die Gratseite wechselnd und dabei allen schrofferen Felspartien ausweichend. Faszinierend, wie komfortabel man hier in das allerhöchste Stockwerk der Alpen gelangt! Eine Einschränkung muss dennoch gegeben werden, schließlich sind optimale Bedingungen (für die allein eine Bewertung »rot« gerechtfertigt erscheint) hier oben nicht immer gegeben. Und dann wird aus dem vermeintlichen Wanderberg schnell eine ernsthafte Hochtour. Übrigens bleibt bis zur letzten Seilbahnfahrt gar nicht übermäßig viel zeitlicher Spielraum. Also tritt man entweder mit reichlichen Konditionsreserven an, damit das Pensum an einem Tag routiniert zu absolvieren ist, oder quartiert sich gleich oben im Rifugio Mantova ein. Letzteres hätte bestimmt seinen ganz speziellen Reiz, denn immerhin handelt es sich um die höchstgelegene Hütte östlich der Schweiz.

Die benachbarte Punta Taviela bildet einen Blickfang beim Aufstieg.

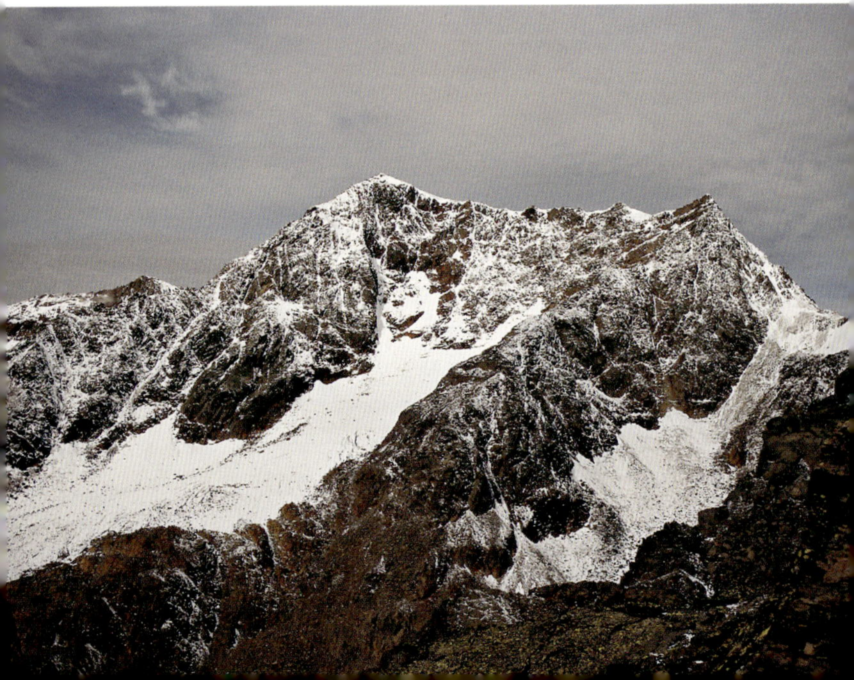

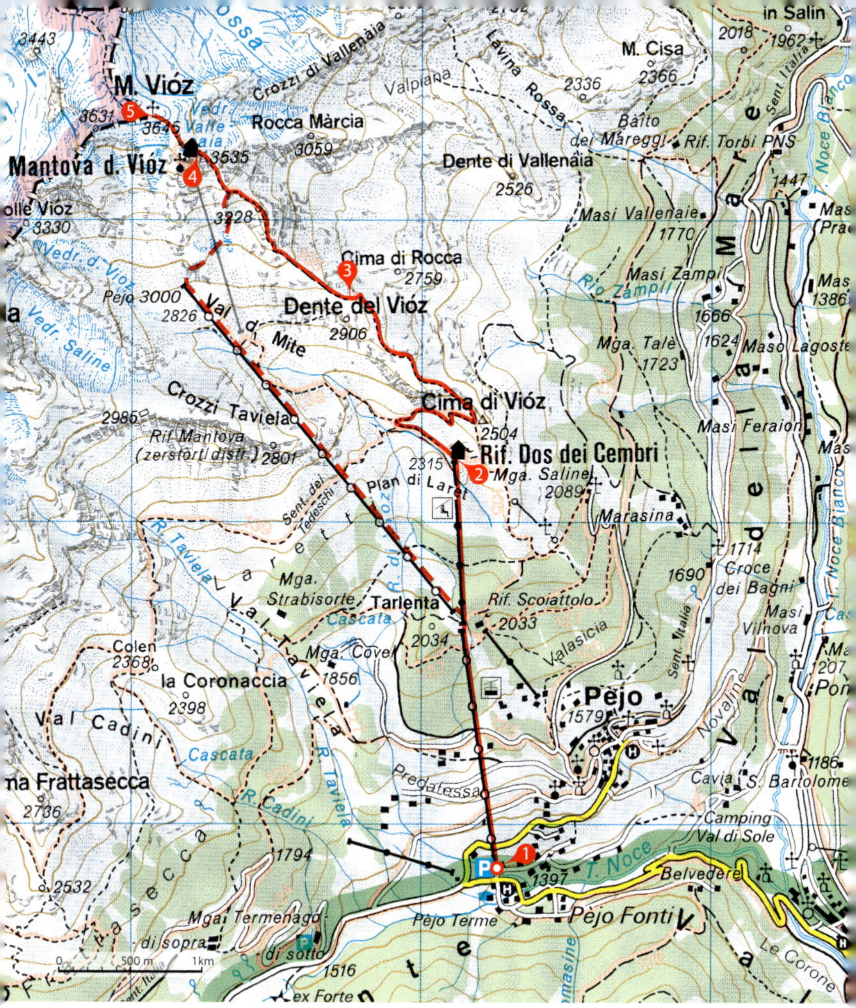

Ausgangspunkt: Pejo Fonti, 1397 m, im Valle di Pejo. Mit Seilbahn und Sessellift in zwei Sektionen zur Bergstation Dos dei Cembri, 2315 m. Betriebszeiten 8 bis 17 Uhr.

Anforderungen: T3–4. Hochalpine Steiganlage, teilweise etwas ausgesetzt, aber ohne nennenswerte Kletterei. Je nach Jahreszeit und Witterung ist jedoch mit Schnee zu rechnen, was die Schwierigkeiten beträchtlich erhöhen kann (u. U. Steigeisen mitführen). Elementare Hochgebirgserfahrung unbedingt erforderlich, angesichts der Höhenlage Akklimatisierung und gute körperliche Fitness.

Einkehr/Übernachtung: Rifugio Mantova al Vioz, 3535 m, CAI, bewirtschaftet von Anfang Juli bis Mitte September, Tel. +39 0463 751386. Außerdem Einkehr im Rifugio Dos dei Cembri, 2315 m.

Variante: Seit Inbetriebnahme der Funivia Pejo 3000 lässt sich das Rifugio Mantova erheblich schneller erreichen. Von der Bergstation der neuen Seilbahn ist man in 2.30 Std. beim Rifugio Mantova ❹.

Karte: Tabacco 1:25.000, Blatt 048, Val di Peio – Val di Rabbi – Val di Sole.

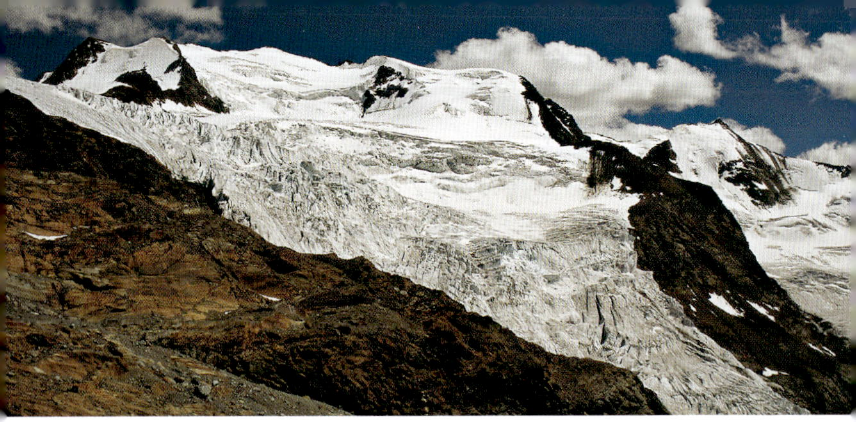

Extrem vergletschert erscheint der Monte Vioz nur auf der Westseite.

Von **Pejo Fonti** ❶ gelangt man mit der Gondelbahn zuerst zur Mittelstation Tarlenta und von dort weiter mit dem Sessellift zum **Dos dei Cembri** ❷, 2315 m, womit zumindest ein Teil des beträchtlichen Höhenunterschieds zwischen Tal und Gipfel bequem überbrückt ist. Auf einem kleinen Moränenrücken steigen wir mit einer Schleife gegen den Gratbuckel der Cima di Vioz, 2504 m, an. Man quert knapp unterhalb und erreicht eine Lücke links davon. Nun geht es eine ganze Weile rechts des Gratkammes auf gutem Steig bergauf. Im Rücken des markanten **Dente del Vioz** ❸, 2850 m, wechseln wir die Seite, passieren eine undeutliche Abzweigung ins Val della Mite und übersteigen etwas weiter abermals die Gratrippe nach rechts. Nach einer Rechtstraverse gelangen wir auf ein etwas luftiges Band, von dessen Ende ein erneuter Seitenwechsel nach links erfolgt, ehe es nach kurzer Querung in längerem Zickzack bis zur hohen Schulter östlich der Hütte emporgeht. Die Trasse ist auch in diesem steilen Fels- und Blockschuttgelände vorzüglich angelegt. Schließlich das letzte Stück meist über Schneefelder bis zum **Rifugio Mantova** ❹, 3535 m, von wo es nur noch gute 100 Höhenmeter längs des Blockgrates bis zum Gipfel des **Monte Vioz** ❺, 3645 m, sind.
Auf dem Rückweg folgen wir derselben Route.

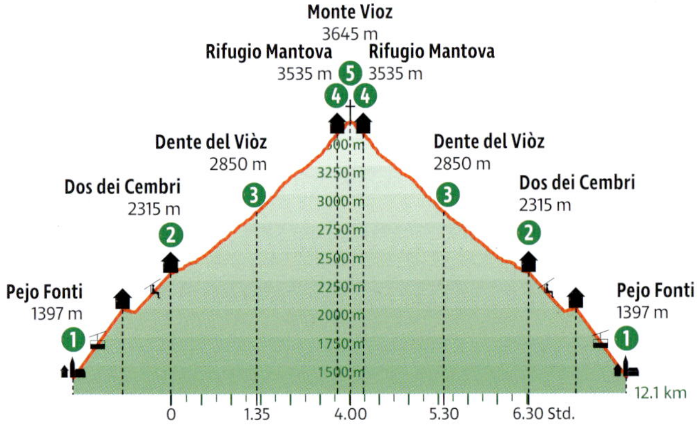

Cima Valletta, 2828 m

Von der Malga Stabli über den Passo Valletta

5.50 Std. | 14,2 km | ↗ 1100 m | ↘ 1100 m

Hoch über dem Val di Sole

Um fast 2000 Meter überragen die wenig bekannten Gipfel am südlichen Rand der Ortler-Alpen das mittlere Val di Sole. Obwohl es sich um prächtige Aussichtslogen handelt, haben sie nie ein größeres Publikumsinteresse geweckt. Beispielhaft sei hier die Cima Valletta vorgestellt, die sich gemeinsam mit der Cima Mezzana als Gipfelduo zwischen Val di Sole und Val di Rabbi schiebt und prinzipiell von beiden Tälern aus erreicht werden kann. Der Südanstieg ist jedoch weniger beschwerlich, zumal man hier schon in Höhe der Almen startet. Ein ordentliches Steigpensum von gut 1000 Höhenmetern über teils erdige Pfade verbleibt trotzdem, was uns die Blicke auf Brenta, Presanella und Ortler-Alpen jedoch allemal wert sein sollten. Sehr malerisch zeigen sich die Seen im nordseitigen Kar.

Ausgangspunkt: Vom Weiler Ortisè, 1477 m, hierher Busverbindung aus dem Val di Sole (Mezzana), auf der Schotterstraße bis zum Fahrverbot bei Stabli, 1785 m.
Anforderungen: T3. Bergtour auf teils spärlichen Wegen, am Gipfelaufbau sogar unmarkiert und weglos, aber ohne Kletterei. Trittsicherheit, Orientierungsvermögen und ordentliche Kondition notwendig. Gehzeit ab Ortisè ca. 7.30 Std.
Einkehr/Übernachtung: Keine unterwegs.
Variante: Die Cima Mezzana, 2845 m, kann mit etwas Blockkletterei ebenfalls vom Passo Valletta ❹ bestiegen werden (gut 1 Std. hin und zurück).
Karte: Tabacco 1:25.000, Blatt 048, Val di Peio – Val di Rabbi – Val di Sole.

Unterwegs Richtung Valletta-Gipfel.

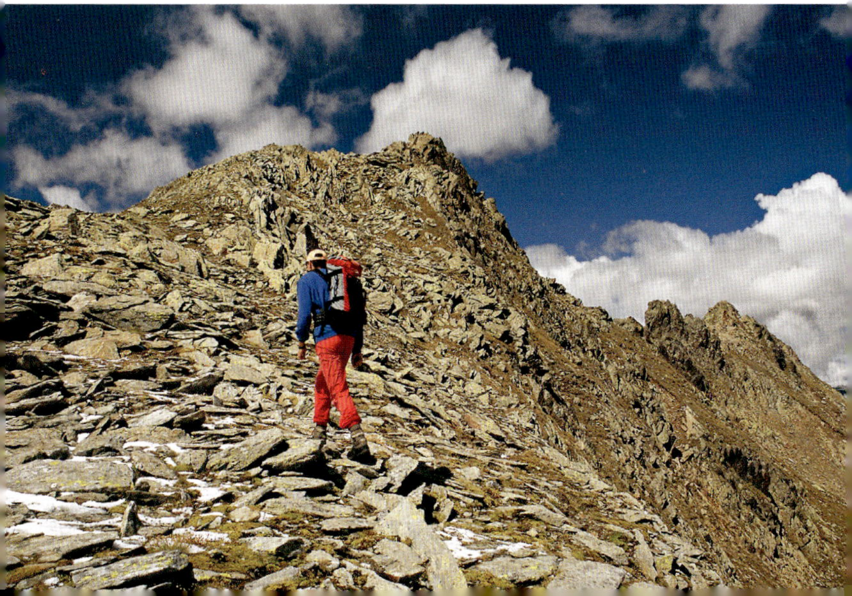

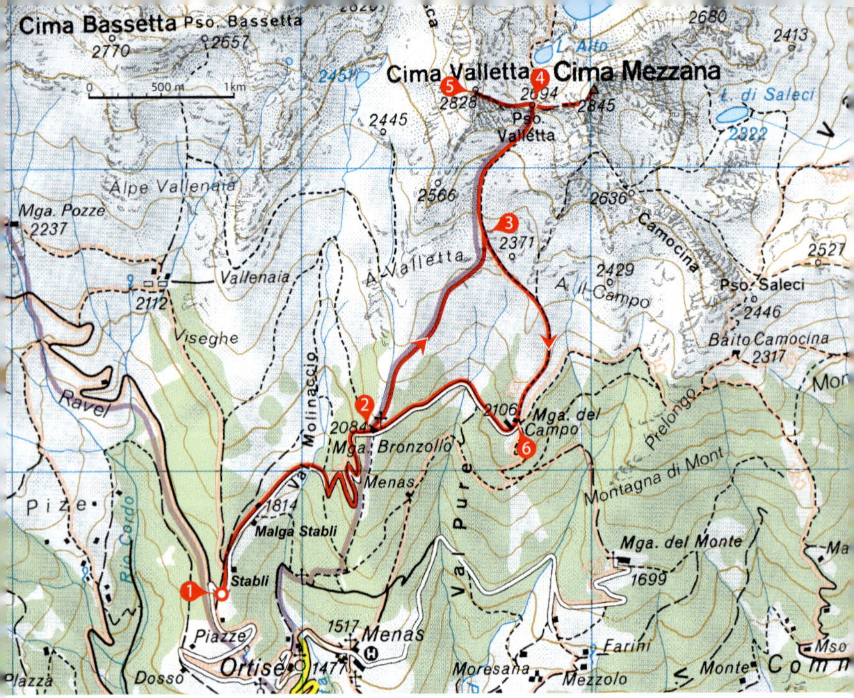

In Ortisè fährt man dem Hinweis »Baita Pozze« nach und lässt das Fahrzeug eine Kehre oberhalb der Abzweigung dorthin bei **Stabli ❶**, 1785 m, stehen (Fahrverbot). Auf der Almstraße in Kürze zur Malga Stabli (Malga Ortisè), 1814 m, weiter das Val Molinaccio ausgehend und mit einigen Kehren zur **Malga Bronzollo ❷**, 2084 m. Hier verlassen wir den Fahrweg und steigen mit Markierung 121b links an den Mattenhängen aufwärts. Man gelangt auf die weite Abdachung eines Wiesenrückens und bald darauf in das Vallettakar, wo sich von rechts die Route Nr. 121 von der Malga del Monte Alta dazugesellt ❸. Vorerst im linken Bereich weiter, dann deutlich nach rechts hinüber und in einigem Zickzack steil und erdig bis in den **Passo Valletta ❹**, 2694 m, der die Cima Mezzana von der Cima Valletta trennt. Während der markierte Steig nun jenseits in das seengeschmückte Kar hinableitet, peilen wir links den Ostgrat an. Man hält sich direkt an den Kamm oder teilweise auch etwas

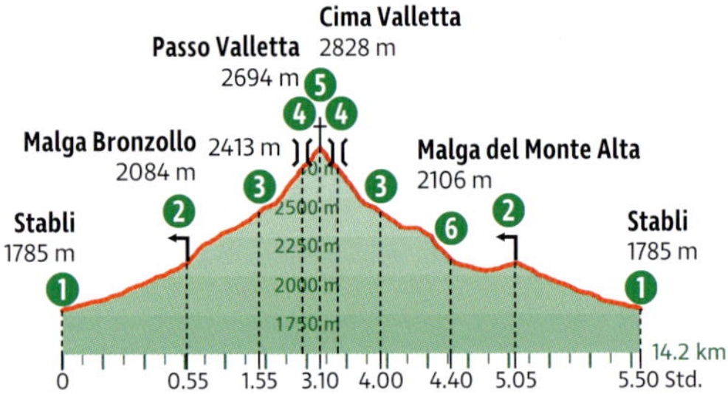

rechts davon, steigt über schrofiges Terrain bis auf eine markante Verflachung und zuletzt nach rechts hinüber zum höchsten Punkt der **Cima Valletta** ❺, 2828 m.

Der Abstieg erfolgt größtenteils auf der Anstiegsroute, doch bauen wir einen kleinen Schlenker ein: Zuerst zurück ins Kar und bis zur **Gabelung** ❸ unterhalb eines Geländewalls. Jetzt links haltend in minimalem Gegenanstieg auf einen breiten Grasrücken, der sich zur **Malga del Monte Alta** ❻ (Malga del Campo), 2106 m, absenkt. Von hier folgt man am besten dem Almfahrweg zur **Malga Bronzollo** ❷ und gelangt damit zurück zum Ausgangspunkt bei **Stabli** ❶.

Ins nordseitige Hochkar gebettet: der Lago Rotondo.

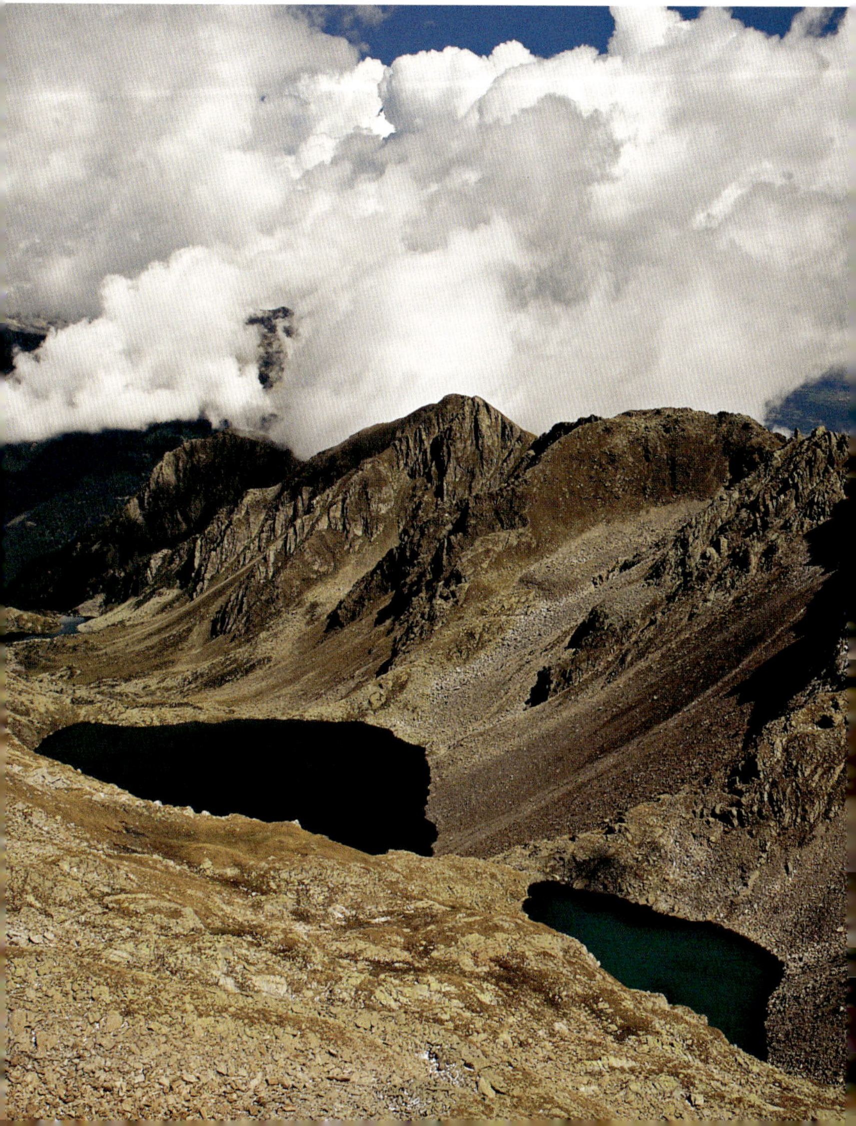

23 Gleck und Laghetti Sternai
Aus dem Val di Rabbi

TOP | 2 Tage | 27,9 km | ↗1950 m | ↘1950 m

Hütten-, Seen- und Gipfelwanderung in Kombination

Ein vielseitiges Programm erwartet uns auf dieser Tour über dem hinteren Rabbital, das schon zum Nationalpark Stilfser Joch gehört. Mit dem Rifugio Stella Alpina al Lago Corvo (im deutschsprachigen Raum besser als Haselgruber Hütte bekannt) und dem Rifugio Dorigoni besuchen wir zwei Hütten, die beide in der Nähe wunderbarer Seenplatten liegen. Während das kupierte Areal der Haselgruber Seen auf dem Übergang sowieso durchschritten wird, ist für die Laghetti Sternai eine Extraschleife notwendig, die abseits breit ausgetretener Wege zauberhafte Eindrücke beschert. Und als Gipfel kommt der viel gepriesene Gleck (Collecchio) zu Ehren, der sich genau im Grenzkamm zwischen Rabbi und Ulten erhebt und damit tolle Ausblicke sowohl ins Trentino als auch nach Südtirol hinein eröffnet: eine großartige Panoramaloge, schon nahe der Dreitausenderlinie! Mindestens eine Übernachtung sollte für diese Tour eingeplant werden. Wer am ersten Tag via Haselgruber Hütte und Gleck bis zur Dorigoni-Hütte wandert und den zweiten Tag nach dem Giro dei Laghetti Sternai mit dem langen Flankensteig beschließt, absolviert ein ausgewogenes Pensum von zweimal sechs Stunden reiner Gehzeit.

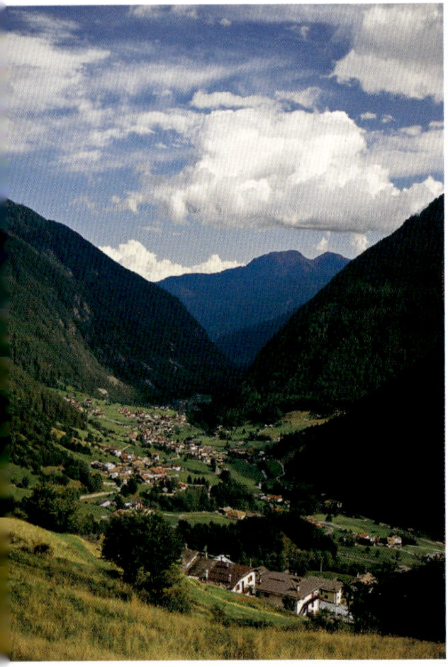

Blick ins Val di Rabbi.

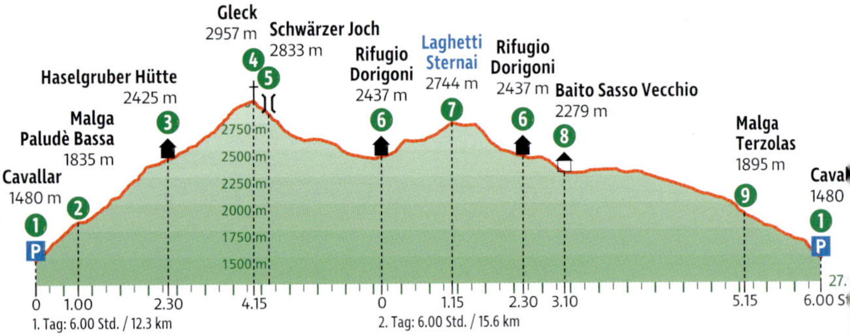

Ausgangspunkt: Parkplatz Cavallar, ca. 1480 m, schmale Zufahrt aus dem Val di Rabbi über den Weiler Piazze. Nächster Bushalt in Piazzola, 1315 m (Linie von Malè).
Etappen: Gesamtgehzeit 12.00 Std.;
1. Tag: 1500 Hm Aufstieg, 550 Hm Abstieg, 6.00 Std.,
2. Tag: 450 Hm Aufstieg, 1400 Hm Abstieg, 6.00 Std.
Anforderungen: T3. Markierte Steige in teilweise hochalpinem Gelände, für Berggewohnte mit der obligatorischen Trittsicherheit jedoch ohne besondere Probleme. Am Giro dei Laghetti Sternai mitunter weglos und nur spärlich markiert (größtenteils Steinmännchen), Orientierungsvermögen hilfreich, bei Nebel nicht zu empfehlen. Zwei-Tages-Tour.
Einkehr/Übernachtung: Haselgruber Hütte, 2425 m, privat, Tel. +39 0463 985175. Rifugio Dorigoni, 2437 m, CAI, Tel. +39 0463 985107. Jeweils vom 20. Juni bis 20. September bewirtschaftet.
Karte: Tabacco 1:25.000, Blatt 048, Val di Peio – Val di Rabbi – Val di Sole.

1. Tag: Vom Hüttenparkplatz **Cavallar ➊**, 1480 m, folgen wir der Markierung 108 und kürzen die Kehren einer Forststraße über einen steilen Fußweg ab. Über die **Malga Paludè Bassa ➋**, 1835 m, gelangt man in den Einschnitt des Val Lago Corvo, wo man vorerst weiter aufsteigt. Der neue Hüttenweg holt dann jedoch weit nach rechts aus und vermeidet so das steile Schlussstück in dem Geländetrichter. Über den Hangrücken erreicht man schließlich die **Haselgruber Hütte ➌**, 2425 m (Rifugio Stella Alpina al Lago Corvo), unweit des Passo di Rabbi.
Nun geht es mit Weg Nr. 145 über einen nahen Bach hinweg westwärts

Das Rifugio Dorigoni dient als Stützpunkt im hintersten Val di Rabbi.

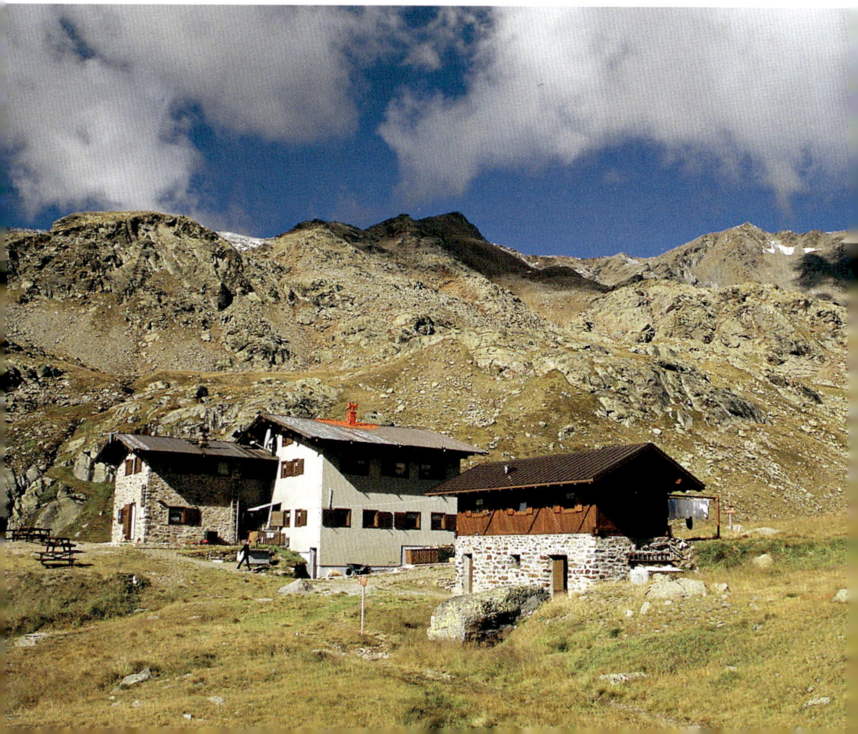

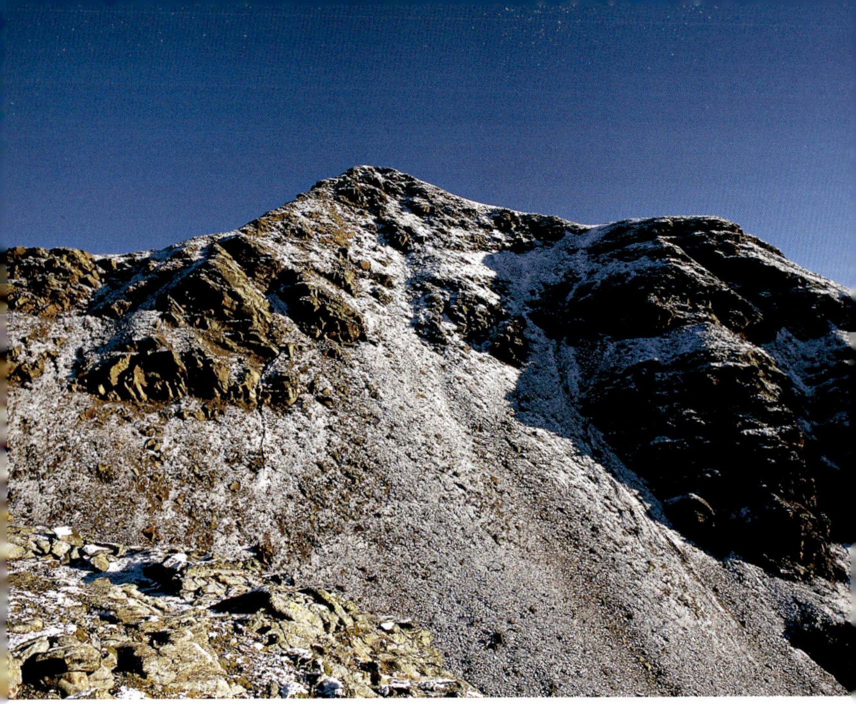

Felsiger Fast-Dreitausender: der Gleck.

in das kupierte Gelände der Haselgruber Seen hinein, wo sich zahlreiche kleine Lacken und einige stattlichere Seen wie Lago Corvo und Kirchbergsee in Mulden eiszeitlichen Ursprungs einbetten: sehr malerisch! In dem Hochkar unter der Gleckspitze steilt der Steig allmählich etwas auf und muss dem schrofferen Gipfelaufbau zunächst nach links ausweichen. Wir peilen die Grathöhe südwestlich an und folgen ihr nach rechts, um den **Gleck** ❹, 2957 m, damit quasi von seiner Rückseite zu erreichen. Am Nordwestkamm führt eine gute Steigspur über wenige felsige Stellen abwärts ins **Schwärzer Joch** ❺, 2833 m, wo sowohl rechts auf die Ultener Seite als auch links auf jene des Val Saent Routen abgehen. Wir wählen Letztgenannte (Bezeichnung 107) und verlieren in einer lang gezogenen Abwärtstraverse durch erdig-schuttige Flanken an Höhe (zwischendurch auch horizontal verlaufende Wegstücke). Stets in Nordwestrichtung kommt man zu einem feuchten Wiesenboden und trifft wenig später beim **Rifugio Dorigoni** ❻, 2437 m, ein.

2. Tag: Der Giro dei Laghetti Sternai beginnt gleich hinter der Hütte, wo ein Hinweisschild sowohl die Seen als auch den Gipfel der Cima Sternai (im Ultental als Hintere Eggenspitze geläufig) ausweist. Auf markierter Trasse über eine steilere Geländestufe hinweg zum untersten der drei Laghetti Sternai, 2596 m. Hier rechts um den See herum (man kann auch links herum gehen) und – jetzt nur noch von Steinmännchen geleitet – in ein Hochtälchen. Man hält sich an die rechte Seite, bis die Route zur Cima Sternai abzieht (Wegweiser). Danach wieder mehr links halten und über eine weitere Geländeschwelle, hinter der sich der oberste

See der **Laghetti Sternai** ❼, 2744 m, verbirgt. Immer den Steinmännchen nach wird in westlicher Richtung nochmals eine seichte Anhöhe gewonnen, wo man schließlich unvermittelt über dem dritten Sternai-See, 2741 m, steht. Im Abstieg rechts daran vorbei und einen Geländeriegel überwindend gelangen wir in das Tal des Torrente Rabbiès und folgen dort dem vom Sällentjoch herabkommenden Weg Nr. 101 zurück zum **Rifugio Dorigoni** ❻.

Damit steht als Letztes noch der Rückweg auf dem Programm, für den wir den mit der Nr. 130 markierten Höhenweg wählen. Er zweigt bei der erwähnten Feuchtwiese östlich der Hütte halbrechts ab und führt zunächst leicht fallend zum **Baito Sasso Vecchio** ❽, 2279 m. In weiterer Folge nur leicht an- und absteigend – also in Summe nahezu horizontal – quer durch die Hänge über dem Val di Saent, wie das innere Val di Rabbi auch heißt. Man passiert eine Abzweigung, anschließend die Hangmulde des Tovo dei Buoi und kurz darauf den wenig ausgeprägten Südwestrücken des Gleck über eine Art Schulter. Nach langer Traverse verliert der Weg nun ganz allmählich an Höhe und dreht links um die Hänge herum in licht bewaldetes Terrain ein. Mit einem scharfen Rechtsknick geht es schließlich zur **Malga Terzolas** ❾, 1895 m (auch Malga Artisè), hinab und von dort auf breiten Wirtschaftswegen zurück zum Parkplatz **Cavallar** ❶.

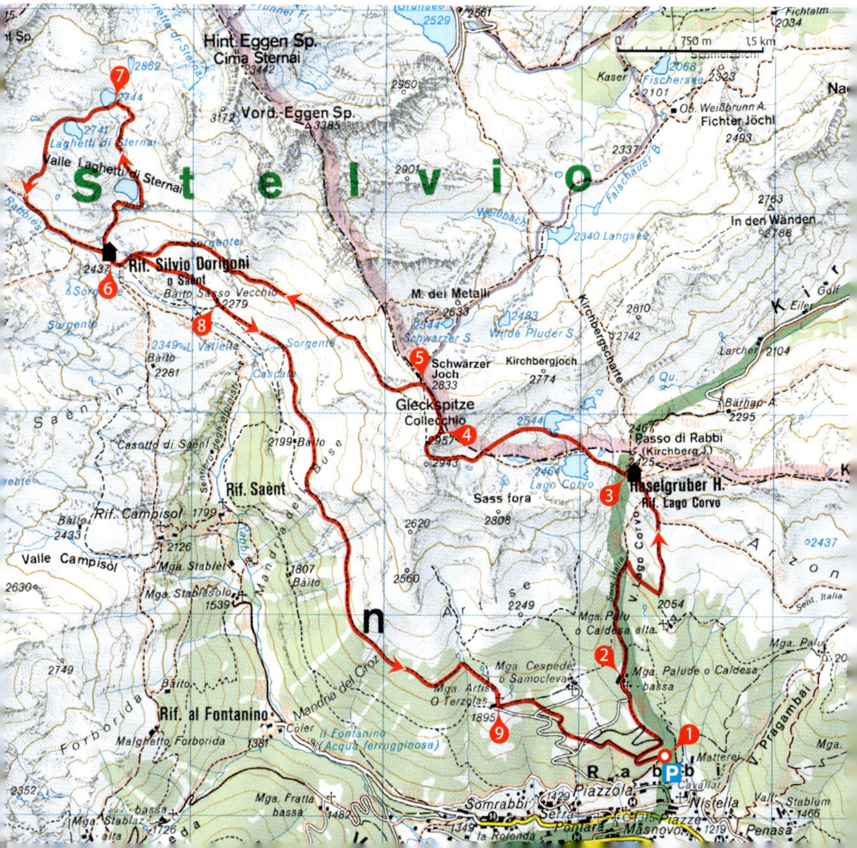

24 Monte Pin, 2420 m

Überschreitung aus dem Val di Bresimo

7.00 Std. | 17,3 km | ↗ 1480 m | ↘ 1480 m

Feiner Luginsland über dem Nonstal

Besonders viel macht er nicht gerade her, der stumpfe Kegel des Monte Pin zwischen den stillen Tälern von Bresimo und Rumo. Doch die vorgeschobene Lage gegen das weite Val di Non (Nonstal) mit dem buchtenreichen Lago di San Giustina stempelt ihn zu einem hervorragenden Aussichtspunkt im nördlichen Trentino. Nur wenige Kilometer entfernt zieht der Grenzkamm zum Südtiroler Ultental vorbei, im Süden steht die Brenta Kulisse, im Osten die Dolomiten jenseits des unscheinbaren Mendelkamms. Man kann die Tour auf den Monte Pin als Rundwanderung ausgestalten, die zwar recht lang, aber vom Gelände her trotz mitunter spärlicher Pfade als leicht einzustufen ist. Überlaufenheit ist hier jedenfalls nicht zu befürchten, dafür ist die Gegend als Tourengebiet generell zu wenig bekannt.

Ausgangspunkt: Parkplatz direkt bei der Kirche in Bevia (Fontana Nuova), 1038 m, im Val di Bresimo.
Anforderungen: T2. Unschwierige Bergwanderung auf bezeichneten Almwegen und Bergpfaden. Im Gipfelbereich teils nur spärliche Begehungsspuren, aber unproblematisches Gelände ohne Felsen. Elementare Trittsicherheit angenehm, aufgrund der Länge vor allem gute Ausdauer vonnöten.
Einkehr/Übernachtung: Keine.
Karte: Tabacco 1:25.000, Blatt 064, Val di Non – Le Maddalene.

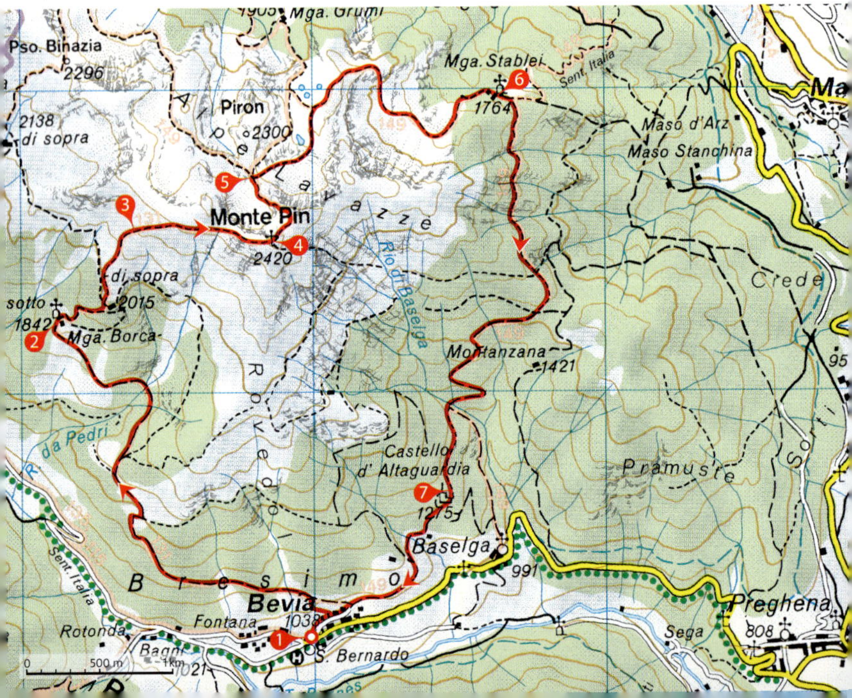

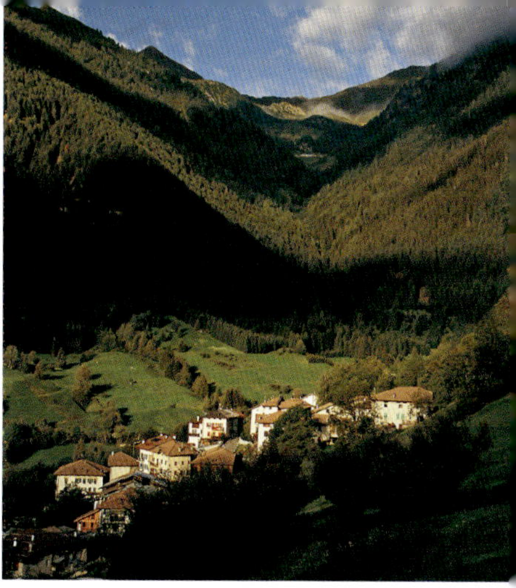

Im Val di Bresimo geht's los.

Von der Kirche in **Bevia ❶**, 1038 m, geht es zuerst schräg rechts hoch, bis Markierung 131 scharf links abzweigt. Wir folgen einem Fahrweg und später einem guten Steig, der zeitweise recht steil durch die waldreichen Hänge über dem Val di Bresimo aufwärtszieht. Bei Stavel, 1720 m, flacht die Trasse vorübergehend ab und durchmisst nahezu horizontal einen weiten Geländeeinschnitt, um danach weiter zur **Malga Borca di sotto ❷**, 1842 m, anzusteigen. Rechts daran vorbei geht es zur verfallenen Malga Borca di sopra, 2015 m. Nun bleibt das bewaldete Gelände unterhalb. Nach einigen Kehren werden mit einer links ausholenden Schleife die grasigen Südwesthänge erstiegen, wobei sich auf Höhe der **Baita dei Vaciari ❸**, 2300 m, der Pfad gabelt: Links zur Malga Binazia, rechts zum Gipfel des **Monte Pin ❹**, 2420 m, zuletzt dem Kamm entlang bis hinüber zum acht Meter hohen Kreuz.

Die Abstiegsroute folgt kurz dem Nordostgrat und zieht dann links hinunter in Richtung einer Karmulde. Man bleibt jedoch seitlich am Hang und quert schräg abwärts in die **Sella Piron ❺**, 2216 m. Bei der Verzweigung rechts hinab in das Kar mit den Laghetti di Grumi, wo wir erneut auf eine Gabelung treffen. Nun mit Wegnummer 149 in kurzem Gegenanstieg auf einen begrünten Rücken, hinter dem sich das weitläufige Gelände der Malga Stablei auftut. Der Steig windet sich abwärts und leitet in einen breiten Karrenweg über, der alsbald bei der **Malga Stablei ❻**, 1764 m, eintrifft. Hier folgen wir nicht dem Hauptweg talwärts (ins Val di Lavazzè), sondern bleiben dem 149er treu, der teils horizontal, teils leicht fallend quer durch die licht bewaldeten Flanken nach Süden führt. Bei einer Art Sattel drehen wir weiter nach rechts ein und verlieren bald deutlich an Höhe. Am besten überschreitet man die Runse des Rio di Baselga und wandert via **Castello d'Altaguardia ❼**, 1275 m, zurück nach **Bevia ❶**.

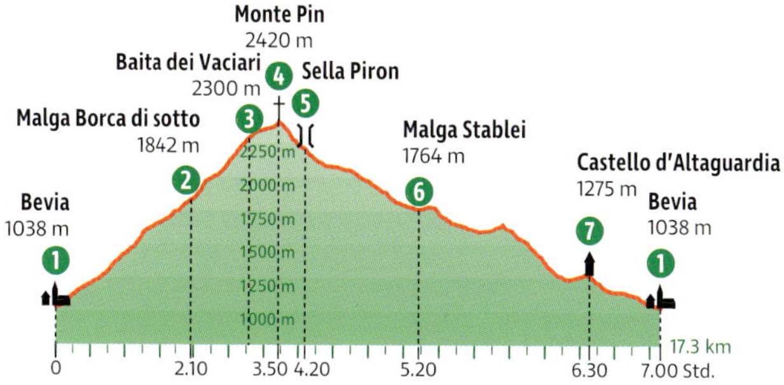

25 Roccapiana, 1873 m
Rundwanderung von Vigo di Ton

8.15 Std. | 15,5 km | ↗1700 m | ↘1700 m

Abenteuerliche Kammtour zwischen Nons- und Etschtal
Zwischen dem westlich gelegenen Nonstal (Val di Non) und der Etschtalfurche auf der Ostseite bildet der Mendelkamm über weite Strecken die Grenze zwischen dem Trentino und dem Südzipfel Südtirols. Obwohl die absoluten Höhen hier eher mittelgebirgsspezifisch erscheinen (gerade einmal der Monte Roèn überschreitet die Zweitausendermarke), ist man immer wieder überrascht ob des zuweilen rauen Charakters. Besonders zum tiefen Etschtal hin zeigen sich respektable Felsabstürze. Ganz im Süden des Mendelkamms formiert die Roccapiana eine markante Gipfelerhebung und Aussichtswarte ersten Ranges mit Zustiegen sowohl von Roverè della Luna (Aichholz) im Etschtal als auch von Vigo di Ton auf der Nonstaler Seite. Hier kann man mit dem Übergang zum Valico di Pra d'Arza sogar eine interessante Runde schließen, die es jedoch im Kammbereich durchaus in sich hat. Nach einem zugegebenermaßen etwas eintönigen Zustieg wartet ein echter Abenteuerpfad in ziemlich unwegsamem Gelände. Unterschätzen darf man diese Tour also nicht, zumal auch hinsichtlich der Ausdauer einiges gefordert wird. Da sollte man sich vielleicht nicht unbedingt einer hochsommerlichen Hitzeschlacht in den Latschen aussetzen, sondern besser erst im späten Herbst aufkreuzen, wenn man bei perfekter Fernsicht das Gipfelpanorama zwischen Ortlergruppe und Dolomiten genießen und sich angesichts des lebhaften Transitverkehrs drunten im Etschtal so seine Gedanken machen kann.

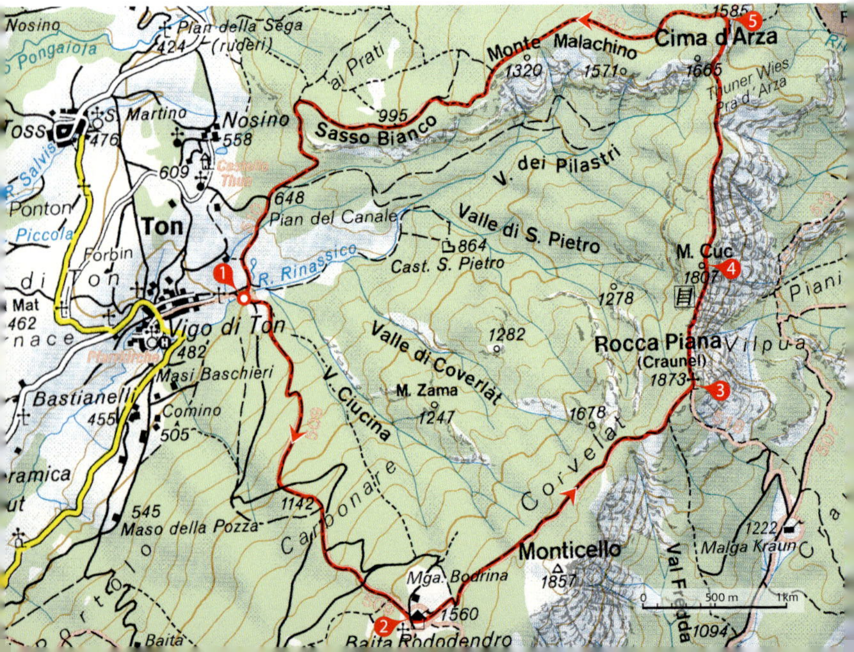

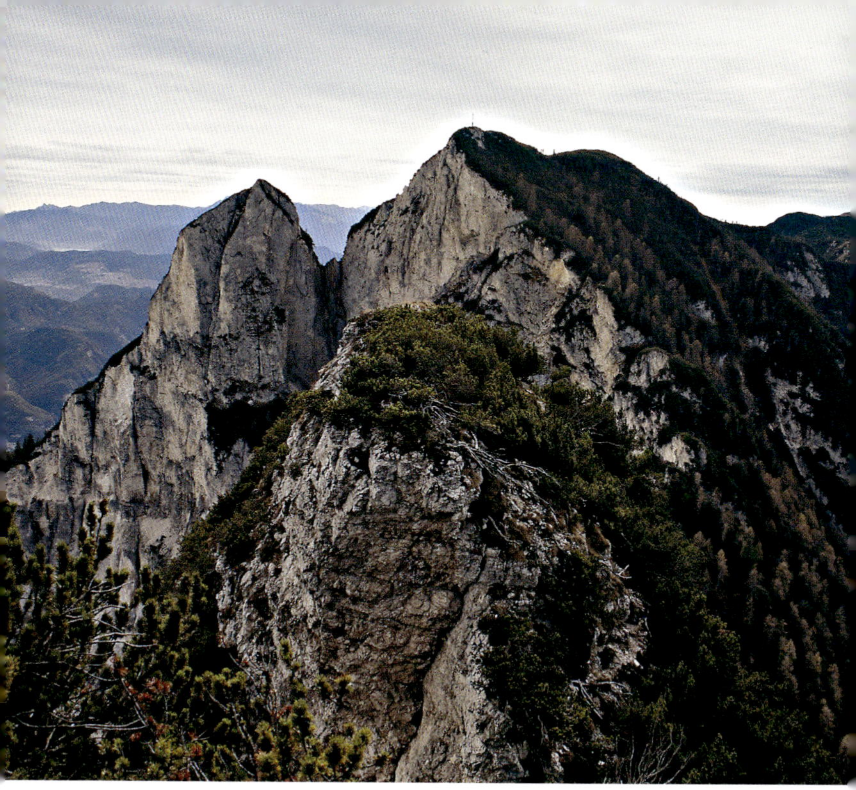

Rückblick zur Roccapiana beim Übergang zum Monte Cuc.

Ausgangspunkt: Von Vigo di Ton im Val di Non ein Stück die Bergstraße Richtung Malga Bodrina hinauffahren und bei der Wegverzweigung 509/510 parken.

Anforderungen: T4. Im Kernstück der Route zwischen Roccapiana und Valico di Pra d'Arza sehr ruppiges, steiles Auf und Ab, bis zum Monte Cuc sogar klettersteigartige Passagen mit etwas ausgesetzten Leitern. Trittsicherheit unerlässlich. Aufstieg bis zum Gipfel und finaler Abstieg sind leicht (»blau«). Insgesamt eine sehr lange Überschreitung, die Ausdauer und Beharrlichkeit erfordert.

Einkehr/Übernachtung: Einkehr in der Malga Bodrina. Baita Rododendro, 1560 m, und Baita Toss dienen als schlichte Selbstversorgerunterkünfte.

Karte: Tabacco 1:25.000, Blatt 067, Altopiano della Paganella.

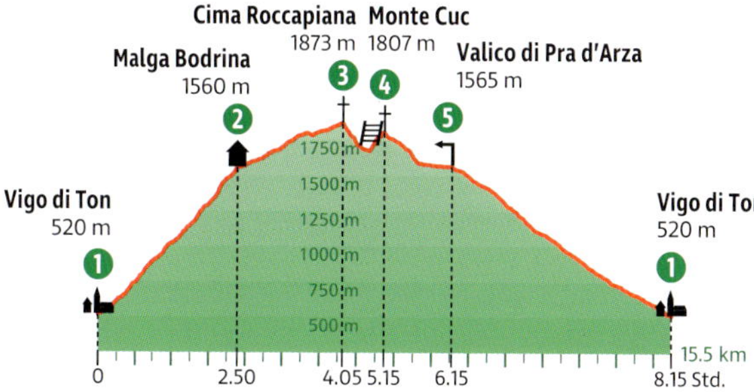

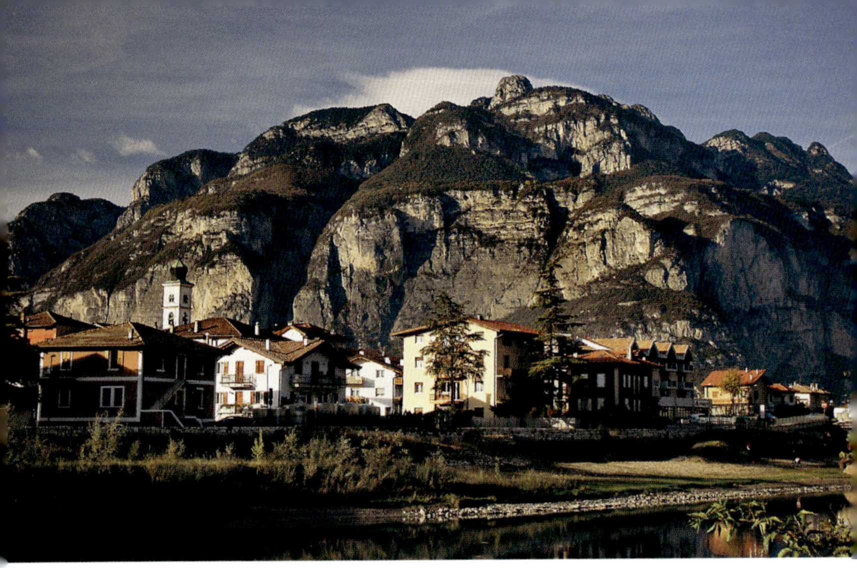

Rückblick zur Roccapiana beim Übergang zum Monte Cuc.

Bei der Gabelung des Wirtschaftsweges östlich oberhalb von **Vigo di Ton ❶**, 520 m, wählen wir die Bezeichnung 509 und folgen noch ein Stück dem Sträßchen, bis es nach einigen Kehren auf einen Fußweg verlassen werden kann. Lange Zeit geht es nun recht monoton im Wald bergauf, wobei die Fahrtrasse noch ein paar Mal gekreuzt wird. Nach rund 1000 Höhenmetern erreichen wir endlich die Wiese der **Malga Bodrina ❷**, 1560 m, wo sich auch die Baita Rododendro als offener Biwakraum befindet. Hinter der Alm auf breitem Fahrweg durch eine Linkskurve und mit neuer Wegnummer 500 (ehemals 504) weiter. In einer Kehre zweigen wir auf einen Steig ab, der in längerer, leicht ansteigender Traverse Richtung Nordosten führt. Eine gute Gasse durchschneidet die dichten Latschenfelder. Zuletzt gelangt man in unmittelbare Kammnähe und gewinnt die **Cima Roccapiana ❸**, 1873 m, in manchen Karten auch als Craunel eingetragen.

Nun steht der spannendste Teil der Tour bevor, freilich auch der mit Abstand anspruchsvollste. Direkt vom Gipfel aus geht es teils mit Drahtseilhilfe nordwärts steil bergab. Zwischen Latschen, Gehölz und Felsen büßt man einiges an Höhe ein, bis unter die Portazza, 1645 m, am Verbindungsgrat zwischen Roccapiana und Monte Cuc. Dessen Aufschwung wird westseitig erstiegen, wo nach einem Band eine kleine Leiternserie etwas Courage erfordert. So gelangen wir über den mit Lärchen und Latschen besetzten **Monte Cuc ❹**, 1807 m, hinweg und jenseits wieder abwärts. Der Pfad wird etwas leichter, bleibt aber schmal. Nach einer unbedeutenden Kammerhebung in den Sattel vor der Cima d'Arza und mit einem weiteren kurzen Gegenanstieg zur Pra d'Arza, 1550 m. Danach erfolgt eine Traverse unterhalb des Gipfels hindurch zum **Valico di Pra d'Arza ❺**, 1565 m, wo sich die Wege verzweigen. Wir folgen der Nr. 510 abwärts und passieren in Kürze die Baita Toss. Hier wird aus dem Wanderweg eine breitere Forststraße, die noch weit hinunterzieht bis nach **Vigo di Ton ❶**.

Palaier Höhenweg

Von Palù del Fersina auf den Monte del Lago

5.45 Std. | 11,9 km | ↗950 m | ↘950 m

Kleine Hüttenrunde über dem hinteren Fersental

Das Val dei Mocheni, seiner deutschkulturellen Wurzeln wegen auch Fersental genannt, zieht von Pèrgine aus in den westlichen Teil der Lagoraigruppe. Manchmal spricht man auch von den Palaier Bergen (nach dem Ort Palai im Talschluss, auf Italienisch Palù del Fersina). Mit den Rifugi Erdèmolo und Sette Selle gibt es zwei bewirtschaftete Berghütten in diesem Revier, die durch den Palaier Höhenweg miteinander verbunden sind. Diese Talschlussrunde kann mit einigen Gipfelabstechern angereichert werden, wobei der Monte del Lago ohnehin direkt überschritten wird. Aus der Ferne etwas formlos anmutend, gewinnen die aus kantigem Porphyrgestein aufgebauten Berge im Detail durchaus Profil und verlangen im grobblockigen Fels eine gute Portion Gewandtheit. Reine Wanderer, die sich nicht überfordern wollen, bleiben mit Vorteil auf dem Höhenweg.

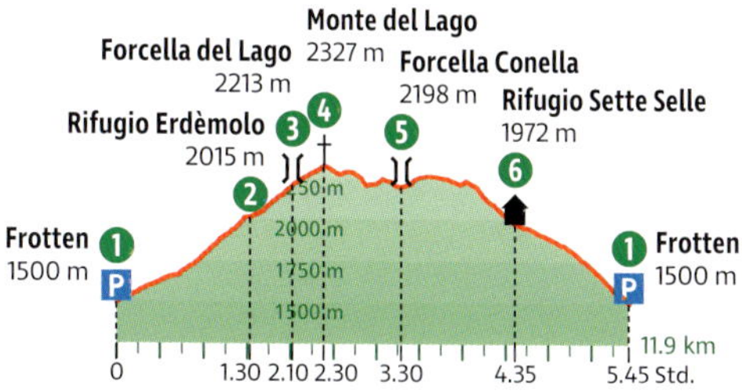

Der Sasso Rotto über dem Palaier Höhenweg.

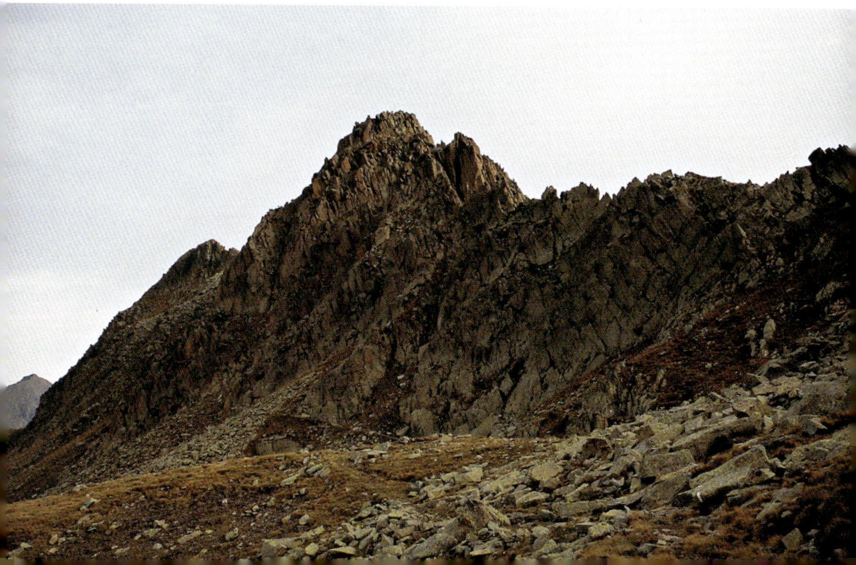

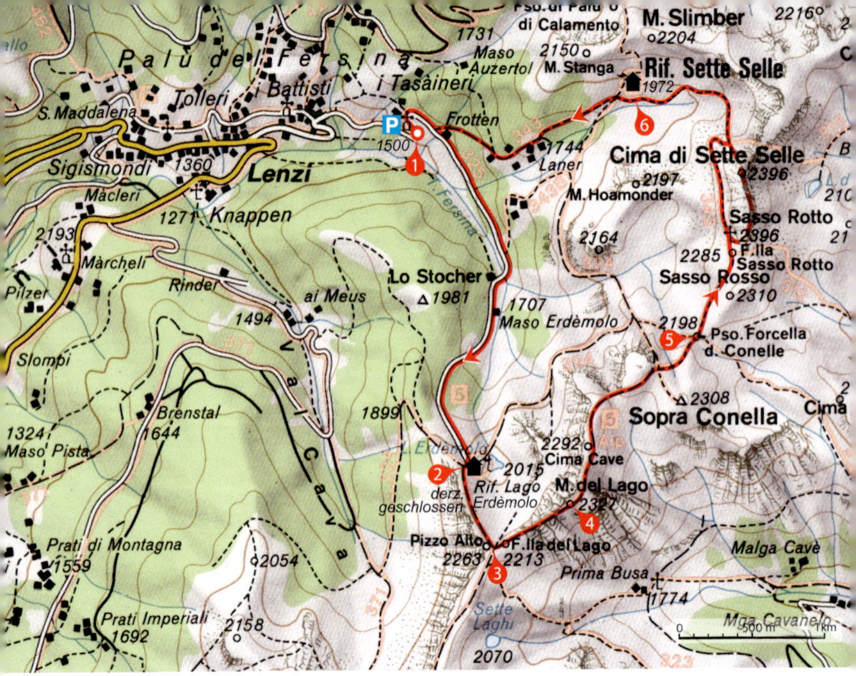

Ausgangspunkt: Parkplatz Frotten, 1500 m; Zufahrt von Palù del Fersina im inneren Val dei Mocheni; Busverbindung vom Bahnhof Pèrgine.

Anforderungen: T2–3. Gut markierte Bergwanderwege, die abschnittsweise etwas Trittsicherheit verlangen. Normale Tagestour. Bezieht man die in der Variante skizzierte Gipfelschleife mit ein, so erhöht sich das Niveau eher schon auf »schwarz« (nur für versierte Blockkraxler).

Einkehr/Übernachtung: Rifugio Erdèmolo, 2015 m, privat, derzeit geschlossen (Wiedereröffnung geplant). Rifugio Sette Selle, 1972 m, CAI, bewirtschaftet Mitte Juni bis Ende September, Tel. +39 347 1594929.

Variante: Abstecher zum Sasso Rotto, 2396 m, und eventuell Überschreitung zur Cima di Sette Selle, 2396 m: Nach bezeichnetem Abzweig vom Höhenweg rechts durch eine Rinne hoch und über große Blöcke zum ersten Gipfel. Der Übergang nahe der grobblockigen Schneide (teils links davon) verlangt etwas Kletterei (I), ebenso wie der Abstieg über den Nordwestgrat der Cima di Sette Selle bis zur Vereinigung mit dem Höhenweg. Mehraufwand ca. 1 Std.

Karten: Tabacco 1:25.000, Blatt 058, Valsugana – Tesino – Lagorai – Cima d'Asta und Blatt 62, Altopiano di Pinè – Valli di Cembra e dei Mocheni.

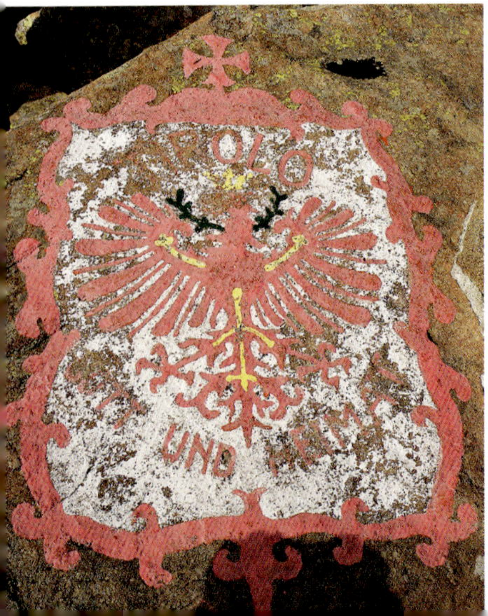

Tiroler Adler auf den Gipfelblöcken des Sasso Rotto.

Vom Wanderparkplatz nahe **Frotten ❶**, 1500 m, folgen wir der bezeichneten Route 325, teils auf Steig, vorübergehend nochmals auf einer Sandstraße und nach der Gabelung rechts über den Torrente Fersina zum Maso Erdèmolo wieder auf Steig. Man holt über Wiesen- und lichtes Waldterrain etwas nach rechts aus und gewinnt die Geländeschwelle mit der Mulde des Lago Erdèmolo dahinter. Gleich links steht die gleichnamige Hütte, das **Rifugio Erdèmolo ❷**, 2015 m.

An den rechtsseitigen Hängen geht es weiter auf der Trasse des E5 (lokale Markierung nach wie vor Nr. 325) in einigen Windungen zur **Forcella del Lago ❸**, 2213 m, nahe dem Pizzo Alto hinauf. Hier setzt die mit der Nr. 343 bezeichnete Kammroute über den **Monte del Lago ❹**, 2327 m, an, der nur wenige Meter unterhalb seines höchsten Punktes passiert wird (Abstecher kaum eine Minute). Von einem Schärtchen geht es anschließend links haltend abwärts bis zu einer tieferen Kammeinsenkung und südostseitig weiter im Gegenanstieg zur Forcella di Cave. Rechter Hand erhebt sich die von einem Steinmann gekrönte, leicht erreichbare Kuppe der Sopra Conella, 2308 m.

Wir steigen erneut etwas ab, tangieren die **Forcella Conella ❺**, 2198 m, bleiben fortan aber auf der Westseite des Kammes, um abschnittsweise über Blockfelder die Gipfel des Sasso Rotto und der Cima di Sette Selle zu passieren. Die Querung endet am Ansatz des Nordwestgrates und zieht dann rechts in die Karmulde unterhalb der Forcella d'Ezze hinunter. Von dort weiter im Bogen zum **Rifugio Sette Selle ❻**, 1972 m, und schließlich auf dem Hüttenweg via Laner zurück zum Startpunkt nahe **Frotten ❶**.

Gemütlich gibt sich das Rifugio Sette Selle.

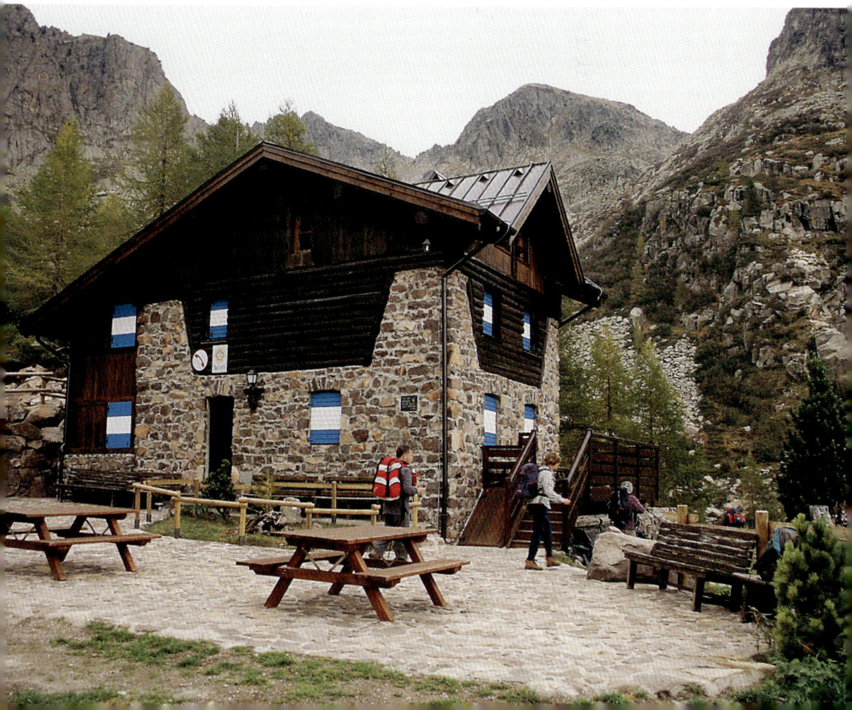

27 Monte Croce, 2490 m

Auf hoher Route vom Passo Manghen

6.30 Std. | 12,7 km | ↗1050 m | ↘1050 m

Markanter Gipfel in den westlichen Lagoraibergen

Der Monte Croce ist so etwas wie ein topografischer Dreh- und Angelpunkt im westlichen Teil der Lagoraikette. Hier treffen nicht nur die Gebietsgrenzen von Val di Fiemme, Valsugana und Pinè aufeinander, auch Besteigungen werden von verschiedensten Seiten ausgeführt, etwa von Palù del Fersina, von Brusago über das Rifugio Tonini, aus dem Val di Carameno oder aus dem Val Cadino. Wer gleich am Passo Manghen, der Straßenverbindung zwischen Fleimstal und Valsugana, startet, reduziert zwar nicht unbedingt die Gehzeit, tauscht jedoch einen Anstieg durch relativ eintönige Hochtäler gegen eine abwechslungsreiche Höhenwanderung ein. So ist der Gipfel mit seiner weiten Rundschau über große Teile des Trentino letztlich nur das i-Tüpfelchen. Man lasse allerdings nicht außer Acht, dass der Rückweg auf dieser Strecke wegen der mehrmaligen Gegenanstiege von insgesamt rund 300 Höhenmetern fast noch mal so lange dauert. Es gibt keine Busverbindung über den Passo Manghen, sodass etwaige Abstiegsvarianten leider mit nachteiliger Logistik verbunden sind.

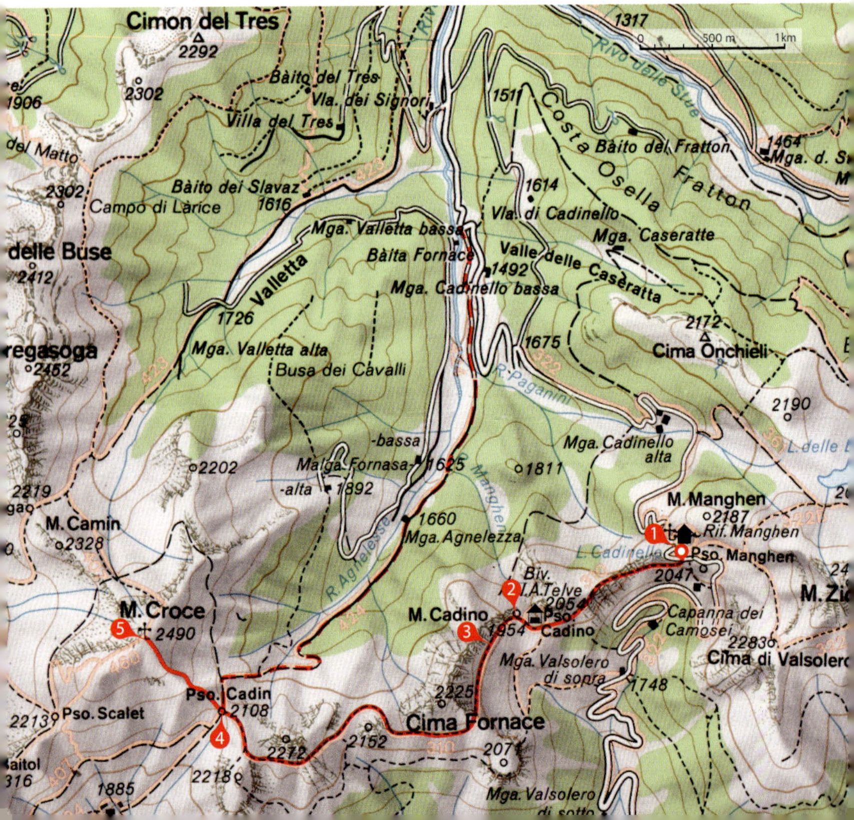

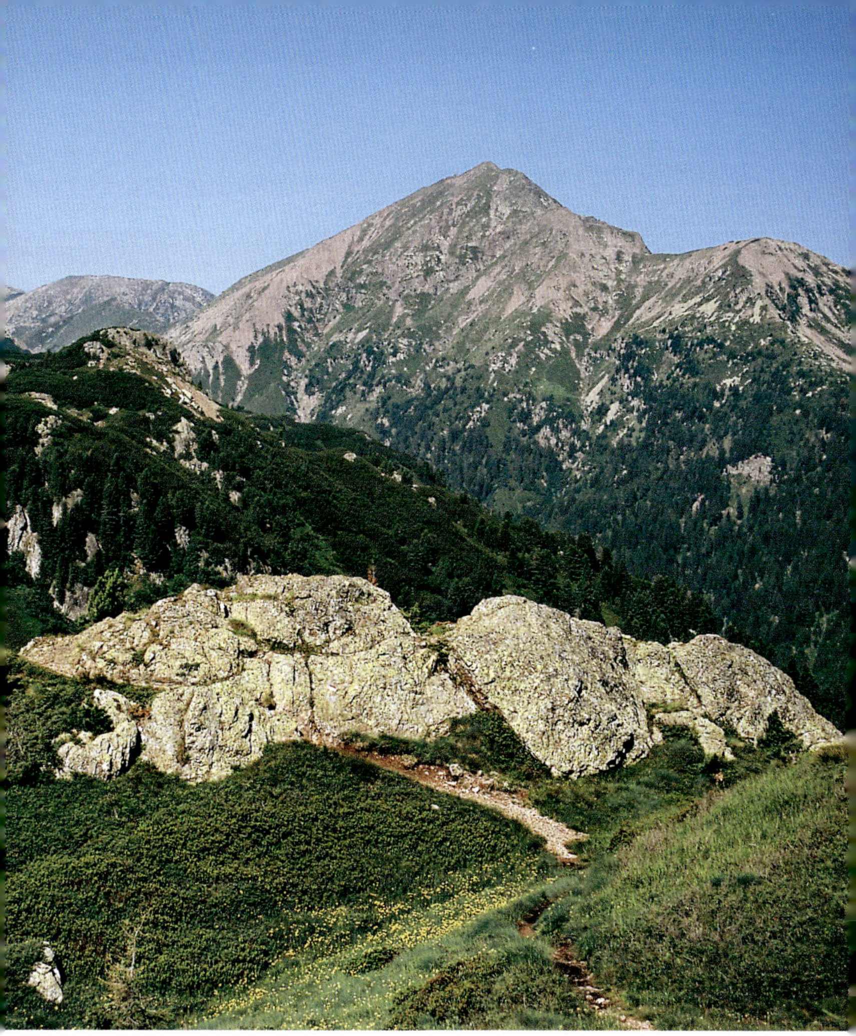

Auf dem langen Weg vom Passo Manghen zum Monte Croce (Bildmitte).

Ausgangspunkt: Passo Manghen, 2047 m, Straßenverbindung zwischen Fleimstal (Molina) und Valsugana (Telve); kein Busanschluss.

Anforderungen: T3. Teils schmale, aber ordentlich bezeichnete Bergwege bis zum Passo Cadin, zuletzt steiler Gipfelhang ohne Bezeichnung und mit nur dürftigen, teilweise vermurten Steigspuren. Hier etwas Routengespür angezeigt, zudem grundlegende Trittsicherheit und wegen des langen Rückwegs (Gegenanstiege beachten!) auch Ausdauer.

Einkehr/Übernachtung: Einkehr im Rifugio Manghen knapp unterhalb der Passhöhe. Unterwegs das Bivacco Mangheneto für Selbstversorger.

Variante: Aufstieg aus dem Val Cadino (von der Baita Fornace, 1440 m, aus) über die Malga Agnelezza zum Passo Cadin 4 und weiter zum Gipfel, gut 3 Std.

Karte: Tabacco 1:25.000, Blatt 058, Valsugana – Tesino – Lagorai – Cima d'Asta.

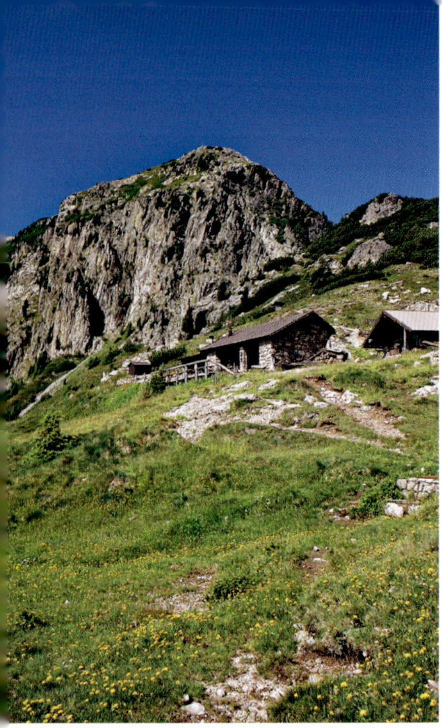

Das Bivacco Mangheneto am Fuße des Monte Cadino.

Direkt an der Scheitelhöhe des **Passo Manghen** ❶, 2047 m, beginnt unser Steig Nr. 310, der zunächst einen ersten Kammbuckel überschreitet und sich danach steil in einen Einschnitt absenkt. Wieder aufwärts zu einer Geländeschwelle und auf schönem Wiesenpfad zwischen Gebüsch weiter. Bald verliert man abermals an Höhe und gelangt rechts haltend in den **Passo Cadino** ❷, 1954 m. Am Gegenhang wird das **Bivacco Mangheneto** ❸, 2060 m, passiert, das sich als Stützpunkt für Romantiker anbietet (Wasser verfügbar), ehe es quer durch die Ostflanke der Cima Fornace zu einer auffälligen Geländeschulter geht. Hier schwenken wir scharf rechts, queren die Südflanke und gelangen über einen Geländeriegel in eine kleine Hochmulde. Wir peilen im Bergauf die Grathöhe an, bleiben aber vorerst in der Südflanke, wo sich die Traverse fortsetzt. Per Zwischenabstieg wird die markante, unbenannte Erhebung von P. 2152 nordseitig umgangen, womit man eine blockgefüllte Senke erreicht. Aus ihr heraus aufwärts zu einem Sattel, dann in südseitiger Querung um den Gipfel P. 2272 herum zum nächsten Sattel und von dort nochmals leicht absteigend in den Wiesensattel des **Passo Cadin** ❹, 2108 m. An diesem wichtigen Punkt hat man nach zweieinhalb Gehstunden effektiv gerade einmal 60 Höhenmeter gewonnen, steht nun aber endlich unmittelbar vor den Gipfelhängen des Monte Croce. Hier wird es plötzlich sehr steil, wobei gut auf vorhandene Spuren im teils grasdurchsetzten, losen Blockschutt zu achten ist (nur vereinzelt Steinmännchen). Die markante Rinne in der Flanke überschreitet man am besten bald einmal nach links. Nach mühseligem Anstieg gelangt man auf den Südwestgrat und hier auf einem markierten Pfad in wenigen Minuten zum Gipfel des **Monte Croce** ❺, 2490 m.

Der Abstieg erfolgt auf demselben Weg wie der Anstieg.

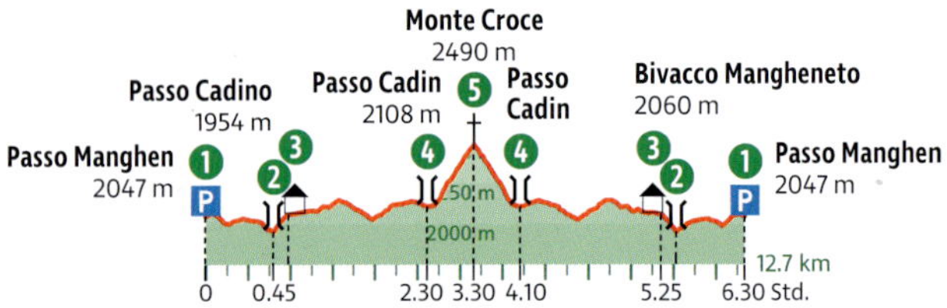

Monte Ziolera, 2478 m

Rundwanderung über den Lago delle Buse

28

2.50 Std. | 5,8 km | ↗500 m | ↘500 m

Spritztour über dem Passo Manghen

Die Pyramidengestalt der Ziolera beherrscht den Manghenpass und zählt aufgrund des kurzen Anstiegs zu den beliebtesten Gipfelzielen weit und breit. Sie bietet sogar die Möglichkeit zur Überschreitung, wenn man den Direktanstieg über die Forcella del Frate mit der Schleife über den verträumten Lago delle Buse kombiniert. So kommen trotz der Kürze der Tour eine Menge reizvoller Impressionen zusammen, von denen die Gipfelschau gewiss ein Highlight ist.

Ausgangspunkt: Passo Manghen, 2047 m, Straßenverbindung zwischen Fleimstal (Molina) und Valsugana (Telve); kein Busanschluss.
Anforderungen: T2–3. Deutliche Steigspuren am steilen Gipfelaufbau, sonst markierte Wege, zwischen Lago delle Buse und Passo Manghen recht holprig. Insgesamt unschwierig, wegen der Kürze keine besondere Ausdauer nötig.
Einkehr/Übernachtung: Einkehr im Rifugio Manghen knapp unter der Passhöhe.
Karte: Tabacco 1:25.000, Blatt 058, Valsugana – Tesino – Lagorai – Cima d'Asta.

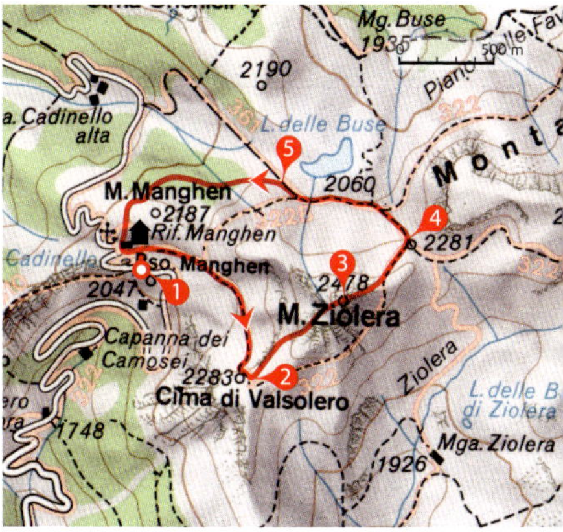

Am Lago delle Buse.

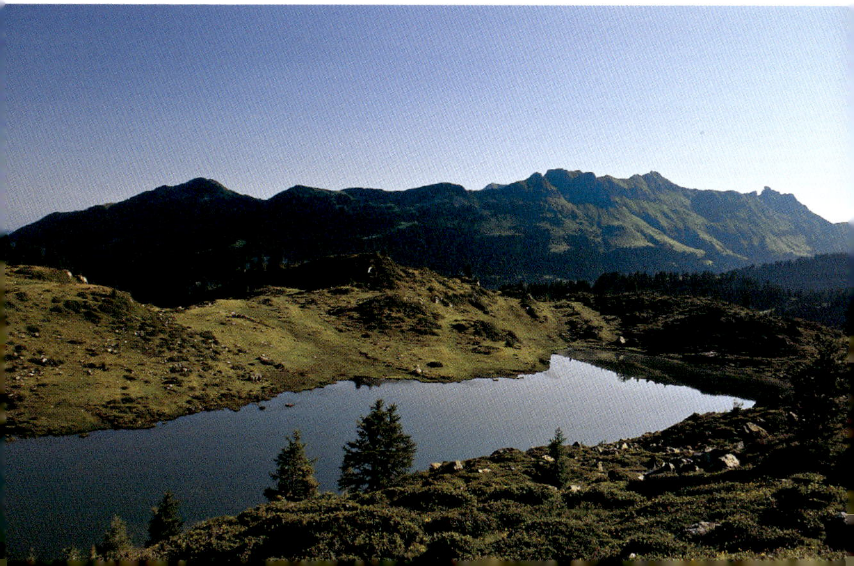

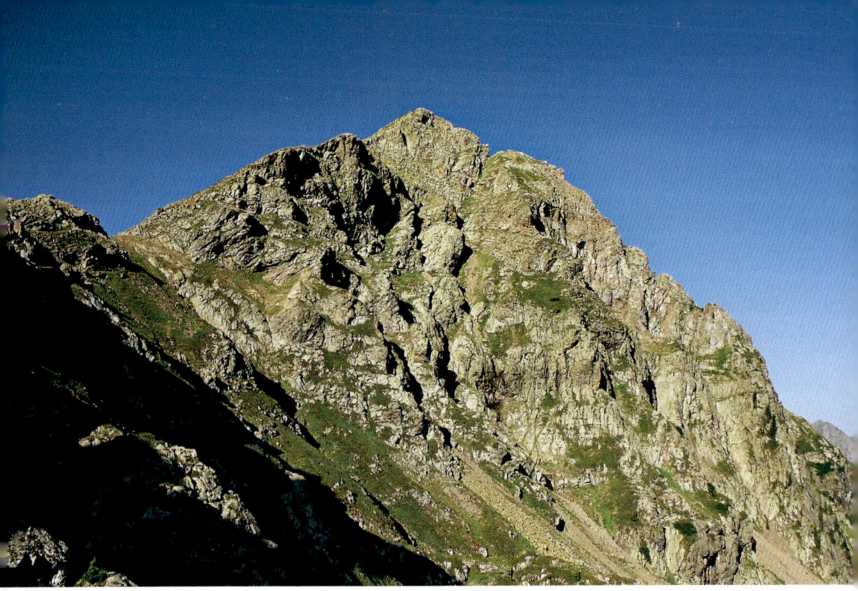

Typisch Lagorai: Gipfelaufbau des Monte Ziolera.

Vom **Passo Manghen** ❶, 2047 m, gelangen wir auf Weg Nr. 322 leicht ansteigend in den Kessel unter der Ziolera-Westflanke und steigen mit einigen Kehren in die **Forcella del Frate** ❷, 2230 m, an. Hier lohnt sich ein Abstecher nach rechts auf die Cima di Valsolero, die in nur 10 Minuten bereits gewonnen ist (Steigspuren). Anschließend gegen die Ziolera bergauf, wo der bezeichnete Weg bald rechts wegzieht, um den Südosthang zu queren, während wir gipfelwärts am Südwestrücken ebenfalls brauchbare Spuren vorfinden. Stets über leichtes Schutt- und Schrofenterrain zum kleinen Kreuz auf dem **Monte Ziolera** ❸, 2478 m. In ähnlicher Weise geht es am Nordostrücken in die **Forcella Ziolera** ❹, 2250 m, und zur Einmündung in den 322er hinab. Wir folgen diesem auf die Nordseite des Kammes, steigen nach rechts über ein gesichertes Band und dann kehrenreich in die Geländemulde unterhalb. Bei der Verzweigung auf breitem Weg nach links (westwärts) und am **Lago delle Buse** ❺, 2060 m, vorbei über eine seichte Geländeschwelle, wo wir Nr. 361 zur Malga Cadinello abziehen lassen und mit Nr. 322b die Runde vollenden. Der etwas raue Steig beschreibt dabei einen Bogen um den Monte Manghen herum und muss zuletzt Richtung Rifugio Manghen und zur Scheitelhöhe des **Passo Manghen** ❶ wieder etwas ansteigen.

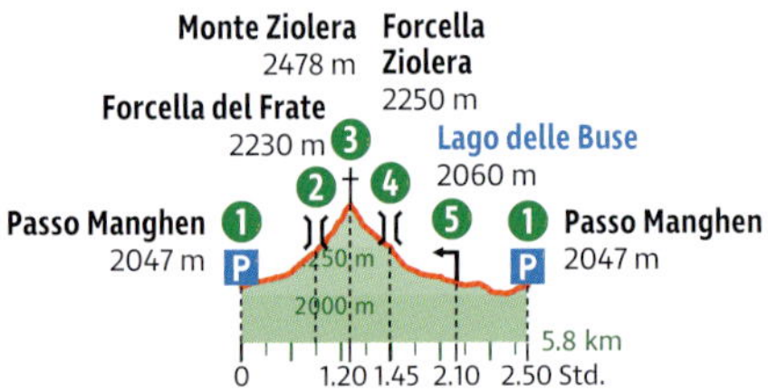

Cima delle Stellune, 2605 m

Aus dem Val Cadino über die Malga Cazzorga

29

7.45 Std. | 20,7 km | ↗1400 m | ↘1400 m

Auf einen Hochgipfel der zentralen Lagoraikette

Mit ihrem gebietstypischen Porphyraufbau ragt die Cima delle Stellune wuchtig in der Verlängerung des Val Moena sowie jener des Val delle Stue auf und darf zu den bedeutendsten Gipfeln der gesamten Lagoraigruppe gezählt werden. Ein ehemaliger Kriegssteig führt, geschickt die Schwachstelle des Berges nutzend und trotz der Steilheit ohne nennenswertes Zupacken zu fordern, bis zum höchsten Punkt hinauf. Der Anmarsch – wir wählen hier den Ponte delle Stue als Ausgangspunkt – ist allerdings ziemlich weit, doch verströmt namentlich der Stellune-Kessel mit seinem idyllischen Bergsee ein wunderbares Flair, von der ungehinderten Gipfelaussicht ganz zu schweigen. Zur Abwechslung sei für den Rückweg die etwas ausschweifendere Schleife über die Forcella di Montalon vorgeschlagen, womit sich quasi eine vollständige Umrahmung des Stellune-Kessels ergibt.

Unterwegs auf dem Höhenweg im Stellunekessel; im Hintergrund der Gipfel.

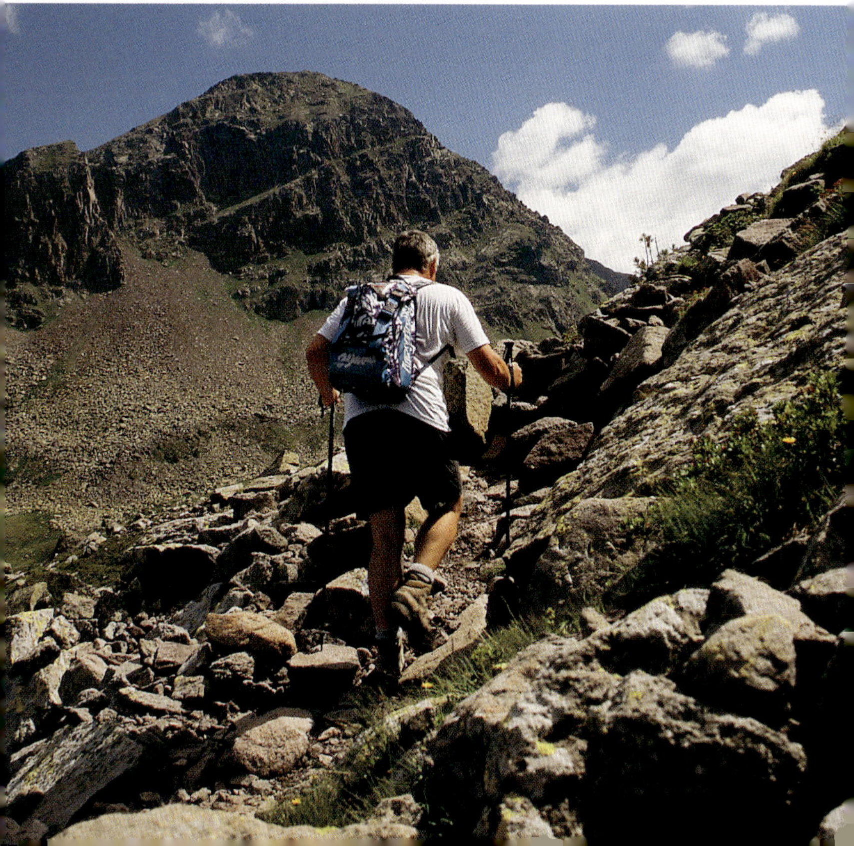

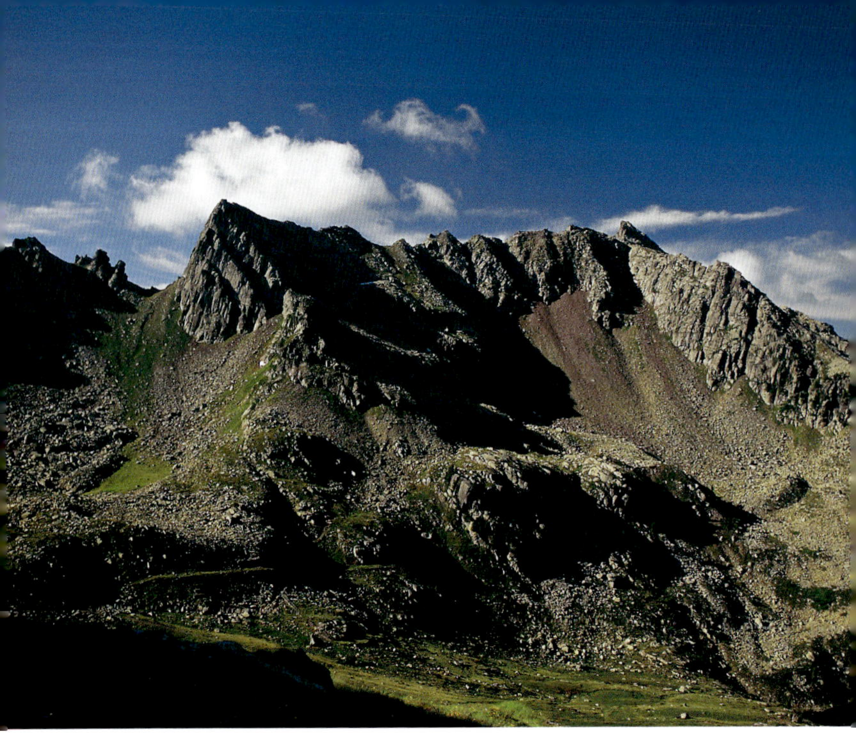

Monte Montalon und Cima delle Buse von der Forcella di Val Moena gesehen.

Ausgangspunkt: Ponte delle Stue, 1240 m, an der Straße von Molina di Fiemme durchs Val Cadino zum Passo Manghen. In einer markanten Rechtskurve zweigt die betreffende Almstraße ab.

Anforderungen: T3. Bergtour mit langem Zustieg, aber nur am Gipfelaufbau etwas anspruchsvoller. Hier Trittsicherheit unerlässlich, kurze Stellen unter Zuhilfenahme der Hände. Teile der Route sind nur spärlich bezeichnet, etwa unter der Forcella di Val Moena. Wichtig ist eine gute Ausdauer.

Einkehr/Übernachtung: Keine unterwegs.

Karte: Tabacco 1:25.000, Blatt 014, Val di Fiemme – Lagorai – Latemar.

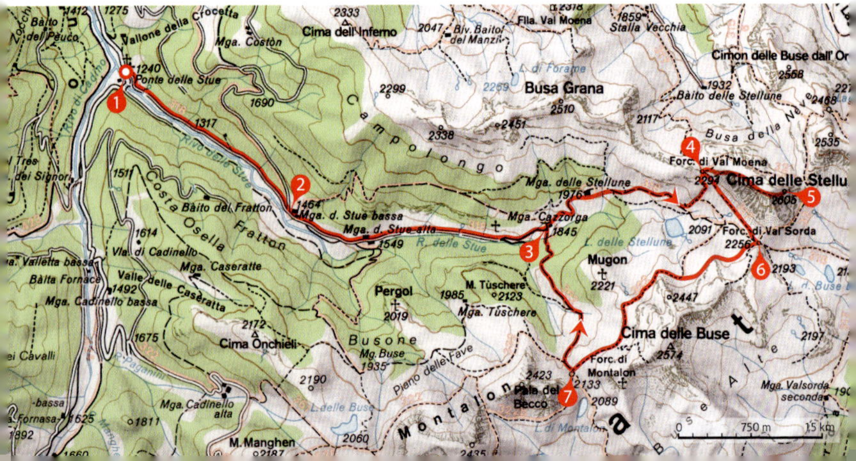

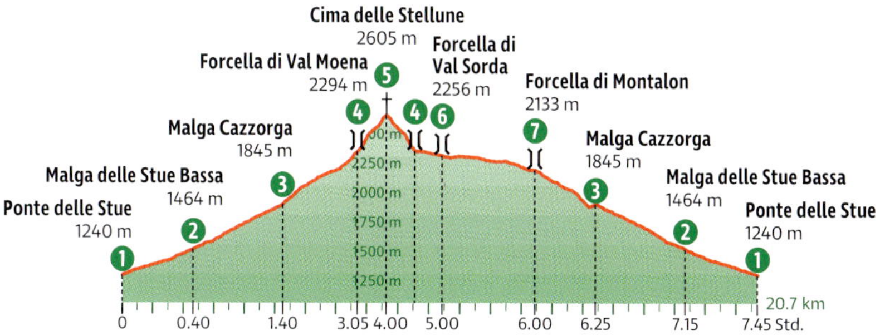

Ab **Ponte delle Stue** ❶, 1240 m, folgt man dem abgeschrankten Wirtschaftsweg (Nr. 318) taleinwärts. Er zieht stets links des Baches mäßig ansteigend an den **Malghe delle Stue Bassa** ❷, 1464 m, und Alta vorbei bis zur **Malga Cazzorga** ❸, 1845 m. Hier übernimmt linker Hand unmittelbar ein Steig die Führung. Dieser lässt die Malga delle Stellune knapp abseits liegen und leitet über Hochweiden in den Kessel mit dem zauberhaften Lago delle Stellune, 2091 m, den wir oberhalb passieren. Kurz darauf heißt es aufpassen: Wir folgen nicht weiter dem Hauptweg zur Forcella di Val Sorda, sondern zweigen links ab, um die **Forcella di Val Moena** ❹, 2294 m, zu erreichen. Dieser Wegabschnitt ist stark mit Gras überwachsen und schlecht markiert, aber bei ausreichender Sicht dennoch problemlos zu finden. Von der Scharte geht es den weißen Pfeilen (Hinweis »Cima delle Stellune«) nach. Der vom Militär gut ausgebaute Steig führt in erdiges Steilgeschröf, gelangt nach dem ersten Aufschwung des Südwestrückens auf eine ausgeprägte Verflachung und gewinnt in nochmals aufsteilendem, grobem Blockgelände den höchsten Punkt der **Cima delle Stellune** ❺, 2605 m.

Der Abstieg sollte zunächst auf jeden Fall wieder über die Forcella di Val Moena erfolgen, auch wenn wir nachfolgend unterhalb des Gipfels in die **Forcella di Val Sorda** ❻, 2256 m, hinüberqueren (nahezu horizontal durch Blockfelder). Dort vertraut man sich der Markierung 322 an, die in leichtem Auf und Ab um mehrere Geländesporne zu Füßen des Monte Montalon und der Cima delle Buse herum die **Forcella di Montalon** ❼, 2133 m, ansteuert. Am weiten Sattel kreuzt Weg Nr. 362, mit dem wir im Abstieg über den Pian della Maddalena nach Norden wieder die **Malga Cazzorga** ❸ erreichen. Reichlich eine Stunde später treffen wir dann beim **Ponte delle Stue** ❶ ein.

Das Gipfelkreuz auf der Cima delle Stellune.

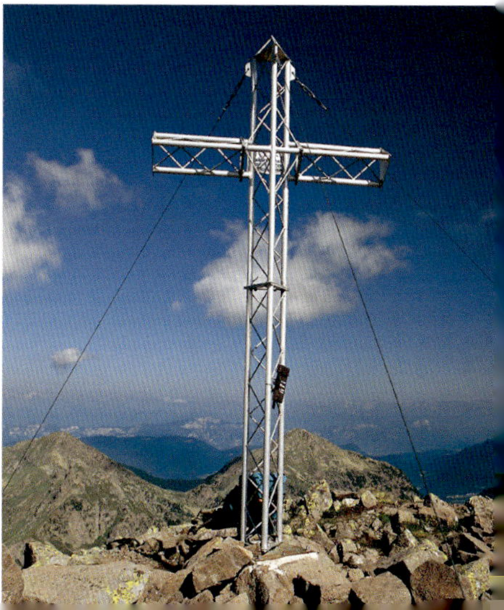

30 Cauriol, 2494 m
Überschreitung aus dem Val Sàdole

5.15 Std. | 13,3 km | ↗1000 m | ↘1000 m

Kriegshistorisch bedeutender Berg über dem Val di Fiemme
Zu den bekanntesten Gipfeln der Lagoraikette gehört zweifellos der Cauriol, der als markantes Felshorn einerseits starkes alpines Profil zeigt, zum anderen eine besondere Bedeutung an der »Fleimstalfront« im Ersten Weltkrieg besaß. Der zunächst von den Österreichern besetzt gehaltene Gipfel wurde nach erbitterten, blutigen Kämpfen zwischen dem 24. und 27. August 1916 schließlich von den italienischen Alpini eingenommen; ein Rückeroberungsversuch wenige Tage später scheiterte. Allenthalben erinnern noch Kriegsrelikte an diese schlimme Zeit, ebenso wie die beiden Weganlagen der »Via Austriaca« und »Via Italiana«, die sich zu einer kurzweiligen Tour verbinden lassen. Im Rifugio Cauriol ist eine kleine Museumsausstellung zu dem Thema eingerichtet. Tipp: Die wegen des famosen Panoramas sehr lohnende Besteigung kann auch in den Trans-Lagorai integriert werden.

Ausgangspunkt: Wanderparkplatz im Val Sàdole, 1500 m; Anfahrt von Ziano di Fiemme (im Fleimstal zwischen Predazzo und Cavalese) über den Weiler Bosin taleinwärts.
Anforderungen: T3. Markierte Steige bis in steileres Felsterrain, ursprünglich vom Militär ausgebaut. Solide Trittsicherheit obligatorisch, bei guten Verhältnissen aber ohne größere Hürden (kaum Kletterei).
Einkehr/Übernachtung: Rifugio Cauriol, 1587 m, privat, bewirtschaftet von Mitte Juni bis Mitte September, Tel. +39 0462 836002.
Karte: Tabacco 1:25.000, Blatt 014, Val di Fiemme – Lagorai – Latemar.

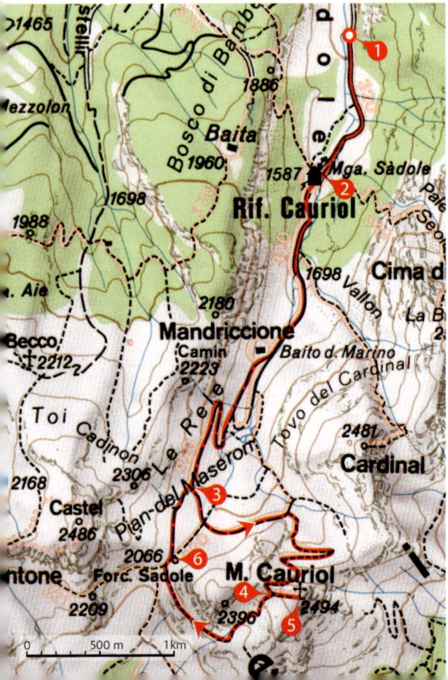

Vom Parkplatz im **Val Sàdole ❶**, 1500 m, erreichen wir in einer Viertelstunde das **Rifugio Cauriol ❷**, 1587 m, auf der Malga Sàdole. Von dort wandern mit Nr. 320 auf dem Fahrweg weiter taleinwärts. Nach der Bachbrücke setzt sich ein Saumpfad über den Pian delle Madalene fort. Wir kommen an einer Hirtenhütte vorbei und gelangen Richtung Talschluss, wo ein großer Blockwall den Weiterweg zu versperren scheint. Diesem wird rechts am Hang mit einer Reihe Serpentinen ausgewichen. Am **Pian del Maseron ❸**, 2021 m, zweigt nun die Via Austriaca vom Hauptweg zum Passo Sàdole nach links ab. Wir ge-

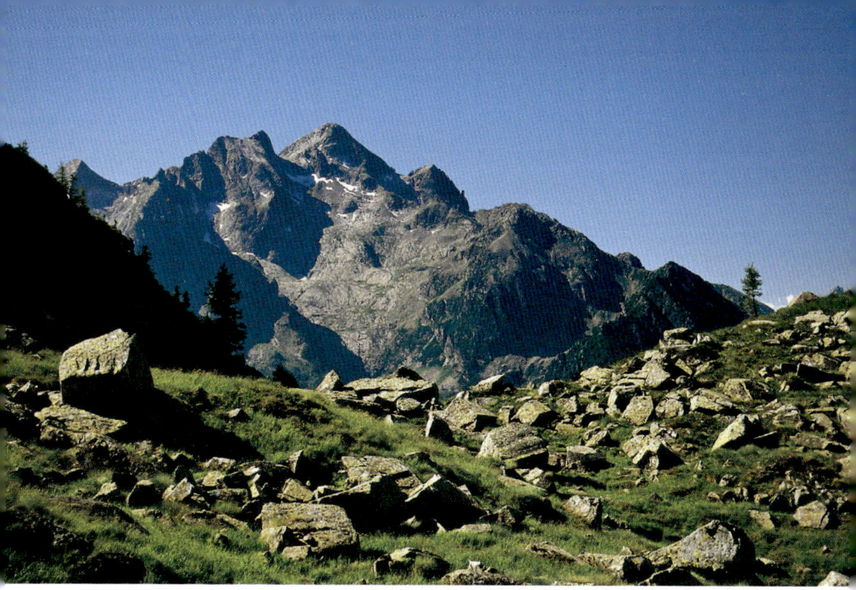

Im Süden dominiert die Cima d'Asta das Panorama.

hen fast eben eine Blockmulde aus, queren um den Nordsporn des Cauriol Piccolo herum und folgen dem alten Kriegssteig in die Nordflanke des Berges. Trotz des teilweise gröberen Blockwerks sind die vielen Kehren noch gut nachzuvollziehen. Sie leiten in die **Selletta Cartieri ❹**, 2343 m, den hohen Sattel zwischen Kleinem und Großem Cauriol, wo uns noch eine halbe Stunde vom Gipfel trennt. Erstmals wird der Blick südwärts zum wuchtigen Massiv der Cima d'Asta frei. Über einen passablen Felssteig, der trotz der Steilheit des Geländes keine wirklichen Schwierigkeiten bereithält, gewinnen wir den höchsten, von einem kleinen Kreuz geschmückten Punkt des **Cauriol ❺**, 2494 m.

Der Abstieg führt zunächst wieder zurück in die **Selletta Cartieri ❹** und von dort zur Abwechslung auf der Via Italiana südwärts hinab. Nach einigem Zickzack durch den Kessel schwenken wir rechts ein und erreichen in schöner Hangquerung unterhalb des Cauriol Piccolo hindurch den **Passo Sàdole ❻**, 2066 m. Mit Markierung 320 nordwärts hinab. Im Tal auf bekanntem Weg über den **Pian del Maseron ❸** und am **Rifugio Cauriol ❷** vorbei zurück zum Parkplatz im **Val Sàdole ❶**.

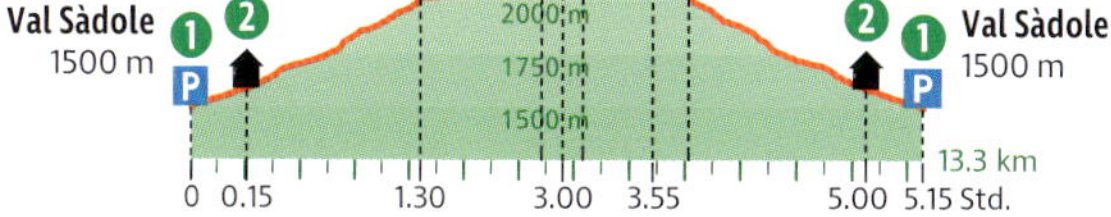

31 Trans-Lagorai

Vom Passo Rolle bis zum Cermis bei Cavalese

4 Tage | 40,7 km | ↗ 3360 m | ↘ 3030 m

Viertägige Durchquerung der östlichen Lagoraikette

Unter den ursprünglichsten Regionen des Trentino hat die ausgedehnte Kette der Catena dei Lagorai sicherlich einen besonderen Platz. Sie drängt sich nicht auf, hält sich immer dezent im Hintergrund und ist in den Bergsteigerköpfen längst nicht so präsent wie beispielsweise die benachbarten Dolomiten. Bewirkt wird dieser Umstand hauptsächlich durch den geringen Grad touristischer Infrastruktur. Wanderwege gibt es natürlich auch in den Lagoraibergen, und zwar gar nicht mal so knapp, doch sind diese nicht selten ziemlich ruppig und beschwerlich. Als Haupterschließer hat hier seinerzeit das Militär agiert, denn die Lagoraikette war während des Ersten Weltkrieges Frontgebiet, was auf Streifzügen durch dieses Gebiet nicht zu übersehen ist. Wen es hier in die Hochregion zieht, der sollte mit den Bergen allgemein und ihren urtümlichen Verhältnissen schon gut vertraut sein. Dafür offenbaren sich dann ganz spezielle Reize, die sich in einer oft melancholisch kargen, manchmal aber auch heiter verträumten Landschaft und nicht zuletzt in ihrer großen Stille manifestieren. Dies alles lässt sich in idealer Weise auf dem Trans-Lagorai erleben, der die Gebirgskette von Nordost nach Südwest, prinzipiell vom Passo Rolle bis nach Panarotta, durchquert. Dabei ist der Weg oft weniger eine tatsächliche Trasse als vielmehr eine mit Farbklecksen signalisierte Leitlinie durch das unübersichtlich strukturierte Gelände. Die »Logistik« für dieses rund einwöchige Trekking ist nicht ganz einfach, da man über weite Strecken auf bewirtschaftete Hütten verzichten muss. An dieser Stelle beschränken wir uns auf die besonders interessante östliche Hälfte des Trans-Lagorai, der an der Forcella di Lagorai günstig in Richtung der Cermis-Seilbahnen von Cavalese verlassen werden kann. Was uns erwartet, ist ein Wegverlauf voller Abwechslung durch ein reich gegliedertes Gelände. Chaotische Porphyrblockfelder fordern unsere Geländegängigkeit, idyllische Seen und malerische Gebirgswinkel umschmeicheln unsere Sinne. Die Hinterlassenschaften des Krieges machen uns nachdenklich. Insgesamt eine Tour für Bergindividualisten mit einem Hang zu Ausgefallenem …

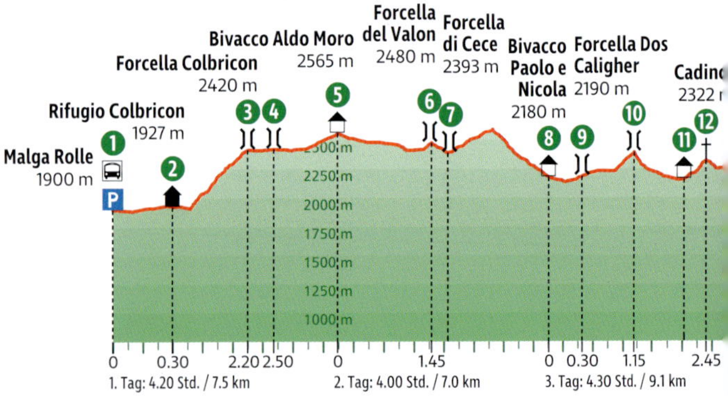

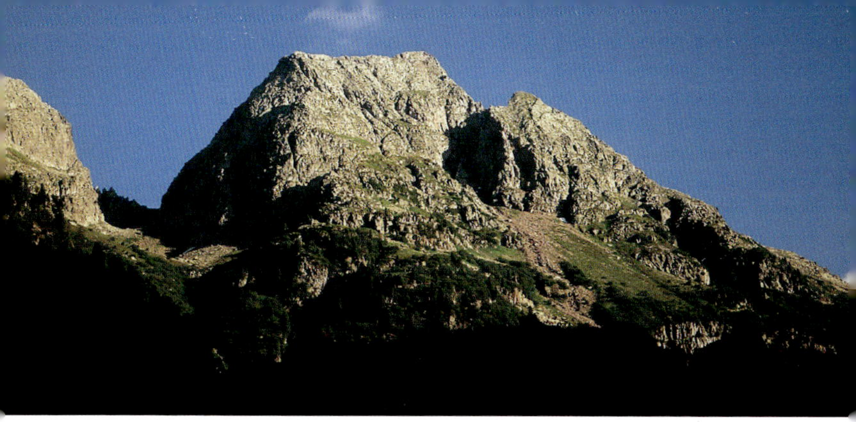

Der Cardinal, wie man ihn vom Rifugio Cauriol aus sieht.

Ausgangspunkt: Malga Rolle, ca. 1900 m, an der Straße zum Passo Rolle, ca. 1 km westlich der Passhöhe; Busverbindung von Predazzo.
Endpunkt: Cavalese, 993 m. Talfahrt von Bergstation Cermis, 2229 m mit der Seilbahn (Ende Juni bis Mitte September, täglich 9 bis 16.50 Uhr). Diverse Busverbindungen.
Etappen: Gesamtgehzeit: 20.40 Std.;
1. Tag: 860 Hm Aufstieg, 200 Hm Abstieg, 4.20 Std.,
2. Tag: 420 Hm Aufstieg, 800 Hm Abstieg, 4.00 Std.,
3. Tag: 550 Hm Aufstieg, 1140 Hm Abstieg, 4.30 Std.,
4. Tag: 1530 Hm Aufstieg, 890 Hm Abstieg, 7.50 Std.
Anforderungen: T3 für alle Etappen. Anstrengende Höhenwanderung mit häufig kleinräumigem Auf und Ab, über weite Strecken sehr steinig, mitunter sogar weglos, aber durchgängig ordentlich markiert und beschildert. Technisch schwierige oder ausgesetzte Passagen sind zwar selten, der typisch raue Charakter verlangt jedoch einen routinierten Hochgebirgswanderer mit ausgeprägter Trittsicherheit und guter Kondition. Vor allem die finale Etappe ist sehr lang.
Einkehr/Übernachtung: Stützpunkte zur Nächtigung sind das Bivacco Aldo Moro, 2565 m, das Bivacco Paolo e Nicola, 2180 m, evtl. das Bivacco Forcella Coldosè, 2163 m, die alle stets offen sind, sowie das Rifugio Cauriol, 1587 m, im Sommer bewirtschaftet. Einkehrmöglichkeit bieten zudem das Rifugio Colbricon, Tel. +39 0462 836002, 1927 m, am Anfang und das Rifugio Paion, 2229 m, am Cermis.
Karten: Tabacco 1:25.000, Blatt 014, Val di Fiemme – Lagorai – Latemar und Blatt 022, Pale di San Martino.

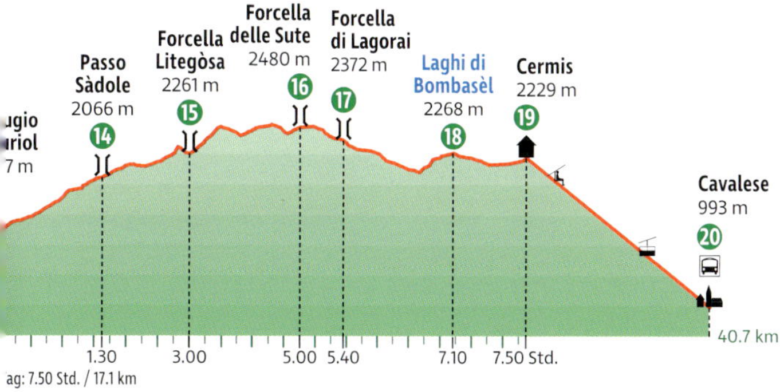

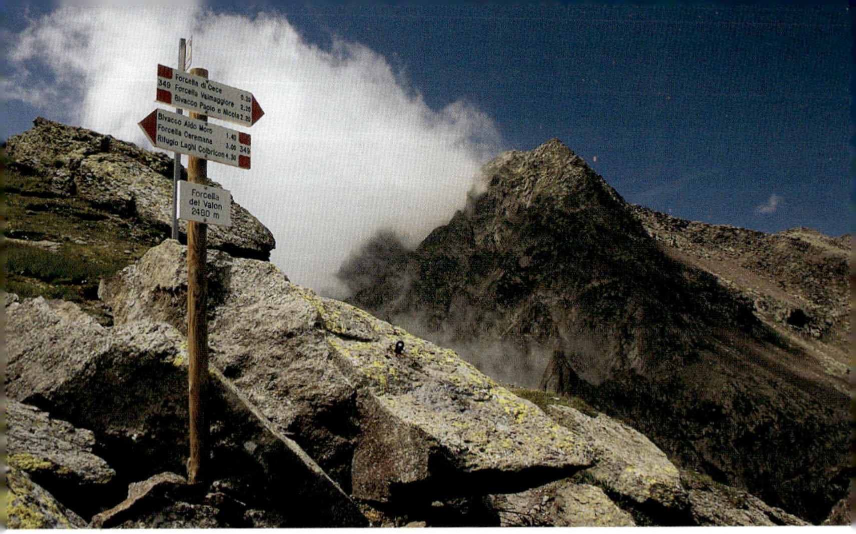

An der Forcella del Valon taucht mit der Cima di Cece der höchste Lagoraigipfel auf.

1. Tag: Bei der **Malga Rolle** ❶, 1900 m, zweigt ein Fahrweg südwärts ab, dem wir bis in die Nähe eines Skilifts folgen. Dort nach rechts und mit Nr. 348 auf bequemer Wandertrasse unwesentlich ansteigend zum **Rifugio Colbricon** ❷, 1927 m, am oberen der beiden gleichnamigen Seen. Man umrundet ihn zur Hälfte und gelangt kurz absteigend in den Passo del Colbricon, 1908 m. Nun steht einer der längsten Anstiege an einem Stück bevor: gut 500 streckenweise steile Höhenmeter über zunehmend steindurchsetzte Grashänge bis zum als **Forcella Colbricon** ❸, 2420 m, bezeichneten Sattel zwischen beiden Colbricon-Gipfeln. Dahinter links haltend auf und ab über plattige Felsbänke und einige grabenartige Einschnitte. Eine Leiter hilft über eine senkrechte Stufe hinweg. An der **Forcella di Ceremana** ❹, 2426 m, wird kurz eine Senke im Lagorai-Hauptkamm tangiert; man verbleibt jedoch in der nordwestlichen Flanke der Cime di Ceremana, bewegt sich weiterhin

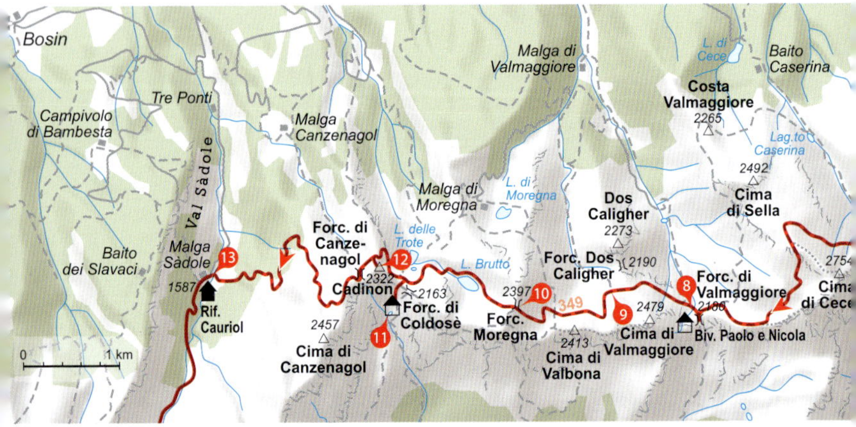

über plattige Abhänge und durchmisst so zwei durch eine Geländerippe getrennte seichte Karbuchten. Zuletzt leicht ansteigend zum **Bivacco Aldo Moro ❺**, 2565 m, in dessen Nähe es normalerweise kein Wasser gibt.

2. Tag: Der Trans-Lagorai setzt sich mit Nr. 349 in westlicher Richtung fort und leitet in Kürze in die enge Forcella di Bragagnolo hinunter, von der ein markanter Graben ausgeht. Jenseits zu einem Geländerücken und dahinter links einschwenkend. Wir vollziehen wieder einmal den Bogen durch einen kargen Steinkessel mit unangenehmem Blockwerk und finden danach einen etwas besseren Steig vor, der leicht fallend in die nächste Karbucht führt. Unterhalb ist ein Seeauge zu erkennen. Der folgende Gegenanstieg bringt uns in die **Forcella del Valon ❻**, 2480 m (auch Forcella di Valbona), wo mit der Cima di Cece plötzlich der höchste Berg der gesamten Lagoraikette vor uns auftaucht. Die unter ihrem Nordostgrat eingelagerte **Forcella di Cece ❼**, 2393 m, ist im Abstieg rasch erreicht. Obwohl auch eine Überschreitung möglich wäre, wird dem Massiv auf dem 349er nordseitig ausgewichen. Die ansteigende Traverse leitet hier zu einer versteckten Steilrinne und diese hinauf zu einem Schärtchen. Kurz ab- und wieder aufwärts wird ein Kammrücken überstiegen, wo die Normalroute zur Cima di Cece abzweigt. Nun durch einen von den imposanten Zacken der Denti di Cece beherrschten Geländekessel längere Zeit bergab und hinüber zur Forcella di Valmaggiore, wo das **Bivacco Paolo e Nicola ❽**, 2180 m, steht.

3. Tag: Wir begeben uns ein kurzes Stück auf die Nordseite hinab, zweigen aber alsbald links ab und bleiben damit weiterhin unserer Markierung 349 treu. Der Steig umkurvt in großem Linksbogen die Cima di Valmaggiore und überschreitet zwischendurch den Sattel der **Forcella Dos Caligher ❾**, 2190 m. Er hält die Höhe oberhalb des Valbonakessels und steigt anschließend ein gu-

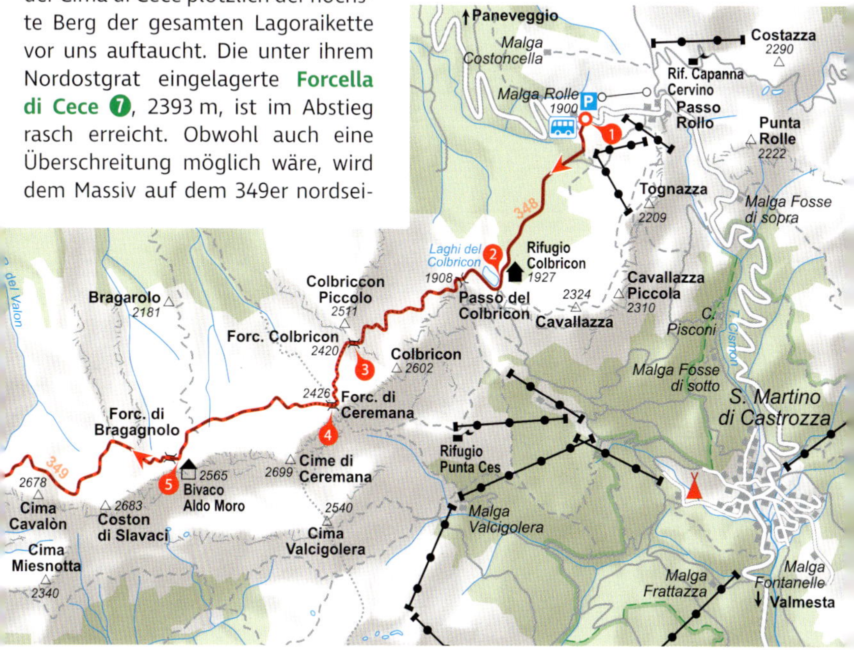

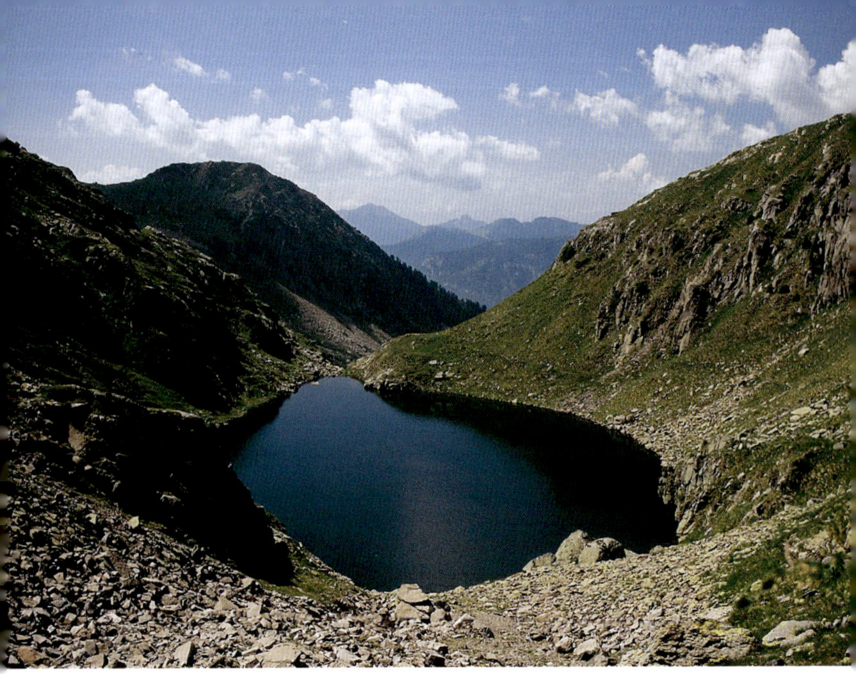

Überhaupt nicht hässlich: der Lago Brutto.

tes Stück zur **Forcella Moregna** ⑩, 2397 m, an. Im jenseitigen Trichter liegt der überhaupt nicht hässliche Lago Brutto (brutto = hässlich) verborgen, zu dem wir nun auf steinigem Pfad absteigen. Ein herrlicher Rastplatz! Wir bleiben auf der rechten Seite des Einschnitts und holen hinter der Karschwelle sogar noch etwas weiter nach rechts aus, um die unterhalb gelegene Mulde mit dem Lago delle Trote zu erreichen. Mit einer Rechtsschleife nähern wir uns im Gegenanstieg dem neuen **Bivacco Forcella Coldosè** ⑪, 2163 m, bis auf wenige Meter und gelangen weiter in den Sattel zwischen Nord- und Hauptgipfel des **Cadinon** ⑫, 2322 m, der sich als leichtes Mitnahmeziel anbietet. Auf der anderen Seite links haltend in die Forcella di Canzenagol, dann nochmals kurzer Gegenanstieg und auf dem sich absenkenden Militärweg weiter. Dieser vollführt zahlreiche Windungen und geht später in einen schmalen, häufig überwucherten Pfad über, der bei Nässe sehr unangenehm werden kann. Auf verschlungenem Kurs verlieren wir an Höhe und drehen bald deutlich nach Süden ein, um hier eine verstrauchte horizontale Querung zu vollziehen, bevor sich die Windungen bis hinunter ins Val Sàdole fortsetzen. Dort treffen wir beim schmucken **Rifugio Cauriol** ⑬ (Baita Monte Cauriol), 1587 m, auf der Malga Sàdole ein. Im ehemaligen Wirtschaftsgebäude nebenan befindet sich der Schlafsaal.

4. Tag: Die lange letzte Etappe beginnt mit einem sanften Aufstieg durchs innere Val Sàdole (Markierung 320). Wo ein Blockwall das Tal abriegelt, weichen wir rechts aus und gelangen mit einigen Kehren zum Pian del Maseron und etwas weiter zum **Passo Sàdole** ⑭, 2066 m. Nun folgen wir der Wegnummer 321 und gelangen diagonal durch die Südflanke des Castel d'Aiè zu einem Überstieg an einer Rippe. Dahinter kurz abwärts und rechts querend in die Busa del Castel. Knapp unterhalb einer Scharte verzweigt sich die Route. Wir bleiben diesseits und vollziehen eine leicht ansteigende Querung am Sockel des Monte Formentone, die schließlich über schmale Bänder führt und uns auf die Kammhöhe südwestlich des Gipfels entlässt. Nach kurzem Abstieg steht man in der **Forcella Litegòsa ⑮**, 2261 m. Der folgende Gegenanstieg bringt uns an die Cima Litegòsa heran, deren schroffer Gipfelaufbau unterhalb passiert wird. Wir treffen ein weiteres Mal auf einen kammnahen Militärweg, der jedoch die eigentlichen Erhebungen wie die Cima di Copolà auslässt. Stets auf der rechten Seite in recht verwickeltem Detailverlauf mit einigem Auf und Ab weiter südwestwärts. Dabei werden die Forcella dei Pieroni sowie die **Forcella delle Sute ⑯**, 2480 m, tangiert. Vom mächtigen Aufbau des Monte Lastè de le Sute rücken wir anschließend etwas deutlicher ab und gewinnen im Gegenanstieg über plattigen Fels eine Lücke im Nordwestausläufer. Jenseits verblüfft uns eine kurze, etwas Zupacken erfordernde Steilrinne, ehe über grobe Blockfelder und schließlich auf passablerem Pfad die wichtige **Forcella di Lagorai ⑰**, 2372 m, erreicht wird. Hier trennen wir uns vom 321er und damit vom Trans-Lagorai und steigen mit

Typisch Lagorai: Cima Moregna (links) und Coltorondo.

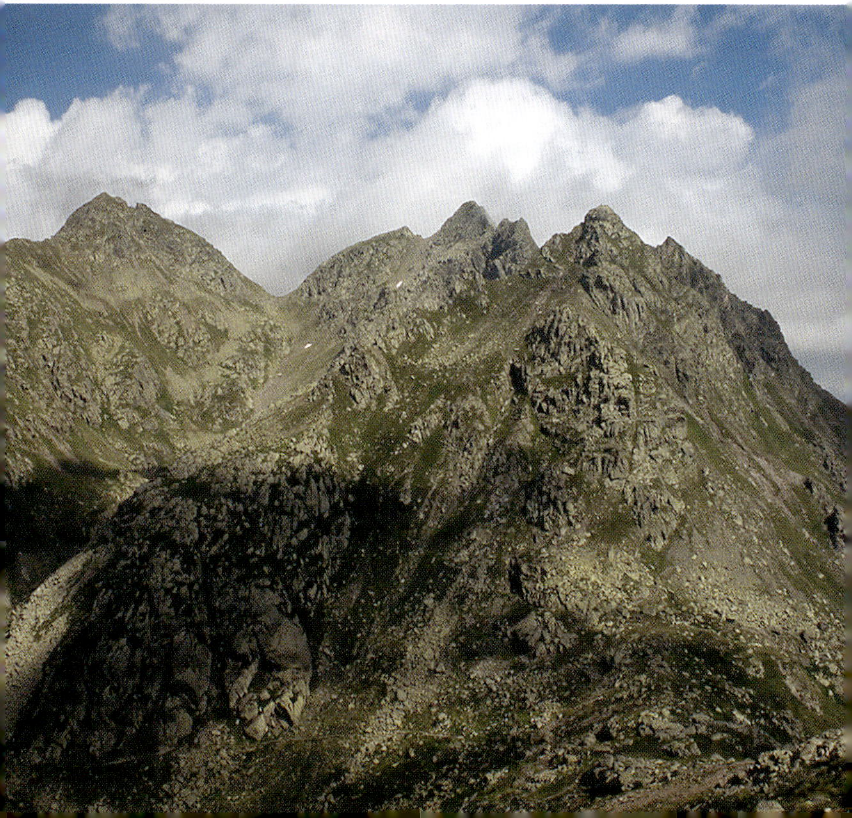

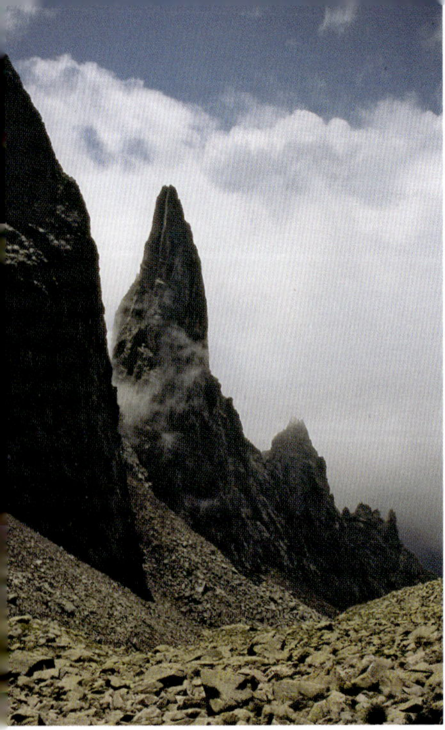

Die bizarren Denti di Cece.

Nr. 316 nordseitig über die Laghetti di Lagorai in ein Hochtal ab. Später müssen wir aufpassen, die Abzweigung nach links nicht zu verpassen (der Hauptweg führt im Rechtsbogen weiter talwärts). Wir hingegen peilen im Schräganstieg durch die Flanke des Castel di Bombasèl eine begrünte Senke im Nordostkamm an, hinter der sich unmittelbar die malerischen **Laghi di Bombasèl ⓲**, 2268 m, befinden. Nun ist auch schon der Endpunkt am Cermis in Sichtweite. Der jetzt breite Weg Nr. 353 führt abwärts bis unter die Forcella di Bombasèl, 2180 m, und gewinnt die Scharte über eine mit Holzstufen stabilisierte Rinne, ehe es entlang der Piste schließlich zur Bergstation auf dem **Cermis ⓳**, 2229 m, geht. In insgesamt vier Sektionen schwebt man von dort per Sessellift und Gondelbahn bequem bis nach **Cavalese ⓴** im Fleimstal.

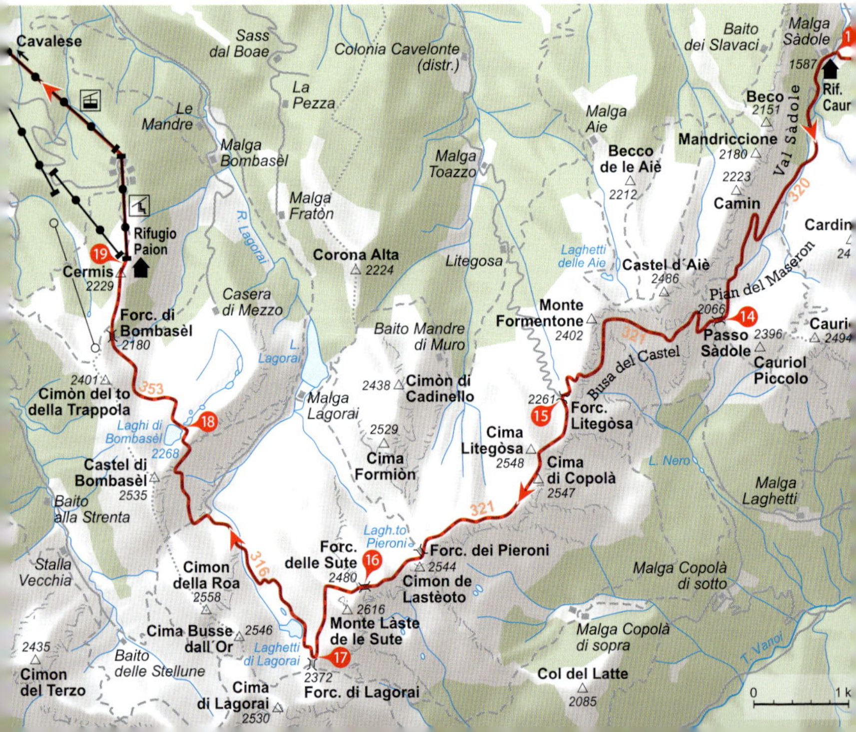

Cornacci, 2189 m

Überschreitung von Tèsero

5.45 Std. | 12,2 km | ↗ 1200 m | ↘ 1200 m

Fleimstaler Aussichtsloge par excellence

Mit dem Cornon-Agnello-Komplex wirft die quasi zweigeteilte Latemargruppe ihre südliche Bastion auf und flankiert damit das Fleimstal zwischen Cavalese und Predazzo. Abgesehen vom Skizirkus rund um die Alpe di Pampeago werden die weiten Schultern des hufeisenförmigen Bergstocks eher nur mäßig stark besucht, obwohl sie sich als vortreffliche Aussichtslogen erweisen und ein weit verzweigtes Routennetz bieten. Von Cavalese bzw. Tèsero als dem nächstgelegenen Talort fällt besonders der massige Cornon mit seinem Steilgeschröf ins Auge. Der direkte Anstieg auf die als Cornacci bezeichneten Gipfelhöcker ist mit seinen 1200 Höhenmetern auf relativ kurzer Distanz nicht gerade mühelos, allerdings überraschend urwüchsig. Und für den Abstieg lässt sich ja auch ein etwas bequemerer Weg finden. Weshalb man die Cornacci aber in erster Linie besteigt, sind die Prachtblicke zur Lagoraikette im Süden, zur Brenta am westlichen Horizont sowie natürlich tief hinab ins Fleimstal.

Ausgangspunkt: Tèsero, 992 m, im Val di Fiemme. Man findet meistens Parkmöglichkeiten in einer der oberen Straßen, ca. 1040 m.
Anforderungen: T3. Über weite Strecken steiler Anstieg auf durchgängig markiertem, allerdings teilweise nur schwach ausgeprägtem Steig. Trittsicherheit unbedingt erforderlich. Das Bergab ist eine Nummer leichter. Die Tour verlangt solide Ausdauer.
Einkehr/Übernachtung: Unterwegs keine.
Variante: Von den Cornacci Überschreitung des Dosso dei Branchi, 2274 m, zur Baita la Bassa, 2170 m, und erst von dort talwärts, ca. 0.40 Std. länger.
Karten: Tabacco 1:25.000, Blatt 014, Val di Fiemme – Lagorai – Latemar.

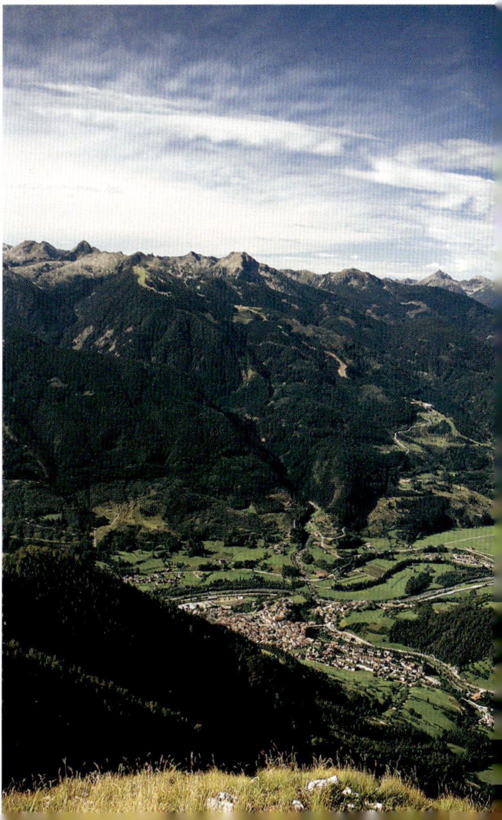

Blick von den Cornacci ins Fleimstal bei Tèsero, dahinter die Lagoraiberge.

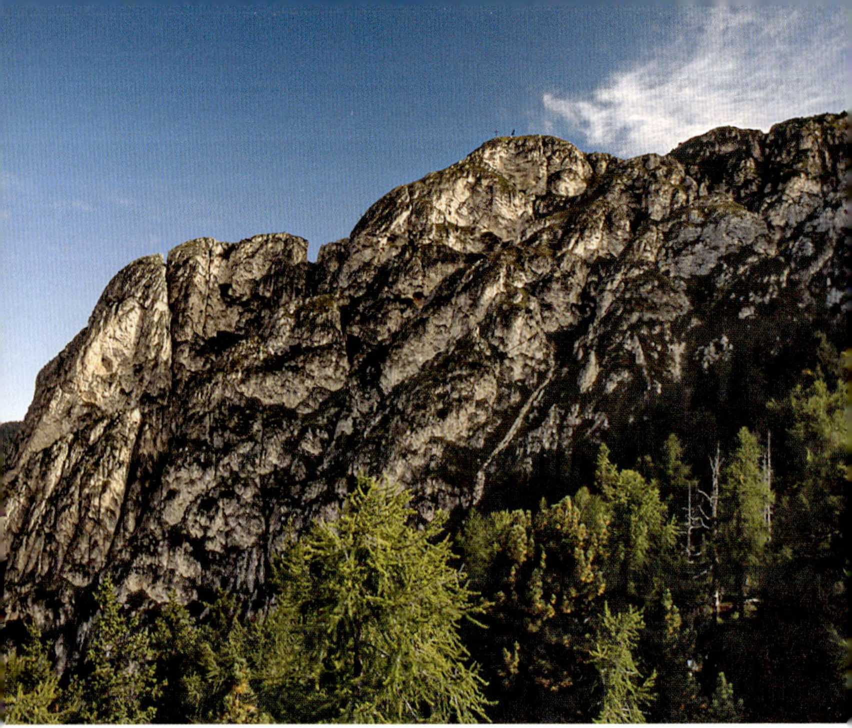

Blick in die Schrofenflanken der Cornacci.

Im oberen, östlichen Ortsbereich von **Tèsero** ❶ gehen wir anfangs Richtung Bossedel und zweigen links auf Weg Nr. 518 ab. Dieser führt in den Bergwald hinein, umgeht bald einmal die Wiese von Piazzol und steigt im Bereich einer Waldrippe höher. Alle Verzweigungen sind gut beschildert. Nachdem sich die Rippe im Steilgelände verliert, folgt eine Linkstraverse bis zu einer rinnenartigen Passage, in der es auf erdigem Pfad sehr steil aufwärtsgeht. Oberhalb ein wenig gemäßigter, aber nach wie vor nicht ganz unbeschwerlich weiter und über vereinzelte Felsstellen zur Grateinsattelung namens **Sforcelin** ❷, 1847 m. Von dort steigen wir kurz ab und halten uns rechts an den latschenbesetzten Aufschwung der Dolae. Hier steil hinauf zum Kamm und in dessen Nähe durch kupiertes Wiesen- und Schrofengelände, unterbrochen von

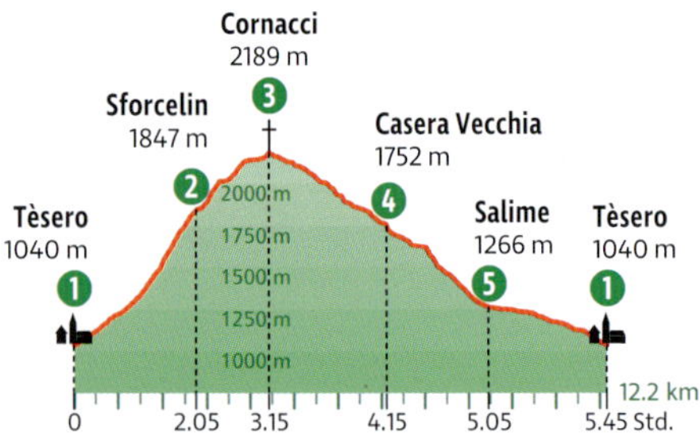

geringfügigen Zwischenabstiegen, weiter leicht ansteigend zur Gipfelkuppe der **Cornacci** ❸, 2189 m, mit dem großen Kreuz.
Wir setzen die Tour in nordöstlicher Richtung fort und erreichen in Kürze die flache Wiesensenke von Armentaiola, wo Weg Nr. 523 kreuzt. Hier rechts hinab und etwas tiefer links einschwenken, um über einige Gräben zum Baito de Val Sassoi, 1964 m, zu gelangen. Der Abstieg führt weiter in den größeren Taleinschnitt des Rivo Bianco, wo am nahen Gegenhang die aufgelassenen Hütten der **Casera Vecchia** ❹, 1752 m, stehen. Talauswärts wird mit Bezeichnung 510 insgesamt viermal der Bach überschritten, bevor uns bei **Salime** ❺, 1266 m, eine breite Forststraße aufnimmt. Auf dieser klingt die Tour in leichtem Gefälle zurück nach **Tèsero** ❶ aus.

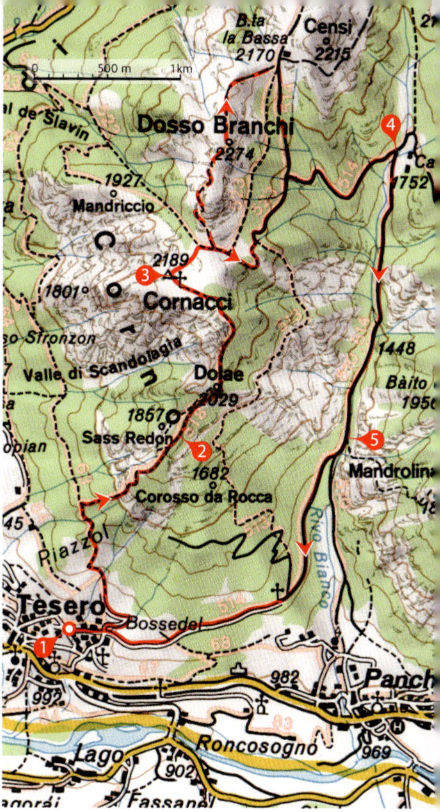

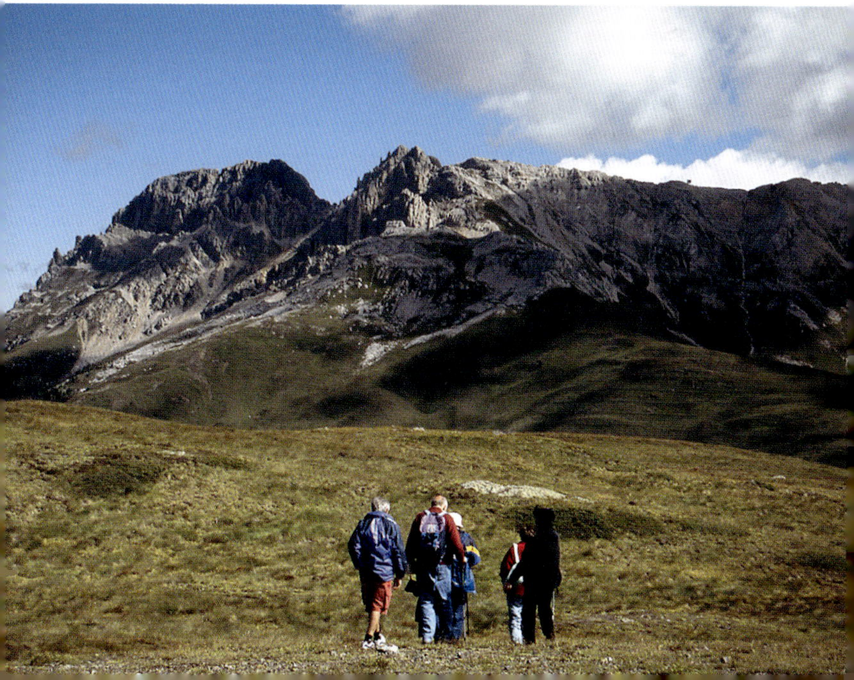

Wandervergnügen vor der Kulisse des Latemar.

33 Vièzzena, 2490 m
Rundtour von Bellamonte

7.00 Std. | 15,4 km | ↗1300 m | ↘1300 m

Im »Niemandsland« der Dolomiten

Pala, Marmolada, Sella und Rosengarten, mit Abstrichen auch der Latemar – das sind allgemein geläufige Namen in den Trentiner Dolomiten. Dazwischen ragt eine Kette auf, die so gar nicht ins Bild zu passen scheint. Geologisch leitet der Quarzporphyr der Bocche nämlich schon in die Lagoraiberge über, die jenseits des Val Travignolo beginnen, doch geografisch wird die Gruppe noch zu den Dolomiten gerechnet. In ihrem westlichen Teil erhebt sich die ausladende Vièzzena als Hausberg von Bellamonte. Wer es nur auf den Gipfelerfolg abgesehen hat, wird mit der Vièzzena keine größeren Schwierigkeiten haben und die Tour per Seilbahn aus dem Valle di San Pellegrino rasch abhaken. Allerdings gibt es auch die Chance zu einer großzügigen Überschreitung, die wegen des weglosen Mattengeländes beim Aufstieg durchs einsame Val Vièzzena freilich mehr Erfahrung verlangt. Man sollte sich nur bei guter Sicht darauf einlassen, was sich auch noch aus einem anderen Grund empfiehlt: Die Vièzzena ist nämlich ein exzellenter Aussichtspunkt!

Ausgangspunkt: Abzweig eines Karrenweges ins Val Vièzzena, 1236 m, etwa 2 km westlich von Bellamonte zwischen den Gasthäusern Zaluna und Alpina (an der SS 50 von Predazzo nach San Martino di Castrozza). Da kaum Parkraum vorhanden und der Endpunkt ohnehin in Bellamonte, 1372 m, liegt, startet man besser dort.

Anforderungen: T3–4. Im Aufstieg durchs Val Vièzzena teils wegloses Grasgelände, am Gipfelkamm meist mickrige Pfadspuren; bei Nässe nicht ratsam. Sparsam bzw. streckenweise

Fernschau zum Rosengarten beim Anstieg zur Vièzzena.

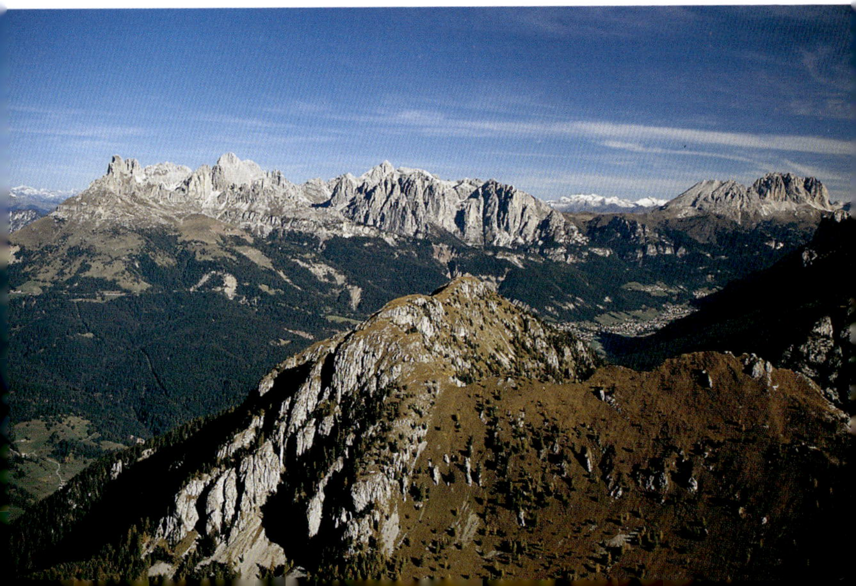

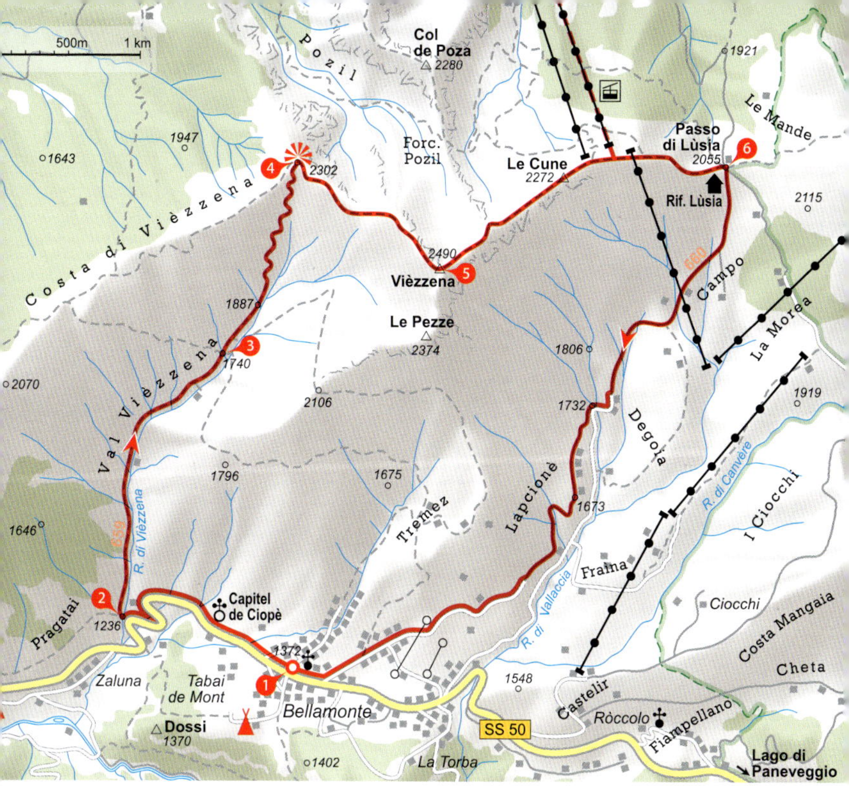

gar nicht markiert, deshalb nur bei ausreichender Sicht und mit entsprechendem Orientierungsvermögen. Die deutlich leichtere Abstiegsroute verläuft bis zum Passo di Lùsia auf bezeichnetem Bergpfad, danach auf breiten Almwegen. Aufgrund der Länge Ausdauer notwendig.

Einkehr/Übernachtung: Rifugio Lùsia, 2055 m, privat, Tel. +39 333 1951383.
Variante: Mit Seilbahnunterstützung (aus dem Valle di San Pellegrino bei Moèna) ergibt sich eine leichte Tour (»blau«) von hin und zurück ca. 1.40 Std.
Karte: Tabacco 1:25.000, Blatt 014, Val di Fiemme – Lagorai – Latemar.

Am besten starten wir direkt in **Bellamonte** ❶, 1372 m, und folgen zunächst ein Stück der Straße abwärts, bis in der **zweiten Linkskehre** ❷, 1236 m (genau zwischen zwei Gasthäusern), Weg Nr. 659 ins Val Vièzzena (in manchen Karten auch Valbona genannt) abzweigt. Immer neben dem munter plätschernden Bach geht es schnurstracks taleinwärts. Wo die markierte Route später links Richtung Monte Mulat abdreht ❸, 1740 m, halten wir uns weiter geradeaus an den Taleinschnitt. Nach Passieren einer Almhütte zur Rechten sowie eines Hirtenunterstandes verliert sich die Wegspur im Bereich des Bachursprungs. Man kann jedoch ohne besondere Hürden weiter der seichten Eintalung folgen; allenfalls hochwucherndes Gras und die etwas zunehmende Steilheit bremsen ein wenig den Vorwärtsdrang. Man gewinnt eine Art Scharte hoch oben am Kamm und sollte hier nicht versäumen, die nordwärts vorspringende **Kanzel** ❹, 2302 m, aufzusuchen – dort erwartet uns ein großartiger

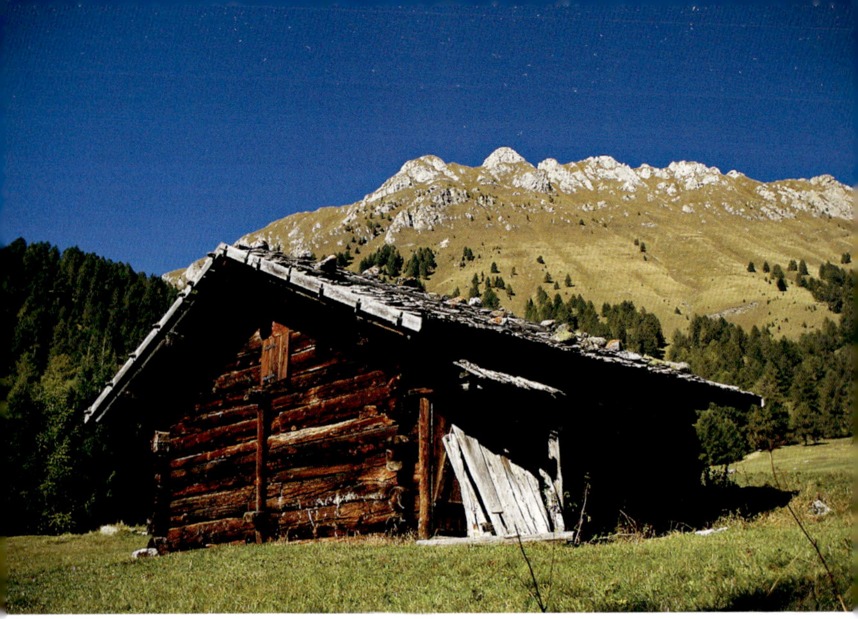

Almidyll am Fuße der Vièzzena.

Blick über das Fassatal. Anschließend gibt der Nordwestkamm der Vièzzena die Richtung vor, wobei wir vorerst auf die spärlich ausgetretene Pfadspur in der Südflanke ausweichen (gut auf die Markierung achten). Nachdem auf diese Weise einige schroffere Gratköpfe umgangen sind, steigt man steil zur Kammhöhe auf und folgt ihr über Grasflecken und schrofiges Terrain bis zum Gipfel der **Vièzzena ❺**, 2490 m.

Über die Normalroute gelangen wir entlang dem nordostwärts ausstreichenden Gratkamm abwärts. Der mitunter erdige Steig weicht einigen Felsgebilden aus und übersteigt im Auslauf noch die unbedeutende Erhebung Le Cune, 2272 m, an welche die Liftanlagen heranreichen, bevor es über die Piste bis zum **Rifugio Lùsia ❻**, 2055 m, hinabgeht. Nun stets mit Markierung 660 auf einem Almfahrweg Richtung Süden durch das offene Hochweidengelände. Weiter unten muss man in einer Linkskurve achtgeben, dass man den rechten, oberen Weg erwischt (also nicht der Hauptspur folgen). Damit gelangt man im Schrägabstieg an etlichen Hütten vorbei direkt zurück ins Ortszentrum von **Bellamonte ❶**.

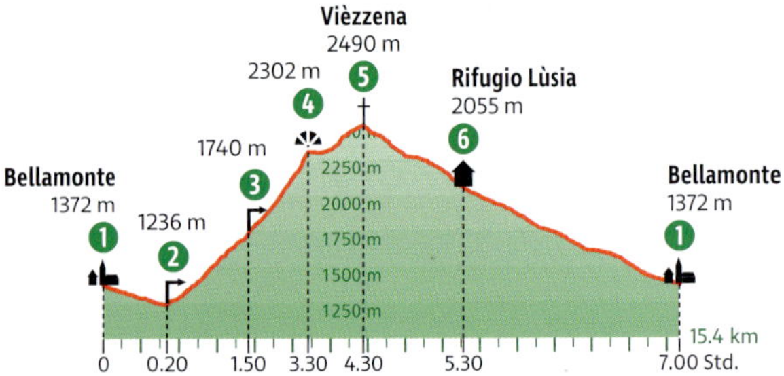

Vom Karerpass zum Sellajoch

Fassataler Höhenwanderung der Superlative

3 Tage | 31,3 km | ↗ 2100 m | ↘ 1600 m

TOP

Im Banne von Rosengarten und Langkofelgruppe

Dass mehrtägige Wanderungen von Hütte zu Hütte ausgesprochen genussreich und wenig beschwerlich ablaufen können, beweist diese Tour entlang der Nordwestseite des Fassatals. Sie ist gewissermaßen die Aneinanderreihung mehrerer klassischer Höhenwege und Übergänge im Bereich des Rosengartens sowie im Anschluss zur Langkofelgruppe. Die dichte Abfolge von Unterkünften schafft die Basis für eine sehr flexible Gestaltung, sodass sich hier wirklich niemand überfordern muss. Flotte Geher bewältigen die Strecke vom Karerpass zum Sellajoch ohne Weiteres in zwei Tagen; um mehr Muße zu haben, sollte man aber zumindest drei oder vielleicht gar vier Tage einplanen. Dann ließen sich sogar noch einige begehrte Gipfel wie Rotwand, Kesselkogel oder Plattkofel einflechten, die allerdings zum Teil höhere Ansprüche stellen. Dass die landschaftlichen Eindrücke auf solch einer Streckenwanderung von immenser Fülle sind, braucht sicher nicht betont zu werden, zumal es sich in der Umgebung des Fassatals ja um einige der faszinierendsten Dolomitengefilde überhaupt handelt. Wir gewinnen tiefe Einblicke in die Geländefalten des Rosengartens, begeistern uns an bizarren Felsformationen wie den unvergleichlichen Vajolettürmen, lassen uns vom herbschönen Antermoiakessel und seinem sagenumwobenen See verzaubern, wandern später beschaulich auf der grasigen Kammhöhe zwischen dem Val Duron und der Südtiroler Seiser Alm dahin und vollenden die Tour auf dem legendären Friedrich-August-Weg am Fuße der wilden Langkofelgruppe. Darf man binnen 12 bis 13 Stunden reiner Gehzeit mehr erwarten?

Die Rotwandhütte ist der erste einer ganzen Reihe von Stützpunkten.

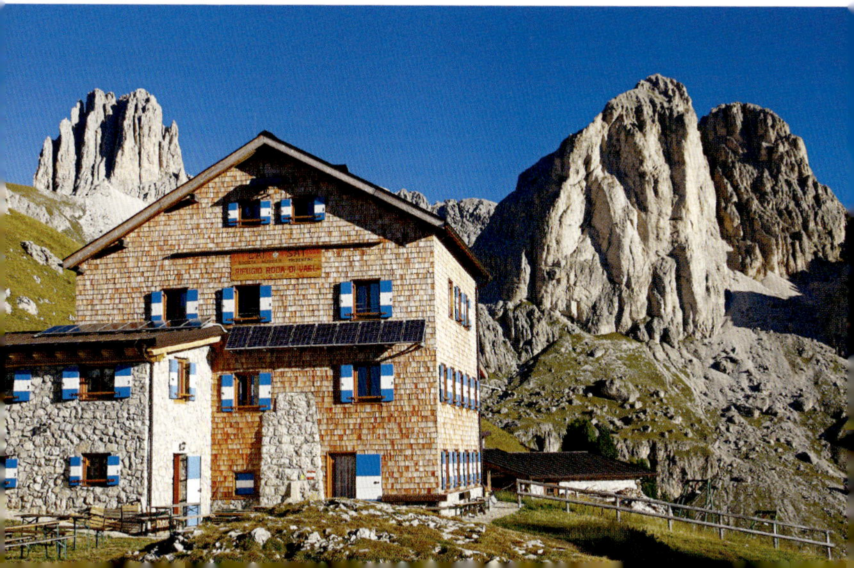

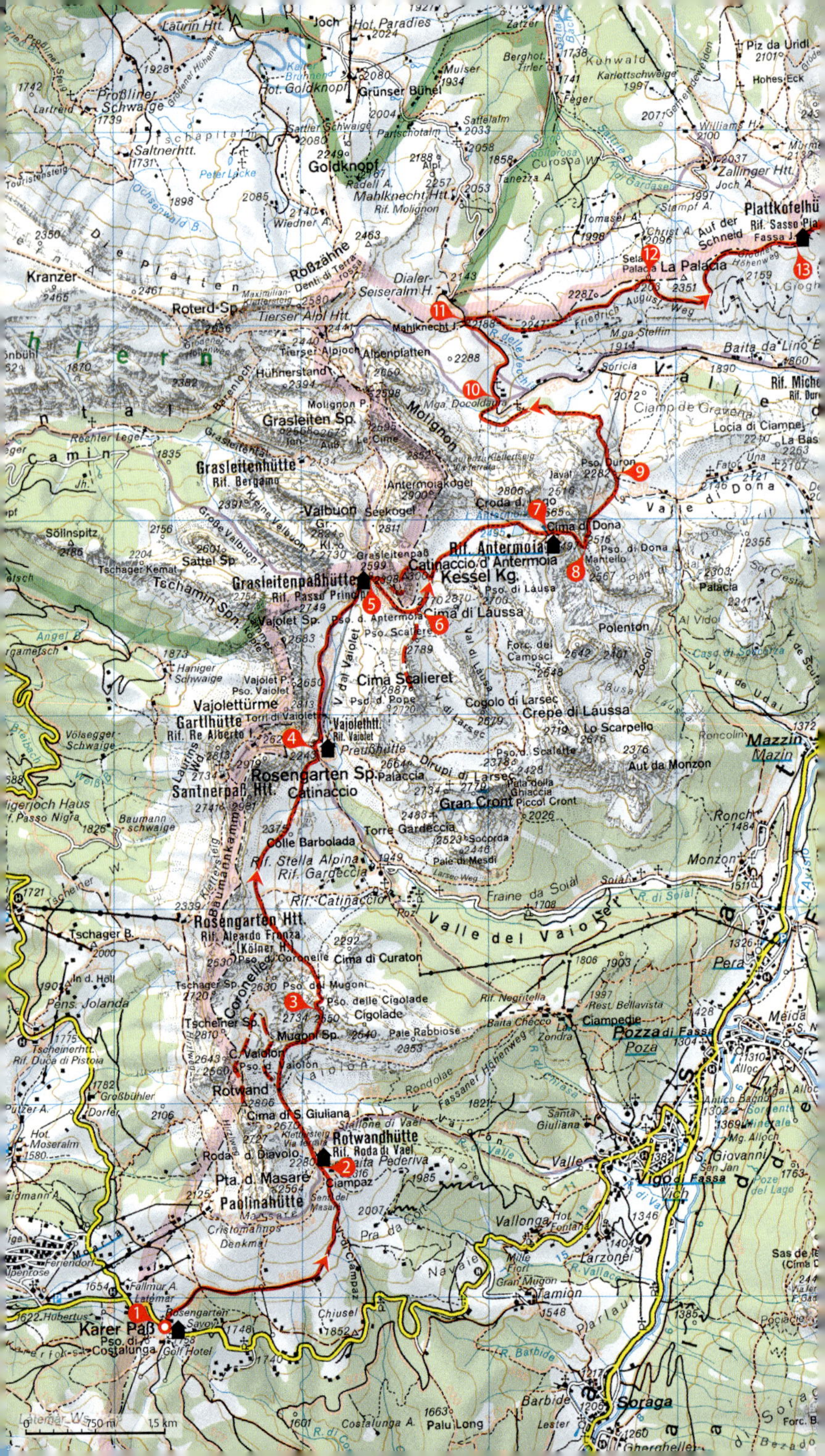
Goldknopf
Grünser Bühel
Roßzähne
Dialer
Seiseralm H.
Mahlknecht Htt.
Rif. Molignon
Tierser Alpl Htt.
Roterd-Sp.
Die Platten
Kranzer
Hühnerstand
Alpenplatten
Grasleiten Sp.
Grasleitenhütte
Rif. Bergamo
Molignon
Antermoiakogel
Valbuon
Seekogel
Grasleitenpaßhütte
Rif. Passo Principe
Catinaccio d'Antermoia
Kessel Kg.
Rif. Antermoia
Cima di Dona
Croda di Lago
Pso. Duron
Cima di Lausa
Cima Scalieret
Vajolettürme
Gartlhütte
Rif. Re Alberto
Vajolethtt.
Rif. Vajolet
Preußhütte
Rosengarten Sp.
Catinaccio
Santnerpaß Htt.
Colle Barbolada
Rif. Stella Alpina
Rif. Gardeccia
Rif. Catinaccio
Valle del Vaiolet
Rosengarten Htt.
Rif. Aleardo Franza
Cima di Curaton
Pso. delle Cigolade
Cigolade
Mugoni Sp.
Rotwand
Cima di S. Giuliana
Rotwandhütte
Rif. Roda di Vael
Ciampaz
Pta. d. Masaré
Paolinahütte
Karer Paß
Pso. di Costalunga
Gran Cront
Crepe di Lausa
Lo Scarpello
Aut da Monzon
Mazzin
Pera
Pozza di Fassa
Vigo di Fassa
Soraga
La Palacia
Plattkofelhü
Rif. Sasso Pia
Friedrich-August-Weg
Ciamp de Gravena
Val de Udai
Monzon
Ciampedie
Vallonga
Tamion
Larzonei
Costalunga A.
Palu Long
Barbide
750 m
1,5 km

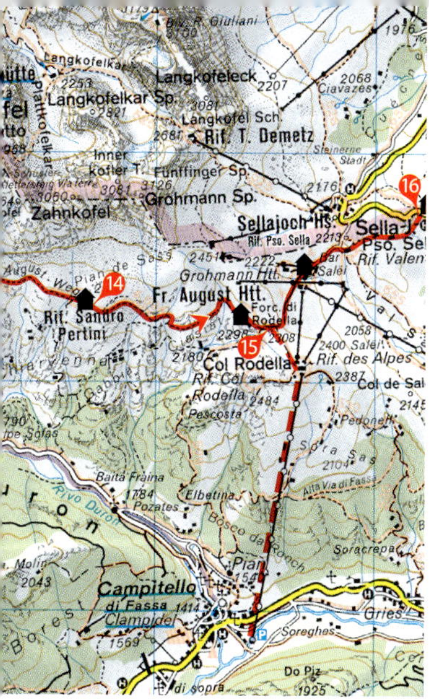

Ausgangspunkt: Karerpass (Passo di Costalunga), 1758 m, Straßenverbindung zwischen Fassatal und Eggental (Busverbindung von Bozen ins Fassatal).
Endpunkt: Sellajoch, 2244 m, Straßenpass zwischen Fassa und Gröden; im Sommer Bus nach Canazei, wo Anschluss besteht. Alternativ kann man von der Bergstation am Col Rodella, 2484 m, hinab nach Campitello fahren.
Etappen: Gesamtgehzeit 12.30 Std.;
1. Tag: 950 Hm Aufstieg, 460 Hm Abstieg, 4.30 Std.,
2. Tag: 530 Hm Aufstieg, 280 Hm Abstieg, 2.30 Std.,
3. Tag: 620 Hm Aufstieg, 870 Hm Abstieg, 5.30 Std.

Anforderungen: Meist T2, allenfalls kurze Passagen T2–3. Höhenwanderung von Hütte zu Hütte auf durchwegs gut markierten, oft sogar recht komfortablen Steigen. Nur abschnittsweise steileres Geröll (speziell am Passo delle Zigolade und am Passo d'Antermoia), aber mit einer elementaren Trittsicherheit gut zu begehen. Keine Notwendigkeit für längere Tagesetappen, daher auch konditionell eher leicht.
Einkehr/Übernachtung: Rifugio Roda di Vaèl, 2280 m, CAI, Tel. +39 0462 764450. Rifugio Vajolet, 2243 m, CAI, Tel. +39 0462 763292. Rifugio Passo Principe, 2599 m, privat, Tel. +39 339 4327101. Rifugio Antermoia, 2497 m, CAI, Tel. +39 0462 602272, alle mindestens zwischen 20. Juni bis 20. September bewirtschaftet. Plattkofelhütte, 2300 m, privat, Tel. +39 0462 601721, von Mitte Juni bis Mitte Oktober bewirtschaftet. Außerdem befinden sich noch mehrere Hütten im Umkreis des Sellajochs.
Variante: Als zusätzliche Gipfelmöglichkeiten bieten sich folgende Ziele an: 1. Rotwand, 2806 m, schwierig, ab Rifugio Roda di Vaèl ❷, 1.45 Std. 2. Kesselkogel, 3002 m, schwierig, Überschreitung vom Grasleitenpass ❺ nach Antermoia 1.15 Std. länger. 3. Cima Scalieret, 2887 m, mittel, Abstecher vom Passo d'Antermoia ❻, 0.40 Std. 4. Plattkofel, 2958 m, mittel, ab Plattkofelhütte ⓭, 2.00 Std.
Karte: Tabacco 1:25.000, Blatt 06, Val di Fassa.

1. Tag: Vom **Karerpass** ❶, 1758 m, aus beginnt die Tour auf Weg Nr. 548. Ostwärts schräg durch die anfangs bewaldeten Hänge ansteigend kommt man bald in freieres Terrain, passiert eine Almhütte und schwenkt nordwärts in einen Geländeeinschnitt ein. Am **Rifugio Roda di Vaèl** ❷, 2280 m (Rotwandhütte), Knotenpunkt mehrerer Wege, ist der erste Stützpunkt erreicht. Ist es noch früh am Tag, wird man den mit der Nr. 541 markierten Höhenweg zur Vajolethütte gleich anhängen. Wir durchmessen horizontal ein Blockfeld unter dem Torre Finestra im Massiv der Rotwand, lassen einen Weg ins Vaiolonkar links abziehen und drehen derweil leicht rechts ab. Am Sockel der Mugoni wird ein lustiges, durch einen an die Hauptwand gelehnten Felsturm gebildetes Tor durchschritten. Dahinter steigt die Route steiler an und gewinnt den

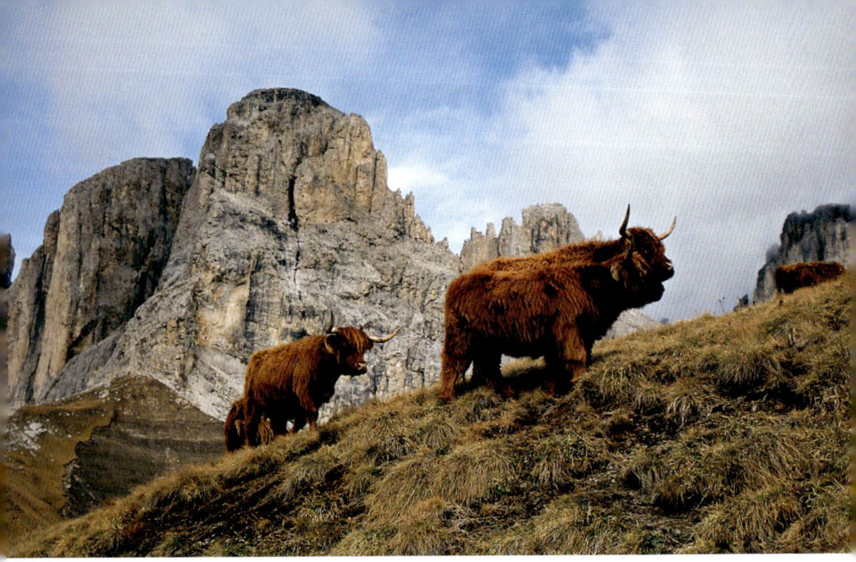

Tierische Begegnung im Bannkreis der Langkofelgruppe.

Passo delle Zigolade ❸, 2550 m, in einer weit nach Osten ausstreichenden, mit skurrilen Zacken gespickten Geländerippe. Jenseits in Kehren über typisches Schuttgelände bergab, dann links haltend und mit nur noch leichten Höhenunterschieden quer durch die ostseitigen Hänge. Zwischenzeitlich muss mal ein Graben überwunden werden, etwas später kreuzt die Route von Gardeccia zum Tschagerjoch, das oberhalb einen Übergang auf die Südtiroler Seite der Rosengartenkette vermittelt. Wir bleiben indessen auf der Trentiner Seite und steuern im Angesicht der mächtigen Rosengartenspitze das **Rifugio Vajolet** ❹, 2243 m, an. Vom Sockel der Ostwand sind wir in kurzem Gegenanstieg dort angelangt; nebenan steht das kleinere Rifugio Preuss.

2. Tag: Während westwärts eine viel begangene Route steil ins berühmte Gartl hinaufzieht (siehe Tour 35), wählen wir das sanfter ansteigende, nicht minder beliebte obere Vajolettal als Fortsetzung. Mit der Markierung 584 sind rund eine Stunde später der **Grasleitenpass** ❺, 2599 m, und die gleichnamige Hütte, italienisch Rifugio Passo Principe genannt, erreicht. Hier setzen dicht nebeneinander der »normale« Weiterweg über den Passo d'Antermoia und die schärfere Variante über den Kesselkogel, 3002 m, immerhin der höchste Gipfel und einzige Dreitausender im Rosengarten, an. Letzterer ist sowohl auf der Westseite als auch von Osten mit Klettersteigen erschlossen und erlaubt somit versierten Kraxlern eine unterhaltsame Überschreitung am Drahtseil. Dabei bilden jeweils markante diagonale Felsbänder die logischen Schwachstellen des Berges, die sich die Rou-

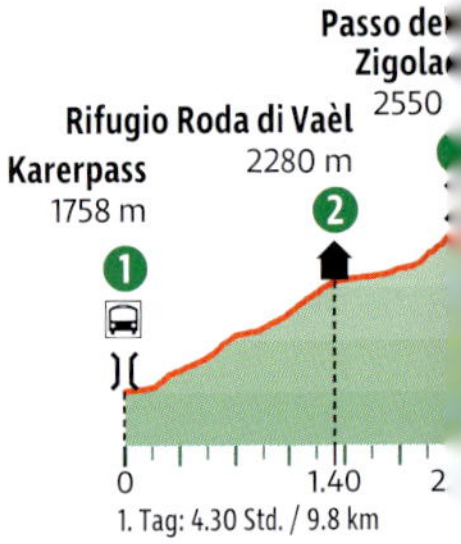

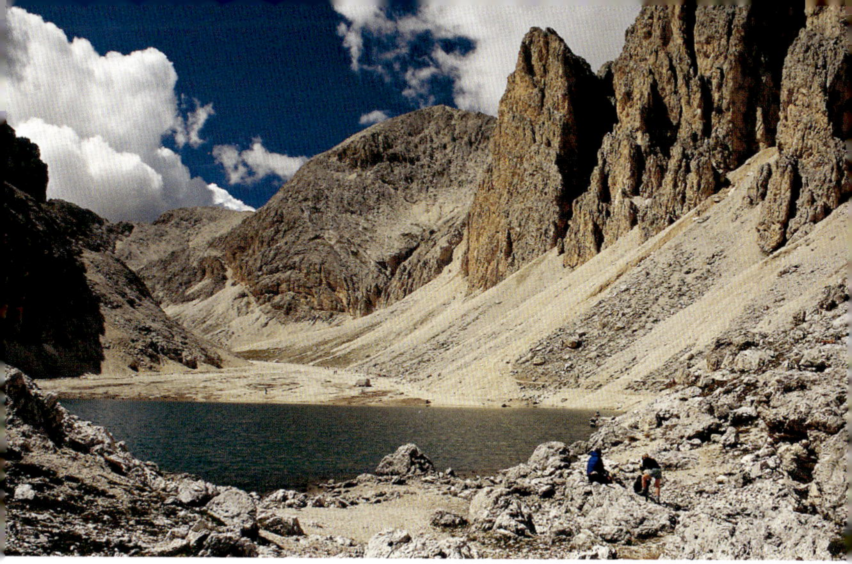

Der sagenumwobene Antermoiasee.

ten zunutze machen. Leichter und kürzer ist in jedem Fall der Weg über den unterhalb des Südpfeilers eingelagerten **Passo d'Antermoia** ❻, 2770 m, der in geröllreichem, aber unschwierigem Terrain überschritten wird. Jenseits nordostwärts hinab ins karge Val d'Antermoia, wo ein ausgedehnter, flacher Schotterboden das Bild bestimmt. Wir drehen leicht nach Osten ein und wandern am geheimnisumwitterten Lago d'Antermoia vorbei zum nahen **Rifugio Antermoia** ❼, 2497 m.

3. Tag: Am Fuße der Cima di Dona entlang gehen wir bis zur Geländeschwelle des **Passo di Dona** ❽, 2516 m, hinter der man erst einmal deutlich an Höhe verliert. Der Steig windet sich zum grünen Boden des Pian dele Gialine im oberen Val di Dona hinab, das wir aber rechts liegen lassen, um gleich zum **Passo Ciarègole** ❾, 2282 m, in manchen Karten auch als Passo Duron eingetragen, hinüberzuqueren. Jenseits links haltend mit Markierung 555 weiter um einen Geländesporn herum und zur **Malga Dòcoldaura** ❿, 2046 m, im innersten Val Duron hinab. Oberhalb blicken wir jetzt auf den lang gezogenen Wiesenkamm der so genannten Schneid, der die nördliche Begrenzung des Hochtals bildet und über einen breiteren Karrenweg im **Mahlknechtjoch** ⓫, 2188 m, er-

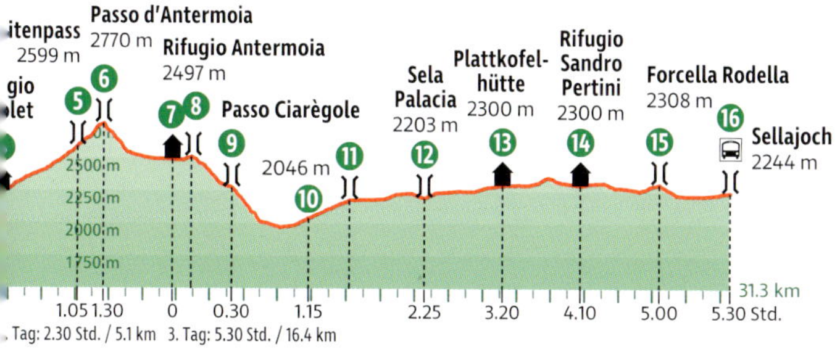

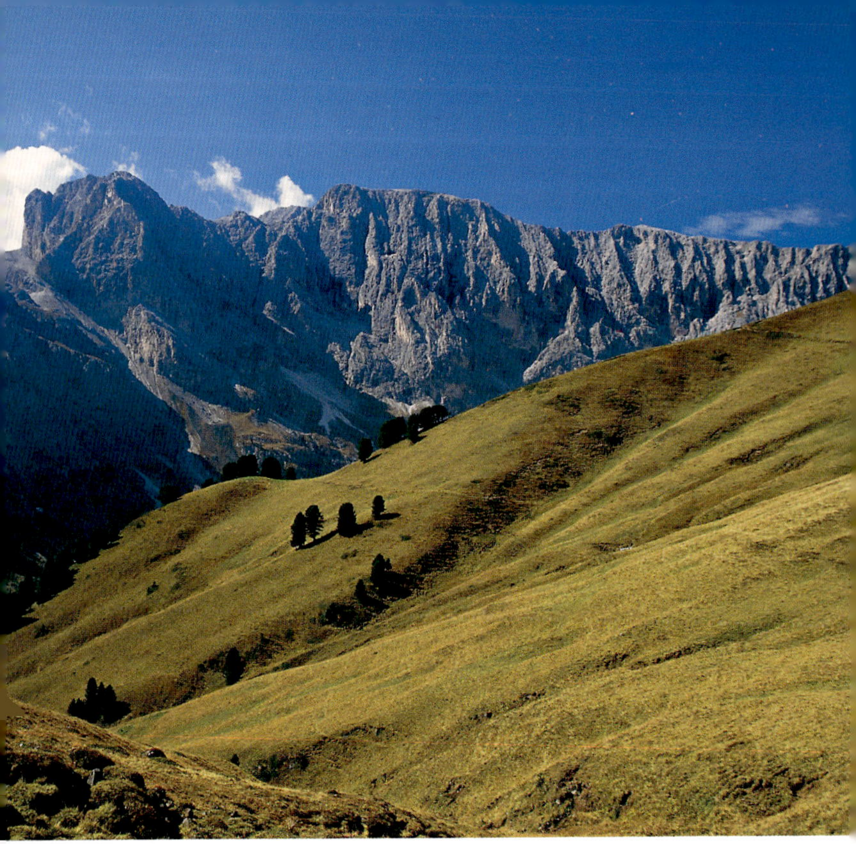

Oben: Blick über die Matten des Val Duron zum Molignon.
Rechts: Natürliches Felsportal am Weg zum Passo delle Zigolade.

reicht wird. Nordseitig liegt die sanft gewellte Seiser Alm. Die folgenden knapp vier Wegstunden gehören nun dem Friedrich-August-Weg, der mit der Nr. 594 bezeichnet in Grundrichtung Ost über den Rücken der Schneid hinwegzieht. Hinter der **Sela Palacia ⑫**, 2203 m, wird die Kuppe der Palacia südseitig umgangen, bevor man bei der **Plattkofelhütte ⑬**, 2300 m, am weiten Fassajoch eintrifft. Der ebenmäßig geneigte Riffhang des neben uns aufragenden Plattkofels, die markante Schräge sozusagen, erklärt den Namen des Berges. Hinüber zum Sellajoch verläuft nun das zweite, besonders stark frequentierte Teilstück des Friedrich-August-Weges, und zwar in leichtem Auf und Ab an der Südfront der Langkofelgruppe entlang. Dabei werden nach dem **Rifugio Sandro Pertini ⑭**, 2300 m, in immer dichterer Folge bewirtschaftete Hütten passiert, zwischendurch auch die **Forcella Rodella ⑮**, 2308 m, überschritten. Von dort ließe sich übrigens auch zur Seilbahnstation am Col Rodella, 2484 m, aufsteigen, um rasch hinunter ins Fassatal bei Campitello zu schweben – sicherlich die zeitsparendste Alternative. Ansonsten führt die Tour auf dem breiten Weg weiter bis zum **Sellajoch ⑯**, 2244 m, von wo man mit dem Bus hinunter ins Fassatal kommt.

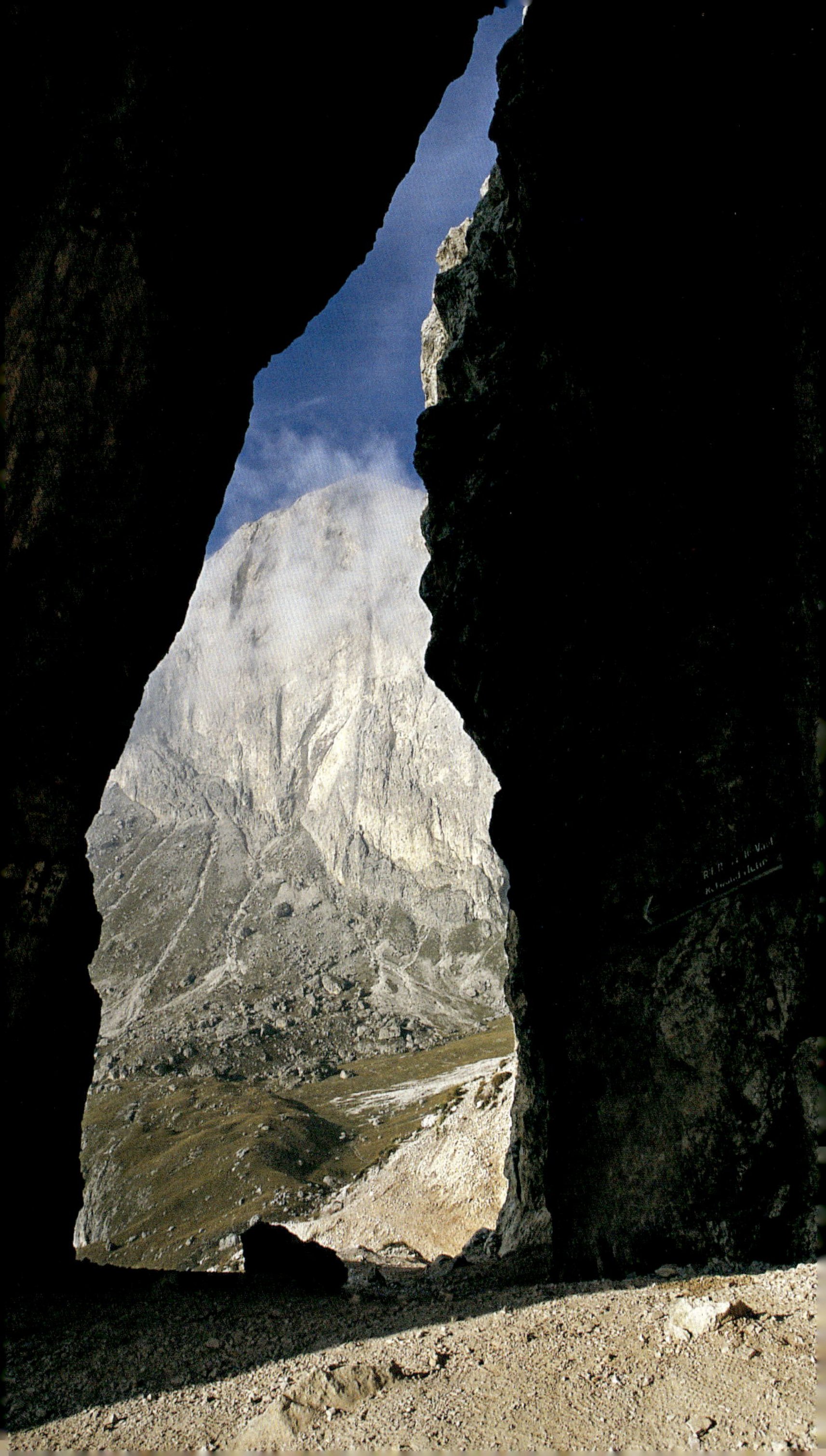

35 Santnerpass, 2734 m

Von Ciampedie via Vajolet ins Gartl

5.30 Std. | 13,3 km | ↗ 850 m | ↘ 850 m

Ins versteinerte Herz des Rosengartens

Der Rosengarten ist nicht nur berühmt für seine wundervollen Felskulissen, sondern auch für sein Alpenglühen, mit dem sich eine der bekanntesten Dolomitensagen verbindet: jene vom Zwergenkönig Laurin, der seinen Rosengarten verwünschte, nachdem dieser durch seine Pracht das geheime Reich an den Widersacher Dietrich von Bern verraten hatte. Im Gartl, so sagt man, schlägt das Herz dieser Berggruppe, und tatsächlich kann man sich der Ausstrahlung des Ortes, vor allem geprägt durch die schlanken Vajolettürme, kaum entziehen. Freilich sollten wir uns an schönen Sommertagen auf wahre Völkerwanderungen gefasst machen, denn mit einer Hand voll Hütten am Weg gibt es Attraktionen in Hülle und Fülle. Dennoch darf nicht übersehen werden, dass der Aufstieg ins Gartl kein Spaziergang ist. Der schluchtartige Einschnitt erinnert ein wenig an die »Steinerne Rinne« im Wilden Kaiser, nur dass es oben kein »Ellmauer Tor« gibt, sondern den westseitig steil abstürzenden Santnerpass. Dort angelangt verschlägt es uns dann nochmals den Atem, wenn der Blick über ein herrliches Land frei wird: Südtirol …

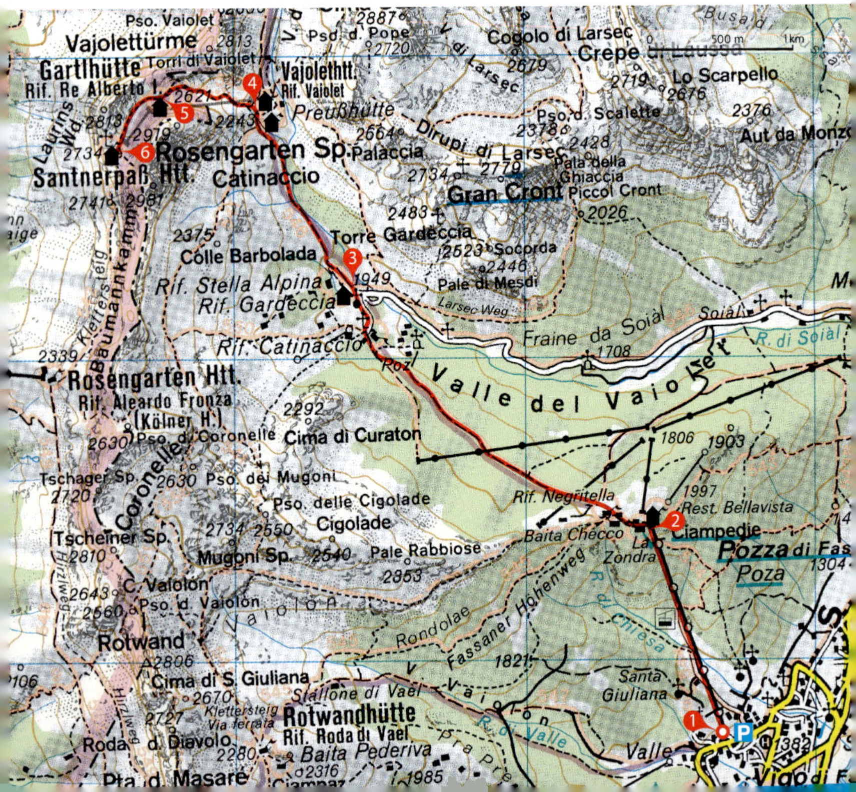

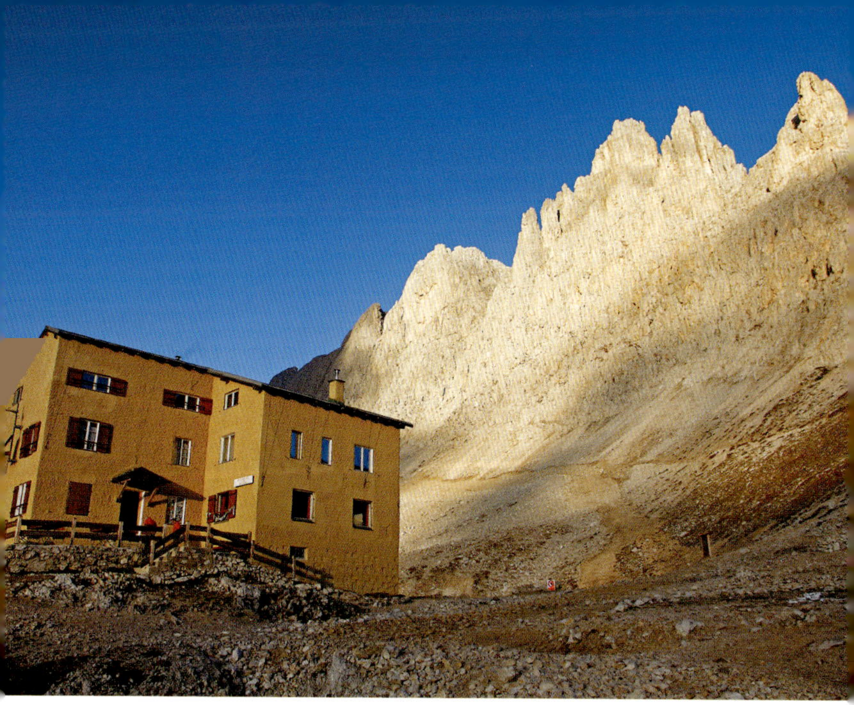

Im Gartl liegt das Rifugio Re Alberto I unterhalb der Laurinswand.

Ausgangspunkt: Vigo di Fassa, Talstation der Seilbahn, 1422 m, mit der man zur Bergstation Ciampedie, 1997 m, gelangt. Seilbahn-Betriebszeiten: zwischen Anfang Juni und Anfang Oktober täglich von 8 bis 18 Uhr, in der Hauptsaison bis 18.30 Uhr.
Anforderungen: T3–4. In der Gartlschlucht Fels- und Geröllsteig von nicht zu unterschätzender Steilheit, einzelne Stellen gesichert. Trittsicherheit unerlässlich, für Berggewohnte aber nicht übermäßig anspruchsvoll.
Einkehr/Übernachtung: Rifugio Ciampedie, 1997 m, privat, Tel. +39 0462 764432. Rifugio Gardeccia, 1950 m, privat, Tel. +39 0462 763152. Rifugio Vajolet, 2243 m, CAI, Tel. +39 0462 763292. Rifugio Preuss, 2243 m, privat, Tel. +39 368 7884968. Rifugio Re Alberto I (Gartlhütte), 2621 m, privat, Tel. +39 334 7246698. Santnerpasshütte, 2734 m, privat, Tel. +39 334 7246698. Alle Hütten von etwa Mitte Juni bis Ende September, teilweise bis in den Oktober hinein.
Karte: Tabacco 1:25.000, Blatt 06, Val di Fassa.

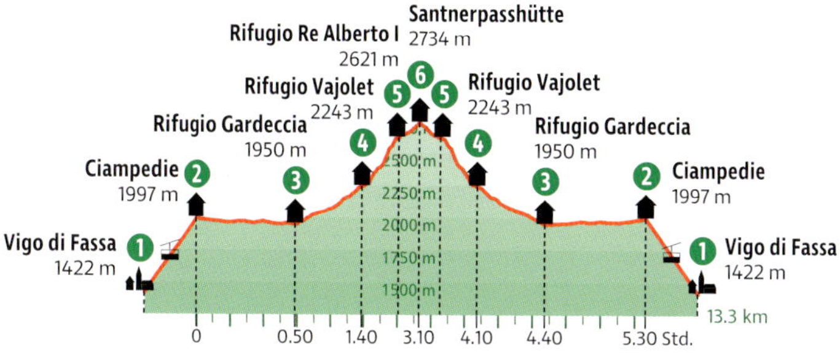

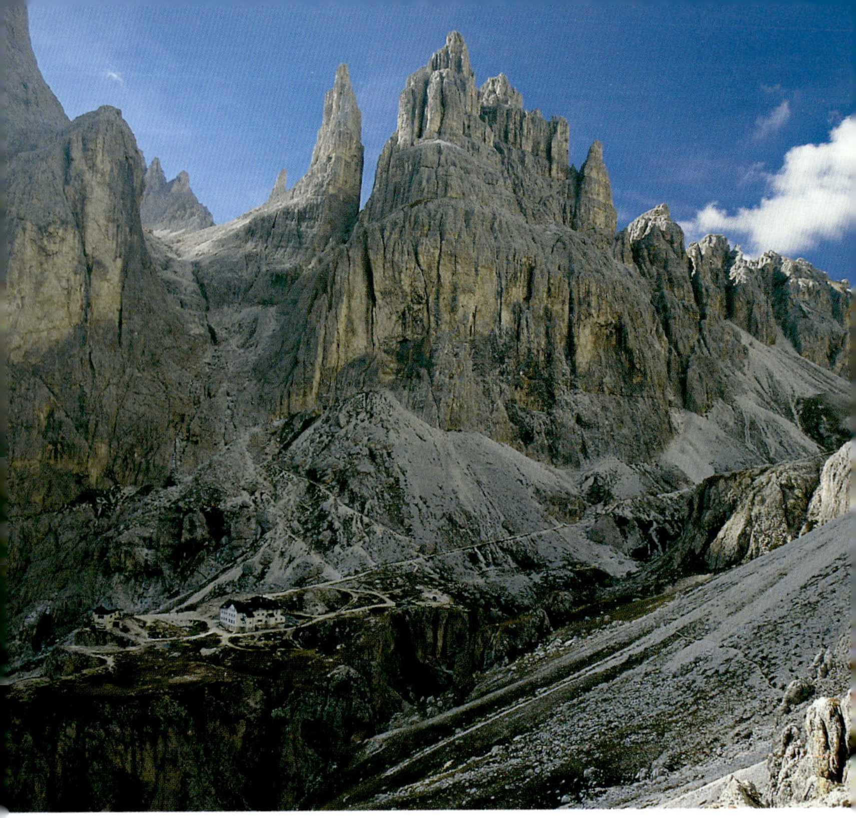

Das Herz des Rosengartens: Vajolettürme, Gartlschlucht und die Vajolethütte.

Von **Vigo di Fassa** ❶ mit der Seilbahn hinauf zur Bergstation **Ciampedie** ❷, 1997 m. Zu Beginn geht es zuerst auf komfortablem Spazierweg fast höhengleich zum **Rifugio Gardeccia** ❸, 1950 m, im Vajolettal. Hierher verkehrt während der Hauptsaison auch ein Pendelbus aus dem Fassatal (ab Parkplatz nördlich von Pera). Von Gardeccia steigt der Weg (Nr. 546) nun deutlich an und erreicht nach einigen Kehren über die Geländeschwelle der Porte Neigre als nächste Station das **Rifugio Vajolet** ❹, 2243 m, mit dem kleinen **Rifugio Preuss** gleich nebenan. Ganz in der Nähe zweigt der gut bezeichnete Steig 542 in die steile Gartlschlucht ab. Kräftig ansteigend über geröllbedecktes Felsterrain, meistens auf guter Spur, teilweise auch von Drahtseilsicherungen unterstützt, werden reichlich 300 Höhenmeter überwunden, ehe sich das Gelände wieder zurücklegt und die Gartlmulde zwischen Vajolettürmen und Rosengartenspitze erreicht wird. Hier steht das **Rifugio Re Alberto I** ❺, 2621 m, im deutschen Sprachgebrauch einfach Gartlhütte genannt. Aus dem Hochkar führt die Spur durch Schuttgelände schließlich vollends hinauf zur Abbruchkante, wo die ganz neu errichtete **Santnerpasshütte** ❻, 2734 m, ihren großartigen Platz hat. Abstieg auf bekannter Route. (Die Fortsetzung über den Santnerpass-Klettersteig auf der Westseite ist nur etwas für felserfahrene, absolut schwindelfreie Bergsteiger.)

Piz Boè, 3152 m

Durchs urtümliche Val Lasties

36

6.45 Std. | 14,7 km | ↗1400 m | ↘1400 m

Auf den höchsten Punkt der Sella

Das wuchtige, zweistöckige Massiv der Sella – bestehend aus einem Unterbau aus Schlerndolomit und einem Obergeschoss aus Hauptdolomit – bildet nicht nur den Abschluss des Fassatals, sondern auch das Herz der ladinischen Dolomiten, an dem neben Fassa auch Gröden, Alta Badia und Buchenstein Anteil haben. Diese vier Talschaften gruppieren sich genau um den Sellastock, dessen höchster Punkt Piz Boè heißt und seiner leichten Erreichbarkeit und legendären Aussicht wegen zu den beliebtesten Dolomitendreitausendern gehört. Der Aufstieg von der Bergstation am Sas Pordoi ist wirklich nur ein Katzensprung und – wie man ausgiebig beobachten kann – trotz der beachtlichen Höhenlage fast ein Kinderspiel. Da wimmelt und wuselt es nur so, wenn das Wetter halbwegs schön ist. Der Piz Boè bietet freilich auch reizvollere Anstiegsalternativen, wobei uns aus Trentiner Sicht hauptsächlich das Val Lasties interessiert. Wie ein Canyon schneidet es den Sellastock von Südwesten her ein, gräbt dessen steinern-bleiche Hochfläche unaufhörlich an und hält bei fortschreitender Erosion erhebliche Anteile an der Zerstörung der Sellabastion. Hier wird Erdgeschichte begreiflich, sodass man es folgendermaßen auf den Punkt bringen kann: Die Tour vom Pian Schiavaneis auf den Piz Boè ist beispielhaft für die Sella und wird außerdem durch ein phänomenales Panorama gekrönt. Fast alles, was in den Dolomiten – und teilweise darüber hinaus – Rang und Namen hat, zeigt sich ringsherum.

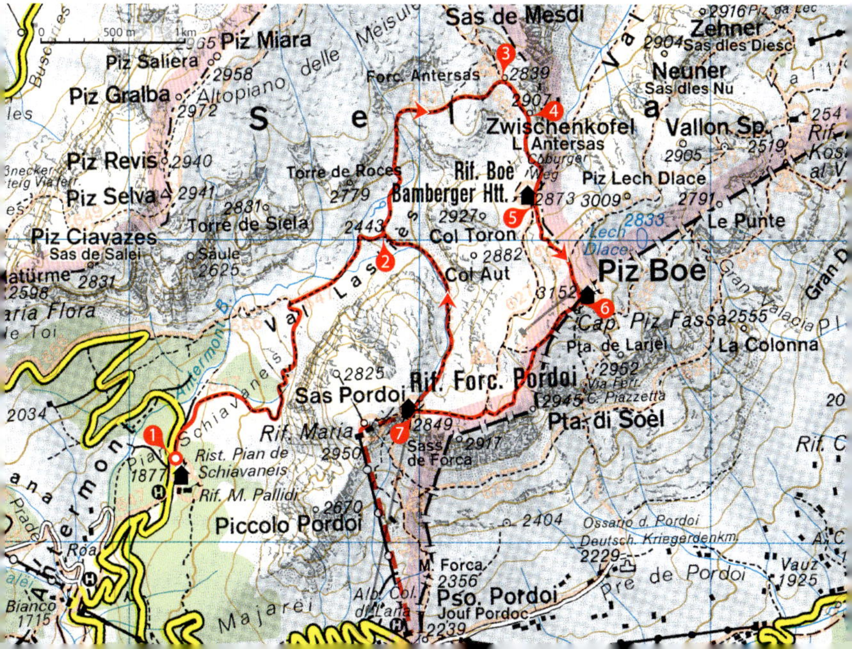

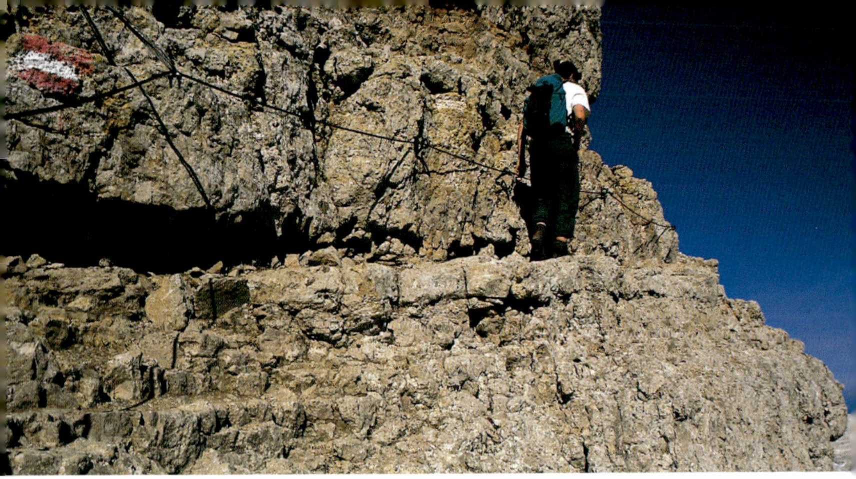

Exponiertes Felsband am Piz Boè.

Ausgangspunkt: Pian Schiavaneis, 1850 m, an der Fassataler Südrampe zum Sellajoch; im Sommer Busanschluss von Canazei.
Anforderungen: T3–4. Markierte Felssteige bis in große Höhen, jedoch ohne wesentliche Kletterei. Einige Stellen etwas ausgesetzt, mit ordentlicher Trittsicherheit und üblicher Schwindelfreiheit aber problemlos zu bewältigen. Gute Ausdauer für den langen Aufstieg wichtig.
Einkehr/Übernachtung: Rifugio Boè, 2873 m, CAI, Tel. +39 0471 847303. Capanna Fassa, 3152 m, privat, Tel. +39 0462 601723. Rifugio Forcella Pordoi, 2829 m, privat, Tel. +39 368 3557505. Alle bewirtschaftet etwa von Mitte Juni bis Ende September. Zwei Gasthäuser am Pian Schiavaneis.
Variante: Die Kurztour auf den Piz Boé: Vom Passo Pordoi, 2239 m, per Seilbahn auf den Sas Pordoi, 2950 m, kurz hinab in die Forcella Pordoi ❼ und über den Südwestrücken zum Gipfel. Hin und zurück ca. 2.30 Std.
Karte: Tabacco 1:25.000, Blatt 06, Val di Fassa.

Nördlich der Gasthäuser am **Pian Schiavaneis** ❶, 1850 m, beginnt Weg Nr. 647. Bevor wir das Val Lasties erreichen, müssen wir uns erst durch einen Latschenvorbau kämpfen. Dann gewinnt der Steig rechts, nahe der Pordoiwand, in Serpentinen rasch an Höhe. Man wechselt auf die gegenüberliegende Seite, wo ein anderer Zugang von der Sellajochstraße dazukommt. Mächtige Felspfeiler streben beiderseits in die Höhe, das schluchtartige Tal selbst liegt lange im Schatten und gewinnt erst mit der Nachmittagssonne freundlichere Züge. Abwechselnd über flachere und steilere Passagen setzt sich der Steig fort. Von einem Boden zweigt rechter Hand das Seitental des Valon del Fos ab ❷, 2443 m, – vorgemerkt für die Rückkehr. Auf etwa 2500 Meter tritt auch das letzte spärliche Grün zurück, sodass man sich fortan nur mehr über nackten Fels und Schotter bewegt. Über einige Steilstufen erreichen wir nahe der **Forcella Antersas** ❸, 2839 m, das Sellaplateau und sind verblüfft ob der Weite und Kargheit dieser Hochfläche. Unsere Trasse vereinigt sich hier mit dem vom Rifugio Pisciadù kommenden Dolomiten-Höhenweg Nr. 2 und steuert das nicht mehr ferne Rifugio Boè an. Dafür können wir entweder den genau zwischen Val Lasties und Val de Mesdi gele-

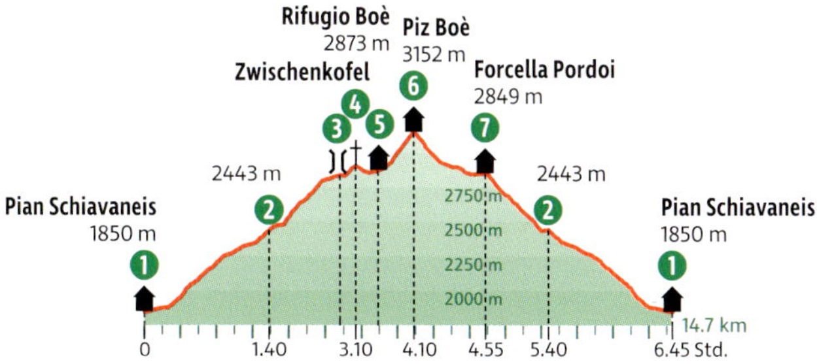

genen **Zwischenkofel** ④, 2907 m (L'Antersas), überschreiten oder diesen rechts auf dem gesicherten Coburger Weg umgehen. Vom **Rifugio Boè** ⑤, 2873 m, schließlich halblinks an die Steilhänge des Piz Boè heran. Ein Schuttpfad leitet hinauf zu einer Rinne, die im Einbahnverkehr nur von oben durchstiegen werden soll. Die Aufsteigenden werden rechts auf ein luftiges Band geleitet, über das man ebenfalls den oberhalb befindlichen Schotterhang gewinnt. Schließlich gemeinsam mit dem über die Eisseespitze kommenden Lichtenfelser Steig die letzten Meter hinauf zum meist lebhaft bevölkerten Gipfel des **Piz Boè** ⑥, 3152 m, den außer der Capanna Fassa auch ein hässlicher Riesenreflektor ziert. Das Panorama beeinträchtigt dies aber nur unwesentlich – meist geht der Blick nach Süden zur Marmolada. Im Abstieg folgen wir der Route der meisten »Boè-Pilger« über den gestuften Südwestrücken. Wo das Gelände abflacht, hält man sich mehr rechts und gelangt bald zur **Forcella Pordoi** ⑦, 2849 m, mit ihrer kleinen Hütte. Etwas oberhalb befindet sich die Seilbahnstation auf dem Sas Pordoi, nach Süden zieht eine Geröllreise gegen das Pordoijoch hinab. Wir hingegen wenden uns in die entgegengesetzte Richtung und sagen dem Rummel Ade. Durch den Karschlauch des Valon del Fos gelangen wir zurück ins Val Lasties ② und schließen damit den Kreis. Nun zurück zum **Pian Schiavaneis** ①.

Über der kargen Sella-Hochfläche thront der Piz Boè.

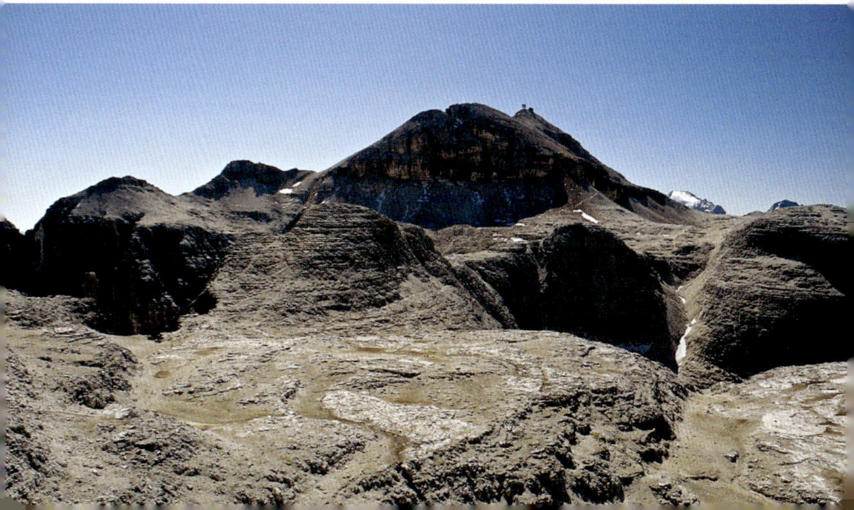

37 Rund um den Colàc
Von Ciampac ins Val de Contrin

4.30 Std. | 13,3 km | ↗500 m | ↘1160 m

Im Reich der »Dolomitenkönigin«
Die Marmolada steht zwar auf dieser Tour noch ein Stück entfernt, doch strahlt ihre »königliche« Erscheinung, allein schon aufgrund der überragenden Höhe, weit aus. Davon abgesehen erhaschen wir jede Menge Einblicke in das Reich ihrer Vasallen, die um Val di Contrin und Val di San Nicolò postiert sind. Faszinierend sind zudem die geologischen Unterschiede auf engem Raum, wie sie zum Beispiel an Sas de Roces und Sas Bianch beobachtet werden können. Kernstück der Wanderung ist der Sentiero attrezzato Lino Pederiva, dessen Zusatz »attrezzato« auf gesicherte Passagen hindeutet – an einigen ausgesetzten Wegstücken in steilem Grasterrain eine wohltuende Beruhigung ängstlicher Gemüter. Obwohl die Tour nicht allzu lang ist, wird angesichts zahlreicher Einkehrmöglichkeiten vermutlich doch ein ausgefüllter Tag daraus.

Der Passo di San Nicolò mit seiner Hütte, darüber der Col Ombert.

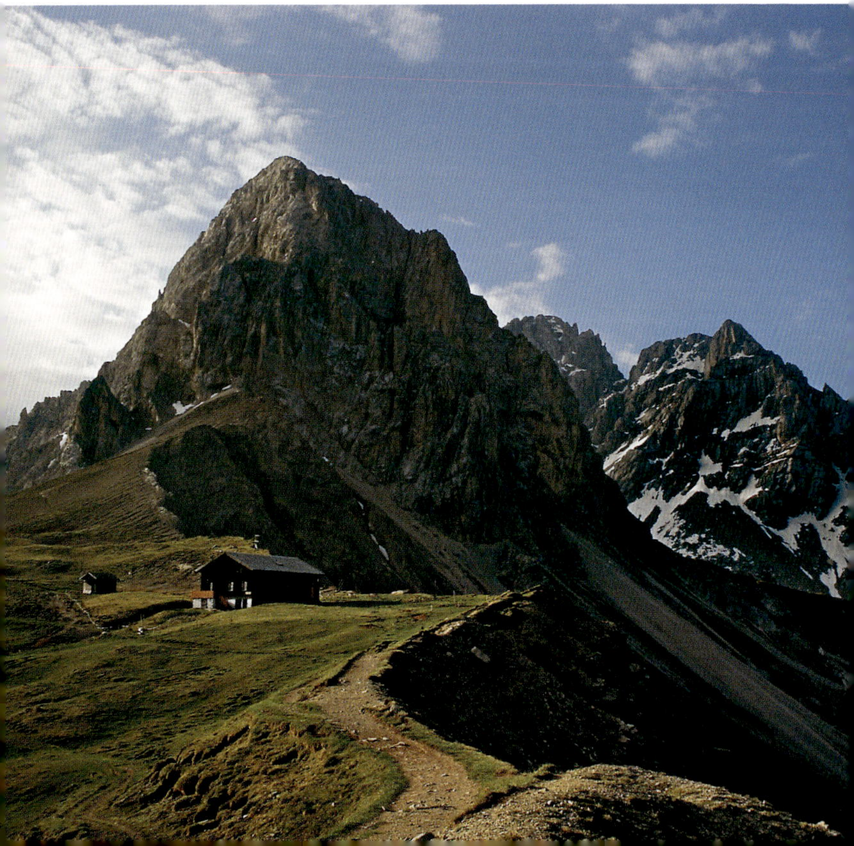

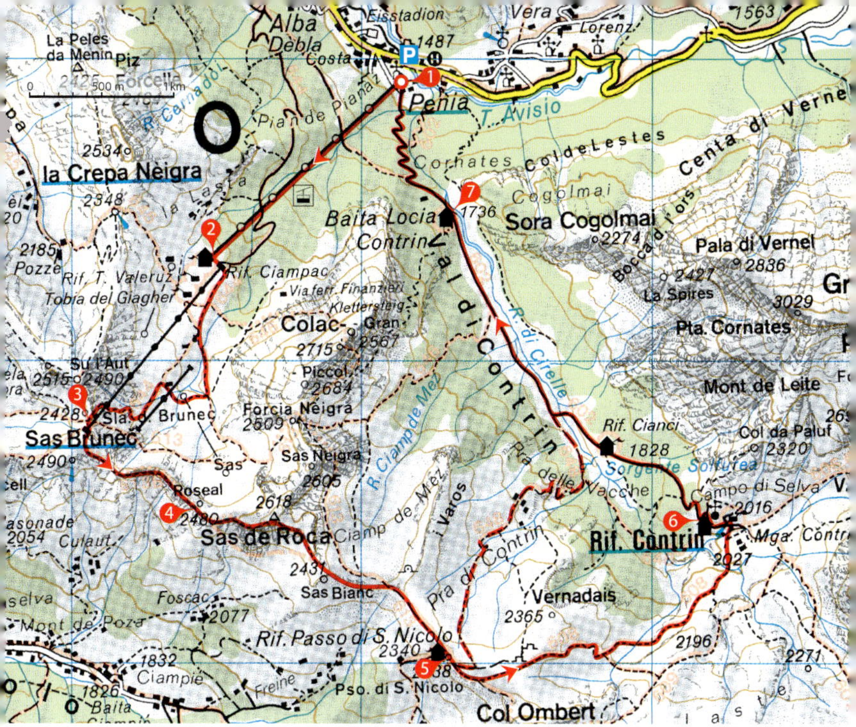

Ausgangspunkt: Talstation der Ciampac-Seilbahn im oberen Ortsteil von Alba, 1486 m (hinter Canazei im Val di Fassa). Von dort zur Bergstation Ciampac, 2150 m; Seilbahn-Betriebszeiten von Mitte Juni bis Mitte September täglich von 8.30 bis 17.30 Uhr.

Anforderungen: T3. Der größte Teil der Tour verläuft auf leichten Bergwanderwegen, am Sentiero Pederiva im Bereich des Sas de Roces jedoch abschüssige Passagen, stellenweise gesichert. Hier ist Trittsicherheit notwendig, bei Nässe unter Umständen heikel.

Einkehr/Übernachtung: Rifugio Passo di San Nicolò, 2340 m, privat, bewirtschaftet 20. Juni bis 20. September, Tel. +39 0462 763269. Rifugio Contrin, 2016 m, ANA, bewirtschaftet Ende Juni bis Ende September, Tel. +39 0462 601101. Einkehr außerdem im Bereich Ciampac, in der Baita Robinson und Baita Locia Contrin.

Variante: Vom Passo di San Nicolò Direktabstieg 5 ins Val de Contrin möglich, ohne Schlenker über das Rifugio Contrin (0.30 Std. kürzer).

Karte: Tabacco, 1:25.000, Blatt 06, Val di Fassa.

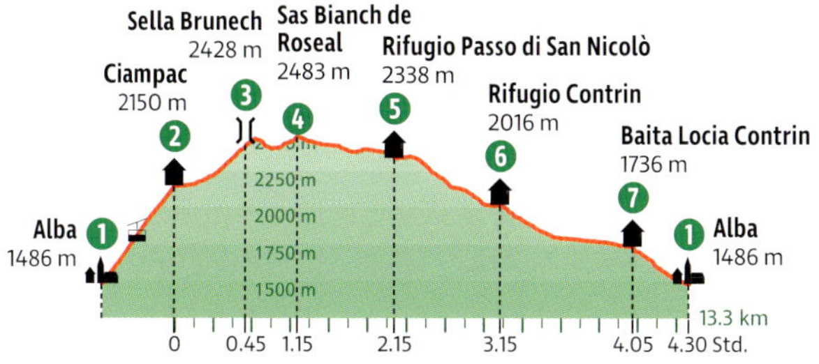

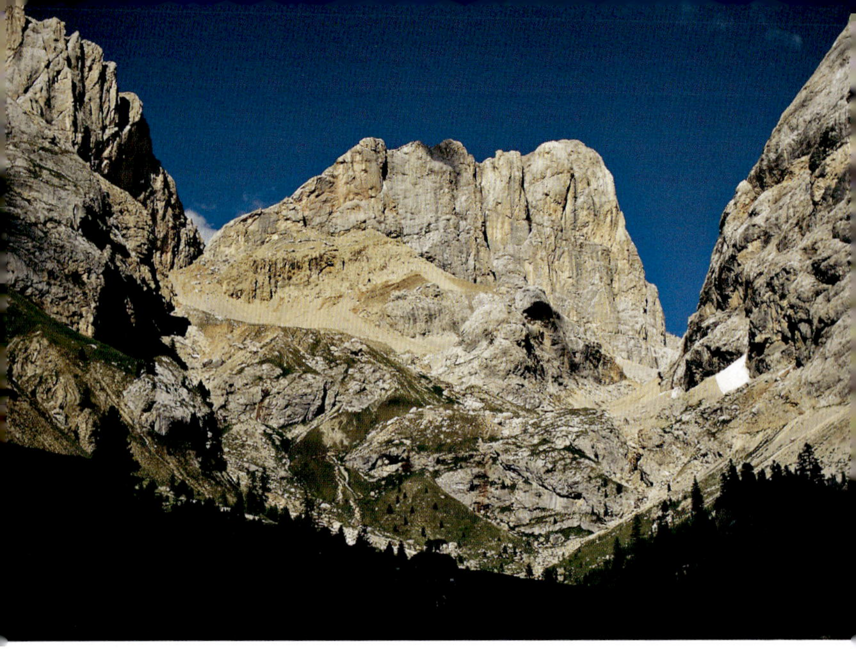

Am Rifugio Contrin erblickt man die Südwestabstürze der Marmolada.

Nachdem uns die Seilbahn von **Alba ❶**, 1486 m, bequem nach **Ciampac ❷**, 2150 m, hinaufgetragen hat, wandern wir mit Nr. 644 durch das Skigebiet bergan und biegen weiter oben rechts zur **Sella Brunech ❸**, 2428 m, ab. An einer Liftstation vorbei wird die Kammhöhe am Sass Brunech gewonnen, wo wir erstmals einen Blick nach Süden über das Val di San Nicolò werfen können und gleichzeitig auf den Sentiero Lino Pederiva (Nr. 613) treffen. Dies ist die Höhenwegverbindung von Buffaure zum Passo di San Nicolò, den auch wir nun ansteuern wollen. Die schmale Spur windet sich im Auf und Ab am phasenweise schroffeven Kamm entlang, wobei das grasbewachsene Terrain Trittsicherheit verlangt. Hinter dem **Sas Bianch de Roseal ❹**, 2483 m, wird der Sas de Roces, 2618 m, nicht, wie in den meisten Karten ungenau dargestellt, überschritten, sondern auf der Südseite umgangen. Einige abschüssige Traversen sind hier mit Sicherungen versehen. Leicht absteigend passiert man eine Erhebung mit auffällig hellem Gestein, durchmisst eine Senke und erreicht nach einer kurzen Gegensteigung über eine Geländerippe hinweg den weiten Passo di San Nicolò mit dem **Rifugio Passo di San Nicolò ❺**, 2338 m, unterhalb des kecken Col Ombert. Von dort folgen wir Weg Nr. 608 über das Hochweidengelände der Pra de Vace abwärts, kommen später in lichten Wald und zur Malga bzw. zum **Rifugio Contrin ❻**, 2016 m. Der Hüttenweg (Nr. 602) führt über die Baita Robinson (1828 m) auf den malerischen Hochtalboden des Val di Contrin hinab, wo wir auf die linke Seite wechseln und ein Weilchen flach talauswärts schlendern. Hinter der **Baita Locia Contrin ❼**, 1736 m, wird der breite geschotterte Weg nochmals steiler und bringt uns mit etlichen Serpentinen zur Talstation in **Alba ❶**, zurück.

Alta Via Bruno Federspiel

Aus dem Val di San Nicolò zum Spiz di Tariciogn

7.00 Std. | 12,2 km | ↗1300 m | ↘1300 m

Die Überschreitung der Monzoni

Bei Pozza di Fassa zweigt ostwärts das Val di San Nicolò ab, das durch seine ungewöhnlich vielseitigen geologischen Verhältnisse besticht. Das attraktivste Tourenangebot dieser nicht übermäßig bekannten Ecke der Dolomiten sind sicherlich die teilweise gesicherten Gratrouten, etwa die Costabella-Überschreitung oder jene der Monzoni, die hier vorgestellt werden soll. Die Strecke zwischen dem Passo delle Selle und dem Costela-Sattel unter der Valacia trägt auch den Namen Alta Via Bruno Federspiel und ist ein Schaupfad der Extraklasse – und dabei fast sogar noch ein Geheimtipp. Marmolada samt südlichen Anhängseln, Pala, Lagorai und Bocche, Latemar und Rosengarten, Langkofel und Sella bilden als Panorama den Rahmen, wenn man über die nicht selten schmalen Kammsteige hinwegschleicht. Jedenfalls werden trittsichere und alpin erfahrene Höhenwanderer begeistert sein, wozu auch die eine oder andere prickelnde Passage am Drahtseil beiträgt.

Ausgangspunkt: Malga Monzoni, 1862 m. Zufahrt von Pozza di Fassa durchs Val di San Nicolò und Val dei Monzoni, von Juni bis September nur mit Pendelbus, ab Malga Crocifisso (Parkplatz) kommt 1 Std. Zustieg dazu.

Anforderungen: T4. Lange Höhenroute mit einigen klettersteigartig ausgebauten Passagen. Oft nur schmale Pfade in teils felsigem, teils erdig-grasigem Gelände; ausgeprägte Trittsicherheit und im Rahmen einer Tagestour gute Kondition notwendig. Zu- und Abstieg verlaufen auf leichteren Wanderwegen.

Einkehr/Übernachtung: Rifugio Taramelli, 2040 m, CAI, Tel. +39 360 879719. Rifugio Passo delle Selle, 2529 m, privat, Tel. +39 347 4039331. Rifugio Valacia, 2275 m, privat, Tel. +39 349 8866866. Bewirtschaftung der Hütten von etwa Mitte Juni bis Ende September.

Karten: Tabacco 1:25.000, Blatt 06, Val di Fassa.

Aussichtsreich am Kamm liegt das Rifugio Passo delle Selle.

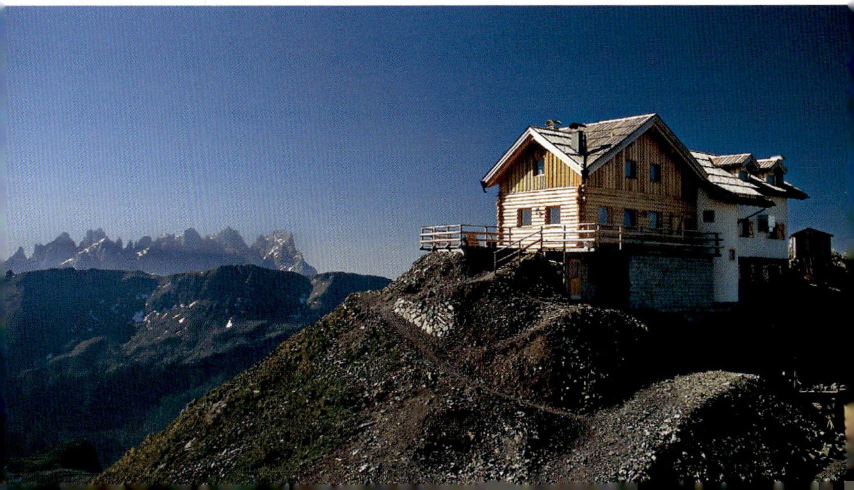

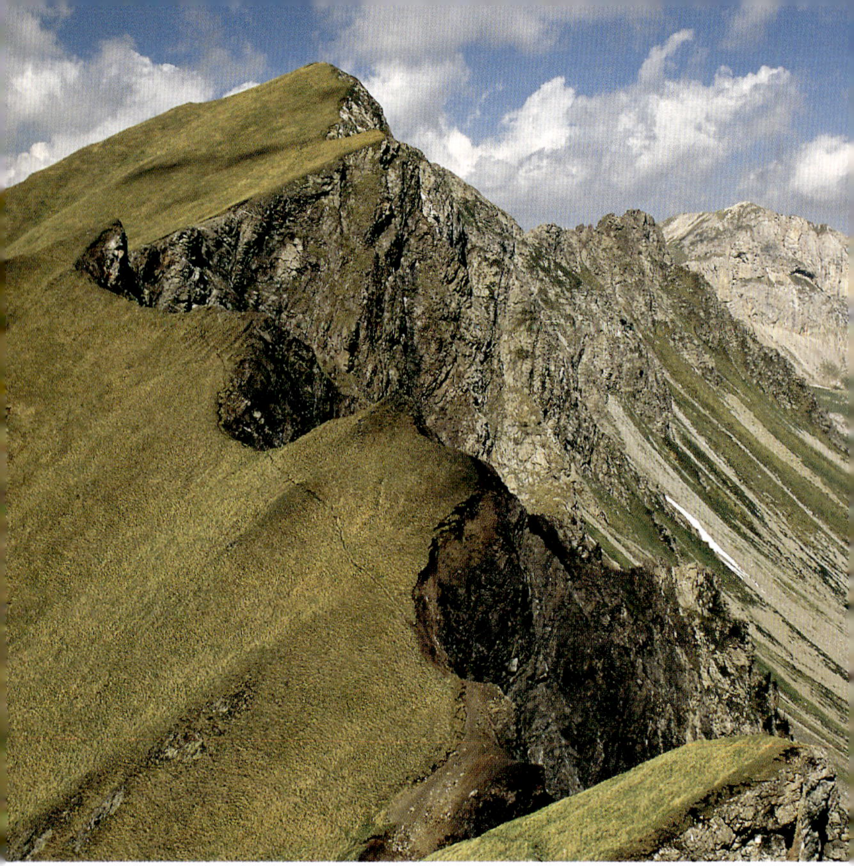

Der Spiz del Malinvern wird auf der Alta Via Federspiel überschritten.

Bald hinter der **Malga Monzoni ❶**, 1862 m, kommt man zu einer Gabelung. Hier nun links haltend über eine Bachrunse zum **Rifugio Taramelli ❷**, 2040 m, das sich noch hinter letzten Bäumen versteckt. Die Fortsetzung führt mit Nr. 604 nach zweimaliger Bachquerung über eine mürbe Geländestufe hinweg ins Val delle Selle hinauf und dort links an der Mulde mit dem Lago delle Selle vorbei. Der Weg beschreibt einen Rechtsbogen und bringt uns schließlich in angenehmer Steigung bis zur Kammhöhe und zum **Rifugio Passo delle Selle ❸**, 2529 m.

Die Kammroute der Alta Via Bruno Federspiel führt jetzt mit Nr. 616 bezeichnet in Grundrichtung Südwest. Zu Anfang wird die wenig ausgeprägte Punta delle Selle, 2593 m, überschritten. An mehreren Kavernen und Stellungsresten vorbei weiter zur **Punta d'Alloghet ❹**, 2582 m, wo der anspruchsvollste Teil beginnt. Nach kleinräumigem Auf und Ab mit einer gesicherten Wandstufe zwischendurch gelangen wir zu einer nordseitigen Querung über Bänder und ausgesetzte Plattenpassagen (immer wieder Sicherungen). Später wird auf die grasbewachsene Südseite gewechselt und fast bis zum Gipfel des **Spiz di Tariciogn ❺**, 2647 m, auch als Ricoletta bezeichnet, angestiegen. Von dort leitet ein erdiger

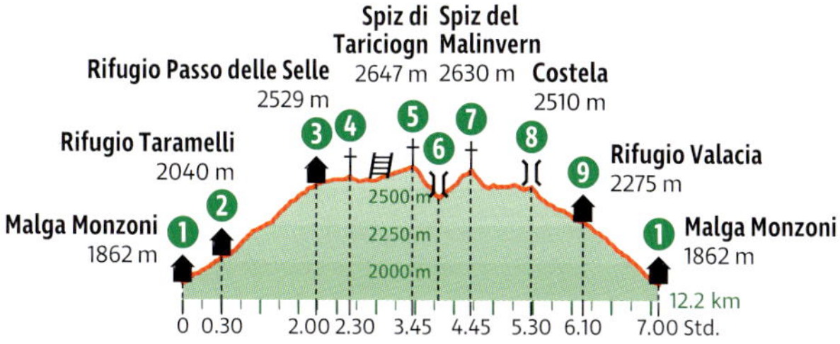

Abstieg in die **Forcella Ricoletta** ❻, 2431 m, hinunter – 200 Höhenmeter, die im Gegenanstieg zum **Spiz del Malinvern** ❼, 2630 m, gleich wieder wettgemacht werden müssen. Die dünne Pfadspur bleibt dabei meist in der grasigen Südflanke, aber stets nicht weit von der Gratkante entfernt. Jenseits dieses Gipfels sogleich über steile, mit Drahtseillauf versicherte Grastritte bergab, dann ein Stück am Kammrücken entlang, bis sich einige Zacken in den Weg stellen. Hier weichen wir südseitig in steile Graspleisen aus und achten gut auf die Markierung, denn der Pfad verliert sich teilweise etwas. Kräftig ansteigend wird schließlich wieder die Kammhöhe gewonnen, ehe man über die letzten unbedeutenden Grathöcker hinweg zur Einsattelung der **Costela** ❽, 2510 m, gelangt.

Auf sandiger Spur etwas abschüssig unter die Ostwand der Valacia hinab, dann davon abrückend und zum **Rifugio Valacia** ❾, 2275 m, oberhalb der malerischen Gardeccia-Mulde. Weg Nr. 624 führt anschließend weiter durch diese bergab und leitet auf einem holprigen, teils ziemlich steilen Karrenweg zurück zur **Malga Monzoni** ❶.

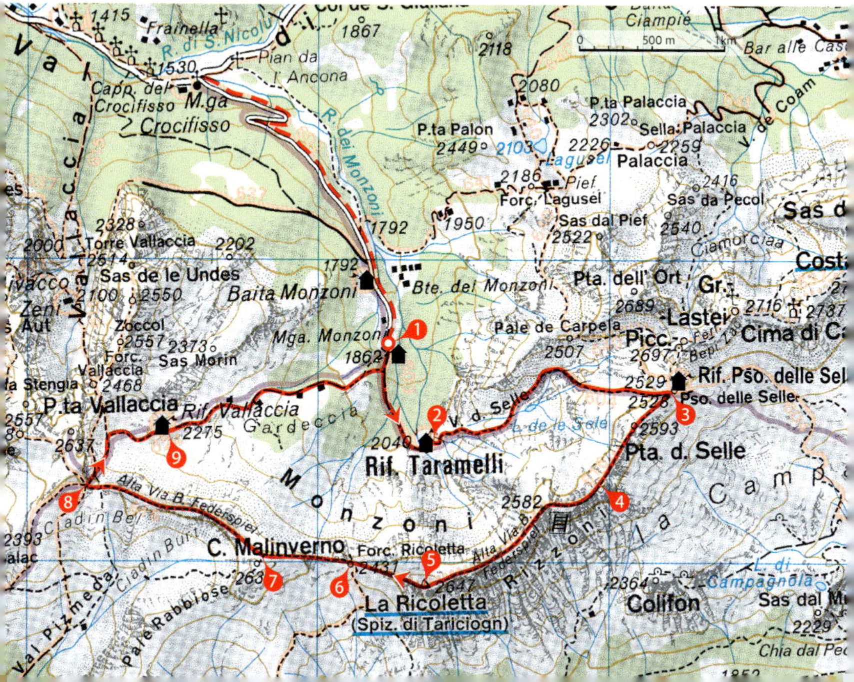

39 Monte Mulàz, 2906 m

Von der Baita Segantini über den Passo del Mulàz

6.15 Std. | 13,1 km | ↗ 1260 m | ↘ 1260 m

Auf den massigen Wandergipfel der Pala-Nordkette

Echte Wanderberge sind in der wilden Pala ziemlich rar gesät, da lassen die gängigen Zackenprofile dieser Gruppe keinen Zweifel aufkommen. Eine bekannte Ausnahme von der Regel macht jedoch der Monte Mulàz als nördlicher Vorposten des eindrucksvollen Nordzuges, in dem sich solch stolze Gipfel wie Cimòn della Pala, Cima della Vezzana und Cima dei Bureloni erheben. Der Mulàz ist als grob gehauener Klotz weniger edel geformt, dafür aber wesentlich leichter zu erreichen. Das kontrastreiche Gipfelpanorama ist hoch gerühmt, wobei uns besonders die Nahkulisse der scharf geschnittenen Zinnen um die Cima del Focobon in Bann zieht. Obwohl der eigentliche Talort Falcade im Valle del Biois (Provinz Belluno) heißt, werden die meisten Besteigungen von der Baita Segantini oberhalb des Passo Rolle ausgeführt. Schon dort fesselt uns die einzigartige Phalanx der Pala mit dem gewaltigen Cimòn als »Matterhorn der Dolomiten«.

Ausgangspunkt: Baita Segantini, 2170 m, Zufahrt über die Schotterpiste vom Passo Rolle (Scheitelpunkt zwischen Val Cismon und Val Travignolo) in der Hauptsaison tagsüber nur per Pendelbus (übrige Zeit, auch frühmorgens, frei befahrbar).

Anforderungen: T3. Markierter Steig in felsiges, insgesamt auch schuttreiches Gelände, aber ohne eigentliche Kletterei. Trittsicherheit und im Rahmen einer Tagestour auch Ausdauer nötig.

Einkehr/Übernachtung: Rifugio Volpi al Mulàz, 2571 m, CAI, bewirtschaftet vom 20. Juni bis 20. September, Tel. +39 0437 599420. Einkehrmöglichkeit in der Baita Segantini.

Variante: Man kann auch im Val di Venegiotta starten, Anfahrt über die Straße zum Passo di Vallès (etwas länger, aber ohne einen Gegenanstieg am Rückweg).

Karte: Tabacco 1:25.000, Blatt 022, Pale di San Martino.

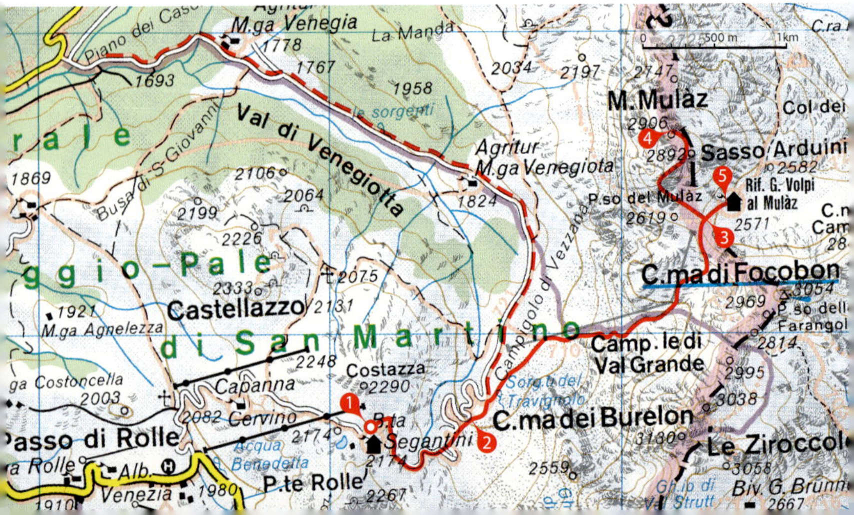

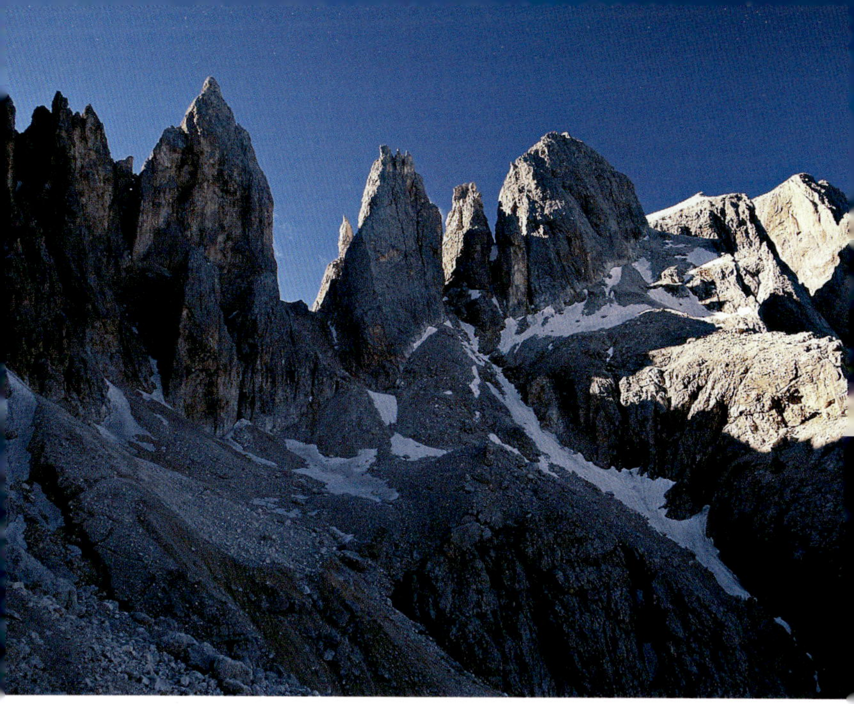

Pala-Impressionen beim Aufstieg zum Passo del Mulàz.

Von der **Baita Segantini** ❶, 2170 m, folgen wir dem gesperrten, ins hintere Val Venegia hinunterführenden Sandsträßchen, wobei einige Serpentinen abgekürzt werden können. Über dem flachen **Campigol della Vezzana** ❷, ein Stück weit vor der Talstation der Materialseilbahn, zweigt beim P. 2010 rechts der eigentliche Anstieg zum Passo del Mulàz ab (Markierung 710). Man durchquert ein Blockfeld, nimmt den aus dem Tal kommenden Zugang auf und steigt im Zickzack über den Schotterstrom, der aus dem oberhalb gelegenen Kessel ausmündet, bergan. Dort halten wir uns links und gewinnen über steilere Hänge die nächste Karmulde sowie schließlich den **Passo del Mulàz** ❸, 2619 m. Wenige Minuten jenseits liegt die Mulàzhütte, doch sparen wir uns einen Besuch für später auf und packen gleich links den Gipfelanstieg an. Über geröllige Felshänge in Serpentinen aufwärts zu einer Art Schulter. Dort hält man sich scharf rechts, traversiert den Felsriegel des

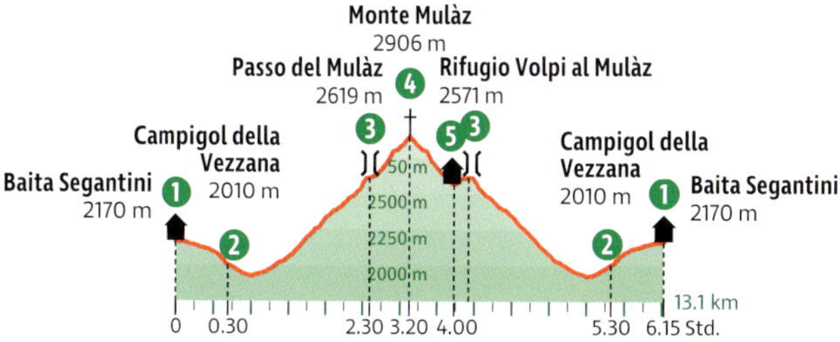

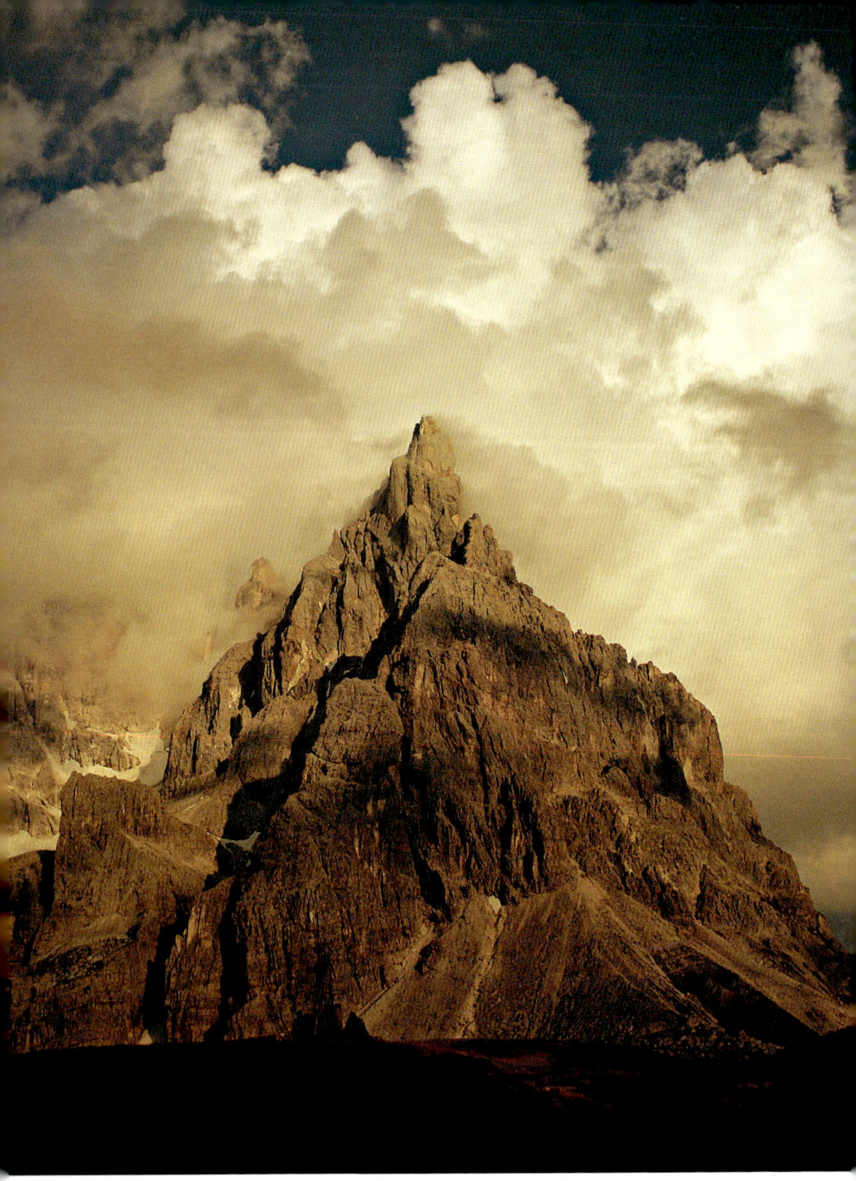

Wolken umwabern den Cimòn della Pala.

Vorgipfels, um anschließend von der Ostseite her den höchsten Punkt des **Monte Mulàz** ❹, 2906 m, mit seiner Gipfelglocke zu erreichen.

Der Abstieg verläuft prinzipiell auf derselben Route, wobei sicher noch Spielraum für einen kurzen Abstecher zum **Rifugio Volpi al Mulàz** ❺, 2571 m, vorhanden ist. Der Gegenanstieg zum **Passo del Mulàz** ❸ beträgt kaum 50 Meter, allerdings sei die finale Gegensteigung zur **Baita Segantini** ❶, immerhin rund 200 Hm, nicht vergessen.

Rund um die Pala di San Martino

Von der Rosetta über das Rifugio Pradidali

40

5.30 Std. | 12,7 km | ↗850 m | ↘850 m

TOP

Wanderklassiker im Herzen der Pala

Diese aufgrund der Nähe zur Seilbahn sehr beliebte Tour ist gewissermaßen die Kombination zweier – grundlegend verschiedener – Verbindungsrouten zwischen Rosetta- und Pradidalihütte. Während die eine Seite von der kargen, im Detail ziemlich verwirrend gegliederten Hochfläche des Altopiano delle Pale di San Martino bestimmt wird, dominieren über dem Pradidalikessel und dem Val di Roda gewaltige Felskulissen in der Vertikalen. Es sind gleichsam Pala-Kontraste der Superlative, die wir auf der Umrundung des namengebenden Gipfels geboten bekommen. Und dabei ist die Sache dank der Seilbahn nicht einmal besonders beschwerlich, allerdings auch nicht gerade einsam. Tipp: Zu Beginn der Tour Abstecher zur Rosetta nicht versäumen, allein schon des grandiosen Tiefblickes auf San Martino wegen.

Ausgangspunkt: Talstation der Funivia Rosetta in San Martino di Castrozza, 1507 m. Bergstation der Rosettabahn, 2635 m, am Rande des Altipiano, erreichbar in zwei Sektionen ab San Martino (Betriebszeiten von Mitte Juni bis Mitte September täglich von 8.10 bis 16.40 Uhr, eventuell auch an Wochenenden davor und danach).
Anforderungen: T3. Häufig steinige Wege, abschnittsweise jedoch komfortabel angelegt, vor allem auf dem Altipiano aber oft nur markierte Leitlinien über nackte Karrenfelder. Eine gesicherte Passage unterhalb des Passo di Ball. Neben elementarer Trittsicherheit ist speziell bei Nebel auch Orientierungsvermögen wichtig.
Einkehr/Übernachtung: Rifugio Rosetta (Pedrotti), 2581 m, CAI, Tel. +39 0439 68308. Rifugio Pradidali, 2278 m, CAI, Tel. +39 0439 64180, beide von Mitte Juni bis Ende September bewirtschaftet.
Variante: Aus dem Val di Roda ist auch ein direkter Abstieg nach San Martino möglich (Abzweig vor dem Col delle Fede ⑧, zeitlich kaum länger).
Karte: Tabacco 1:25.000, Blatt 022, Pale di San Martino.

Im Val di Roda mit Blick zur Rosetta.

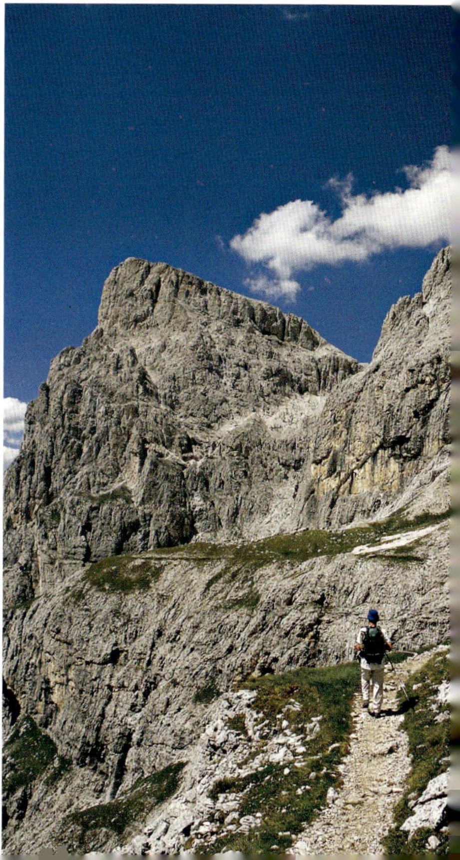

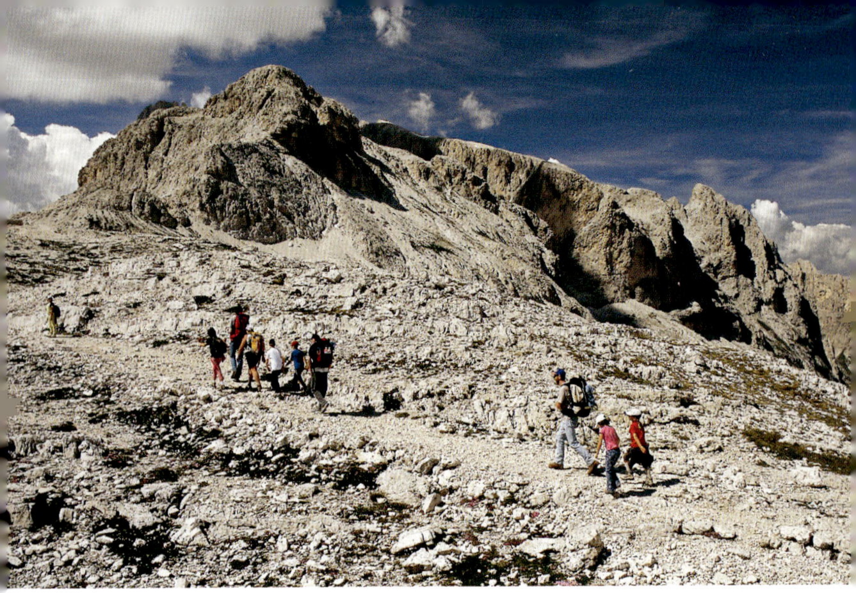

Unterwegs auf der steinigen Pala-Hochfläche, wo sich viele Seilbahnwanderer tummeln. Die vorgeschlagene Tour verläuft nicht immer so einfach wie hier.

Mit der Auffahrt von **San Martino** ❶ per Sessellift zum Col Verde, 1965 m, und weiter per Gondelbahn zur Rosetta-**Bergstation** ❷, 2635 m, stehen wir in Windeseile am westlichen Rand des riesigen Altipiano und sind in Bann geschlagen von der weiten Ödnis des größten Karstplateaus in den Dolomiten. Bevor wir dorthin aufbrechen, sollten wir aber den obligatorischen Abstecher auf den Gipfel der **Rosetta** ❸, 2743 m, unternehmen, die Vogelperspektive auf San Martino und das Cismontal ist wirklich fantastisch. Anschließend leicht absteigend in Richtung

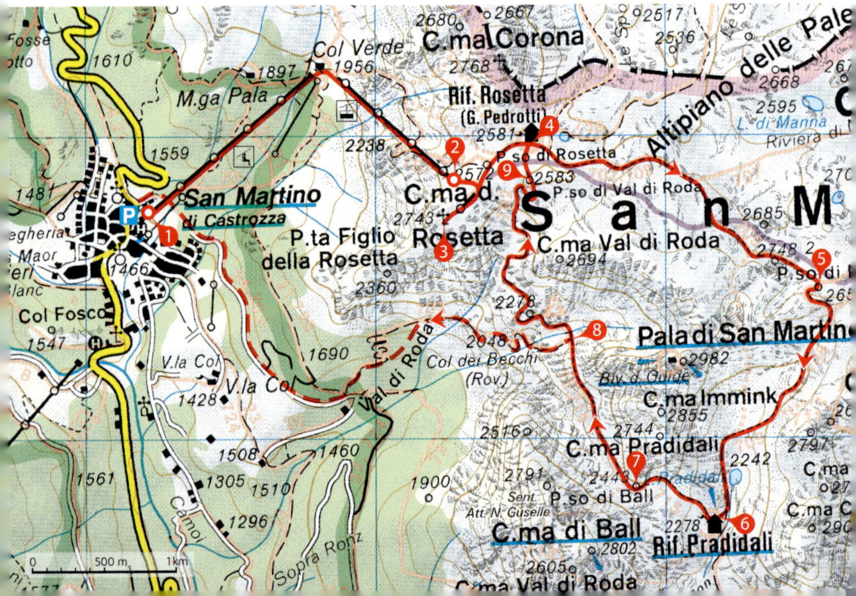

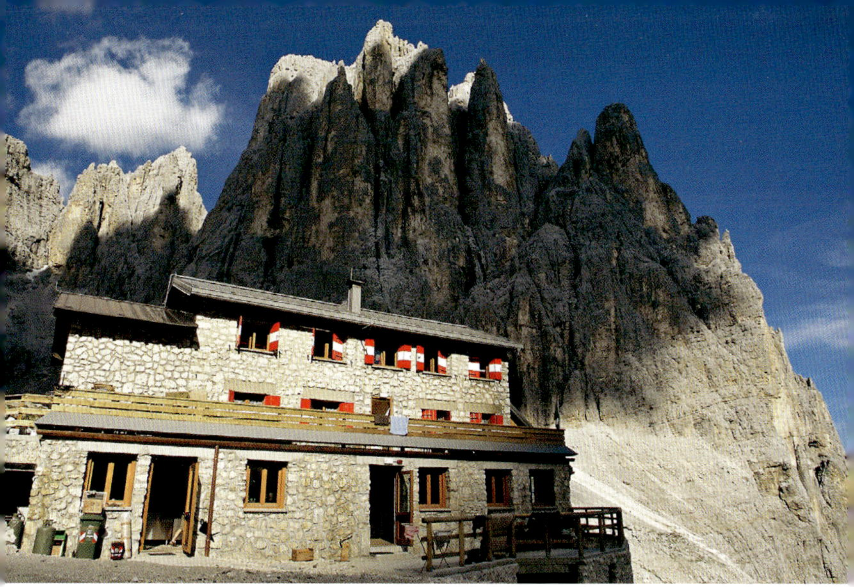

Im Banne eindrucksvoller Felswuchten wie der Cima-Canali-Westwand hat das Rifugio Pradidali seinen Platz.

Altipiano und zunächst zum **Rifugio Rosetta** ❹, 2581 m, das hier als stark frequentierter Anlaufpunkt dient. Mit Markierung 709 geht es über die kupierte Steinwüste Richtung Osten, später mehr Südosten. Man lässt den Passo Pradidali Alto rechts liegen (ungebräuchlicher Übergang) und steuert den **Passo Pradidali Basso** ❺, 2658 m, an, dessen Einsenkung zuletzt leicht abwärts erreicht wird. Nun verlassen wir die Hochfläche und steigen südwärts in den obersten Pradidalikessel ab. Über einige kleinere Felsstufen gelangt man auf einen ausgedehnten Schotterboden und hält sich hier links. Die Route setzt sich am Abzweig zum Passo delle Lede vorbei fort und zieht in geröllreichem Bergab wieder nach rechts hinüber, um auf dieser Seite die Mulde mit dem häufig ziemlich ausgetrockneten Lago Pradidali zu umgehen. Wenig später treffen wir beim **Rifugio Pradidali** ❻, 2278 m, ein und bewundern vor allem den Sass Maor sowie die orgelpfeifenähnliche Westwand der Cima Canali. Ein halbstündiger Gegenanstieg auf Weg Nr. 715 bringt uns zum **Passo di Ball** ❼, 2443 m, und damit zum

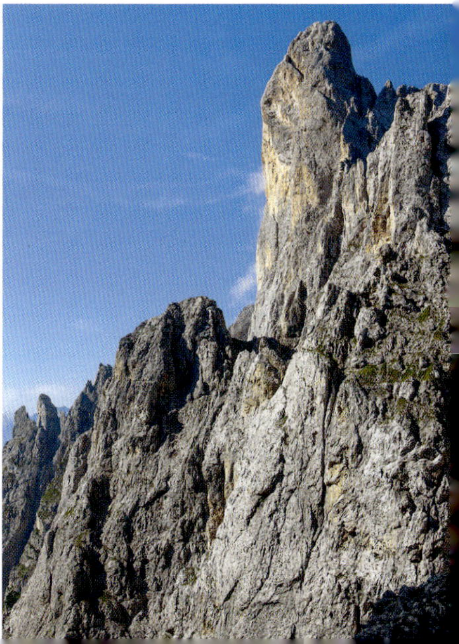

Der Sass Maor zählt zu den fulminanten Kletterbergen der Pala.

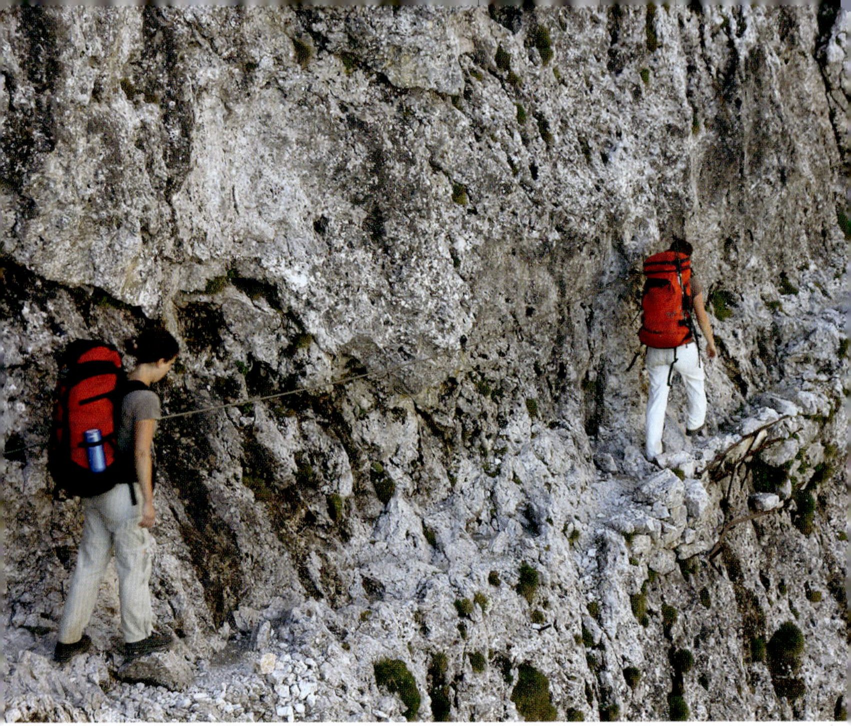

Etwas ausgesetzte Bändertraverse.

Übergang ins Val di Roda. Hier halten wir uns an die rechte Seite, wo in den Sockelfelsen der Cima Immink bald eine ausgesetzte Passage über gesicherte Bänder zu absolvieren ist. Anschließend wieder gutmütig weiter leicht abwärts unter die Westfront der Pala di San Martino und zur Einmündung in den serpentinenreichen **Weg Nr. 702** ❽, 2270 m, der aus dem Tal zum Rifugio Rosetta hinaufzieht.

Hier kann man wahlweise den weiteren Abstieg einleiten oder über den begrünten Absatz des Col delle Fede, 2278 m, sowie eine lange Reihe flach angelegter Kehren die Höhe des Altipiano zurückgewinnen. Man übertritt beim **Passo di Val di Roda** ❾, 2572 m, eine Geländeschwelle und steht kurz darauf beim **Rifugio Rosetta** ❹. Von dort zurück zur **Bergstation** ❷ und sanft schwebend hinunter nach **San Martino** ❶.

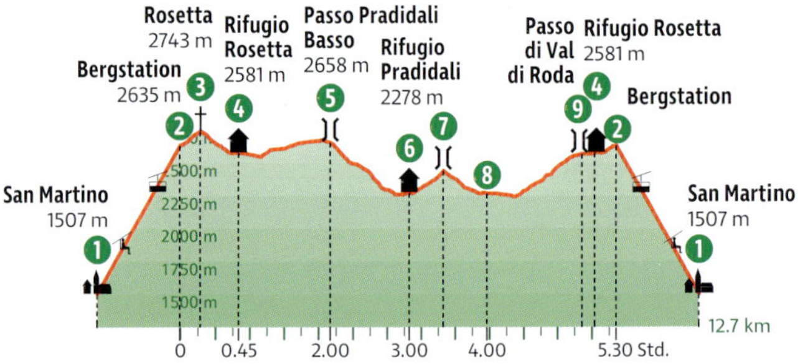

Monte Pavione, 2335 m

Vom Passo Croce d'Aune via Rifugio Dal Piaz

7.50 Std. | 20,1 km | ↗1500 m | ↘1500 m

Auf den aussichtsreichen Eckpfeiler der Vette Feltrine

Ob der Monte Pavione wirklich die »schönste Graspyramide der Alpen« ist, wie Oscar Schuster einst behauptete, liegt wohl im Ermessen eines jeden Betrachters. Zumindest präsentiert sich der ebenmäßig geformte Berg auffällig über der Talschaft des Primiero und bildet damit einen Markstein der Vette Feltrine, jener Kette, die gewissermaßen den südlichen Abschluss der Dolomiten darstellt. Aufgrund dieser Position darf man ein vielseitiges Panorama zwischen schroffem Palafels und weiter Poebene erwarten. Auf den Gipfel führt vom schön gelegenen Rifugio Dal Piaz eine reizvolle, nicht schwierige Kammwanderung über zwei vorgelagerte Erhebungen; für den Rückweg zur Hütte bietet sich dann die Variante durch die markanten, südseitigen Karbuchten an, die das eigenwillige Bild der Vette Feltrine so stark prägen.

Ausgangspunkt: Passo Croce d'Aune, 1015 m, Buslinie von Feltre über den Pass.
Anforderungen: T2. Bis zur Hütte leichte Wanderwege, zwischendurch auch breite ehemalige Militärtrasse. Richtung Gipfel schmalere Kammpfade, jedoch stets unschwieriges Grasgelände. Mit elementarer Trittsicherheit problemlos. Der lange Zustieg verlangt Ausdauer, am besten mit Übernachtung.
Einkehr/Übernachtung: Rifugio Dal Piaz, 1993 m, CAI, bewirtschaftet vom 20. Juni bis 20. September, in der Vor- und Nachsaison evtl. an Wochenenden, Tel. +39 0439 9065.
Variante: Von der Malga Monsampiano kann über den Sentiero Sant'Antonio (Nr. 810) in 1.40 Std. nach Aune abgestiegen werden; die Route führt allerdings in abschüssiges Gelände und verlangt sehr gute Trittsicherheit (»rot«).
Karte: Tabacco 1:25.000, Blatt 023, Alpi Feltrine – Le Vette – Cimònega.

Auf der wunderbaren Gratlinie der Vette Feltrine.

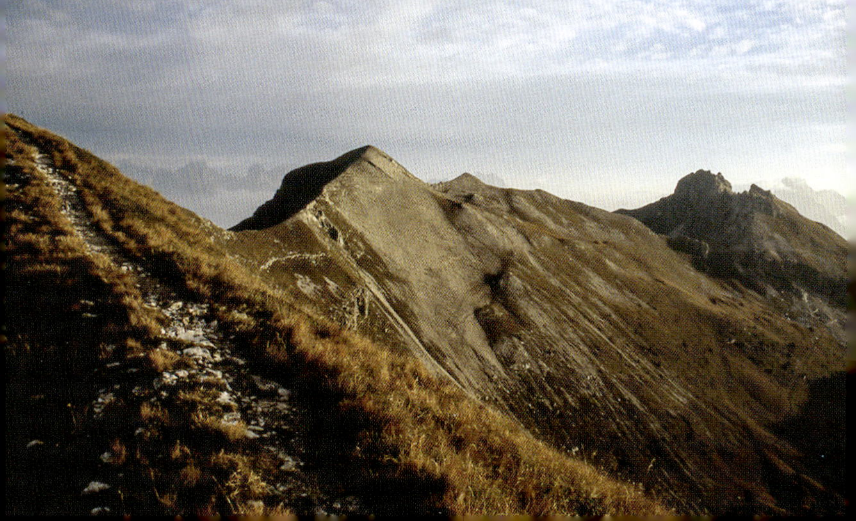

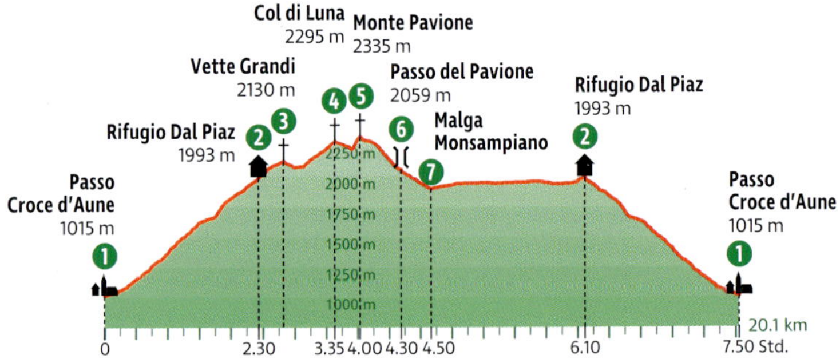

Von der Scheitelhöhe mit den Gasthäusern am **Passo Croce d'Aune** ❶, 1015 m, folgen wir der Route 801, die auch als Dolomiten-Höhenweg Nr. 2 ausgewiesen ist (von Brixen im Eisacktal kommend endet dieser Weitwanderweg exakt hier). Bald schon zweigt man von der ehemaligen Militärstraße ab und kürzt deren weit ausholende Serpentinen auf einem Waldweg ab. Man gelangt auf den Bergrücken des Colle dei Cavai und damit allmählich in freieres Terrain. Etwas später fädelt die Route in den breiten Militärweg ein, doch folgen bis zum **Rifugio Dal Piaz** ❷, 1993 m, noch weitere Abkürzungen am Hang. Knapp oberhalb der Hütte befindet sich der Passo Le Vette Grandi, wo auch der schmalere Kammweg (Nr. 817) ansetzt. Wir wandern über den Rücken zwischen den Hochmulden der Busa delle Vette rechts und der Busa di Caraven zur Linken. Hinter dem Gipfel der **Vette Grandi** ❸, 2130 m, senkt sich die Trasse in die Sella della Cavallade, 2081 m, und steigt dann wieder zum **Col di Luna** ❹, 2295 m, an. Knapp an seinem höchsten Punkt vorbei links einschwenkend und abermals mit Zwischenabstieg in die nächste Einsattelung, aus der schließlich der **Monte Pavione** ❺, 2335 m, erstiegen wird. Fürs Bergab wählen wir den südwärts gerichteten Kammrücken, an dem die Route rechts bald in einen weitläufigen, schuttdurchsetzten Hang übergeht. Man erreicht die Einsattelung des **Passo del Pavione** ❻, 2059 m, und steigt hier wiederum südseitig in die Busa

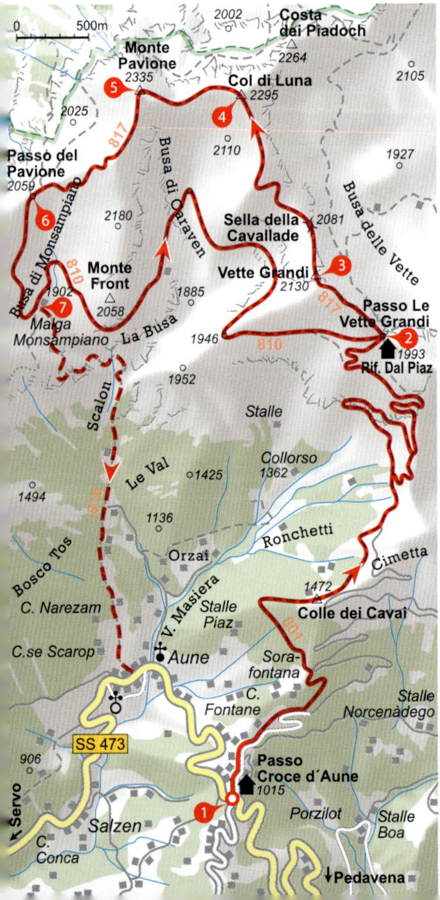

di Monsampiano ab. Bei der **Malga Monsampiano ❼**, 1902 m, inmitten der Almmulde scharf links und mit Nr. 810 im Bogen leicht ansteigend um den Ausläufer des Pavione-Südrückens herum. Damit kommen wir in die benachbarte Busa di Caraven, die etwa höhengleich, aber recht langwierig ausgegangen wird. Nachdem eine weitere Geländerippe umkurvt ist, zieht unser Weg schnurstracks auf das **Rifugio Dal Piaz ❷** zu. Von dort auf bekannter Route zurück zum **Passo Croce d'Aune ❶**.

Morgendämmerung am Rifugio Dal Piaz – über den Tälern wabert das herbstliche Nebelmeer.

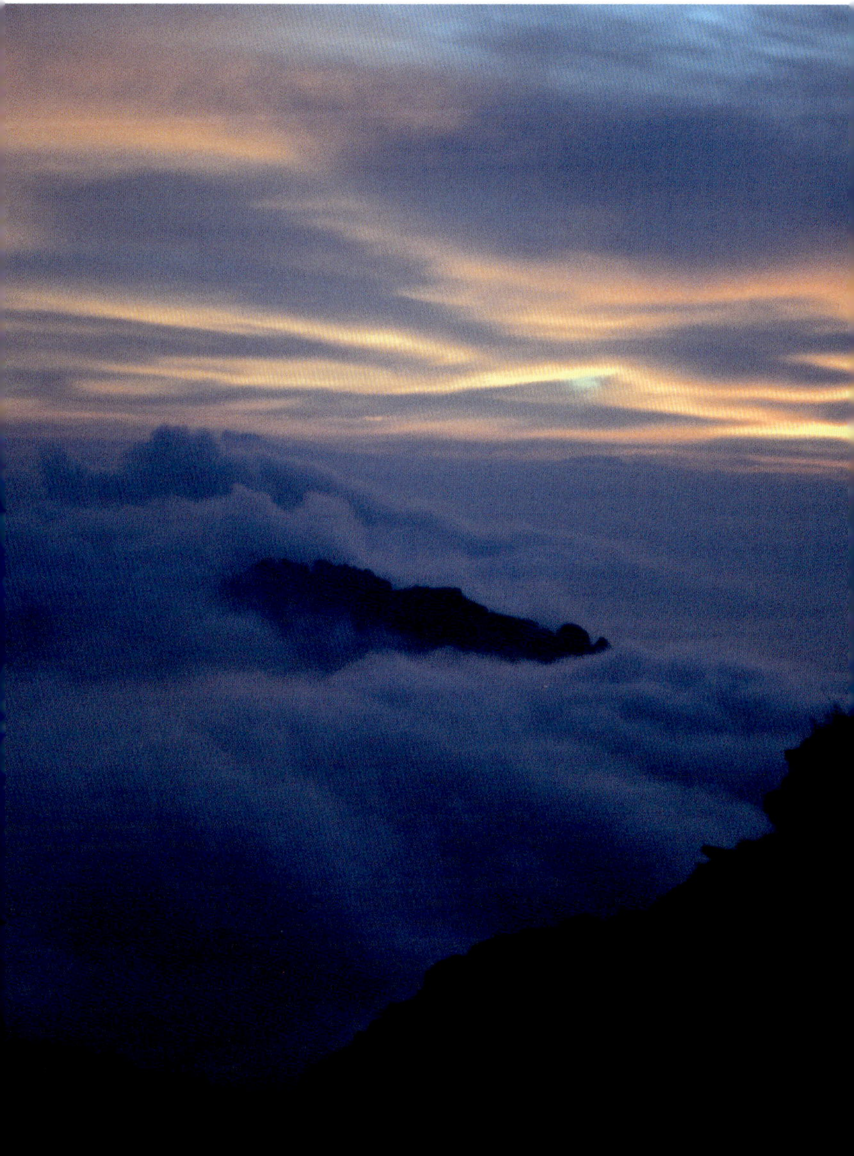

42 Cima d'Asta, 2847 m

Von der Malga Sorgazza über das Rifugio Brentari

TOP | 2 Tage | 19,0 km | ↗ 1650 m | ↘ 1650 m

Auf den Hauptgipfel der Fleimstaler Alpen

Als wuchtige Granitbastion beherrscht die Cima d'Asta den gesamten Bergraum zwischen dem Val di Fiemme im Norden sowie dem Valsugana im Süden und bildet damit einen Blickfang von vielen Gipfeln im östlichen Trentino. Aber nicht nur die bedeutende Höhe, sondern auch die urweltlich anmutende Landschaft mit ihrem kantigen Granitgestein macht diesen Berg zu etwas Besonderem. Imposante Zackengrate im Bereich der Ferrata Gabrielli, der malerische, tiefblaue Bergsee am Fuße der Südwand, ein abgelegener Trümmerkessel sowie die teilweise supersteilen »Lastoni«, auf denen es sich so herrlich auf Reibung gehen lässt, sorgen für jede Menge Abwechslung. Ganz zu schweigen vom Gipfelpanorama, das zu den großartigsten weit und breit gehört. Mit dem günstig gelegenen Rifugio Brentari als Stützpunkt lässt sich die anstrengende Tour auf zwei moderate Tagesetappen verteilen, wobei genügend Spielraum bleibt, um auch die klettersteigartig ausgebaute Zustiegsvariante auszuprobieren.

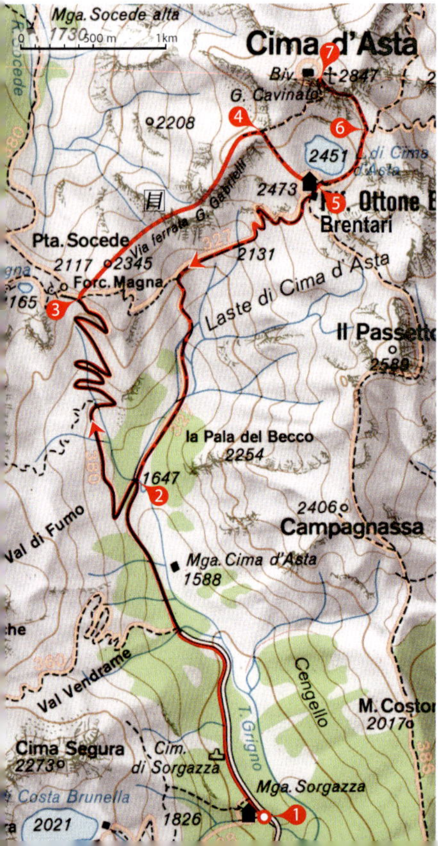

Ausgangspunkt: Malga Sorgazza, 1450 m, am Ende der öffentlichen Straße von Pieve Tesino (nördlich über dem Valsugana) ins Val Malene; großer Parkplatz.

Anforderungen: T4. Große Bergtour, die hauptsächlich in der Felsregion verläuft. Stellenweise gesichert ist die Gratroute der Via Ferrata Gabrielli, auch sonst mehrfach Steilpassagen, aber nur ganz vereinzelt echte Kletterstellen (I). Ausgeprägte Trittsicherheit erforderlich, bei Nässe ist auf dem plattigen Fels erhöhte Vorsicht geboten. Empfehlenswert mit Übernachtung. Als Tagestour möglich, aber sehr gute Kondition nötig.

Etappen: Gesamtgehzeit 8.40 Std.;
1. Tag: 1250 Hm Aufstieg, 230 Hm Abstieg, 4.10 Std.,
2. Tag: 400 Hm Aufstieg, 1420 Hm Abstieg, 4.30 Std.

Einkehr/Übernachtung: Rifugio Brentari (auch Rifugio Cima d'Asta), 2473 m, CAI, bewirtschaftet 20. Juni bis 20. September, Tel. +39 0461 594100 oder +39 0461 1637778. Einkehr in der Malga Sorgazza.

Karte: Tabacco 1:25.000, Blatt 058, Valsugana – Tesino – Lagorai – Cima d'Asta.

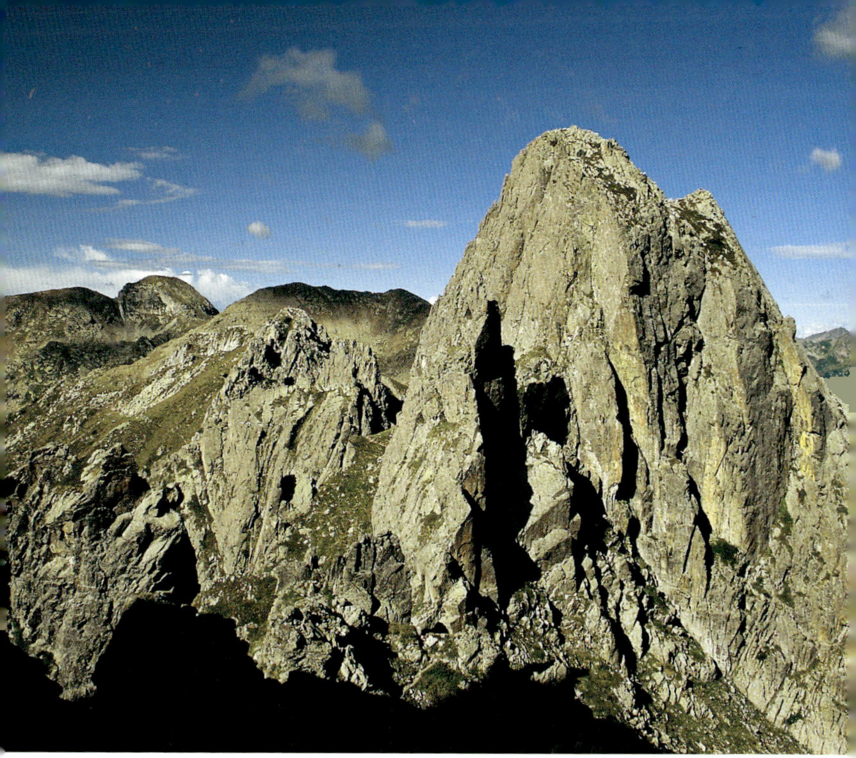

Granitlandschaft an der Via Ferrata Gabrielli.

1. Tag: Vom Wanderparkplatz bei der **Malga Sorgazza** ❶, 1450 m, folgen wir dem geschotterten Fahrweg taleinwärts bis zur **Materialseilbahn** ❷, 1647 m, des Rifugio Brentari. Während der direkte Hüttenaufstieg rechts weiterführt, halten wir uns links an die Route Nr. 380, welche als ehemaliger Militärweg in etlichen flach angelegten Serpentinen zur **Forcella Magna** ❸, 2117 m, ansteigt. Dort öffnet sich erstmals der Blick nach Norden auf die Catena dei Lagorai. Rechts aus der Scharte heraus beginnt nun die Via Ferrata Giulio Gabrielli (Markierung 375), die nur sehr bedingt als echter Klettersteig anzusprechen ist, an zwei gesicherten Passagen jedoch beherzten Einsatz erfordert. Zunächst weicht der Schrofenpfad meist in die Südflanke des Kammes aus, um sich nach einem kleinen Zwischenabstieg durch ein Schärtchen dem ersten Aufschwung zu nähern. Im Angesicht der Punta Socede, die hier eine markante Verschneidung bildet, leiten Drahtseile über steilen Granit empor. Nach dem Durchschlupf durch eine enge Bresche zwischen zwei Zacken und einer nordseitigen Querung in leichtem Auf und Ab folgt der zweite Aufschwung: eine senkrechte Felsstufe, die mittels Trittbügeln gangbar gemacht wurde. Anschließend wird das Gelände wieder leichter. Man folgt im Wesentlichen der Kammhöhe, wobei diese zwar noch einige schmalere Stellen, aber kaum noch Kletteraufgaben bereithält. Schließlich verlassen wir die Schneide am **Passo Socede** ❹, 2518 m, nach rechts, um mit etwas Höhenverlust am Lago di Cima d'Asta vor-

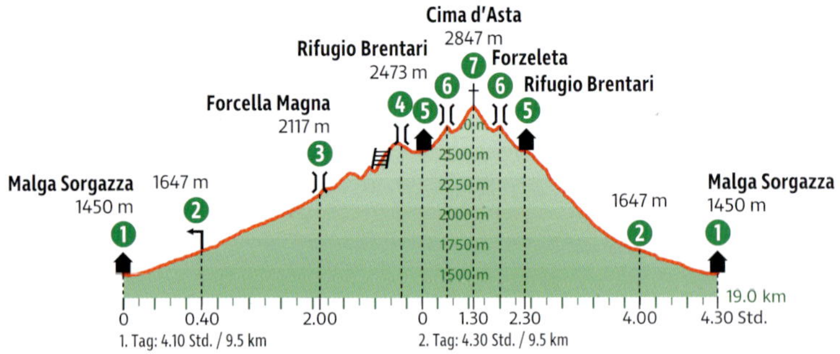

bei das **Rifugio Brentari** ❺, 2473 m, anzusteuern. Achtung: Der direkte Weiterweg zum Gipfel der Cima d'Asta, wie in manchen Karten eingetragen, existiert in dieser Form nicht. Auf dieser schroffen Seite des Berges gibt es ausschließlich anspruchsvollere Kletterrouten (etwa durch die Südschlucht und über den Westgrat), jedoch keinen ausgebauten und markierten Klettersteig.

2. Tag: Vom Rifugio Brentari gewinnen wir in ausholendem Bogen oberhalb der Seemulde an Höhe und erreichen mit der **Forzeleta** ❻, 2680 m, eine Scharte im Südostgrat der Cima d'Asta. Jenseits einige Meter über ausgesetzte Felsen (kurze Sicherung) absteigend in das von Blöcken übersäte Hochkar, das es jetzt zu durchqueren gilt. Wir ziehen leicht nach rechts hinüber und nähern uns dem steilen Gipfelaufbau von seiner Ostseite. Geschickt laviert die Route durch die gegliederten Felsen sowie über einige Schuttzonen hinweg, ehe wir kurz darauf am höchsten Punkt der **Cima d'Asta** ❼, 2847 m, stehen und die gewaltige Aussicht genießen. Wenige Meter unterhalb befindet sich übrigens eine alte Biwakschachtel.

Der Abstieg erfolgt bis zum **Rifugio Brentari** ❺ zunächst auf derselben Route. Nachfolgend begeben wir uns auf den üblichen Hüttenweg (Nr. 327)

Das Rifugio Brentari ist der Cima d'Asta wie auf den Leib geschnitten.

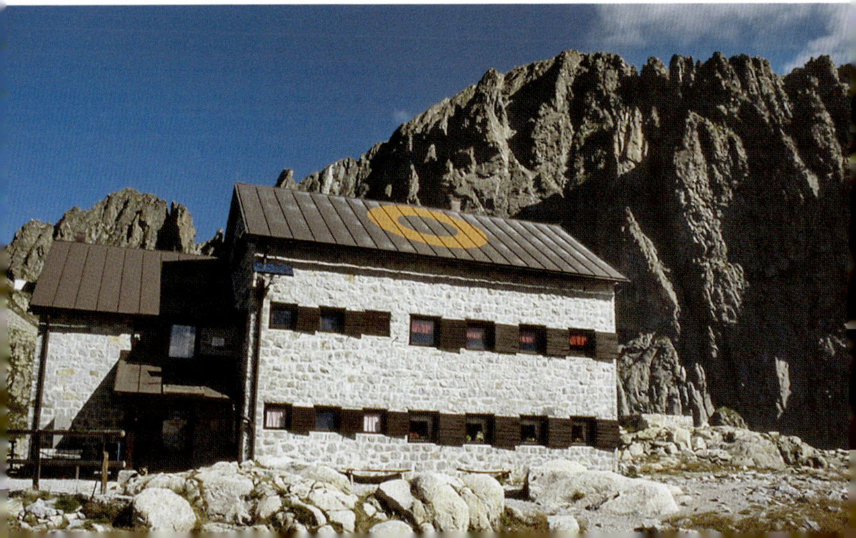

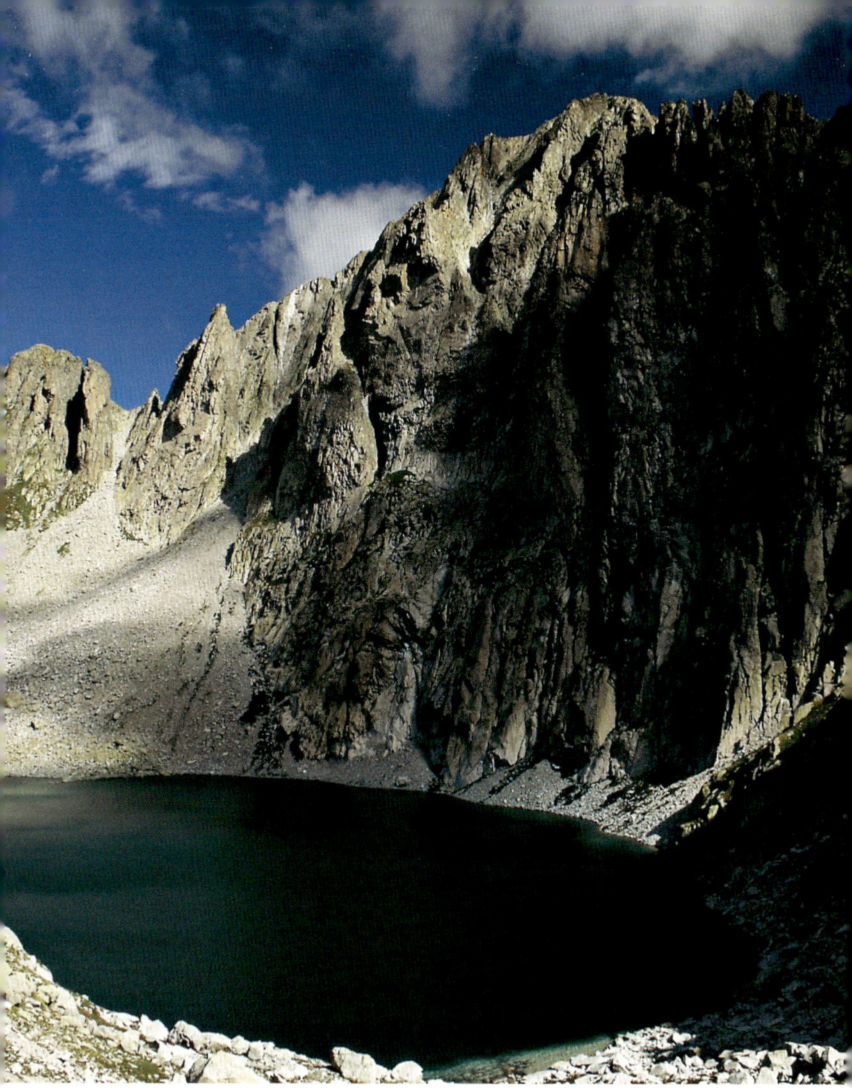

Ein Landschaftsjuwel: der Lago di Cima d'Asta am Fuße der Südwand.

hinab, wobei man sich im oberen Teil zwischen zwei Varianten entscheiden kann. Die als »difficile« (schwierig) ausgewiesene führt direkt über die stark geneigten Granitplatten der »Lastoni« abwärts. Sie versprechen bei trockenem Fels für den Trittsicheren ein reines Vergnügen, kann man hier doch wunderbar auf Reibung gehen. Als Ausweichmöglichkeit schert zwischendurch die Variante 327b (Hinweis »Trodo dei Asceni«) aus, um sich unterhalb der Steilpassagen wieder zu vereinigen. Im weiteren Verlauf tauchen wir in zunehmend vegetationsbedecktes Gelände ein und erreichen bei der **Materialseilbahn** ❷ den breiteren Fahrweg, der das letzte Stück zur **Malga Sorgazza** ❶ hinausleitet.

43 Cima Dodici, 2336 m

In Kombination mit dem Monte Ortigara

6.50 Std. | 19,9 km | ↗1000 m | ↘1000 m

»Blutberge« über dem Altopiano dei Sette Comuni

Zwischen dem Valsugana im Norden und dem weiten Hochland der Sette Comuni (Asiago) im Süden erhebt sich die Cima-Dodici-Kette mit zwei völlig verschiedenen Gesichtern. Zum Valsugana bestehen Höhenunterschiede von immerhin bis zu 2000 Metern (etwa zwischen Borgo und der Cima Dodici), was natürlich einen entsprechend alpinen Charakter prägt. Nach Süden dacht die Kette hingegen auf weitläufige, verkarstete Plateauflächen ab, die ihrerseits zu den »Sieben Gemeinden« überleiten. Die Besiedlung dieses Landstrichs erfolgte übrigens im 12. Jahrhundert durch Bayern. Von dieser sanften Seite wollen wir uns den Gipfeln nähern und werden uns dabei sogar ein wenig auf die großen nordalpinen Plateaustöcke wie das Tote Gebirge oder das Steinerne Meer versetzt fühlen. Eine geologische Verwandtschaft hinsichtlich des kupierten Geländes und der charakteristischen Karsterscheinungen wie Karren und Dolinen liegt ja schließlich auf der Hand. Was diese Landschaft an Herbheit ausdrückt, das bekommt durch die geschichtlichen Ereignisse vor gut 100 Jahren noch eine andere, überaus bedrückende Komponente. Im Ersten Weltkrieg war die Gegend nämlich heftig umkämpftes Frontgebiet, und am Monte Ortigara, einer unscheinbaren Gipfelkuppe, wütete sogar die fürchterlichste Hochgebirgsschlacht, die es je gegeben hat: 30.000 Opfer – eine unglaubliche, unfassbare Zahl! Unser Hauptziel ist zwar die Cima Dodici als höchster Gipfel der Kette, doch sollte, wer längere Marschstrecken nicht scheut, den Monte Ortigara durchaus ins Programm einbeziehen. Da wird man zweifellos mit sehr zwiespältigen Gefühlen ins Val Galmarara zurückkehren.

Blick von der Cima Dodici über das Valsugana bei Borgo.

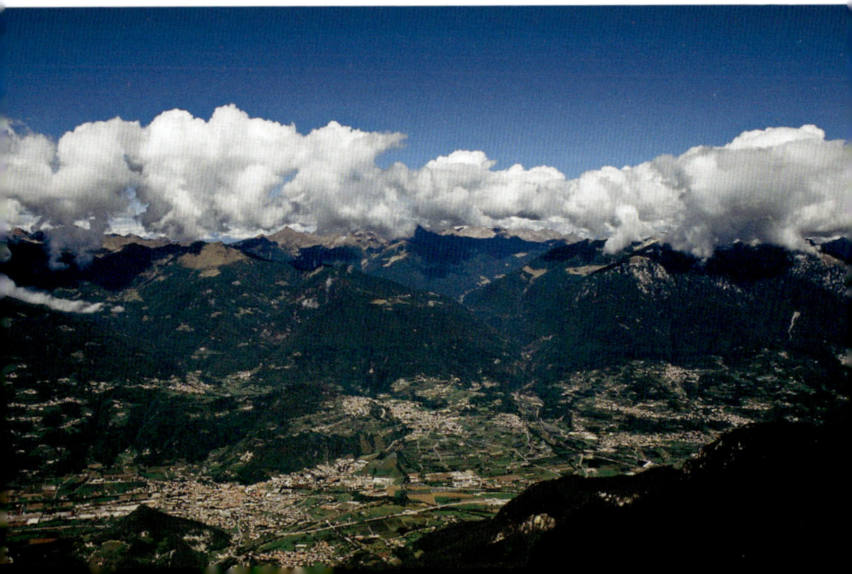

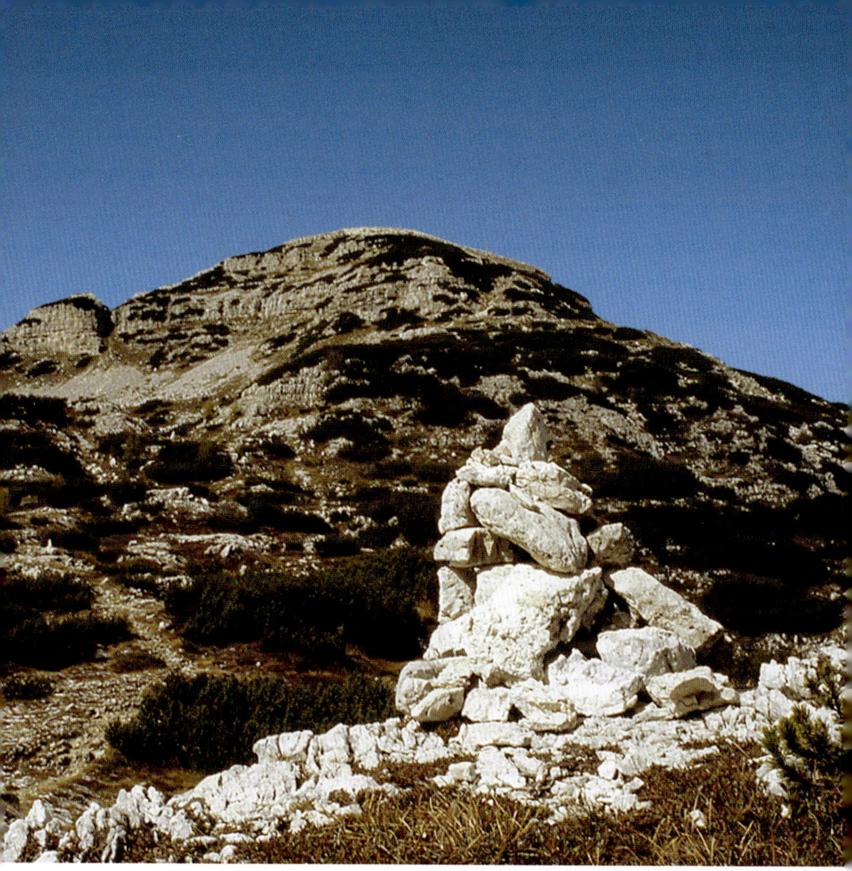

Allmählich nähern wir uns der Cima Dodici.

Ausgangspunkt: Malga di Galmarara, 1614 m, auf dem Altopiano dei Sette Communi. Geschotterte Zufahrt aus dem Val d'Assa (in schlechtem Zustand), Abzweig von der SS 349 zwischen Asiago und Passo di Vézzena.
Anforderungen: T2. Bergwanderung auf wenig schwierigen Steigen bzw. häufig auf ehemals militärischen Nachschubwegen. Bei verhältnismäßig geringen Höhenunterschieden sehr viel Strecke, insbesondere bei Einbeziehung des Monte Ortigara. Im Gipfelbereich der Cima Dodici etwas Trittsicherheit angenehm.
Einkehr/Übernachtung: Nur Biwakhütten unterwegs, z. B. die Baita Buse delle Dodese.
Karte: Tabacco, 1:25.000, Blatt 050, Altopiano dei Sette Communi – Asiago.

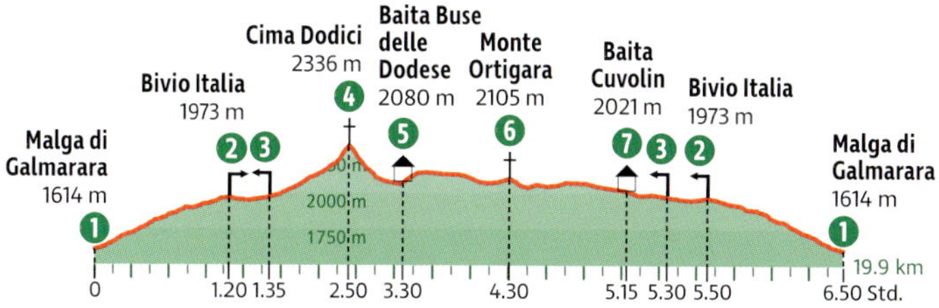

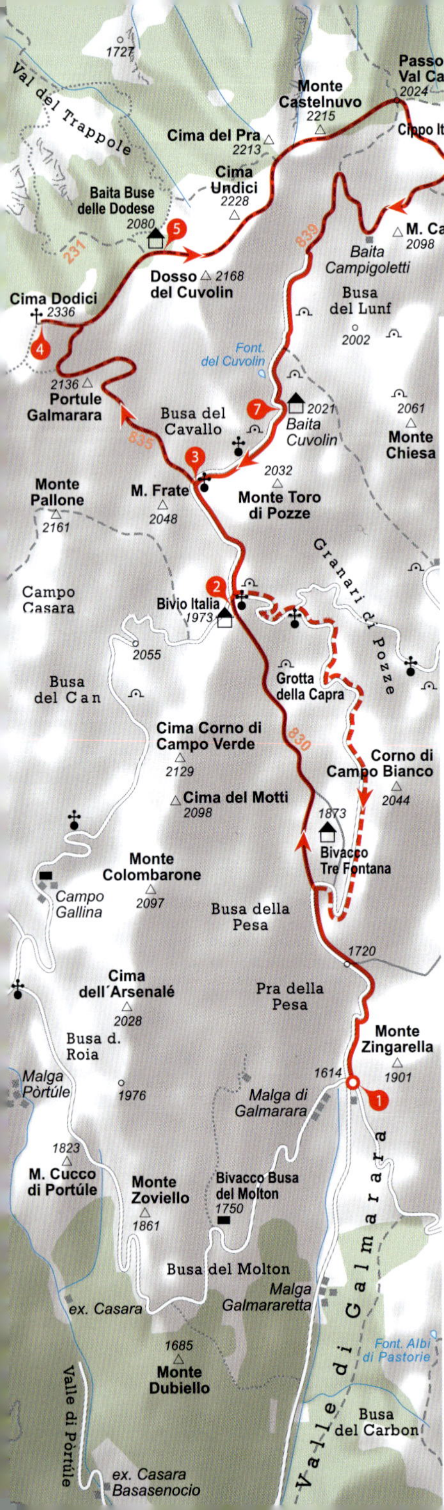

Vom Fahrverbot an der Weggabelung nahe der **Malga di Galmarara** ❶, 1614 m (Bivio di Galmarara genannt), geradeaus in den hochtalartigen Geländeeinschnitt hinein. Man folgt der Militärstraße mit gelegentlichen Abkürzern bis in die Busa della Pesa und zweigt in der grünen Mulde links auf einen kleineren Steig ab. Weiterhin mit Bezeichnung 830 durch kupiertes, latschenbewachsenes Terrain aufwärts; das Bivacco Tre Fontana bleibt auf dieser Route rechts abseits. Mit insgesamt leichtem Höhengewinn kommt man zum **Bivio Italia** ❷, 1973 m (winziges Hüttchen nebenan), und stößt hier wieder auf die breite Militärstraße. Bei deren Gabelung nordwärts kurz hinab und nahezu horizontal weiter, bis links die Gipfelroute zur Cima Dodici angezeigt wird ❸, 1980 m.

Jetzt folgt man wieder einem normalen Bergpfad, der durch das begrünte Karstgelände vorerst Nordwestrichtung einschlägt, dann mit einer ausgeprägten Schleife in die Gipfelschrofen leitet und den höchsten Punkt der **Cima Dodici** ❹, 2336 m, gewinnt. Dort steht ein kleines Kreuz, ein großes hingegen wenige Meter nördlich, wo man vorzüglich ins Valsugana hinabblickt.

Der Abstieg führt in die Ostseite hinein, wo sich ein markierter Pfad durch einige Latschenbestände windet und abermals in kupiertes Gelände überleitet. Dort wird linker

Hand bald die anspruchsvolle Route 231 ins Valsugana ausgewiesen, die wir allerdings unbeachtet lassen. Ein Stück weiter steht die **Baita Buse delle Dodese** ❺, 2080 m, an einem herrlichen Wiesenplatz.

Wir steigen nun gegen die Cima Undici auf, wechseln jedoch die Kammseite und laufen südseitig (auf Markierung achten!) in längerer Traverse unterhalb der Gipfel entlang. Auch Cima del Pra und Monte Castelnovo werden dabei passiert. So gelangt man leicht absteigend in den wenig ausgeprägten Passo di Val Caldiera und anschließend wieder ebenso sanft bergauf zur schon von Weitem an der abgebrochenen Steinsäule (Cippo Italiano) erkennbaren Kuppe des **Monte Ortigara** ❻, 2105 m. Ein weiteres Kriegsmonument, der Cippo Austriaco, steht etwas weiter nördlich.

Der lange Rückweg führt mit Markierung 839 zunächst kurz in die Senke des Val Agnella, dann bis unter den Monte Campigoletti (Soldatenfriedhof) und weiter auf flacher Militärtrasse zur Quelle von Cuvolin. Links steht die **Baita Cuvolin** ❼, 2021 m. Bald darauf erreichen wir die vom Hinweg bekannte Route ❸ und gelangen auf ihr oder der Fahrtrasse zurück zum Ausgangspunkt an der **Malga di Galmarara** ❶ im Val Galmarara.

Mahnmal: die Steinsäule auf dem Monte Ortigara.

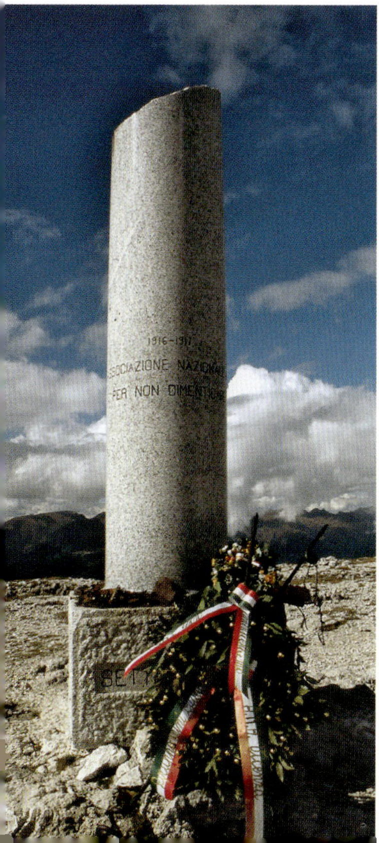

Soldatenfriedhof auf der Hochfläche, die einst Kriegsschauplatz war.

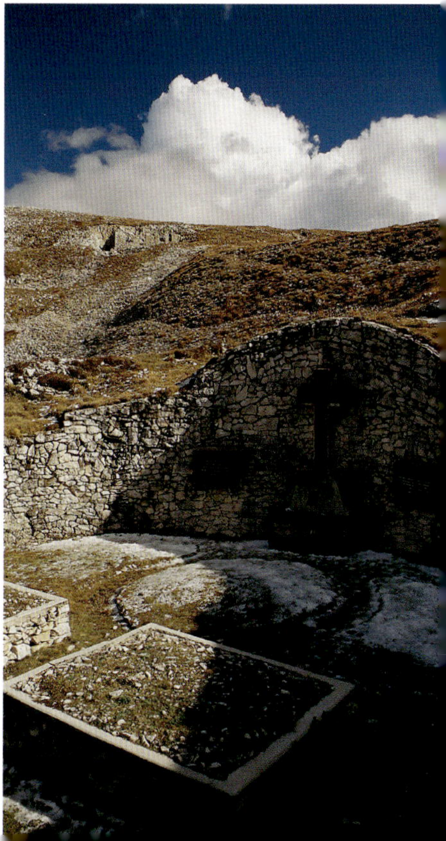

44 Cima Vézzena, 1908 m

Vom Passo di Vézzena

3.00 Std. | 10,6 km | ↗520 m | ↘520 m

Geschichtskundlicher Halbtagesausflug mit tollem Panorama

Die Cima Vézzena, auch Pizzo di Lévico genannt, ist eine vorzügliche Aussichtswarte über dem Valsugana, wo sie mit einer felsigen Wand beeindruckt. Und doch ist es fast nur ein Katzensprung hinauf, wenn man vom rückseitigen Passo di Vézzena durch das Wald- und Wiesengelände aufsteigt. Aufgrund seiner Position war der Berg im Ersten Weltkrieg von großer strategischer Bedeutung. Das Forte Busa Verle, Bunkeranlagen am Gipfel sowie die einstige Versorgungsstraße zeugen davon. Heute genießt man lieber die Schau über das Valsugana auf die Lagoraiberge, Richtung Adamello, Brenta und Ortler-Alpen sowie auf die südlich gelegenen Vicentiner Alpen um Pasubio und Co. Am besten kommt dieses Panorama natürlich an klaren Herbsttagen oder bei Nordföhnlage zur Geltung.

Ausgangspunkt: Passo di Vézzena, 1404 m, an der SS 349 zwischen Asiago und Lavarone; Zufahrt auf schmaler Bergstraße auch von Lévico Terme möglich.
Anforderungen: T2. Kurzer, unschwieriger Anstieg quasi für jedermann. Auf dem Steig ist etwas Trittsicherheit angenehm, die Militärstraße ist ganz leicht.
Einkehr/Übernachtung: Gasthaus am Passo di Vézzena, sonst keine.

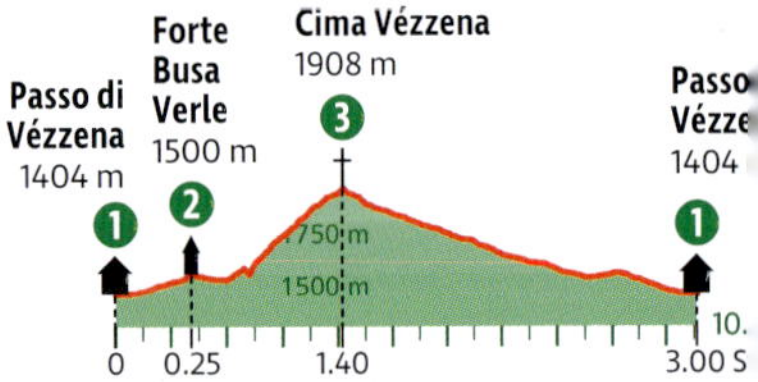

Karte: Tabacco, 1:25.000, Blatt 057, Lévico – Altopiani di Folgaria, Lavarone e Luserna.

Beim ehemaligen Forte Busa Verle.

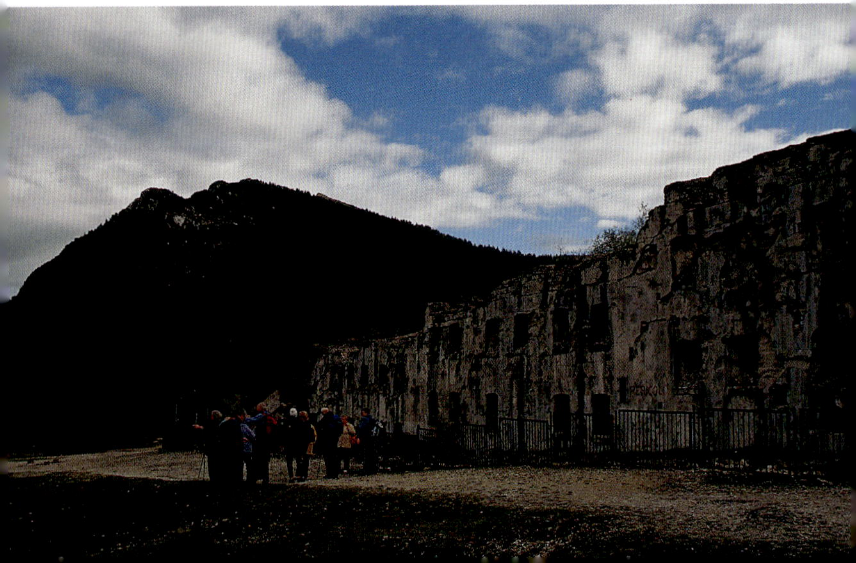

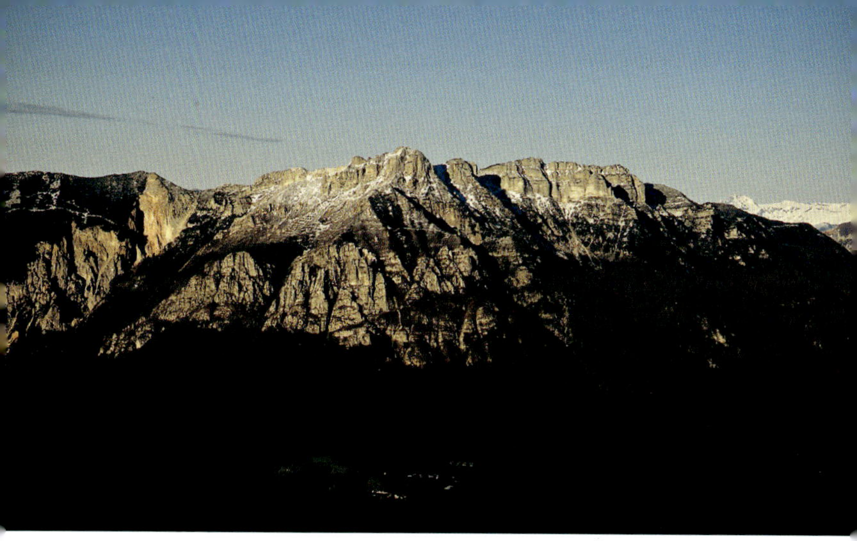

Blick von der Cima Vézzena zum Vigolanastock im Westen.

Man folgt der am **Passo di Vézzena** ❶, 1404 m, abzweigenden Asphaltstraße am Ristorante Verle vorbei (dahinter Fahrverbot) und geht auf ihr hinauf zum ehemaligen **Forte Busa Verle** ❷, 1500 m, der Österreicher. Jenseits leicht fallend an Stichwegen zu den nahen Almen vorbei und in einer markanten Rechtskurve links auf den Steig Nr. 205. Dieser gewinnt in anfangs dichtem Wald an Höhe, vollzieht einen Zickzack-Kurs, stößt später auf den von rechts kommenden Militärweg, kürzt nochmals ein Stück ab und erreicht schließlich den Gipfel der **Cima Vézzena** ❸, 1908 m, mit seinen Befestigungsanlagen.

Für den Abstieg können wir die breite Militärtrasse nützen, die wegen der weit ausholenden Serpentinen etwas länger, aber bequemer ist. Im Bosco Varagno trifft man wieder auf die asphaltierte Straße. Auf ihr geht es zurück zum Ausgangspunkt am **Passo di Vézzena** ❶.

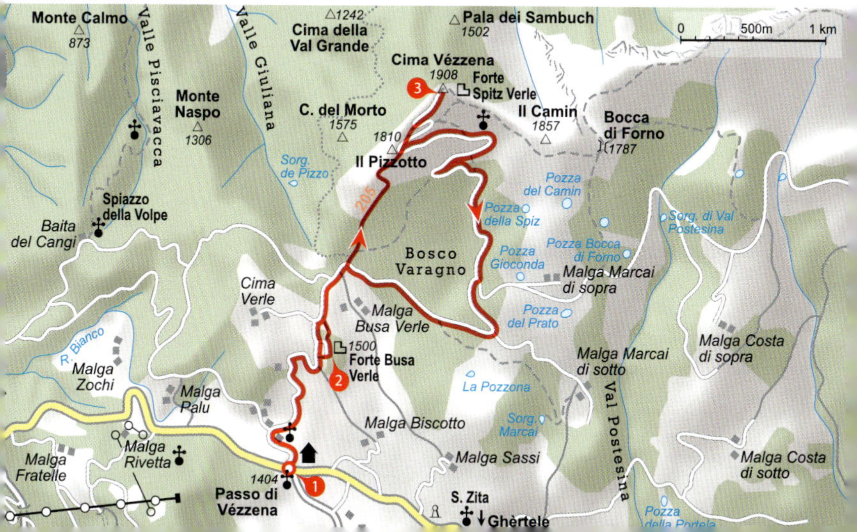

45 La Marzola, 1738 m

Mit Zustieg über den Sentiero Bertotti

5.20 Std. | 13,1 km | ↗ 950 m | ↘ 950 m

Auf die »Rigi des Trentino«

Vergleiche hinken oft, sind aber, auch was Berge angeht, immer wieder beliebt. Da wird Felsgipfeln von pyramidalem Zuschnitt gern der Beiname vom Matterhorn verliehen (siehe Cimòn della Pala, Ehrwalder Sonnenspitze oder Zimba), während sich große Panoramalogen mit der Rigi über dem Vierwaldstätter See messen dürfen. Als »Rigi des Trentino« gilt die Marzola, Hausberg von Trient im Südosten der Provinzhauptstadt, mit wirklich feiner Aussicht über die Etschtaler Berge. Eigentlich eine »Pflichttour«, wenn man in dieser Gegend weilt. Und ein See fehlt auch nicht im Panorama, wenngleich ein paar Nummern bescheidener als der große, buchtenreiche in der Innerschweiz: Der Lago di Caldonazzo markiert den Beginn des Valsugana, das sich markant zwischen Lagorai und Cima-Dodici-Kette einschneidet. Die Marzola ist im Prinzip von verschiedenen Seiten einfach zu besteigen, wobei der interessanteste Zugang über den Sentiero Giordano Bortetti aber mit ein paar kniffligen Passagen aufwartet. Mit seinen Eiseninstallationen auf kaum 50 Höhenmetern wäre er als echter Klettersteig freilich etwas übertrieben angesprochen. Oberhalb folgt dann ein fast erholsamer Gang durch die Mischwälder am lang gezogenen Nordrücken (angenehm, wenn es die Sonne allzu gut meint), ehe an den beiden Spitzen des Berges die große Schau über das Trentino samt Gipfelbestimmungsspiel beginnen kann.

Grandios sind die Ausblicke über das Etschtal bei Trient, wie hier vom Croce del Chegùl.

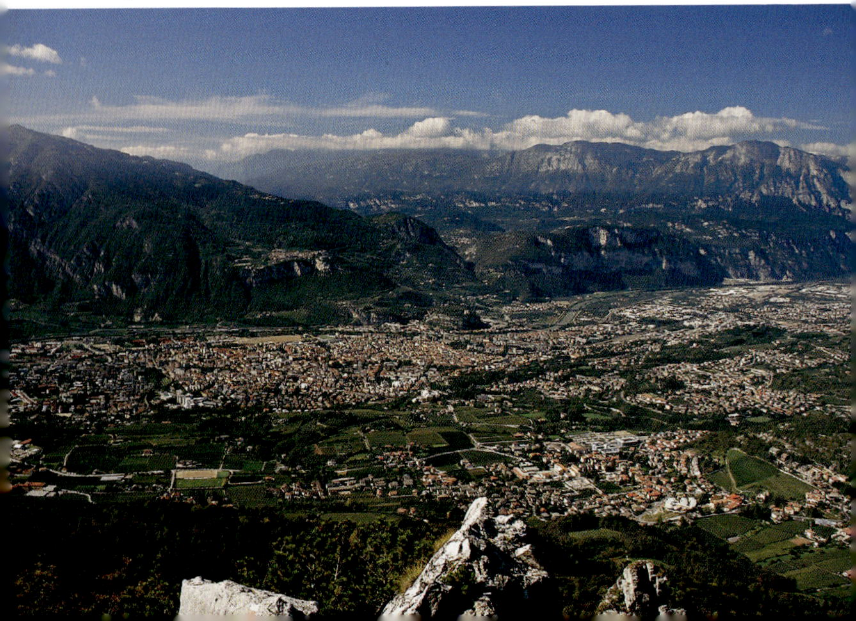

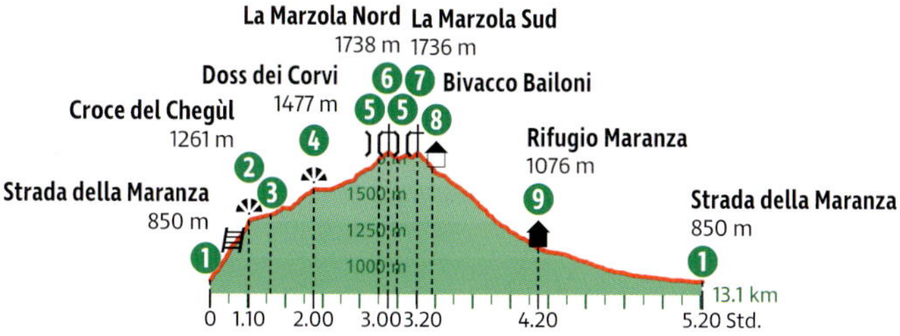

Ausgangspunkt: Bergstraße vom Passo Cimirlo (hierher von Trento über Povo) zum Rifugio Maranza, beim Abzweig des Sentiero Bertotti, ca. 850 m. So parken, dass der Verkehr nicht behindert wird.
Anforderungen: T3 und oft darunter. Überwiegend leichte und sehr gut angelegte Wanderwege. Die eigentliche Anforderung der Tour liegt am Sentiero Bertotti; hier schmaler, steiler Wegverlauf mit kurzer Klettersteigeinlage (Ausweichmöglichkeit siehe Variante).
Einkehr/Übernachtung: Bivacco Bailoni, 1623 m. Rifugio Maranza, 1076 m, Tel. +39 328 4811438.
Variante: Aufstieg vom Passo Cimirlo, 733 m, zum Spiazzo de le Patate über den breiten Wanderweg. Insgesamt 0.45 Std. länger und etwas weniger lohnend, aber nur »blau«.
Karte: Tabacco, 1:25.000, Blatt 062, Altopiano di Pinè – Valli di Cembra e dei Mocheni.

Auf der **Strada della Maranza ❶**, 850 m, achtet man aufmerksam auf die Abzweigung des Sentiero Bertotti (Nr. 418), der zunächst eine ganze Weile durch Buschwerk steil bergan steigt. Bei einem markanten Felszacken gelangen wir auf eine Gratrippe, bewegen uns in ihrem Bereich weiter in die Höhe und kommen zum Clou der Route: Ein Drahtseil hilft über eine schräge Felsplatte, bevor mittels Leiterpassage eine Steilstufe überwunden wird. Kaum hat man den Einstieg in den Klettersteig unter sich gelassen, folgt auch schon der Ausstieg. Man gelangt zum **Croce del Chegùl ❷**, 1261 m, und wird auf dieser aussichtsreichen Kanzel sicherlich eine kleine Rastpause einlegen, zumal der Weiterweg jetzt in dichteres Waldterrain eintaucht.
Nach kurzem Zwischenabstieg kommen wir zur Einmündung des leichteren Weges Nr. 411 am **Spiazzo de le Patate ❸**, 1300 m (genau auf Be-

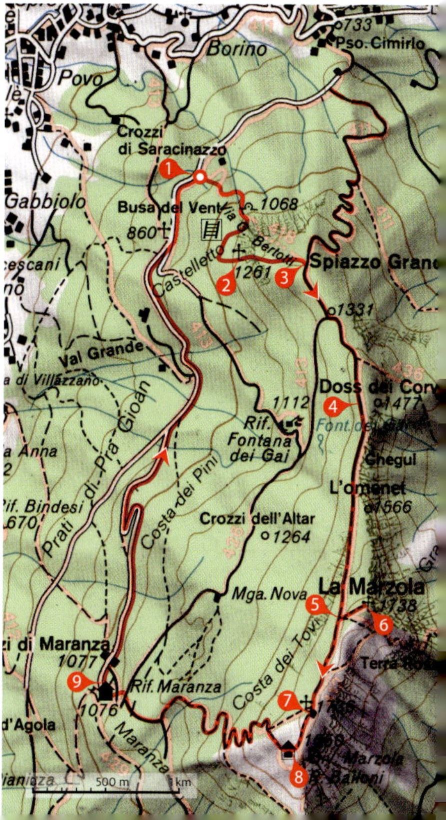

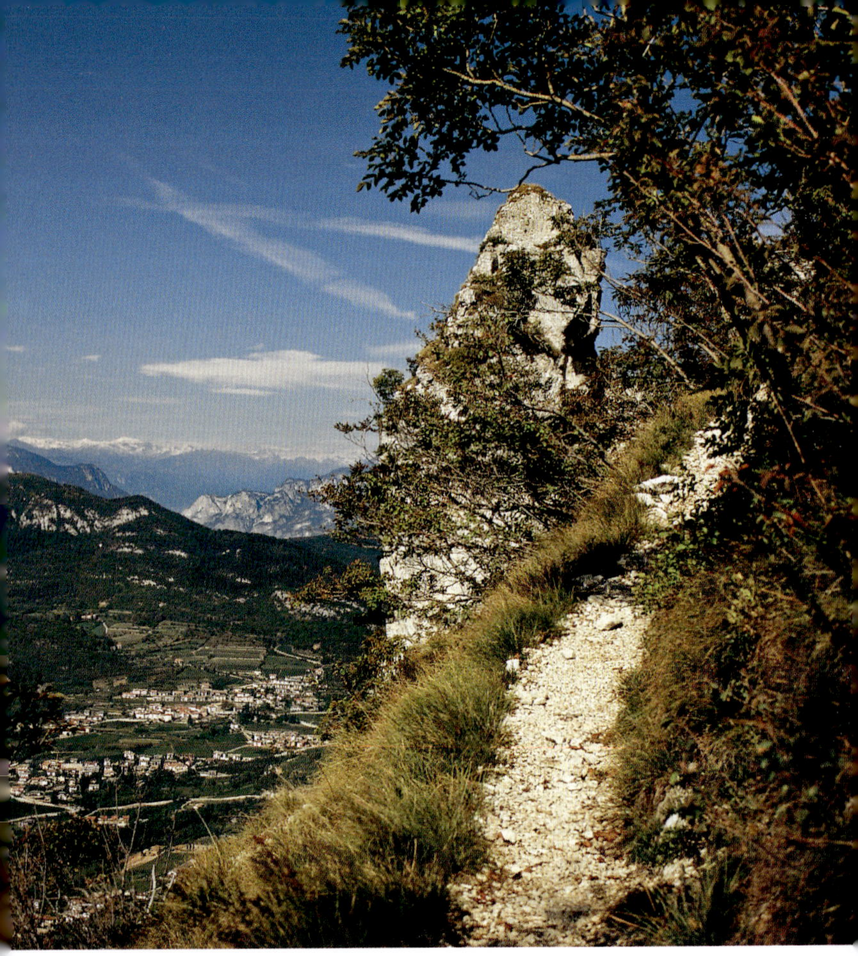

Passage am Sentiero Bertotti.

schilderung achten), dem man nun folgt. In südlicher Richtung immer leicht ansteigend am **Doss dei Corvi ❹**, 1477 m, vorbei. Ein kurzer Abstecher wird mit tollem Valsugana-Blick belohnt.

Stets westseitig des Kammes geht es weiter der Marzola entgegen. Bald zweigt die Variante 411a ab, doch ist es bequemer, dem Hauptweg bis zur **Sella della Marzola ❺**, 1692 m, zu folgen und von dort in wenigen Minuten nach links zum Nordgipfel **La Marzola Nord ❻**, 1738 m, aufzusteigen.

Anschließend durch den Sattel zu dem mit einer kleinen Panoramatafel bestückten Südgipfel **La Marzola Sud ❼**, 1736 m, hinüber und von dort mit Markierung 412 abwärts zum **Bivacco Bailoni ❽**, 1623 m. Der steile Waldhang hinunter zum **Rifugio Maranza ❾**, 1076 m, wird in zahlreichen Serpentinen ebenfalls recht gutmütig überwunden, bevor das nicht ganz so erbauliche Finale der Tour wartet: Gut 4 Kilometer geht es in leichtem Gefälle auf der Maranzastraße zurück zum Ausgangspunkt an der **Strada della Maranza ❶**.

Becco di Filadonna, 2150 m

Zwei Routen vom Valico della Fricca

5.30 Std. | 10,5 km | ↗1150m | ↘1150 m

Zum höchsten Punkt im Vigolanastock

Südöstlich des Trentiner Etschtals erhebt sich ziemlich wuchtig der mit einem dichten Wegenetz überzogene Vigolanastock, an dessen Bergkörper mehrere Einzelgipfel die 2000-Meter-Marke unter sich lassen. In Relation zum tiefen Etschtal keine Kleinigkeit! Vom Valico della Fricca aus angegangen reduziert sich das Anstiegspensum auf erträgliche 1000 Höhenmeter, die allerdings voll der Morgensonne ausgesetzt sind. Und dies umso mehr, nachdem die Ostflanke einem Flächenbrand zum Opfer gefallen ist, wovon zahllose Baum- und Latschenskelette Zeugnis ablegen. Über das Rifugio Casarota steuern wir mit dem Becco di Filadonna den höchsten Punkt des Massivs an und können von dort ein bemerkenswertes Panorama begutachten, das sowohl Fernblicke zu Monte Baldo, Adamello, Brenta oder Lagorai als auch fulminante Tiefblicke, etwa auf den Caldonazzosee, parat hält. Für den Abstieg bietet sich eine Variante an, auf der zusätzlich noch der Cornetto mitgenommen werden könnte.

Schaukanzel über dem Lago di Caldonazzo.

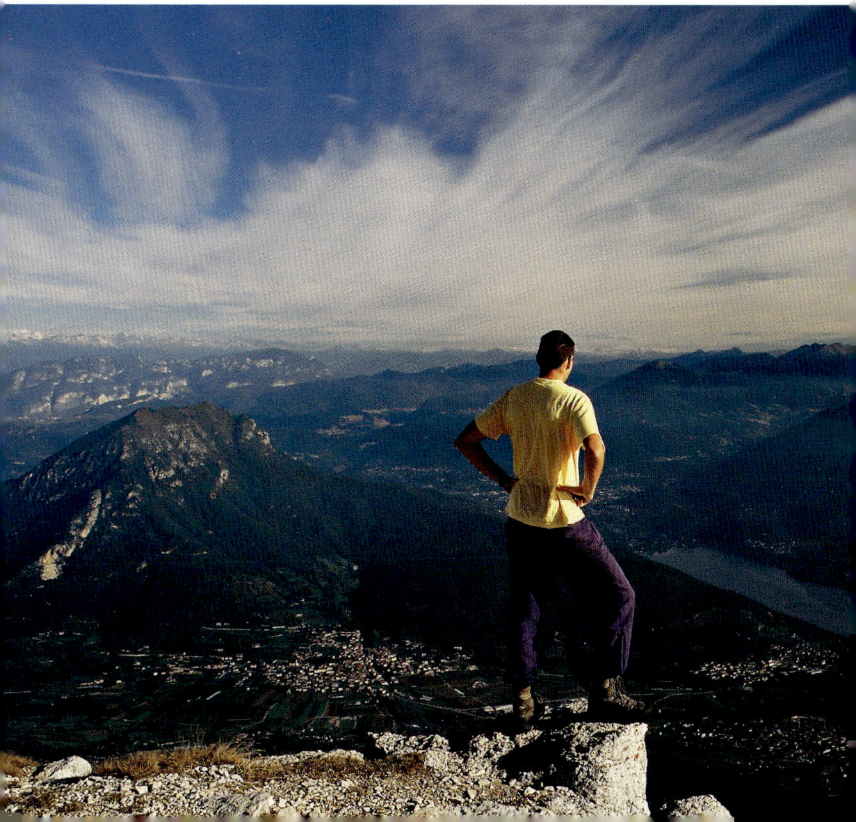

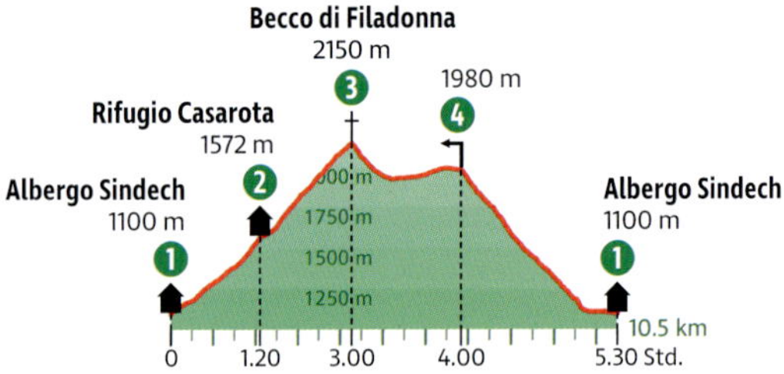

Ausgangspunkt: Albergo Sindech, nahe dem Valico (Passo) della Fricca, 1110 m, an der SS 349 Trento – Lavarone (Busverbindung).
Anforderungen: T2–3. Gut markierte, ordentlich ausgetretene, aber teils steile Bergwege. Etwas Trittsicherheit angebracht, aber ohne schwierige Stellen. Im unteren Teil bewaldet, sonst stark der Sonne ausgesetzt, entsprechend gute körperliche Verfassung wichtig.
Einkehr/Übernachtung: Rifugio Casarota, 1572 m, CAI, bewirtschaftet von Anfang Juni bis Ende September, sonst an Wochenenden, Tel. +39 0464 783677 oder +39 348 0985560. Albergo Sindech am Ausgangspunkt.
Karte: Tabacco, 1:25.000, Blatt 057, Lévico – Altopiani di Folgaria, Lavarone e Luserna.

Gleich gegenüber dem **Albergo Sindech** ❶, 1100 m, beginnt Steig Nr. 442, der sich zunächst eine ganze Weile recht steil im Bergwald emporwindet. Wo sich dieser lichtet, taucht das **Rifugio Casarota** ❷, 1572 m, auf. Hier setzt eine leicht ansteigende Rechtstraverse an. Bei zwei Abzweigungen nehmen wir jeweils den linken Weg und gelangen wieder deutlicher bergauf. Die nun zu überwindenden Flanken sind übersät mit verkohlten Bäumen, Relikten eines großen Brandes. Selbst wird man hier auch ein wenig »gebrutzelt«, wenn die Vormittagssonne den Hang kräftig aufheizt. In Kehren aufwärts bis zur Kammhöhe, wo wir rechts einschwenken und auf die Westseite ausweichen. Schließlich nach rechts über schrofige Felsen auf den höchsten Punkt des **Becco di Filadonna** ❸, 2150 m, bzw. zum großen Kreuz auf einer nahen Schulter.

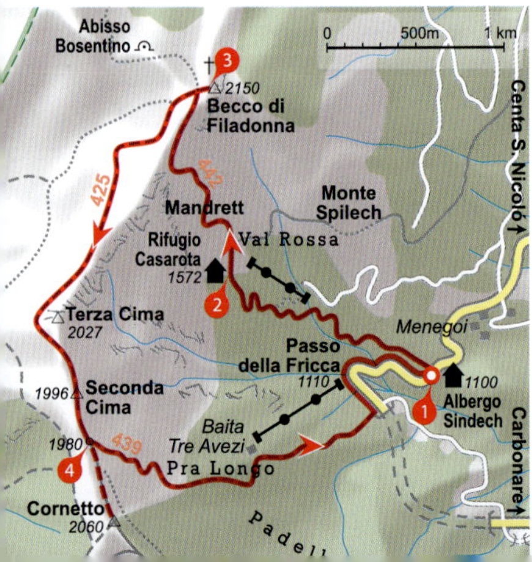

Im Abstieg folgt man zuerst derselben Route und begibt sich dann mit Markierung 425 in die latschenbewachsene Hangmulde auf der Westseite hinab. Die verlorenen rund 100 Höhenmeter müssen wir bei der ansteigenden Traverse an der Terza Cima entlang wieder ausgleichen (es gibt allerdings auch einen kleinen Latschenpfad unmittelbar am Grat). So oder so gelangen wir zurück auf den Kamm nahe der Seconda Cima und wechseln gleich auf die Ostseite, wo in Kürze Weg Nr. 439 abzweigt ❹, 1980 m. Wer mag, kann auch dem Cornetto, 2060 m, noch einen Besuch abstatten (ca. 30 Mi-

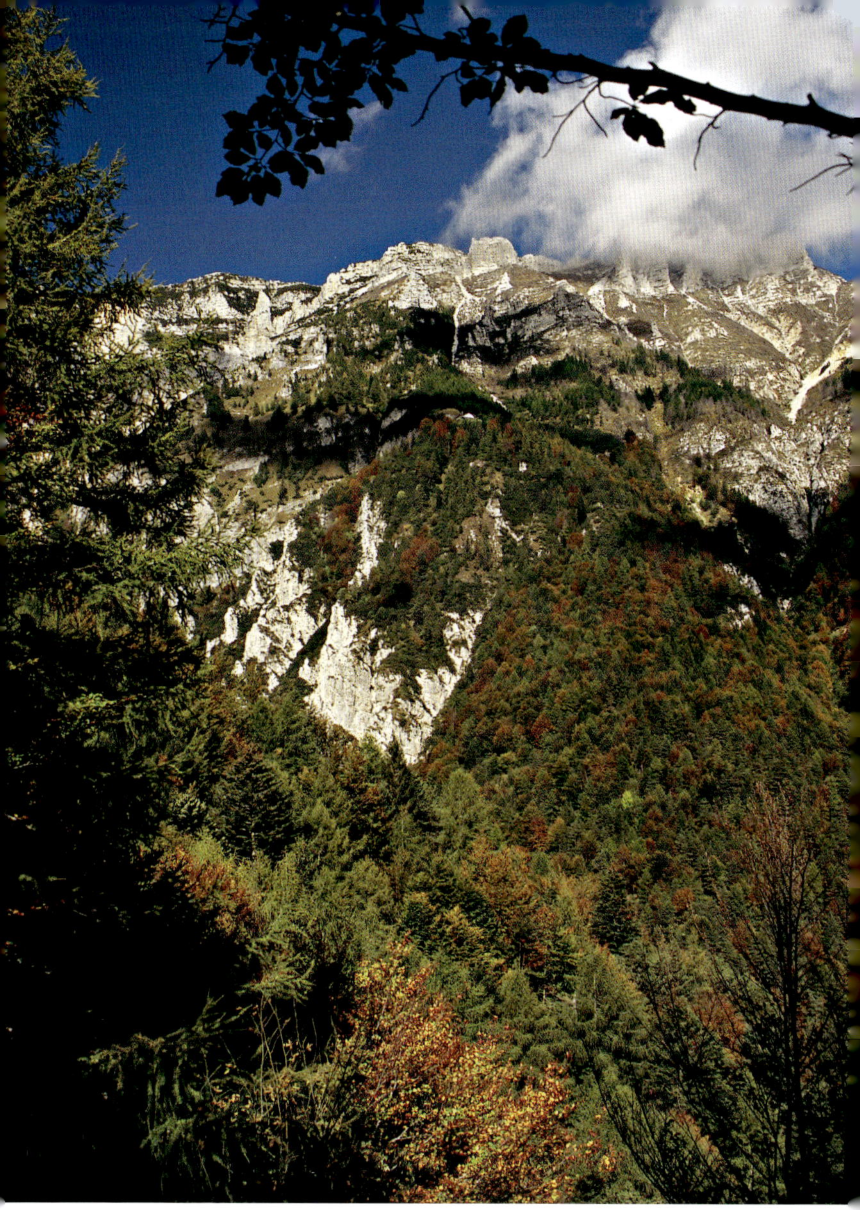

Bewaldete Steilflanken prägen den Vigolanastock.

nuten hin und zurück). Ansonsten über einen Geländerücken talwärts, zu Beginn durch Gras und Strauchwerk, später im Wald. Dort kommen wir an der Baita Tre Avezi vorüber und setzen den Abstieg bis zur Passstraße nicht weit des Passo della Fricca fort.

Zuletzt muss man noch einen guten halben Kilometer der Straße bis zum **Albergo Sindech** ❶ folgen (Vorsicht in unübersichtlichen Kurven!).

47 Monte Corno Battisti, 1761 m

Kriegssteige aus dem Valle di Foxi

5.40 Std. | 12,2 km | ↗1100 m | ↘1100 m

Ein patriotischer Ort für die Italiener

Der Monte Corno Battisti ist eigentlich nur ein Ausläufer des höheren Pasubio-Massivs, kommt allerdings als schroffes, vorgelagertes Horn besonders über dem Vallarsa gut zur Geltung. Ursprünglich hieß der Berg – geografisch vollkommen passend – Corno di Vallarsa. Nachdem jedoch am 10. Juli 1916 Cesare Battisti und Fabio Filzi unweit des Gipfels von einem österreichischen Kommando gefangen genommen und als Deserteure im Eilverfahren hingerichtet wurden, bekam dieser eine patriotische Bedeutung für die Italiener und wurde schließlich nach dem Freiheitskämpfer der Bewegung »Iridenta« in Monte Corno Battisti umbenannt. An die Kriegszeiten erinnert heute noch vielerlei, doch in erster Linie sollten wir den Berg als tollen Luginsland sehen, dessen Panorama einiges vom südlichen Trentino vermittelt. Für den Anstieg wählen wir den abschnittsweise gesicherten Sentiero Franco Galli, der ursprünglich ein längeres Stück mitten durch den Berg führte, nun aber außen herum ausweicht, seitdem der Ausstieg des Stollens verschüttet ist.

Ausgangspunkt: Ca' d'Austria, 750 m, im bei Anghèbeni (Vallarsa) abzweigenden Valle di Foxi, asphaltierte Zufahrt.
Anforderungen: T3–4. Am Sentiero Franco Galli leichte Klettersteigpassagen, daher etwas Übung im Steilgelände erforderlich; Klettersteigausrüstung für Versierte entbehrlich. Zu- und Abstieg verlaufen auf leichten Serpentinenwegen durch bewaldetes Terrain. Etwas Ausdauer günstig. Der gesamte Stollendurchstieg, soweit noch möglich, ist umständlich und eher etwas für »Höhlenmenschen« (Lampe unerlässlich).
Einkehr/Übernachtung: Keine unterwegs.
Karte: Tabacco, 1:25.000, Blatt 056, Piccole Dolomiti – Pasubio.

Nach Aufbruch beim ehemaligen **Ca' d'Austria** ❶ verlassen wir die Straße ins Valle di Foxi und steigen mit Weg-

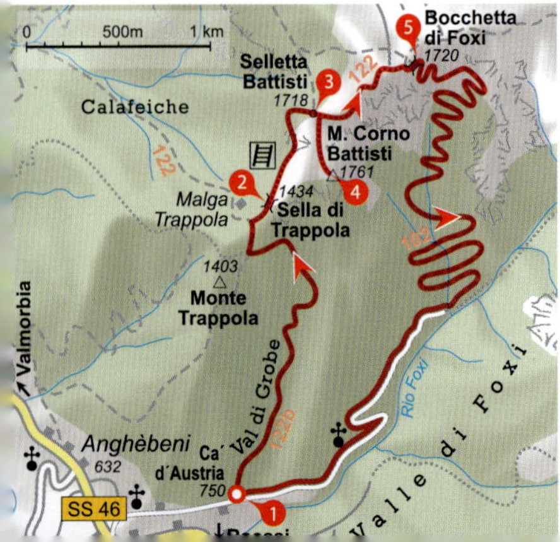

nummer 122b links im Bereich des Val di Grobe an. Die Trasse vollführt etliche Schleifen im Bergwald und gelangt schließlich zum Kammrücken des ebenfalls noch vollkommen bewaldeten Monte Trappola. Hier rechts weiter zur **Sella di Trappola** ❷, 1434 m, wo sich Route 122 von Valmorbia dazugesellt. Von jetzt an wird's deutlich steiler. Wir orientieren uns weiter am südwestlichen Ausläufer des Corno Battisti und müssen in einer Rinne die erste Klettersteigpassage bewältigen. Kurze Tunnels schalten sich dazwischen, ehe ein Hinweis auf den Cappello di Pulcinella hindeutet, einen schlanken Felsturm, in dem sich ein kleiner Stollen befindet. Ein gesicherter Abstecher führt über eine Treppe zu dem Felsloch, das sich als guter Aussichtspunkt erweist. Anschließend wird der Waldsattel im Rücken des Zackens passiert und steil zu einer breiten Geröllrinne links der Felswand angestiegen. Dieser nähern wir uns später, tauchen unter einen Überhang (Treppe) und gelangen schließlich in den steilen Kriegsstollen. Nach kurzer Zeit leitet die Markierung nach links hinaus zurück in die Geröllrinne, weiter oben unter der Südwand des Gipfelaufbaus nach links und in die **Selletta Battisti ❸**, 1718 m, von wo der höchste Punkt des **Monte Corno Battisti ❹**, 1761 m, rasch gewonnen ist. Wer indessen den Drahtseilen folgt und versucht in dem steilen, stockfinsteren Stollen weiterzukommen, der wird unter Umständen Schwierigkeiten haben, den Ausstieg zu finden. Nach oben ist dieser nämlich verschüttet; es gibt jedoch einen Seitenast, der durch einen senkrechten, mit Eisenklammern gangbar gemachten Schacht absteigend wieder ins Freie führt und sich dann ohnehin mit der Ausweichroute über die Selletta Battisti verbindet.

Für den Abstieg zurück ins Valle di Foxi bedienen wir uns einer anderen Möglichkeit: Man passiert nochmals die **Selletta Battisti ❸** sowie wenige Meter weiter die Gedenkstätte zu Ehren Battistis und Filzis. Dann rechts haltend am Hang entlang zur **Bocchetta di Foxi ❺**, 1720 m. Beim Wegekreuz entscheiden wir uns für Nr. 102, die als Serpentinenweg in sehr angenehmem Gefälle zuerst zwischen Felsflanken hindurch und später im Laubwald bergab führt. Man erreicht den Grund des Valle di Foxi und talauswärts wieder den Ausgangspunkt beim **Ca' d'Austria ❶**.

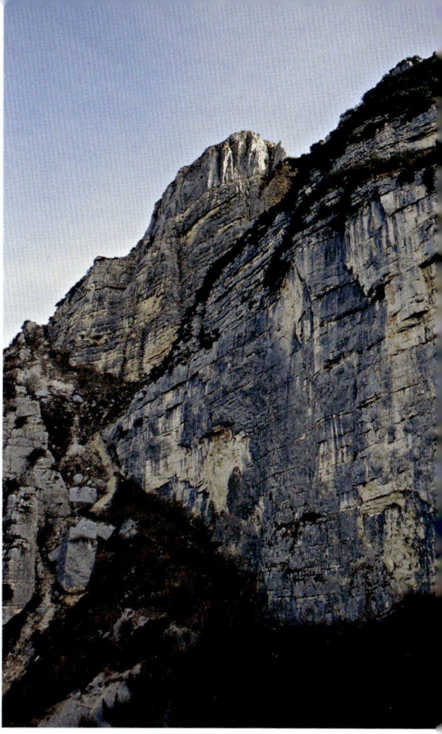

Blick in die Gipfelwände des Corno Battisti.

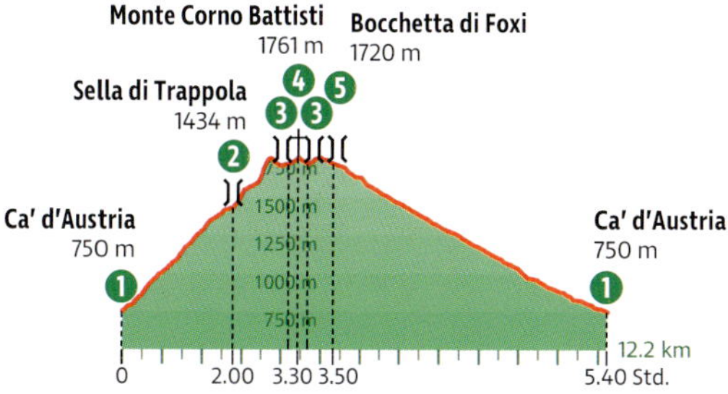

48 Pasubio, 2232 m

Sentiero Falcipieri und Strada delle Gallerie

TOP | 2 Tage | 15,5 km | ↗ 1500 m | ↘ 1500 m

Faszinierende Höhenwege auf den Spuren des Gebirgskriegs
Im Trentino sind die Spuren des Ersten Weltkriegs vielerorts allgegenwärtig. Besonders hart umkämpft war seinerzeit das Pasubio-Massiv südöstlich von Rovereto, ein massiger Kalkstock mit sanft gewellter Karsthochfläche, dessen stark unterminierter Kernbereich 1922 zur »Zona sacra« wurde. Der Krieg hat uns freilich »Bauwerke« von atemberaubender Kühnheit hinterlassen, die längst zu Wanderrouten par excellence avanciert sind. Zum Beispiel die einzigartige, windungsreiche Strada delle Gallerie mit ihren 52 (!) Tunnels in den Südflanken des Forni-Alti-Kammes. Viel später wurde genau über diesen türmegespickten Grat eine andere Route gebaut, die in jedem Fall schon in die Kategorie »Klettersteig« fällt. Gemeint ist der Sentiero attrezzato Falcipieri über die Cinque Cime, die fünf Gipfel des Forni-Alti-Kammes. Zusammen mit der parallel verlaufenden Strada delle Gallerie ergibt sich zweifellos eine der spannendsten Unternehmungen in den Vicentiner Alpen, die man mit einer zusätzlichen Schleife über den höchsten Punkt des Pasubio, Palon genannt, sogar noch aufschlussreich erweitern kann. Ein großes Südalpenpanorama inklusive, bei optimaler Sicht sogar hinaus bis zur Adria und zum Apennin! Am besten nimmt man sich für dieses stramme Programm zwei Tage Zeit, um all die interessanten Elemente der Tour in Muße auf sich wirken zu lassen.

Auf dem Gratweg zwischen Cima Bella Laita und Monte Cuaro.

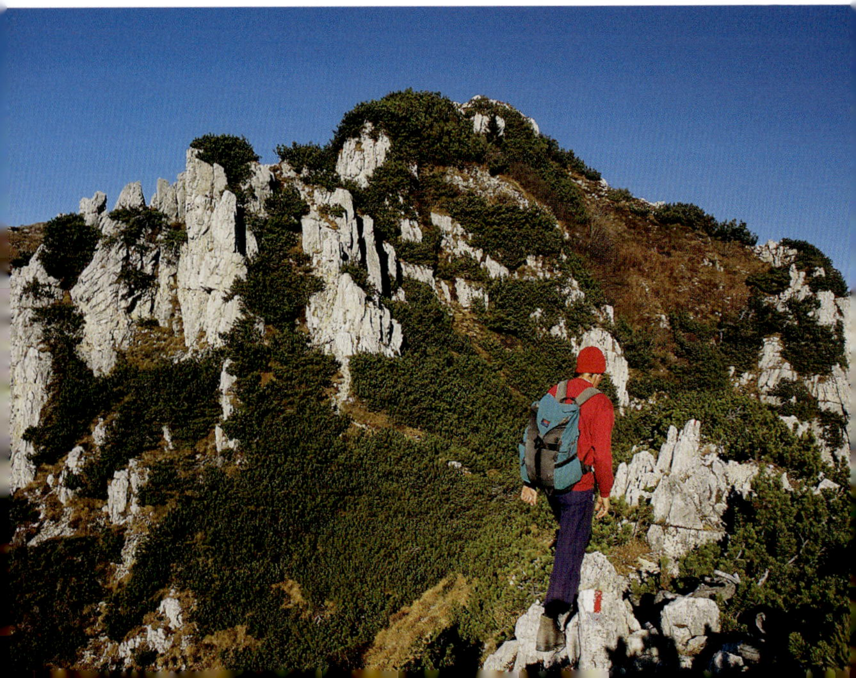

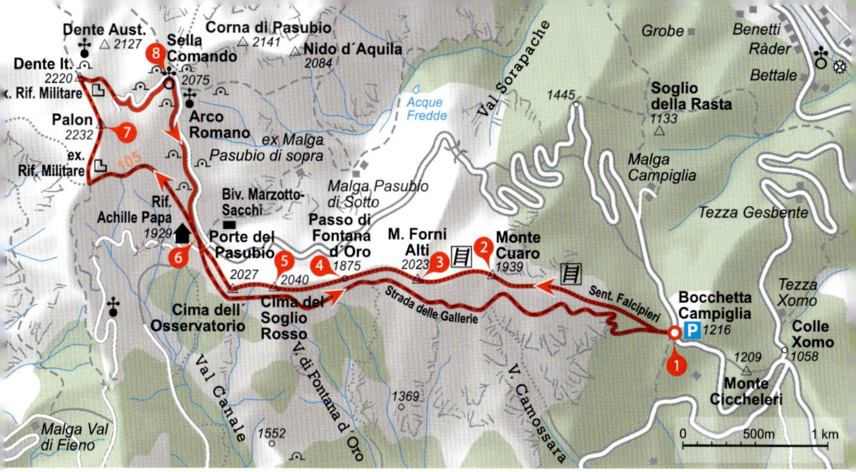

Ausgangspunkt: Bocchetta Campiglia, 1216 m, Anfahrt über die SS 46, östlich unterhalb des Pian delle Fugazze am Ponte Verde abzweigend und einer Bergstraße über den Colle Xomo folgend (dort nochmals links).

Etappen: Gesamtgehzeit 8.50 Std., ohne Besteigung des Palon nur 7.00 Std. und 1200 Hm.

1. Tag: 1100 Hm Aufstieg, 400 Hm Abstieg, 4.40 Std.,

2. Tag: 400 Hm Aufstieg, 1100 Hm Abstieg, 4.10 Std.

Anforderungen: T4–5 und leichter. Sentiero Falcipieri anspruchsvoller Bergsteig, immer wieder mit Klettersteigelementen (u. a. eine fast senkrechte Leiter) sowie etlichen ungesicherten Stellen im I. Grad. Oft schmale Wegführung durch Latschen- und Schrofenterrain. Absolute Trittsicherheit und Schwindelfreiheit sowie etwas Gewandtheit im Fels notwendig, Klettersteigausrüstung anzuraten. Die Strada delle Gallerie ist technisch leicht, aber besonders in den Tunnels oft holprig (Lampe erforderlich!). Ebenfalls leicht ist die Runde über den Pasubio-Gipfel. Als Tagestour exzellente Kondition nötig, besser mit Übernachtung.

Einkehr/Übernachtung: Rifugio Achille Papa, 1929 m, CAI, bewirtschaftet von Anfang Juni bis Mitte Oktober, Tel. +39 0445 630233.

Karte: Tabacco, 1:25.000, Blatt 056, Piccole Dolomiti – Pasubio.

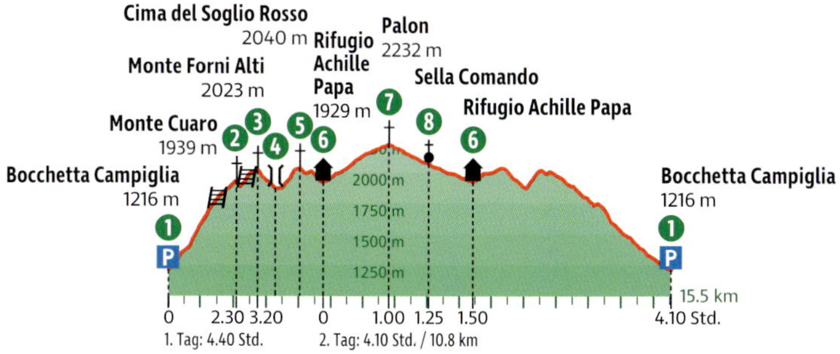

1. Tag: Vom Parkplatz an der **Bocchetta Campiglia** ❶, 1216 m, geht es dem Hinweis auf den Sentiero Falcipieri nach sogleich im Wald steil hoch. Schon bald trifft man auf die ersten Felsen mit Sicherungen an kleineren Zacken. Dabei erweist sich ein Kamin bereits als ein wenig kniff-

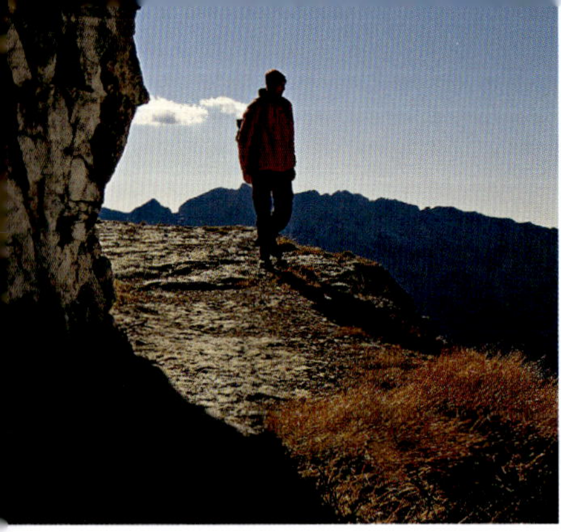

Ein Laufsteg sondergleichen: die Strada delle Gallerie.

lig. Bei kurzen Zwischenabstiegen gelangt man in die Nähe der parallel geführten Strada delle Gallerie. Wir bleiben jedoch stets in Gratnähe, wo die Route abwechslungsreich, teilweise auch recht steil sowie da und dort gesichert aufwärtszieht. Ein Aufschwung leitet das Kernstück der Ferrata ein, die anschließend mit ihrem Clou aufwartet: die fast senkrechte Leiter an der Guglia del Bovolo – nicht schwierig im klettertechnischen Sinn, aber sehr ausgesetzt und damit für viele eine Mutprobe. Ein ebenso luftiges Band führt vom Ende der Leiter nach rechts um ein Eck herum. Danach geht's wieder entspannter weiter, man kommt sogar für einige Zeit auf einen harmlosen Latschensteig, der dem Kamm zur Cima Bella Laita, 1881 m, folgt. Sie ist der erste offizielle Gipfel der Cinque Cime, topografisch aber eigentlich eher eine Schulter des höheren **Monte Cuaro ❷**, 1939 m, der kurz darauf erreicht ist.

Nun folgt ein gesicherter Abstieg in die Forcella Camossara, 1875 m, von der ein südseitiger Ausstieg zur Tunnelstraße möglich ist. Auf der Kammroute geht es hingegen wieder steil aufwärts, mit originellen Kraxelpassagen über einen Vorgipfel zum höchsten Punkt des **Monte Forni Alti ❸**, 2023 m, ein hervorragender Platz, um einmal ausgiebig die Aussicht zu würdigen. Bis zum **Passo di Fontana d'Oro ❹**, 1875 m, wo man nochmals in Nähe der Strada delle Gallerie gelangt und wo außerdem eine kürzere, nordseitige Wegvariante Richtung Rifugio Papa abzweigt, verliert man erneut einiges an Höhe, was im Gegenanstieg zur **Cima del Soglio Rosso ❺**, 2040 m, wieder wettgemacht werden muss.

Anschließend erwartet uns als fünfter Gipfel noch die Cima dell'Osservatorio, ehe man rasch zum **Rifugio Achille Papa ❻**, 1929 m, an die Porte del Pasubio absteigt. Hier treffen neben unserem Gratklettersteig auch die Strada delle Gallerie sowie die Strada degli Eroi (vom Pian delle Fugazze) und die Strada degli Scarubbi (vom Colle Xomo) ein.

2. Tag: Für den Weiterweg zum Gipfel des Pasubio wählen wir die markierte Route 105 (es taucht auch das Zeichen der italienischen Nationalflagge auf) zur Ruine des ehemaligen Rifugio Militare und dort nordwärts schwenkend zum höchsten Punkt, der den Namen **Palon ❼**, 2232 m, trägt. Überall sind Stellungsreste, Laufgräben, Befestigungen und derselben mehr zu sehen. Um wieder zum Rifugio Papa zurückzugelangen, vollführen wir eine Schleife und erreichen zuerst weiter nordwärts die Selletta Damaggio, 2175 m, dann auf der Ostseite bergab die **Sella Comando ❽**, 2075 m, mit einem Bergkirchlein in unmittelbarer Nähe. Über den breiten Militärweg, vorbei am Arco Romano, schließt sich der Kreis der Gipfelroute nach knapp zwei Stunden am **Rifugio Achille Papa ❻**. Nun wartet noch die grandiose Strada delle Gallerie, einst als Nachschubweg gebaut, auf unsere Begehung.

Durchnummerierte 52 Tunnels sind auf der rund 6,5 Kilometer langen, stets gut ausgebauten »Straße« zu durchschreiten – von ganz kurz (ca. 10 Meter) bis zu immerhin 318 Metern in einem Spiraltunnel. Das erste Stück ab Rifugio Papa führt mit leichtem Gegenanstieg durch die Flanken des Forni-Alti-Kammes, dann verliert man langsam, aber stetig an Höhe. Achtung: Die Tunnels sind weder beleuchtet noch mit Drahtseillauf versehen – trotz der breiten Trasse heißt es vorsichtig und unter gelegentlichem Einsatz einer Taschenlampe gehen! Nachdem man von 52 auf 1 runtergezählt hat, ist bald auch der Startpunkt an der **Bocchetta Campiglia** ❶ wieder erreicht.

Das Rifugio Achille Papa am Pasubio.

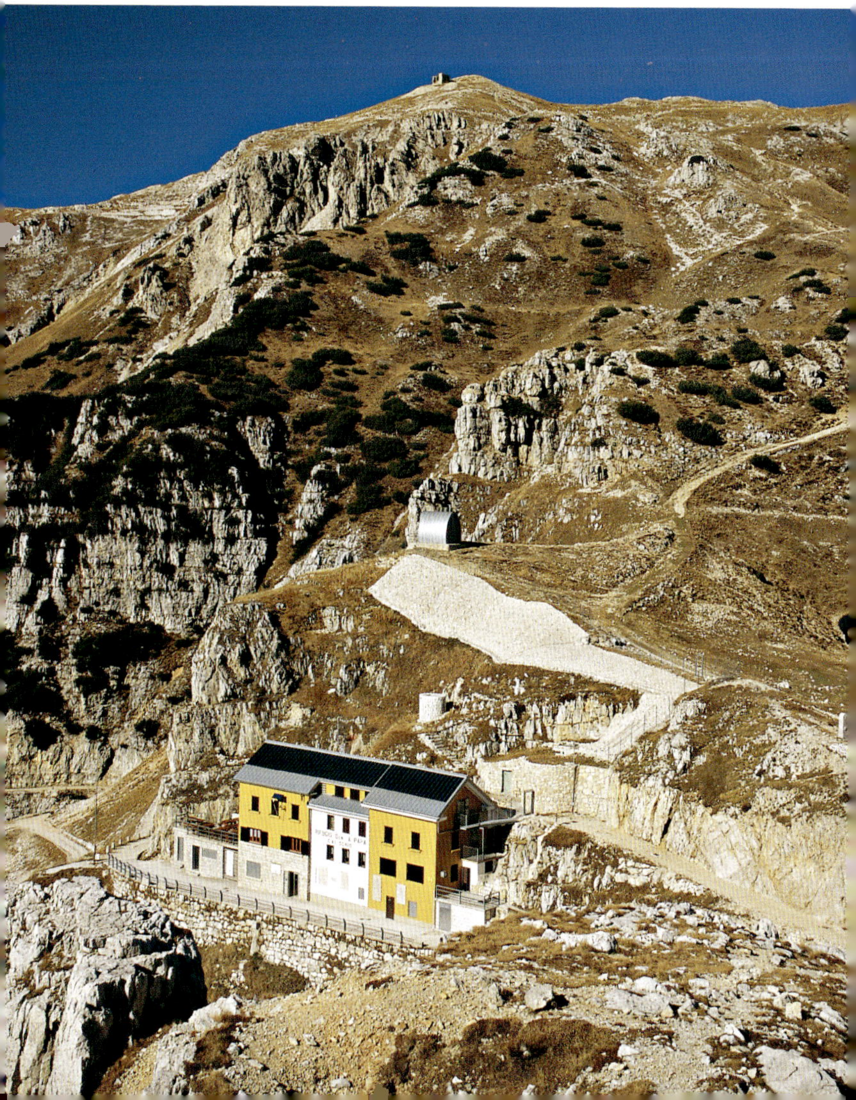

49 Monte Cornetto, 1899 m

Über den Sentiero del Sengio Alto

4.10 Std. | 7,7 km | ↗700 m | ↘700 m

Unterwegs in den Piccole Dolomiti

Zwischen den mächtigen Bergstöcken des Pasubio und der Carega bildet der Sengio Alto mit seinem Hauptgipfel namens Cornetto eine zwar bescheidene, aber höchst interessante Gruppe mit filigranen Türmen und Zacken, die ein wenig an die Dolomiten erinnern. Nicht umsonst spricht man auch von den »Piccole Dolomiti«. Die ideale Möglichkeit, dieses kleine Reich zu erkunden, bietet der Sengio-Alto-Höhenweg, natürlich inklusive Besteigung des Cornetto. Wie so oft ist man auch hier auf ehemaligen Kriegssteigen unterwegs, die neben den tollen Kulissen ringsum immer wieder in ihrer Linienführung bestechen. Am Kamm des Sengio Alto steht förmlich ein bizarrer Zacken neben dem anderen, die Trasse windet sich über Bänder von Scharte zu Scharte (wer denkt da an die Brenta?) und verschwindet ein paarmal in kurzen Tunnels. Wer am Campogrosso startet, erlebt dramaturgisch gesteigerte Eindrücke zum Cornetto hin, für Klettergewandte ist zwischendurch ein Abstecher zum Monte Baffelan lohnend. Nach einer pfiffigen Überschreitung der Kette führt der Rückweg ganz beschaulich am Fuß der Westflanke entlang.

Ausgangspunkt: Rifugio Campogrosso, 1456 m, am gleichnamigen Passo. Zufahrt von Recoaro Terme möglich, vom Pian delle Fugazze (Trentiner Seite, von Rovereto über die SS 46 kommend) nach letzten Informationen inzwischen gesperrt. Man kann aber auch vom Pian delle Fugazze, 1162 m, direkt zum Cornetto aufsteigen.
Anforderungen: T3–4. Höhenwanderung auf ehemaligen Kriegssteigen, verwickelt im Verlauf und teilweise etwas ausgesetzt (kurze Passagen mit Ketten gesichert), daher Trittsicherheit notwendig. Am schwierigsten ist der optionale Abstecher zum Monte Baffelan (T4–5, Stellen I). Überschaubares Tagesprogramm.
Einkehr/Übernachtung: Rifugio Campogrosso, 1456 m, privat, fast ganzjährig bewirtschaftet, Tel. +39 0445 1920679 oder 1920468.
Karte: Tabacco, 1:25.000, Blatt 056, Piccole Dolomiti – Pasubio.

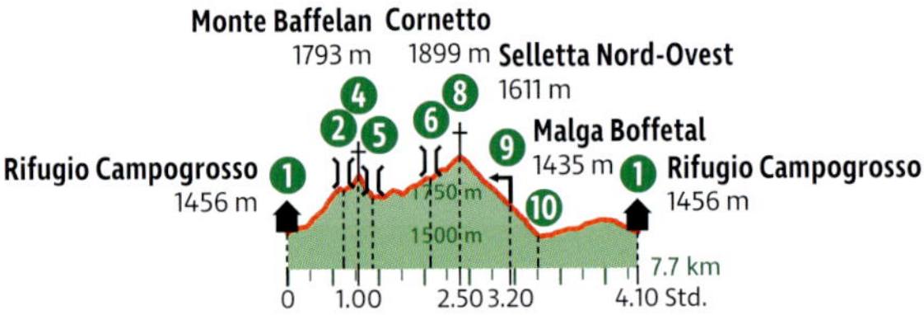

Vom **Rifugio Campogrosso** ❶, 1456 m, mit Weg Nr. 149 (ehemals Nr. 14) unter der auffälligen Felsgestalt der Sisilla entlang nordwärts und auf der Ostseite der Kette zunächst ein Stück horizontal, dann aufsteigend zu einer Wiesenschulter mit dem **Passo di Gane** ❷, 1704 m, gleich dahinter. Nun westseitig weiter durch die Latschen zur **For-**

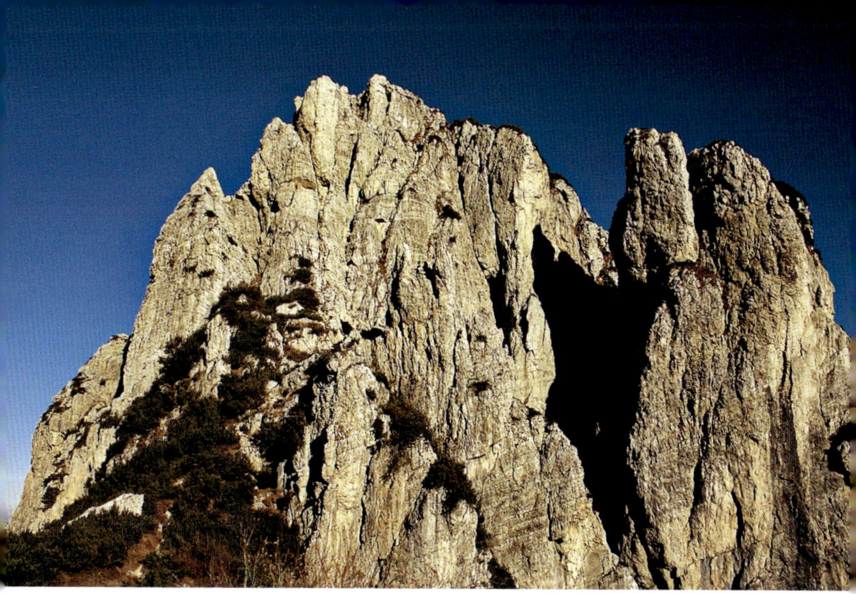

Dolomitisch prägnant zeigt sich der Cornetto.

cella Baffelan ❸, 1738 m, wo die mit vielen roten Pfeilen markierte Normalroute zum **Monte Baffelan** ❹, 1793 m, abzweigt: rund 10 Minuten Kletterei im I. Grad. Von der Scharte anschließend im Bergab durch eine geröllige Schluchtrinne, die man bald nach links zum **Passo Baffelan** ❺, 1661 m, verlässt. Der höchst anregende Weiterweg quert nun meist leicht ansteigend auf der Ostseite, berührt dabei einige Gratscharten und passiert immer wieder kleinere Tunnels (Lampe nicht notwendig). Am **Passo dei Onari** ❻, 1772 m, zweigt eine Bänderroute direkt zur Selletta Nord-Ovest ab, womit sich der Cornetto auch aussparen ließe. Über die **Forcella del Cornetto** ❼, 1825 m, nähern wir uns dem Gipfelaufbau, der zunächst mit einer kettengesicherten Passage aufwartet, bevor man sich in die Nordseite wendet, um gemeinsam mit der vom Pian delle Fugazze über die Selletta Nord-Ovest kommenden Route zum höchsten Punkt des **Cornetto** ❽, 1899 m, aufzusteigen. Retour wählen wir den passablen Serpentinenweg in die **Selletta Nord-Ovest** ❾, 1611 m, und begeben uns dort mit Route 170 Richtung Süden. Der Weiterweg führt auf die Almböden nahe der **Malga Boffetal** ❿, 1435 m, und schließlich mit leichtem Gegenanstieg zurück zum **Rifugio Campogrosso** ❶.

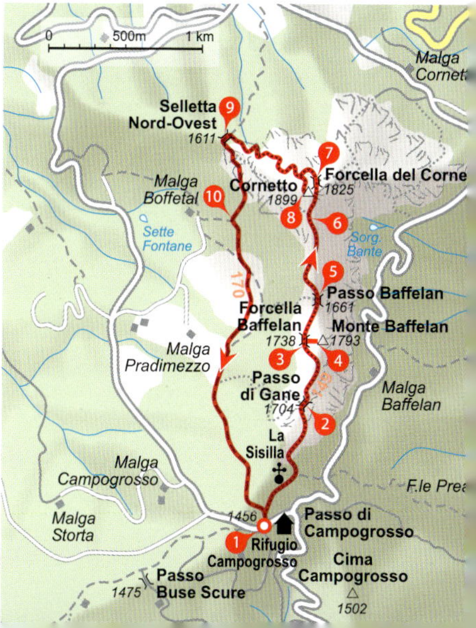

50 Cima Carega, 2259 m

Vom Campogrosso über den Sentiero del Fumante

TOP | 6.20 Std. | 12,0 km | ↗1000 m | ↘1000 m

Wilde Wege zu einer Gipfelhütte in den Monti Lessini

Der Caregastock, als Herzstück der Monti Lessini und »Piccole Dolomiti« geläufig, ist ein beliebtes Tourenrevier weit im Süden der Alpen. Man braucht nur einmal die Karte zur Hand zu nehmen, um das reichhaltige Routenangebot zu erahnen. Aus fast allen Himmelsrichtungen ziehen Wege zur Cima Carega hinauf, darunter auch einige anspruchsvollere. Wir entscheiden uns hier für die Ostroute(n) vom Passo Campogrosso, der aus Trentiner Sicht wohl den günstigsten Ausgangspunkt bildet. Dabei widmen wir uns im Bergauf dem überaus spannenden und abwechslungsreichen Sentiero Alto del Fumante, wo man sich wieder einmal darüber verblüfft zeigen kann, welch wilde Felsszenerien die Alpen an ihrem südlichen Rand noch zu bieten haben. In den Bayerischen Voralpen etwa wäre solcherlei der absolute Knüller! An der Bocchetta dei Fondi mündet diese großartige, aber nicht ganz leichte Route in den für den Abstieg vorgesehenen Normalweg und zieht das letzte Stück gutmütig gipfelwärts. Besonders erwähnenswert ist hier die Lage des Rifugio Fraccaroli, nur wenige Meter unterhalb des höchsten Punktes. Da lässt sich das leibliche Wohl mit der grandiosen Aussicht unmittelbar verbinden, und wer zur Nacht oben bleibt, erlebt überhaupt die fantastischsten Stimmungen.

Die Cima Mosca wird von der Wegtrasse südseitig gequert.

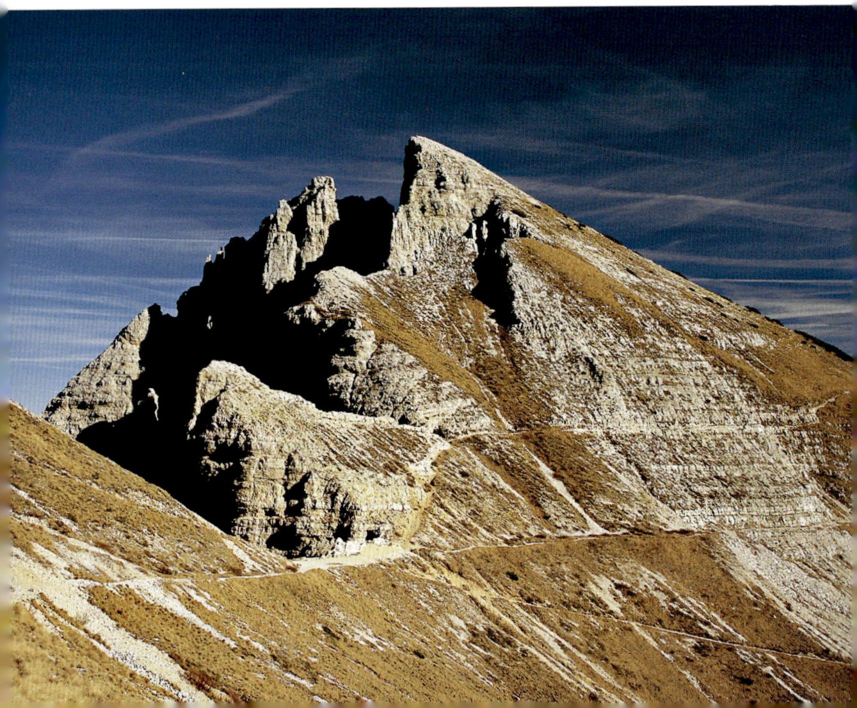

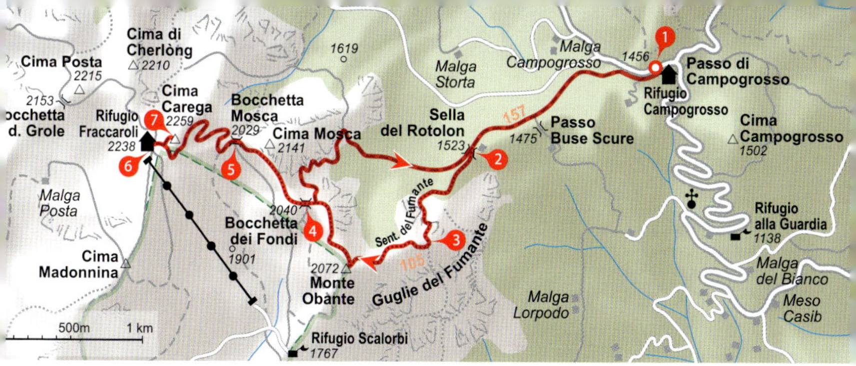

Talort: Recoaro Terme, 450 m, Kurort im oberen Val d'Agno, Busverbindung von Vicenza.

Ausgangspunkt: Passo di Campogrosso, 1456 m; Zufahrt von Recoaro Terme möglich, vom Pian delle Fugazze (Trentiner Seite, von Rovereto über die SS 46 kommend) inzwischen gesperrt.

Anforderungen: T3–4. Am Sentiero del Fumante absolute Trittsicherheit und Orientierungsgabe notwendig, der Steig ist teilweise etwas undeutlich markiert und nur dürftig beschildert. Die Abstiegsroute durchs Kar verlangt ebenfalls gediegene Trittsicherheit, ist allerdings insgesamt leichter. Zwischen Bocchetta Mosca und Gipfel keinerlei Schwierigkeiten. Als Tagestour gute Kondition angezeigt.

Einkehr/Übernachtung: Rifugio Fraccaroli, 2238 m, CAI, bewirtschaftet von Mitte Juni bis Mitte September, Tel. +39 045 7050033 oder +39 347 0452218. Rifugio Campogrosso, 1456 m, privat, fast ganzjährig bewirtschaftet, Tel. +39 0445 1920679 oder 1920468.

Karte: Tabacco, 1:25.000, Blatt 056, Piccole Dolomiti – Pasubio.

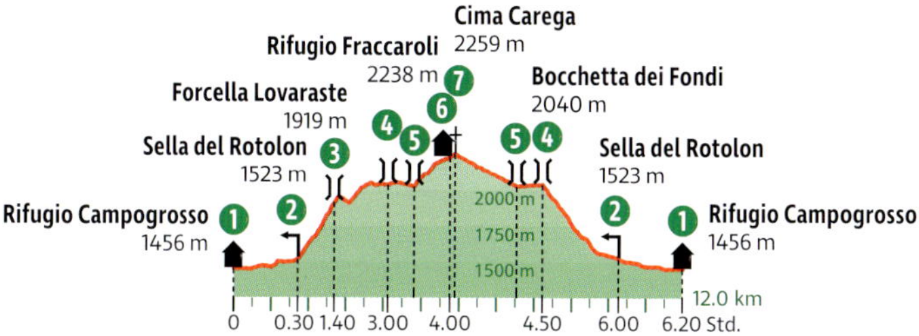

Rund fünf Gehminuten westlich des **Rifugio Campogrosso** ❶, 1456 m, beginnt unser Weg Nr. 157 mit einem leichten Anstieg über den Passo Buse Scure, 1475 m, zur **Sella del Rotolon** ❷, wo sich Normalroute (rechts) und Sentiero del Fumante (links mit Nr. 105, aber nicht als solcher ausgewiesen) trennen. Durch Laufgräben geht es über einen Blockhang empor bis direkt unter eine Felswand, hier dann rechts durch ein Felsloch, das von einem abgespaltenen Zacken gebildet wird, und in das Kar des Giaron delle Scale hinein. In vielen Kehren steigt der Geröllsteig von schroffen Felsformationen flankiert an. Bei einer Verzweigung wählt man die rechte Spur (Nr. 6) und erreicht die Grathöhe knapp rechts der **Forcella Lovaraste** ❸, 1919 m. Südseitig bricht das Gelände in einem wilden Rinnengeflecht ab, nebenan wird ein Zacken von einem Kreuz geziert (mit etwas Kletterei erreichbar). Das spannendste Stück steht uns nun zwischen Forcella Lovaraste und Forcella del Fumante bevor. Der

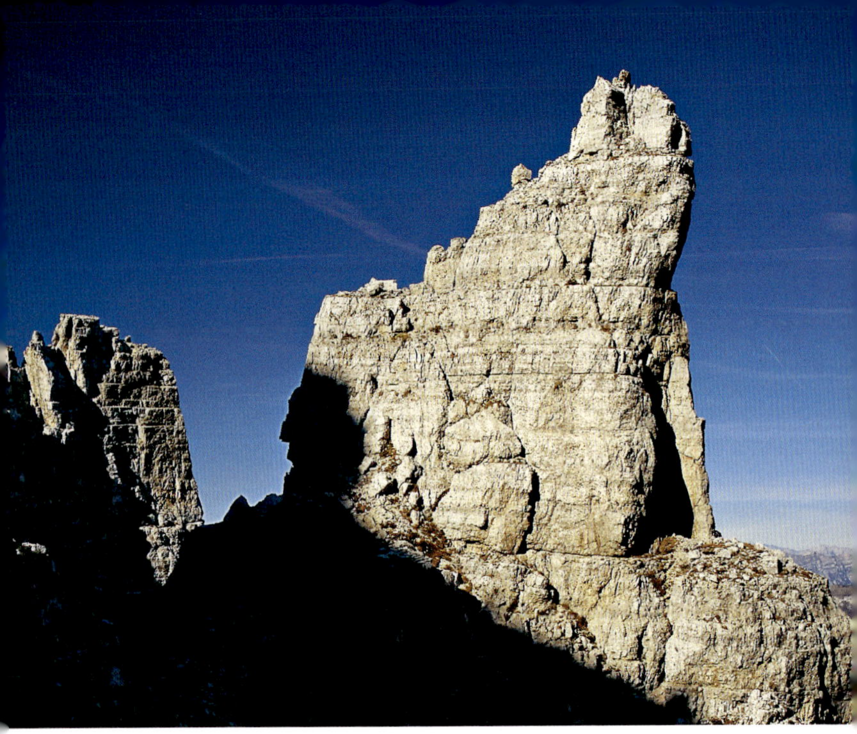

Spektakuläre Felszacken begleiten den Sentiero del Fumante.

schrofige Pfad wechselt hier im Auf und Ab zwischen den Gratzacken der Guglie del Fumante mehrmals die Seite und gewinnt nach der Forcella del Fumante den Südgrat des Monte Obante. Von dieser Stelle führt Route Nr. 6 abwärts zum Rifugio Scalorbi, während wir am Kamm des Monte Obante weitergehen, den Gipfel knapp links passieren und nach einer an einzelnen Stellen etwas unübersichtlichen Traverse zur wichtigen **Bocchetta dei Fondi ❹**, 2040 m, gelangen.

Hier mündet nämlich die Normalroute wieder ein. Vor uns liegt die ostseitige Hochmulde des Caregastocks, in der wir, nach einer teilweise gesicherten Querung zur **Bocchetta Mosca ❺**, 2029 m, aufsteigen. Der breite ehemalige Militärweg bereitet in seinen weit ausholenden Serpentinen keinerlei Schwierigkeiten und erreicht schließlich hinter einem Sattel das traumhaft gelegene **Rifugio Fraccaroli ❻**, 2238 m. Von dort sind es nur noch wenige Minuten über den letzten Felshang zum Gipfel der **Cima Carega ❼**, 2259 m.

Im Abstieg wieder zurück bis zur **Bocchetta dei Fondi ❹**, wo sich der Einstieg in das nordseitige Kar des Boale dei Fondi befindet. In vielen Windungen führt der in einigen gerölligen Passagen etwas ruppige Pfad bergab, knickt weit unten scharf rechts zu einer Traverse ab und gelangt damit wieder in die **Sella del Rotolon ❷**. Von dort zurück zum **Rifugio Campogrosso ❶** (diese Route wird oft vom Kürzel »E5« begleitet).

Auf dem Sentiero del Fumante braucht's einen sicheren Tritt.

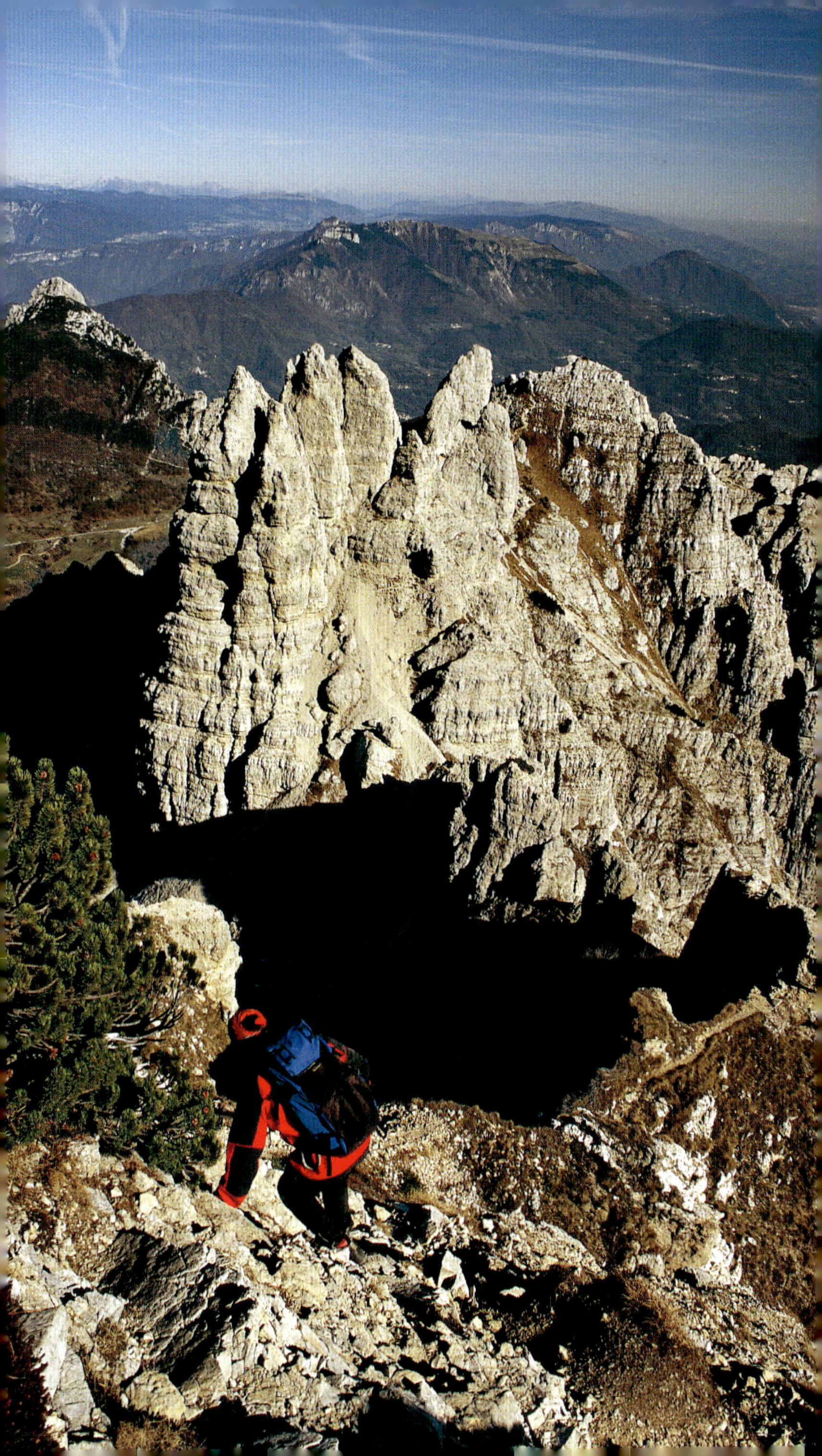

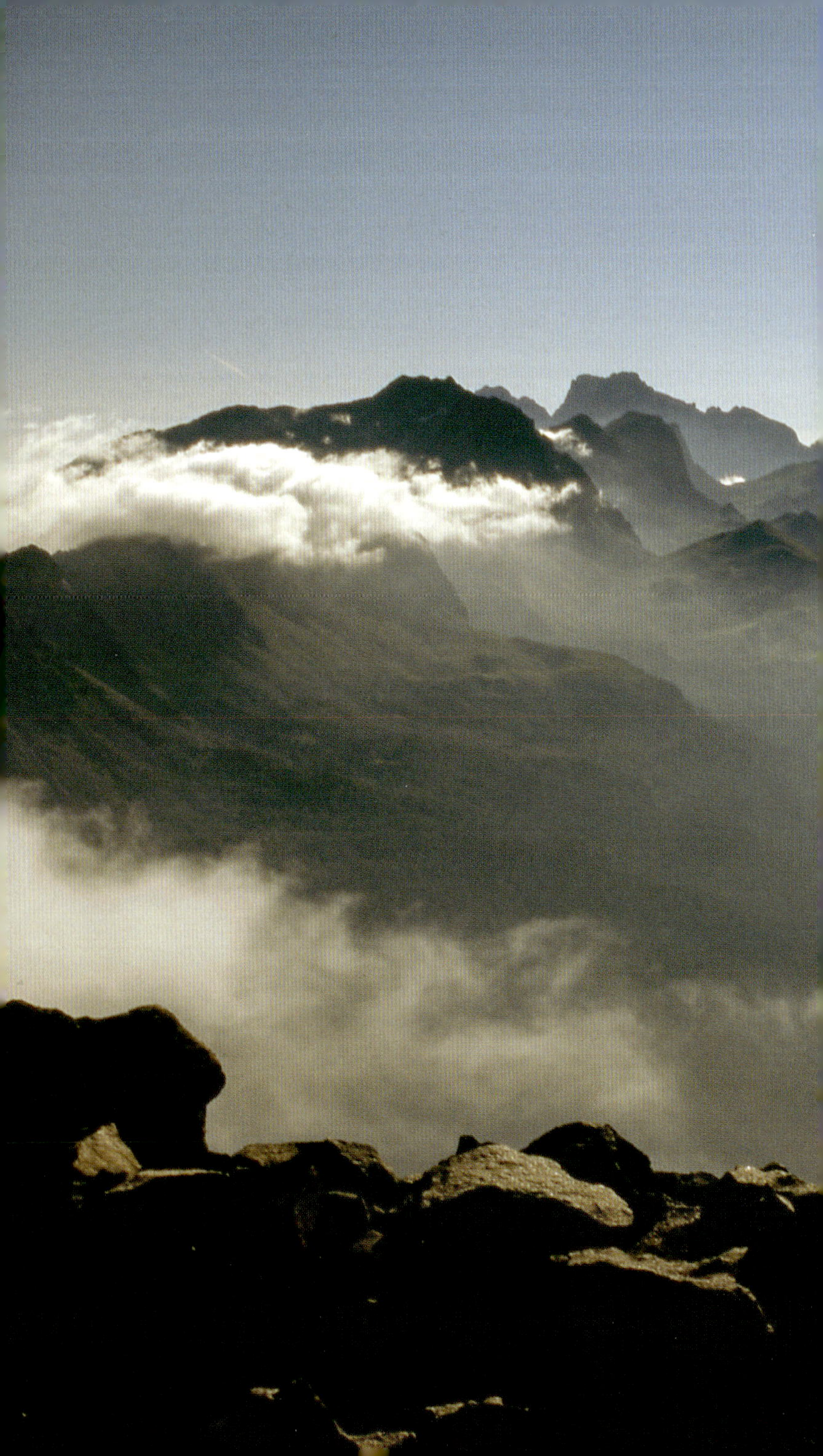

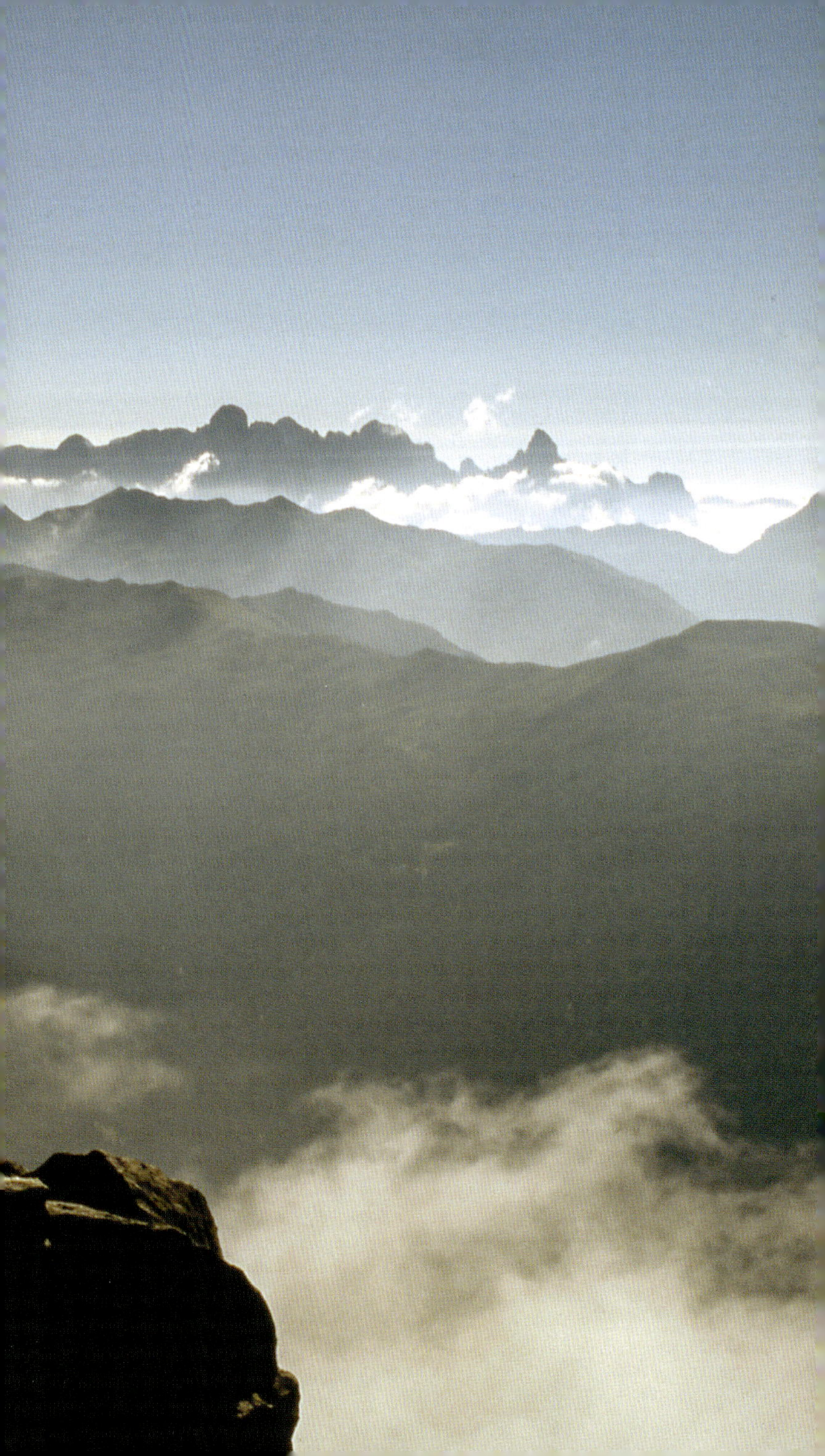

Stichwortverzeichnis

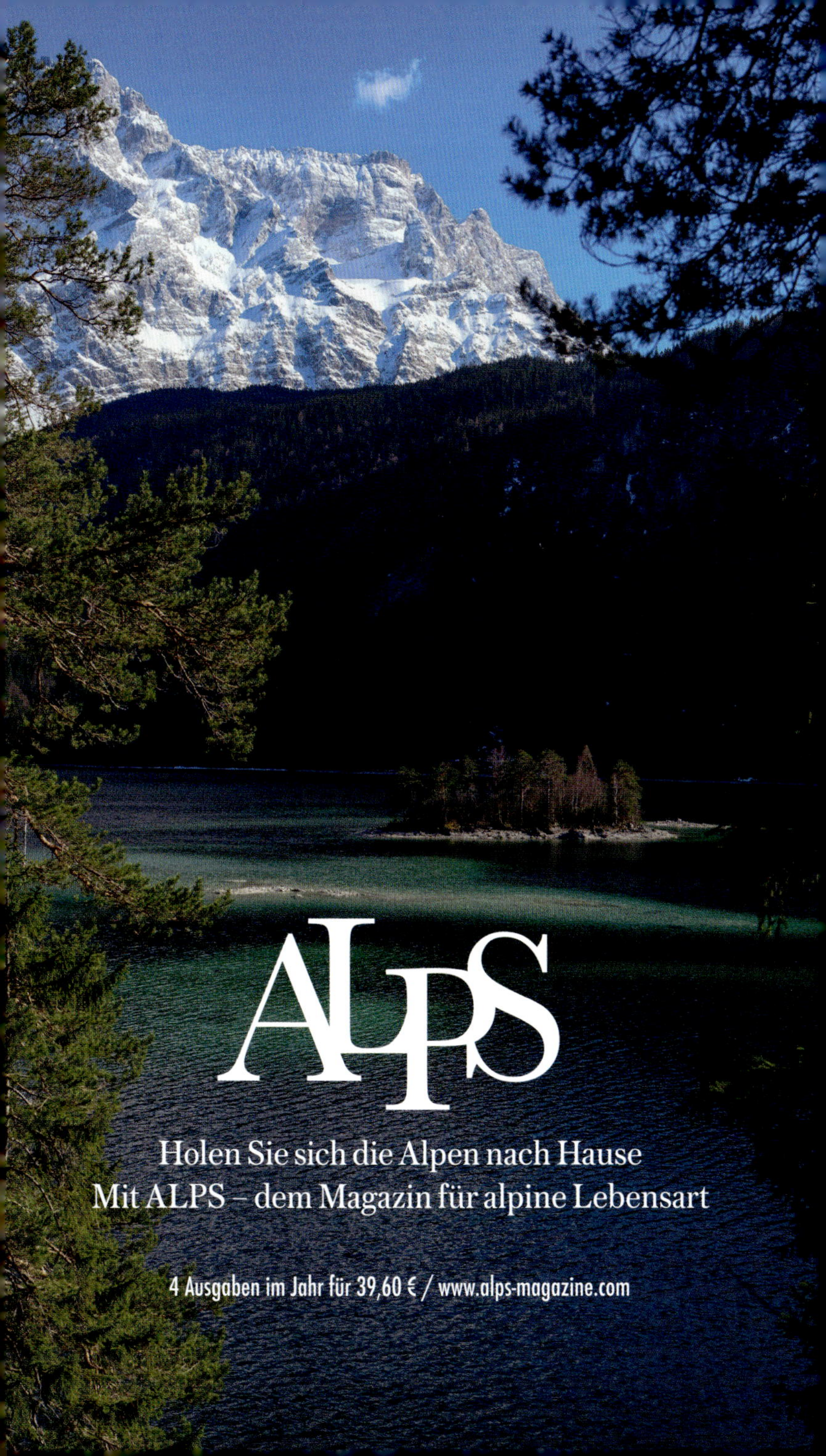
ALPS
Holen Sie sich die Alpen nach Hause
Mit ALPS – dem Magazin für alpine Lebensart
4 Ausgaben im Jahr für 39,60 € / www.alps-magazine.com

Impressum

Umschlagbild: Gargnano am Gardasee; im Hintergrund der Monte Baldo.

Bild Seite 1: Aufstieg zur Bocca di Tuckett (Tour 14).
Bild Seite 200/201: Gipfelpanorama am Cauriol (Tour 30).

Alle Fotos stammen vom Autor.

Kartografie: Wanderkarten im Maßstab 1:50.000 und 1:75.000; Touren 1–11, 19, 20, 31, 33, 41, 43, 44, 46–50 © Bergverlag Rother GmbH, München (gezeichnet von Barbara Häring und Martina Rieger, Gröbenzell), Touren 12–18, 21–30, 32, 34–40, 42, 45 sowie Übersichtskarten im Maßstab 1:600.000 und 1:2.500.000, © Freytag & Berndt, Wien

Der Autor: Mark Zahel, Jahrgang 1972, ist als begeisterter Bergsteiger und hauptberuflicher Buchautor intensiv mit Kamera und Notizblock im gesamten Alpenraum unterwegs. Rund 80 Titel, sowohl großformatige Bildbände als auch Tourenführer, sind bisher von ihm erschienen, zudem viele Beiträge in Fachmagazinen, vor allem im »Bergsteiger«.

3., vollständig überarbeitete Auflage 2023

ISBN 978-3-7633-3386-8

MIX
Papier aus verantwortungsvollen Quellen
FSC® C021956
FSC www.fsc.org

Wir freuen uns über jeden Korrekturhinweis zu diesem Wanderbuch!
Bitte per E-Mail an: **leserzuschrift@rother.de**

ROTHER BERGVERLAG · Keltenring 17 · D-82041 Oberhaching
Tel. +49 89 608669-0 · www.rother.de